非物质文化遗产视域下传统武术的现代化发展

王琼　吴强　薛宇　著

中国纺织出版社

图书在版编目（CIP）数据

非物质文化遗产视域下传统武术的现代化发展 / 王琼，吴强，薛宇著. --北京：中国纺织出版社，2019.1

ISBN 978-7-5180-3780-3

Ⅰ.①非… Ⅱ.①王… ②吴… ③薛… Ⅲ.①武术－传统文化－文化研究－中国 Ⅳ.①G852

中国版本图书馆 CIP 数据核字（2017）第 158576 号

责任编辑：汤　浩　　责任印制：储志伟

中国纺织出版社出版发行

地址：北京市朝阳区百子湾东里 A407 号楼　邮政编码：100124

销售电话：010－67004422　传真：010－87155801

http：//www. c-textilep. com

E-mail：faxing@c-textilep. com

中国纺织出版社天猫旗舰店

官方微博 http：//www. weibo. com/2119887771

北京虎彩文化传播有限公司印制　各地新华书店经销

2019 年 1 月第 1 版第 1 次印刷

开本：787×1092　1/16　印张：16.75

字数：248 千字　定价：97.00 元

凡购本书，如有缺页、倒页、脱页，由本社图书营销中心调换

前　　言

抢救和保护非物质文化遗产是一个极其浩大而又复杂的文化传承工程。2004 年 8 月底，在第十届全国人民代表大会常务委员会第 11 次会议上我国政府通过了《保护非物质文化遗产公约》。2005 年 3 月，国务院办公厅印发了《关于加强我国非物质文化遗产保护工作的意见》，同年 12 月国务院又颁发了《关于加强文化遗产保护的通知》。由此可见国家对非物质文化遗产的保护有着较高的意识。到了 2006 年 6 月 10 日，我国终于迎来了第一个“文化遗产日”，使得非物质文化遗产的保护工作走进了人们的视野，让人们感受到对非物质文化遗产保护的工作刻不容缓，过去十多年了，此时对非物质文化遗产保护意识和保护程度也越来越加强。

传统武术源远流长，是华夏文化无比宏伟瑰丽的一朵奇葩。古往今来，文化是一个民族凝结在一起的根基，也是人类文明发展的动力，继而传统武术是在中国传统文化的孕育中滋养，具有独特的东方文化内涵。他肩负着对文化进行传播的历史重任，扮演着中国传统文化向世界展示的主要角色。在当今社会，只有把传统武术和竞技武术中利于传承发展的方面进行挖掘整理让其走和谐相处之路才是上策。

随着社会的飞速发展和世界多极化趋势的发展，传统武术的发展尤其显得与时代格格不入，一大批老拳师相继谢世使得传统武术的传承空间不得不一再减缩，流传下来的优秀拳种数量也在不断减少；对于传统武术的传承，主要是说传承人，因为他是传统武术的重要的传递者也是重要的延续者，他承担着对传统武术文化和运动技能的传播以及发扬光大。所以说传统武术必须要立足于传统，才不会在历史的长河中愈走愈远。但是，伴随着西方竞技体育思想的冲击，竞技武术成为现代体育园林中的一枝重要的奇葩，为奥运争光、全民健身和武术产业等方面做出了不可磨灭的贡献，一味地追求“高、难、美、新”的艺术美感和难度系数较高的技术发展方向，虽然能给人们产生眼前一亮的兴奋，但是却忽略了传统文化的内涵。作为一种伴随人类发展的社会现象，武术与人类每一时段的发展都紧密相关，其技术形态和发展轨迹是对人类由蒙昧到文明过程的真实记忆。从辩证唯物论的角度我们可知，任何事物的发展都是在理论的指导下健康有序的进行，中国武术的发展也是如此，要想健康地发展亦离不开科学的理论指导。

我国地大物博，历史悠久，是一个有着多个省市的多民族国家，传统武术的种类繁多，也分布传播于各大省市地区之中，不同的省市有着不同的具有代表性的传统武术，基于此，本书将在非物质文化遗产的视域下，从人类学、文化学和历史学的规律、方法出发，罗列出我国传统武术项目分布较集中的几个省市，并对这些省市具有代表性的传统武术的基本理论体系发展状况进行详细剖析，最后再对我国传统武术的立法保护和发展对策进行总结性的分析，拟从各个省市具有代表性的传统武术的发展情况总结归纳出我国传统武术的发展规律，以求为全国传统武术“活生态”形式的保护与发展提供理论借鉴依据；有助于武术之文化和精神内涵方面的传承；同时，将对未来生态文明下休闲、意化、教化等武术形态的发展起到积极的理论指导作用。

本书由王琼、吴强、薛宇共同撰写完成，具体分工如下：

王琼（昭通学院）第一章、第三章、第四章、第七章、第十章；

吴强（仲恺农业工程学院）第二章、第六章、第八章、第十二章；

薛宇（西北大学）第五章、第九章、第十一章；

最后由王琼、吴强、薛宇进行串编、统稿与定稿。

本书在写作过程中，参阅了部分同行的文献与研究成果，特此表示衷心的感谢！由于作者水平有限，书中疏漏、不严谨之处在所难免，恳请广大读者在使用中多提宝贵意见，以便本书的修改和完善。

编　者

2018 年 8 月

目　录

第一章　非物质文化遗产视域下传统武术现代化发展的现状分析

第一节　非物质文化遗产视域下传统武术的相关理论解读

一、非物质文化遗产相关理论

（一）非物质文化遗产定义界定

联合国教科文组织《保护非物质文化遗产公约》中这样定义“非物质文化遗产”：被各社区、群体，有时是个人，视为其文化遗产组成部分的各种社会实践、观念表述、表现形式、知识、技能以及相关的工具、实物、手工艺品和文化场所。这种非物质文化遗产世代相传，在各社区和群体适应周围环境以及与自然和历史的互动中，被不断地再创造，为这些社区和群体提供认同感和持续感，从而增强对文化多样性和人类创造力的尊重。在本公约中，只考虑符合现有的国际人权文件，各社区、群体和个人之间相互尊重的需要和顺应可持续发展的非物质文化遗产。包括以下几个方面：（1）口头传统和表现形式，包括作为非物质文化遗产媒介的语言；（2）表演艺术；（3）社会实践、礼仪、节庆活动；（4）有关自然界和宇宙的知识和实践；（5）传统手工艺。

随着近几年专家、学者对非物质文化遗产的研究越来越深入，人们普遍认为非物质文化遗产的表现形式除以上五个方面之外，还应该包括与上述传统文化表现形式相关的资料、实物和文化空间等。

非物质文化遗产是以人为本的活态文化遗产，它强调的是以人为核心的技艺、经验、精神，其特点是活态流变，被誉为历史文化的“活化石”“民族记忆的背影”。非物质文化遗产的最大特点是不脱离民族特殊的生活生产方式，是民族个性、民族审美习惯的“活”的显现。它依托于人本身而存在，以声音、形象和技艺为表现手段，并以身口相传作为文化链而得以延续，是“活”的文化及其传统中最脆弱的部分。因此对于非物质文化遗产传承的过程来说，人的传承就显得尤为重要。

为了落实2005年国务院下发《关于加强我国非物质文化遗产保护工作的意见》，要求作为非物质文化遗产项目申报条件必须符合以下标准：第一，具有突出的历史、文化和科学价值；第二，具有展现中华民族文化创造力的典型性、代表性；第三，具有在一定群体中或地域范围内世代传承、活态存在的特点；第四，具有鲜明特色，在当地有重大影响。它反映出了非物质文化遗产项目的文化价值内涵以及传承途径方式，该标准的制定也是对非遗项目范围的一种科学界定。

(二) 非物质文化遗产的特点

与人类物质文化遗产相比，它的特殊不仅表现为外部形态，还表现为规定性。

1. 传承性

所谓的传承性，即非物质文化遗产所具有的被人类以集体、群体或个体的方式一代接一代地继承或发展的性质。非物质文化遗产的传承性是由遗产的本质决定的。人类遗产的本质在于人类的前代遗留基因被后代认为具有价值传承下来，因此传承性是人类所有遗产的共同特性。非物质文化遗产也在其中。传承人选定主要在于与被选择者与其的亲密关系及其保密性。这些非物质文化遗产也是历史见证。非物质文化遗产的传承性具体表现在以下几个方面。

(1) 传承方式无形性。物质文化遗产和非物质文化遗产延续，都通过有形的“物质”而实现。但他们的传承形式依然是彼此区分。物质文化遗产以“人工创造物”“人化自然物”的形态延续；而非物质文化遗产则是通过“人”来延续。

(2) 传承方法多元性。物质文化遗产是静态的遗留，是人类对特定历史时期文化的记载。人类传承它们最好的方式就是保护其载体。因此，人类要传承这些过去和不断更新的文化记忆，而“博物馆法”只是其最基本的一种方法。它的继承方法必须是具体且多元的。

(3) 传承过程专门性。物质文化遗产是有形的具体的“物”。人类对“物”的传承主要是有效、完整地管理和保护。尽管保护这些“物”的人往往需要经过训练来掌握一些专门的知识和能力，但这些知识和能力与物质文化遗产的“文化”不具有必然的联系。

(4) 传承结果变异性。非物质文化遗产是人类所共有的精神文化遗产。这类遗产尽管也要依附于物质而存在，但这类遗产的传承却与物质文化遗产不同，既具有稳定性，又具有变化性，在稳定基础上变化，在变化中保持稳定。非物质文化遗产可以通过人为的载体有意识有目的性地学习，或者通过群众之间自觉、自发地互相学习等文化交流、传递方式从而传播到其他民族、区域，这对于非物质文化遗产的传承是很有益的。但这种传播表现出很强的活态流变的特性。同时使得非物质文化遗产的共享成为可能，这也是它与物质文化遗产区别的明显标志之一。一般情况下，物质文化遗产的传承可以通过模仿来实现，比如根据设计图纸和建造方案来复制。与之相对的非物质文化遗产的传承则具有一种变动性，是继承与异化、一致与差异的辩证统一结合。在传承过程中，它往往会受当地的历史、民族等特色的影响并与之相结合，而表现出传承和发展并存的现状。同时应该看到，纵然有变化与发展，但其依然存在基本的一致统一性，假如完全不一样，就失去了其特性。比如端午节发源于中国，但在文化的交流中流传到了韩国。

2. 社会性

就社会性而言，它指非物质文化遗产为人类的特有遗产，其存在和传承都缺不了人类社会，是我们人类社会的创造能力、群体认同力等的明显体现，是人类社会性极其重要的内容。文化是一个被广泛运用的概念，以致人们对其含义形成难以得到统一的认识。换言之，文化具有社会性属性。非物质文化遗产作为文化的一种类型，也就拥有社会性。而非物质文化遗产的社会性却又具有自己的特性。它是各个时代生活的组成部分，又是一定时代、文化等的产物，通常会与当时的社会情况有很大关系。并且，它一般是集体的创造，因而与局限于专家的文化产生

了距离，这导致了它的社会性存在。从它的构成元素来讲，非物质文化遗产常常是各种文化表现形式的结合，如戏曲就蕴含了文学、音乐等多种功能表现形式；从功能的角度来看，非物质文化遗产往往具有认知、娱乐等多种作用。

3. 无形性

非物质文化遗产即使有物质的载体，但它的价值并非全部通过物质来体现。它应该属于人类社会行为活动的领域，有的需要通过行动才能表现出来，然而有的却需要通过某种很高的技艺才能创造出来。非物质文化遗产的展现和传承都需要通过语言，都是流动的过程。同时，非物质文化遗产是抽象的思维，存在于人们的日常观念中，随着人们意识的变化而进行变化，如知识、表演技艺、习俗等。因而，从本质的角度上来讲，非物质文化遗产是无形态的。它不像物质文化遗产那般具有形可感；它不像物质文化遗产那样具有稳固性。因而，非物质文化遗产在继承方面就具有物质文化遗产所不同的特性，即不通过物质本身而是通过人的社会活动来进行。总而言之，非物质文化遗产拥有无形的特点，这是对非物质文化遗产本质特性的集中概括。

4. 多元性

所谓多元性，主要是对非物质文化遗产的存在形式而言的。不同的非物质文化遗产有不一样的存在形式，即使同一种非物质文化遗产也不尽相同。就全面而言，文化都是具有多元性的。然而相对于其他文化而言，非物质文化具有特殊性。

5. 活态性

非物质文化遗产的特殊性，说明它是一种“活态”的文化。这种“活态性”体现在非物质文化遗产的表述和语言之中。它们的内涵是通过人的社会性表现的，从而传达给受众。这一点与物质文化遗产显然不同。它的“活态性”，依然表现在非物质文化的传承过程中的创新。这是由非物质文化遗产的性质决定的，是内在的、必然的。

二、传统武术的相关理论

（一）传统武术的概念及分类

《辞海》对武术的解释是：“武术，亦称‘武艺’‘功夫’，旧称‘国术’。中国传统体育项目，由踢、打、摔、拿、跌、击、劈、刺等动作按运动规律组成，是锻炼身体和自卫的一种手段”。武术史学界一般认为，“武术”一词首先出现于南朝人颜延之《皇太子释奠会作》一诗，即“偃闭武术，阐扬文令”。我国两广一带的百姓称武术为功夫，民国初期称为国术，后来中央国术馆正式采用国术一词。《体育院校专业教材·武术理论基础》认为：“武术是以中国传统文化为理论基础，以内外兼修，术道并重为鲜明特点的中国传统体育项目。”笔者认为武术是以攻防格斗动作为运动形式，以传统文化思想为理论基础，以内外兼修为习练特点，以技击和修身养性为目的的单势、套路、功法、心法的总称。武术作为我国民族体育的主要内容之一，具有极其广泛的群众基础，是中国人民在长期的社会实践中不断积累起来的一项宝贵的文化遗产。新中国成立之后，武术在我国有关部门的努力下，经过长期的改革和推广，逐渐向竞技体育方向发展，逐步形成了新的有别于以往的武术表现形式，即武术竞技套路和武术散打。目前官方推广武术的主要形式便是套路和散打。套路和散打虽然也是内涵丰富，但是比起一直流传在民间的武术，在内涵上还是稍显单薄。学界和众多武术爱好者往往把流传在民间的，保留传统习练内容的武术称之为传统武术，而把现今官方比赛推广的，经过改编、简化的武术形式称为竞技武术。故从武术的文化性角度来分类的话，武术可分为传统武术与竞技武术两种。

1. 传统武术的概念界定

《现代汉语词典》里并无“传统武术”一词，只列了“武术”一词的解释，“传统武术”的称呼一直在民间流传，并与竞技武术中的散打和套路相提并论。笔者认为，传统武术是中国武术的一种，是保留了传统习练内容的蕴藏深厚传统文化的中国武术，可以说传统武术就是中国武术。传统文化是武术的灵魂和核心内容。传统武术注重内功、心法的习练，讲究内外兼修，蕴藏着极为丰富的文化内涵和人文哲学，被视为中国文化的精粹。传统武术是中华民族共同智慧的成果，其外层为武术的技击动作，内层为立体的文化网络，体现了深厚的道德规范和强烈的民族精神。传统武术由于其内涵传承稳定，内容保留完整，被认为是我国优秀的文化遗产之一，是中华民族千百年来积累沉淀下来的智力成果，是我国民族文化物质财富和精神财富的统一体，不仅是我国传统体育的精华，也是一种民族文化现象，是我国乃至世界传统文化艺术宝库中的璀璨明珠，充满着深厚的民族智慧和浓郁的民族特色。

为抢救我国武术文化遗产，1978 年 1 月国家体委下发了《关于挖掘、整理武术遗产》的通知，在全国范围内掀起了挖掘、整理武术的热潮，动员了八千余名专职武术工作者和业余爱好者，耗资人民币一百多万元，展开了我国武术史上空前的武术家底普查。经过三年的努力，在“流源有序，拳理明晰，风格独特，自成体系”的标准下，初步查明符合该标准的拳种达 129 种，如北京的意拳、山西的形意拳、陕西的指东拳、广东的咏春拳，加上最近几年刚被吸收认定为武术拳种的木兰拳，流传我国各地的拳种共有 130 个。在这次普查中共收集武术文献资料 482 本，录制 70 岁以上老拳师拳艺 394.5 小时，古兵器 392 件，实物 29 件，整理出了 651 万字的《拳械录》和《武术史志》。传统武术的拳种繁多，前面说的 130 种是按照国家体委“流源有序，拳理明晰，风格独特，自成体系”的标准划分的，这是一种小分类法，另外，大分类法从古至今一直有很多种，流传最广的分类法有两种，即一种是以某拳法在练气和练筋骨皮中以何为重来区分，分为内家拳、外家拳，内家拳包括太极拳、形意拳、八卦掌等，外家拳包括少林拳、咏春拳、洪拳；另外一种是以某种拳法的发源地山脉来区分，主要分为少林派、武当派、峨眉派。在众多传统武术的拳种中已经有少林功夫、武当武术、峨眉武术、陈式太极拳、杨式太极拳、武式太极拳、八卦掌、形意拳、心意拳、心意六合拳、红拳、查拳、苌家拳、螳螂拳、鹰爪翻子拳等二十多项拳种被评为了国家级非物质文化遗产，另外一些著名的地方拳种也已经申请成了省级或者市县级的非物质文化遗产。

2. 竞技武术的概念

竞技武术是以参加体育竞赛为主要特征，在标准化的规则下，以尽量发挥运动员技能创造优异运动成绩夺取比赛优胜为主要目标的体育项目。随着时代的变迁，冷兵器的逐步消亡，武术的实用功能迅速减弱，在武术竞赛规则制定之后，武术在近几十年来一直在向竞技化的体育运动方向发展，即在统一化的规则下，运动员以表演“高、难、美、新”的标准化动作作为目标，具有很强的艺术性、观赏性和娱乐性。武术的体育化、竞技化使其内容、形式以及训练方法等都发生了很大的改变。

传统武术与竞技武术的分野，需追溯到西方列强侵扰中华的时代。1840 年鸦片战争爆发，随后强势的西方体育文化大量涌入，中华的传统体育文化也受到了强烈的冲击。1914 年，回族

武术家马良在山东济南创办“军事比武传习所”，培养军队师资，1918 年他从各种传统拳械套路中，抽选出一些基本动作加以修改组合，借鉴西方的体操、兵操的形式创编了《中华新武术》一书，推广“中华新武术”，其实这是一种武术操，从此传统武术习练方面的书籍第一次有了简单而实用的编排。这种“中华新武术”随后一度被定为军警的必学之术，后来经教育部前往济南考察之后，在当年即被定为全国中学的体操用书，次年经过“国会”辩论，通过了“中华新武术”为全国所有学校通用体操用书的决议，1923 年 4 月，马良、唐豪、许禹生等人在上海联合发起中华全国武术运动大会，这是中国体育史上第一次武术单项运动会。这次武术运动会采用了近代体育竞赛的形式，打破了庙会献技与擂台打擂的武术传统竞赛形式，是传统武术向竞技武术发展的开端。1959 年我国第一部武术竞赛规则颁布，现代竞技武术经过五十余年的发展历程，武术由完全自发习练的传统武术分化出了由政府倡导的，在现代竞赛规则指导下的走竞技化方向的现代竞技武术。改革开放后，武术确定了国际化发展战略，随着一系列国际武术竞赛的举办，新编的竞技武术更是以“高、难、美、新”的西方现代竞技体育思想为指导，从而使得竞技武术更加走向体育运动化。

目前，竞技武术分为两个方向在发展，一是套路，二是散打。无论是套路还是散打，抑或是竞技武术的其他发展道路，他们的内核无不包含了传统武术中技击的本质，脱离了技击本质的武术形式而空有武术之壳，便不能称之为武术。竞技武术中的两种发展方向是传统武术为适应我国武术国际化进行武术体制改革的产物，传统武术是竞技武术的基础，竞技武术是传统武术在西方竞技体育的影响下融合而生的产物，传统武术和竞技武术是源和流的关系。

（二）传统武术的文化价值

1. 传承性

传承是一个递进的概念，非物质文化遗产的传承无疑也是递进的，通过下一代人对上一代人的学习并伴随着人类社会的发展加以延续和推广。传统武术本身就是一种古典文化，经历了五千年的社会变迁而不断延续和传承下来，可见它的生命力是如此的顽强。它依托于人的本身而存在，以声音、形象和技艺为表现手段，并以身口相传作为文化链而得以延续，是活文化及其传统中最脆弱的部分。例如，就像一块没有雕琢的石头，打磨之前他是一块石头，打磨之后就变成了可以传承下去的研磨石，通过人为的参与劳动变成了一种文化的表现。传统武术的这种传承性也正是在古代的生存、狩猎、军事、舞蹈中不断加入人的智慧延续下来的，蕴含着人类智慧的结晶。

如同临清潭腿，它是一个很古老的武术门派，是由昆仑大师在山东临清龙潭寺创作的，还曾被赵匡胤定为“十八家之尊”的称谓。随着昆仑大师的创作，潭腿从此便出现了，并且逐渐衍生出很多新的门派：形意弹腿、六合弹腿、通背弹腿和少林弹腿等。随着近年来非物质文化遗产的大力推广临清潭腿也得到了很好的传承发展，使得我国这项优秀的民族瑰宝得到了延续。还有像杨氏小架太极拳、八卦掌等很多珍稀的拳种都是很值得发扬传承的。

修养身心、涵养道德是传统武术文化的基本核心。“未曾习武先习德，未曾学艺先学礼”皆是这个道理，武术文化的传承就是在这种传统观念的影响下一直流传至今，注重习武者在学习过程中道德品行的培养和精神修为的提高，实现“德”和“艺”的统一，同时在传承过程中，中国人比较重视家族的血缘关系，正如张岱年先生所说的：中国文化以家族为本位，注意个人的职责和义务。西方文化以个人为本位，注重个人的自由和权力。它是源于民间，生长于民间土壤并发展壮大的文化形态，但是由于它在中国复杂的环境中生长发育，自然也受到了封建落后的自然经济和狭隘的宗族制度的严重影响，不可避免的保留着浓郁的封建社会的保守性。王岗说：传统是文化存在的内驱力，传统的底蕴越深，它的张力就越大。我们所要注意和解决的重点就是如何把这个内驱力发掘出来合理利用。

2. 认同性

认同是认为一致、相同的意思，认同包含自身认同和社会认同，此处主要阐述社会认同，传统武术的社会认同是因为它作为群体文化而获得保持与创新自身文化属性的社会心理过程，同时它也是一种群体文化的认同，文化认同性基本上是指民族性，民族性是指一个集团的特征，这种特征表现为其成员的历史或起源以及一种特殊的文化遗产，民族集团号称具有一种文化遗产，这种文化遗产象征着它的历史，反过来它的某种要素像宗教、语言或者是种族指标，都是象征着这种文化遗产。传统武术的这种文化遗产也可以反映出我们民族集团的起源，或者是作为起源而流传下来的。尽管其历史或起源经常被神化，其文化遗产从未是完全同质的。传统武术亦如此，它是一种文化个体，但是在这个体之中它包含了很多与文化相互交融的内容，所体现出的哲学、古典美学、文化整体观等均包含着文化的认同性，传统武术之所以从古至今延续了几千年，充分说明了它与文化相互交融、同步发展，与社会前进相适应，有着超强的生命力。

（1）文化认同。文化认同是一种群体文化认同的感觉，是一种个体被群体的文化影响的感觉，也是中华民族对自身文化的强烈认同，这既是中国在世界民族之林中傲然挺立的伟大气魄，又是其在国际竞争中处于不败之地的精髓所在。社会认同、群体认同和民族认同是现代和谐社会建设的目标，而文化认同则是实现现代社会和谐的重要基础。每一个国家和民族都有自己的特定文化，同时也就是这些文化的存在连成了维系别的文化的共同情感体验、共同生活风俗和伦理意识。崔新建说过，在共同的文化理念的影响下，使用相同的文化符号，同时也秉承相同的思维模式和行为举动。说明对于外来的文化应实行兼容并包、取长补短的尺度去选择性的吸收外来文化。传统武术的早期发展亦是如此，早期的武术技法都是通过前辈在墙上、石壁上刻下不同的身体姿势和动作符号进行学习，同时便于对后人的传承和发展，后人在理解前人留下来的动作技法的基础上通过文字将技术描述出来，便于人们理解和学习。

以传统拜师学艺的仪式为例，传统中师傅一般都会是身穿长衫，迈进供奉“祖先”的拜师仪式现场，祖师爷的排位前摆放好茶点、水果和糕点，按照站在旁边引荐人的提示，师傅先“进位、整冠、束礼、掸尘”之后，上前祭拜祖师爷，上香，“一叩首，再叩首，三叩首，礼成!”三叩首后才能入座。等师傅入座后，徒弟便可出场，先行见面礼（根据一些风俗的不同形式也有所不同，大体包括茶、酒、烟等），徒弟再依次宣读“拜师帖”，然后再把“拜师帖”敬给师傅，徒弟还要给师傅敬烟、端茶。徒弟向师傅三叩首后，师傅回赠徒弟手艺工具，双方签订“师徒文约”。最后，师傅带徒弟一起祭拜祖师爷，上香，再次三叩首后，“礼成”，拜师仪式结束。

（2）习俗认同。人类创造了文明，同时也创造了文化，创造了由各种物质构成的有意义的有各种特色的现象世界。这个世界虽然是人创造的，但一旦创造出来他就不会轻易消失，因为它也是顺应时代和社会的发展产生的，并会在一代一代的传递和积累中变成了一个独立体系，因此，非物质文化遗产的文化世界不仅是人类创造的，而且同时也在不断地创造着人类，在过去宗教的力量是相当强大的，所以传统武术作为民族文化遗产的组成部分同时也受到传统宗教思想的影响。一个民族长期发展过程中为了适应环境会逐步形成一定的生活习惯、生活方式，民族风情特色，也就是在民族特色与风俗习惯中便展现了民族文化的特征，像一些地方的摔跤、斗鸡等的表现形式无不渗透着地方特色。以庙会文化为例，庙会文化绵延了千余年，是我国民族文化的一个重要组成部分。在庙会的形成发展过程中，庙会文化也逐渐形成了独特的风格，庙会是文化传承的一种形式，不少民间艺术形成了庙会文化所特有的，如少林、五虎、开路、太狮、高跷、杠子等。庙会文化是一个群众性、风俗性和民族性很强的文化现象，像舞龙、舞狮、杂技、摆龙等，每到一定时间和节日，就自发的形成各种各样的庙会和活动。所以说任何一种文化形态都是多种文化特质和文化要素的组合体，绝不可能是单一的个体，而是一个影响力大、影响面广的群众性文化活动。现代庙会分为传统型和现代型，传统型的庙会还包括神灵庙会、宗教庙会和宗祠庙会，而现代型庙会包括文化型、经济型和文经综合型，因为随着社会的发展，庙会也在不断变化发展，但它的文化核心一直在绵延发展，所谓适者生存万物生存准则庙会文化也在随社会的发展也相应做出改变。例如，像现在的“中秋节”就比较符合现代社会的发展，据资料调查，过去的每年中秋（农历八月十五）祭月的时候，人们总习惯摆上宴桌，烧香点蜡烛，供奉月饼，朝拜月宫娘娘，有的还搞什么“托梦”“听香”之类的封建迷信活动，内容冗重繁旧，不利于社会的前进，而如今的中秋节也是八月十五，不同的则是一家人团聚在一起，边吃月饼边赏月，以及举行台胞、台属座谈会，或者向海外台胞写信，以寄托对骨肉团圆的怀念情丝，更富有时代性和亲人之间的亲密感。同时能够正确对待、因势利导利用旧的风俗节日赋予新的内容，繁荣民间文艺，活跃农村文化生活，改变人们的旧观念，实现习俗上的一致认同。

3. 整合性

整合是指把一些片段的东西通过某些方式使其彼此衔接，从而实现整个系统之间能够协同工作和资源共享。他主要就在于把比较零散的诸多要素进行加工整合，实现最优组合，并最终使其形成一个有价值有使用价值的整体。也是把所研究的群体嵌入全球的经济、社会和政治结构，文化的整合其实也体现了和谐这一概念，把适合社会发展的因子吸纳进来为我所有，成为文化的一部分，体现出文化的和谐。文化的多元化决定了任何文化和事物都不是孤立存在的，而是在相互协调适应的情况下共同生存发展，文化的整合性也是体现如此道理，它是一个很复杂的系统，但是它具有在面对外来文化时能够兼容并蓄使其整合进本系统内，成为本文化系统的一部分。传统武术就是秉承着整合性的前提，在中国文化的熏陶下成为本文化系统的一部分。传统武术植根于中国传统文化的沃土里，蕴涵着中国博大精深的传统哲理，同时又富有修身养性的精髓，集技击之大成，融传统医学、美学、哲学之理，彰显传统武术的运动之美，由此形成内涵很广、层次纷杂的理论知识结构，它与中国哲学、传统医学、养生学、美学、古代军事文化等有着必然的联系。

（1）技术整合。技术整合的结果就是多种拳种的基础上经过整合不断推出新技术，像蔡李佛拳就是一个比较典型的例子，它是在蔡家拳、李家拳和佛家拳三家拳种的基础上取众家之长加以整合所形成的新兴拳种。以少林拳和翻子拳为例，少林拳的整合就是有一定的渊源：传说是在公元 527 年（也就是北魏孝明帝孝昌三年），印度有位名叫达摩的高僧不远万里来到嵩山少林寺传道，他静坐修心，面壁九年，被后人尊称为中国佛教禅宗的祖始，今天在河南嵩山少林寺中还有达摩祖师的石像为后人瞻仰。生活是实实在在的，在长期的修炼过程中，达摩祖师发现在传经时很多弟子禅坐时间久了就昏昏欲睡，为了达到既能驱倦、防兽又能健身、护寺的目的，达摩等人就开始探究，然后仿效我国古代劳动人民在生产和生活中的各种动作，最后编成一套既健身又能达到多种目的活动的“活身法”，奠定了一定的基础，也就是“少林拳”的雏形。除此之外，达摩祖师在闲暇时间运用铲、棍、剑、杖等防盗护身的动作也编成一套拳术，源于他的名字，后人称之为达摩剑、达摩铲、达摩杖。后来在不断地发现和研究，他又吸取鸟、兽、虫、鱼飞翔、腾跃的各种姿态，创造出了一套动静结合、威猛有力的罗汉十八手，经过历代僧徒们长期不断的演练、综合、充实，逐步形成了多达百余种的拳术，把它们总称“少林拳”。到了隋末唐初，社会动荡不安，少林寺也屡屡遭受侵扰，少林寺方丈为了保护庙宇的安全，从寺僧中选出身强力壮、勇敢灵巧和一些善于拳击械斗者组织成一支专门队伍，让他们专门练习一些套路和拳术。最初，他们主要的任务只是为了保护寺院安全，慢慢地寺僧逐渐也开始参与了政治活动。在客观形势的影响下，要求武艺向精湛的技击刺杀方面发展，于是开始了有组织的、严格的僧兵训练。随后每日晨光曦微，武僧们开始冬练三九，夏练三伏，长年不断刻苦练习武艺，对少林武术的保护和传承发展起到了积淀作用，也是这样的环境下，少林拳得到了很好的整合发展。

关于翻子拳的整合和来源，据记载是于南宋时期由岳飞创编的，著名的岳飞抗击金人的典故流传至今。翻子拳是岳家军在战场和操练中进行格斗发展而来的一种拳法，《翻子拳赞》一种中有“武穆留下翻子拳”一说，宋孝宗淳熙六年（1169 年）追封岳飞为武穆，因此后人也称岳飞为“岳武穆”或者“岳王”。到了明朝时期，翻子拳逐渐发展成形，当时我国著名抗倭爱国将领戚继光在拳经《捷要篇》中提出的八闪翻就是当今的翻子拳，八闪翻是明朝时期翻子拳的八个招式，“闪”是指翻子拳在运用时的身形步法，“翻”指迅猛疾速、变化多端的拳术里面的手法。八闪翻是当时明朝遇敌实战的一种技击性很强的短打拳术，经过一系列的发展整合，到明朝时期已经发展成了比较完整的套路。

（2）文化整合。我们知道，中国传统文化最注重的就是和谐，只有和谐才能使社会不断发展，只有和谐各种文化才能相互影响、相互渗透，它从人类学发展的角度把一个和谐的整体的世界观的思维方式来延续着中华五千年的文化，如此形势状况它的影响力是可想而知的，这就是传统文化的内在魅力所在。根据社会发展的方向，不断进化是每个民族文化朝着纵向发展，在同一方向上向很多人传播则属于文化的横向发展，两者如果能够结合，则能够推动本民族传统体育文化的进步，这是人类社会发展的规律，对于传统体育文化也同时适用。“传统”不是“考古发掘出来的古代遗存，不是古董，而是一种世代相传的，并且不断发展变化着的鲜活的文化现象。”但是如果把武术仅仅理解成是一个体育项目、一种专门技能那就有点太片面了，虽然说任何体育项目的存在都会有一定的文化意义，尤其是作为非物质文化遗产的传统武术，它自身蕴含的文化特征是那么的浓郁，文化包容量和负载能力又是那么的强，它所包含的内涵是更具震慑力的，因为这朵奇葩的传统武术是历代宗师巨匠代代传承而给我们留下的巨大文化财富。作为具有文化教育、技击、健身、修心、医疗、养生等多元价值的现代体育运动项目，它是世界上其他体育项目无与伦比的。

随着研究的深入，我们发现由于其内容极其丰富、体系极其庞大、理论极其奥妙、多元价值功能不断被发现，且有待进一步挖掘，说明传统武术已经超出了体育的范畴，有人这样说武术：它既是属于体育又高于体育的具有鲜明特色的中华民族传统项目。当然了，在它身上处处闪烁着东方文化的奇特光芒，它是神秘东方文化的载体，是东方文化的典型代表。传统武术对于习武者来说，它是为了提高自身技击能力，主体价值体现为一种“体用兼备”的传统文化精神的人体活动，具有相对的局限性，这是由一定的历史条件所造成的。传统武术能体现中国传统文化思想的民族性，具有很大的发展潜力。传统武术是一项优秀的“身体的技术”活动，是人们每个历史时期使用不同的身体符号来解释传统在这一过程中所表现的特性。

三、传统武术与非物质文化遗产的相关理论

（一）传统武术属于非物质文化遗产

非物质文化遗产是指各族人民世代相承的、与群众生活密切相关的各种传统文化表现形式（如民俗活动、表演艺术、传统知识和技能，以及与之相关的器具、实物、手工制品等）和文化空间。非物质文化遗产是一种不断运动着的活态存在，活态流变性是它的主要特征。国际公约文件和我国政府文件制定的认定非物质文化遗产项目的标准，大体可归纳为如下几项：（1）具有杰出价值的民间传统文化表现形式或文化空间；（2）具有见证现存文化传统的独特价值；（3）具有鲜明独特的民族、群体或地方文化特征；（4）具有促进民族文化认同或社区文化传承的作用；（5）具有精粹的技术性；（6）符合人性，具有影响人们思想情感的精神价值；（7）其生存呈现某种程度的濒危性。

从非物质文化遗产的视角，按照上述标准审视传统武术可以发现，传统武术完全符合上述标准，可以归入到非物质文化遗产类别中。

1. 传统武术具有杰出的民间传统文化表现形式或文化空间

文化空间是国际非物质文化遗产保护工作中频繁出现的词汇，1998 年 11 月联合国教科文组织通过的《宣布人类口头和非物质文化遗产代表作条例》中对“文化空间”所作的界定是：“一个集中了民间和传统文化活动的地点，但也被确定为一般以某一周期（周期、季节、日程表等）或是一事件为特点的一段时间，这段时间和这一地点的存在取决于按传统方式进行的文化活动本身的存在。”具体来说，文化空间是“某个民间或传统文化活动集中的地区，或某种特定的、定期的文化事件所选定的时间”。《中国民族民间文化保护工程普查手册》认定文化空间是“定期举行传统文化活动或集中展现传统文化表现形式的场所，兼具空间性和时间性”。

比如，少林功夫是以少林寺僧人演练的武术为主要表现形式以佛教神力信仰为基础，充分体现佛教禅宗智慧的体育项目，它产生在嵩山少林寺这一特定的佛教文化环境中，是在特定地点（少林寺）、特定时间（日程表）按传统方式（武术演练）进行的有特定含义（禅武合一）的“文化空间”。

2. 传统武术具有见证现存文化传统的独特价值

中华民族有着五千年的悠久历史，历史不是单纯的由文物、建筑群、遗址所构成，历史更多地存在于民间鲜活的文化传统之中。《纪效新书》上面记载的“三十二势长拳”早已成为历史，但陈式太极拳把“三十二势长拳”的精髓很好地继承了下来，透过陈式太极拳仍然依稀可以分辨“三十二势长拳”之风采。

沙河藤牌阵是我国古代战场实战技击项目，现仅存于河北沙河十里铺村，当地人称为“打

藤牌”，已有三百多年的历史。藤牌阵使用的武器除藤牌外，还有短刀、三齿刀、长矛、木棍等，开战时常设为二人对打或多人对打或一人防守多人攻打。持藤牌、短刀者为守方，藤牌用于防御，短刀锋利可削铁甲，可谓攻防皆备。实战时藤牌阵法变化无穷，常见的有一字长蛇阵、八卦连环阵、梅花五方阵、四门迷魂阵、八门穿心阵等，阵容可随实战需要扩大到成千上万人。藤牌阵法攻防兼备，变化莫测，反映了我国古代军事战法的丰富内涵。

3. 传统武术独特的民族、群体或地方文化特征

保护非物质文化遗产，不在于出了多少本书、拍了多少部纪录片、开了多少次研讨会，也不在于仅依靠申报国家名录、靠政府投资拨款、靠发展旅游业等，如果说这些都很重要，那更重要的是如何才能让基层社区、地域社会或族群的居民认识到非物质文化遗产对他们自身和对整个国家的价值与意义。非物质文化遗产通常首选表现为地域性，脱离了地域的基层社区，就会变质、枯萎。

传统武术也被深深地打上了地域的烙印。文化不仅是一个国家和民族历史成就的标志，也是许多民族、群体、社区的基本识别标志，体育文化尤为如此，在国外，功夫和中国是同义词，跆拳道则等同于韩国文化。世界文化是多元的，这种多元性奠基于各民族、各地域多姿多彩的特色文化，乡土性以其浓郁的民族风情充实着世界的多元性，所以说越是民族的，才越是世界的。

从全球视野看来，武术是中国文化的标志；从中国范围看来，各具特色的传统武术是各地域文化的象征。为了保持地方特色，免于陷入“千城一面”“千村一面”的现代化建设困境，大力发扬地域武术文化不失为一个明智之举。北人善骑南人善舟、南拳北腿东枪西棍等说法无不说明了由于地域环境的限制而造成的传统武术项目的丰富多样性，这一多样性因为长达千年的农耕文明的封锁自守而得以固化，所以产生了诸如回族重刀武术、沧州武术、武当武术等极具民族和地域特色的武术文化特征。

4. 传统武术具有促进民族文化认同或社区文化传承的作用

一提起李小龙、成龙、李连杰，人们马上想起“中国功夫”，武术作为中华文化的代表，已经成为促进民族文化认同的纽带，具有标识族群身份的作用，正如说起霍元甲，人们就会联想到旧时代“东亚病夫”之耻辱，说到太极拳，人们就会体会到行云流水、轻灵安逸的传统文化神韵一样，传统武术在特定的社区内起到了传承文化的作用。

5. 传统武术具有精粹的技术性

中华武术以其博大精深的哲理和技术，吸引了世界各地的武术爱好者前来学习、交流、切磋。所有这一切，都是因为传统武术具有精粹的技击性，激发了人们的好奇心和参与热情，并在体会技艺的过程中了解了传统武术背后所代表的民族文化。如南拳技法要求稳马硬桥、脱肩团胛、五合三催；八封掌技法要求具三形备三势、三空三扣、三圆三顶、四坠四敏，等等。

6. 传统武术具有影响人们思想情感的精神价值

练习传统武术不仅是为了锻炼身体，还要升华人们的道德情操；不仅要劳其筋骨，还要苦其心志：未曾习武先修德，习武的终极目标是提升个人的道德修养。学习传统武术时，除技术学习之外，还要学习门规戒律等，在潜移默化中影响着人们的精神价值和思想情感。如少林有“练功十忌”：“一忌荒堕，二忌矜夸，三忌躁急，四忌太过，五忌酒色，六忌狂妄，七忌讼棍，八忌假正，九忌轻师，十忌欺小。”“洪门”昭告成员：“吾宗之练习此术（指洪家拳），乃有爱国思想存于其间。诚肯筋骨废弛，不能报国；东海可移，此志莫易；磨炼筋骨，留以有待。”《苌氏武技书》说：“凡是恭敬谦虚，不与人争，方是正人君子。”

7. 传统武术的生存濒临危险

传统武术生长于农耕文明，在工业化浪潮席卷中国的今天，其生存状况岌岌可危。很多传统武术项目不是奥运会、全运会上的金牌项目，甚至进不了少数民族运动会和农民运动会，不能引起地方政府的重视，保护、发展的力度不够，处于自生自灭状态。同时传统武术扎根在农村，大量的适龄劳动力进城务工，使其后继无人，生存空间越来越小，最终趋于湮灭。虽然20世纪80年代有“挖整”工作，每年还有大量的各类武术比赛，但是随着老一辈武术家的离世，传统武术还是日渐凋落。

为了继承优秀传统文化，弘扬中华民族精神，促进社会主义精神文明建设，在非物质文化遗产保护成为国际共识的时代条件下，保护和传承传统武术具有重要历史意义和深远的影响。

（二）传统武术非物质文化遗产传承现状

随着我国第一批国家级非物质文化遗产申报工作启动以来，全国目前已经形成了国家级、省级、市级、县级四级名录保护体系。根据我国现已完成的第一次全国非物质文化遗产资源普查显示，共收集珍贵实物和资料29万件，普查文字记录达20亿字，拍摄图片477万张，普查资源总量近87万项。面对如此庞大的非物质文化遗产，如何进行科学、系统、整体的保护，国家曾先后设置了非物质文化遗产司、非物质文化遗产保护中心、非物质文化遗产研究中心等机构，各省市地区也相继完成了省市级非物质文化遗产机构的设置与人员配备，进一步推动了非物质文化遗产的保护工作。

伴随着我国第三批国家级非物质文化遗产名录与第四批国家级非物质文化遗产代表性传承人的公布，目前我国国家级非物质文化遗产名录与代表性传承人中，传统武术项目已达29项，代表性传承人已有31名，各省、市、县级非物质文化遗产名录与代表性传承人中传统武术更是不计其数，因此，我们迫切需要对当前武术非物质文化遗产的传承现状进行清楚的认识，以加大我国传统武术非物质文化遗产的传承与保护力度。

1. 传统武术非物质文化遗产名录传承现状

随着我国非物质文化遗产工作的不断开展，国务院分别于2006年、2008年与2011年分别公布了第一批（518项）、第二批（510项）与第三批（191项）国家级非物质文化遗产名录，三批次共计1 219项国家级名录。传统武术作为我国非物质文化遗产名录的重要组成部分，在已公布的三批次国家级名录中，第一批次共有少林功夫等6项传统武术项目入选，第二批次共有峨眉武术等14项项目入选，第三批次入选项目共9项，三批次共有29项项目入选，占非物质文化遗产总数的2.38%，占传统体育、游艺与杂技（杂技与竞技）总数的41.43%。在入选的29个项目中，既包括华佗五禽戏等功法类传统武术项目，也包括撂石锁等古老的武术功力项目。同时对29个项目按照地域分布进行统计后发现，共分布于12个省（市），其主要分布于河南（5.5项）、河北（5.5项）、山东（5项）等地区，山西、福建、湖北、天津等地区均为2项，四川、陕西、广东、安徽、浙江等地区均为1项。根据非物质文化遗产司对我国“非遗”普查结果，截止到2010年1月，已公布的省级名录共4 315项。发展至今，根据不完全统计，目前全国31个（除港澳台）省（市）均已公布了各省（市）级非物质文化遗产名录，天津、云南、宁夏等省（市）已公布了两批非物质文化遗产名录，河北、辽宁、浙江、福建、广东、广西、海南等省份均已公布四批次非物质文化遗产名录，其他省份也已完成三批次的非物质文化遗产名录公布工作。全国30个（西藏除外）省（市）共有省（市）级非物质文化遗产名录8 631项，其中省级非物质文化遗产名录中，传统武术项目共计241项。241项名录共分布于27个省（市），在已公布传统武术名录中，其主要分布于河北（49项）、浙江（27项）、山东（26项）、河南（20项）、福建（19项）、天津（11项）、山西（10项）等地区，与已公布的全国非物质文化遗产名录的公布情况基本相似，241项名录共占省（市）级非物质文化遗产名录的2.79%，稍高于全国2.38%的比例。

2. 传统武术非物质文化遗产代表性传承人传承现状

非物质文化遗产项目代表性传承人掌握并承载着非物质文化遗产的知识和精湛技艺，既是非物质文化遗产活的宝库，又是非物质文化遗产代代相传的代表性人物。随着我国非物质文化工作的不断推进，文化部分别于2007年、2008年、2009年、2012年分别公布了第一批（226名）、第二批（551名）、第三批（711名）与第四批（498名）非物质文化遗产代表性传承人，共计1 986名代表性传承人。在四批次国家级非物质文化遗产代表性传承人中，第一批传承人中传统武术传承人共10名，第二批公布的几大类别中无传统体育、游艺与杂技（杂技与竞技）类别传承人，第三批次中共有13人次入选，第四批次共8人次入选，第四批次传统武术代表性传承人共31名，占传统体育、游艺与杂技（杂技与竞技）类别总数的65.96%，占国家级代表性传承人总数1.56%。与已公布的国家级非物质文化遗产名录相比而言，国家级传统武术传承人占国家级代表性传承人总数的比例低于名录占全国的比例，而传统武术传承人占传统体育、游艺与杂技（杂技与竞技）的比例稍高于名录占该类别的比例。在已入选的31人次中，其主要分布于河北（13名）与河南（11名）两地，山东、山西、福建、湖北、天津、安徽与北京等地均为1名国家级代表性传承人。从分布特点而言，各省（市）所占代表性传承人所占总数比例稍低于各省（市）名录所占比例。另据统计，截止到2010年1月，我国各省（市）共完成约3批次5 590名省级代表性传承人的评定工作。发展至今，各省（市）已基本完成前两批次的非物质文化遗产代表性传承人的评定工作，北京、河北、山西、上海、江苏、浙江、山东、湖北、广东、贵州、陕西、黑龙江等省（市）已完成第三批省（市）级代表性传承人的评定工作，安徽已完成第四批该省省级代表性传承人的评定工作，四川省省级非物质文化遗产代表性传承人评定工作更是完成了前五批的公布，在全国代表性传承人公布方面居前。根据对全国23个省（市）（辽宁、吉林、广西、云南、西藏、甘肃、宁夏、新疆无数据）已公布的代表性传承人名单进行统计，目前省（市）级非物质文化遗产代表性传承人共计8 420名，其中传统武术代表性传承人共计208人次，占省（市）级传统体育、游艺与杂技（杂技与竞技）类别代表性传承人总数的55.61%，占省（市）级代表性传承人总数的2.47%。根据统计结果可知，省（市）级传统武术代表性传承人同类别占比略低于国家级代表性传承人，但略高于国家级代表性传承人的总数比。根据对已公布的208名传统武术省（市）级代表性传承人的基本信息进行统计，发现传统武术代表性传承人主要分布于河北（40名）、河南（25名）、山西（20名）、福建（19名）、浙江（17名）、山东（13名）、天津（11名）、四川（11名）、湖北（10名）等地，共占总数的79.81%。对已公布的省（市）级非物质文化遗产名录的传统武术项目分布基本相似，分布相对较为集中。

3. 传统武术非物质文化遗产传承与基地现状

传承基地作为非物质文化遗产传承工作的重要载体，传承基地的建设一直得到了相关部门的足够重视，同时还相继设立了闽南、徽州、热贡、羌族文化生态保护区，兴建了一批非物质文化遗产博物馆与传习所。在国家级传承基地公布之后，各省市也相继进行了传承基地的评选与推广工作。以河南为例，目前河南已完成两批次传承基地的申报与评审工作，在传承单位的选择上，既包括大、中、小学，同时还包括公司等传承类型，丰富了非物质文化遗产传承工作的多样化。在传承基地之外，河南省还将河南省艺术研究院、河南省古代建筑研究保护所、河南大学等科研类机构列入了河南省非物质文化遗产研究基地之列，并将太极拳博物馆（陈氏太极拳）等命名为河南省非物质文化遗产展示馆，将河南陈正雷太极文化有限公司陈家沟太极拳馆（陈氏太极拳）、陈家沟太极拳学校（陈氏太极拳）、温县陈家沟武术学校（陈氏太极拳）、博爱县月山八极拳传习所（八极拳）等机构命名为河南省非物质文化遗产传习所，对其进行进一步保护。与河南相比，云南每年所公布的非物质文化遗产名录中，分别列出了“传统文化保护区”“民族民间传统文化之乡”的类别，对云南省境内的传统文化区域传统文化之乡作为保护对象，对整个传统文化的生存空间与生存环境进行整体性的保护，在一定程度上更有利于传统文化的整体传承。

（三）非物质文化遗产视角下传统武术文化的扬弃

1. 非物质文化遗产视角下传统武术文化的“扬”

（1）传统武术应发扬文化价值。张岱年先生把中国文化的基本精神概括为《周易》中的两句话：天行健，君子以自强不息；地势坤，君子以厚德载物。这种自强不息的精神贯彻于整个中国文化的始终，使中国文化有了持久而坚韧的生命力，而博大的文化胸怀又使得中国文化能在人类文化的演绎中兼收并蓄，不断吸收外来文化的精华，从而使中国文化具有了广博的蕴涵和丰富的积淀。传统武术具有深厚的文化底蕴已经是不争的事实（21 世纪不仅是经济全球化，也是东西方文化的相互融合与渗透的世纪）。商业功夫电影在世界范围内的影响势必会给东方文化的传播有一个巨大的推动。面对日趋激烈的生存、生活竞争，传统武术所包含的“无为不争”“静以修身养性”所倡导的人与自然的融洽和谐，无疑会成为新世纪的主流文化。武术也是一种文化形态，是随着文化底蕴的更深厚，文化意识的更进步而发展、完善的。中国武术对现代文化生活的影响应该从表现形式、健身价值的吸引中进行文化理念的渗透，使其作为内在的吸引因素，让世界人民更深刻地认识武术、了解武术的文化特质和发展背景。

（2）传统武术应发扬简单性。中国传统武术很早就开始进行了各种简化，有对某一拳种进行简化的，如：为了提倡太极拳锻炼，在 1956 年国家体委就组织专家整理、创编、出版了《简化太极拳》，随后又出版了《简化二十四势太极拳》等。例如，一套很短的拳术，往往也是拳、掌、钩，弓、马、仆、虚、歇俱全，主要腿法俱有，所以“难学、难记”；武术动作也过于强调规格，强调基本功，这些都给武术流传带来很大障碍。如果传统武术失去了群众基础，失去了习练的人群，也就失去了存在的意义。所以，传统武术在技术上必须改革，必须对技术进行简化，可以像应美凤老师那样，将武术和其他体育项目结合起来，同时又不失去武术的特点。对传统武术的简化“可以大胆地将武术内容和一些现代的健美操之类的练习方法相结合，使动作更加欢快、活泼、简捷”。中国传统武术到目前为止有 130 多个拳种。这样的一种数量和分布，是我们文化发展的物质基础和庞大资源系统。但由于我们国家和民族发展历程的特殊性，民族文化在过去的历史时期较少地与外来文化进行交流和碰撞，原创文化的含量在传统武术中的成分仍占较大的或者说是决定性的因素。我们民族长期闭关自守的文化发展模式，仍保持在农耕文化的社会发展水平。因此，在庞大的传统武术系统中，负载不同民族、地域文化特色的现实也就成为历史的必然。所以发展传统武术，实现现代化意义上的传统武术的发展，就必须坚持文化发展过程的筛选原则，也就是说要对文化进行简化，精益求精。文化的简化，实现现代文化意义上的变迁，对于我们来讲不是所有的民族传统体育文化都能够在同一时期发展成为理想的现代文化或世界文化。

（3）传统武术应发扬国际化。世界上有许多传统的体育项目走向国际化并不是通过奥林匹克运动闻名世界。但是我们必须清清楚楚地看到，对传统武术变更影响最大的是“奥林匹克情结”。无论从哪个层面讲，似乎中国武术只要成为奥林匹克运动会上的一个项目，那么我们对传统武术的改良和变更就算成功了。甚至于在具体操作上直接走上了迎合西方体育文化潮流的道路，一切以西方体育文化为准则，粗暴地框束、肢解、删减我们的传统武术，一厢情愿地认为只要我们这样做了人家就认可我们、接受我们，结果却适得其反。实际上我们在传统武术的改革上必须认清和遵循一个基本的原则，中国传统武术走国际化、现代化是对的，但现代化、国际化并不等于西方化。换句话说，每一个由农业社会进入工业时代的民族，其传统文化都有一个现代化和国际化的问题，而现代化和国际化并不是在价值取向、思维习惯、民族风俗、社会面貌、规章制度等各个方面都必须完全以西方的文化标准为标准的，更不必一切都向西方看齐，当然也无法看齐。国际化不等于西方化。

2. 非物质文化遗产视角下传统武术的“弃”

（1）传统武术应“弃”竞技化。目前，我国央视五套每周二举办的“武林大会”，对传统武术的普及与发扬起着积极的推动作用，这将唤起人们对传统武术的追忆和思考，传统武术风靡国内的时候，显然是把传统武术竞技性向外推广。中国传统武术到目前为止有130多个拳种。这样的一种数量和分布，是我们文化发展的物质基础和庞大资源系统。“武林大会”虽然挑选了在全国范围内知名度高的拳种，但在笔者看来传统武术竞技化是很不成熟的：①传统武术竞技化在与拳击、跆拳道、散打等争夺发展空间，且在“武林大会”中传统武术的观赏性、娱乐性不强，在吸引观众方面与拳击、跆拳道等难以抗衡，这样的发展道路显然是一条死胡同。②传统武术在竞赛规则、裁判方面存在一定的问题，各拳种规则显然没有细化到奥运对抗类项目的档次，裁判的判罚主要是靠主观臆想来判定比赛的胜负。③传统武术某些拳种的比赛与我们平常所看的跆拳道、拳击的欣赏价值相距甚远，且动作技法不具有观赏性。

（2）传统武术传承方式的“弃”。传承的封建保守意识，导致传统武术“近亲繁殖”。中国长期以来稳定的农耕生活和以血缘纽带维系的家族制度限定了传统武术的传承依然是以师徒或血缘传承为主。这种传承有利于各门各派在技术上的千锤百炼，精益求精，形成独特的技术风格与传统，但同时也导致了其消亡的危险。同时，由于传统武术注重言传身教，一旦找不到理想的传人，该拳派也就灰飞烟灭。尤其近些年来，经济、政治、文化观念、社会生活的改变，真正愿意“十年磨一剑”、勤学苦练的人越来越少，使得某些拳种真的后继无人，这更加速了这些拳种的消亡。“巧妇难为无米之炊”，传统武术在今后的发展中如果没有大量风格各异的传统拳术作为“资源”，所以在传承方式上要做出质的改变。传统武术再也不能借助于家庭和血缘的

传承方式，这样的传承方式会导致许多拳种的失传，采取普遍撒网的方式，摒除门派之争、守旧心理，只要有兴趣学习的人都应传授，世界范围内都是传人。加强宣传力度，让更多的人认识和了解传统武术。同时，要借鉴柔道、跆拳道等项目的发展模式，利用一切有利条件向世界推广传统武术，使传统武术普及到全世界。

(3) 传统武术宣传方式的重新定位。商业武术影视对传统武术的影响应辩证地分析，商业因素可能导致传播的误区，对武术造成负面影响。李春玲等认为商业功夫电影对武术进行了积极的宣传，并吸引了更多的传统武术观众；负面影响是引起武术文化的异化，并使传统武术更加神秘。为此，需要加深传统统术对现代生活的文化渗透，转变传统武术的习练、表演、竞赛方式，要找到适合自己的宣传方法。但是“神秘”是文化传播的动因之一，揭开神秘面纱后其实很难吸引人们的注意。郭玉成指出，“神秘”是文化传播的要素之一，埃及金字塔等文化广泛传播的原因之一就在于其“神秘性”。传统武术“高深武艺”传播也具有神秘性。其“一羽不能加，蝇虫不能落”的高超武艺，吸引了众多求武者“衣带渐宽终不悔”的不懈追求。传统武术“明劲、暗劲、化劲”的功夫递进，也成为习武人士的目标。“口传”武术，不断塑造神秘。“飞檐走壁”“点穴术”“内功”等功夫更是让人们对武术顶礼膜拜。武侠文学与武术影视的艺术化、夸张化传播，使武术功夫有了“光电”效应，仿佛练习武术可以达到一个“超人”的境界。武术在人们的追捧中不断传播，尽管这种传播是非常表层的，但这样的传播方式把中国的传统武术加以神化，事实上传统武术并不具备这样的功能，当求武者的内心追求与现实产生了不可磨合的距离时，会对武术失去信心，同时也是传统武术对习武者的一种欺骗，这样的宣传方式无异于拿起石头砸自己的脚。

第二节　非物质文化遗产视域下传统武术的流失及其原因

我国数千年的文明历史给我们留下了无数值得继承与发扬的传统文化遗产，既有有形的文化遗产，也有无形的传统知识和文化表达，而传统武术作为我国优秀的、根植于人们生活中的传统文化遗产，其特色显得更为突出。由于传统武术具有深厚的文化内涵、多样化的身体表达方式、丰富的拳种器械、众多的门派流派等，其传统知识和文化表达不仅在国内独居特色，即使在世界上也是罕见的。但同时，由于传统武术存在重创新、轻保护的倾向以及文化传统的保守性，致使其濒临流失的境地；另一方面，由于保护意识跟不上市场经济建设和现代化发展进程的需要，从而使得武术遗产的保护和发展呈现出严峻的局面，应该引起我们的高度重视。

一、传统武术流失的现状分析

(一) 传统武术文化内涵的流失

传统武术存活几千年而生生不息，这在很大程度上取决于传统武术具有深厚的文化内涵。而这种文化内涵随着西方体育文化的强势入侵，渐渐地丧失了自己一贯坚守的阵地，从而流失了传统武术所固有的优秀文化。正是由于中国武术“有意无意地采取了单纯的、简单化的运动发展模式，将原本具有丰富文化内涵的武术，化简为身体运动的伸伸腿、弯弯腰”。“内涵丰富”的传统武术由于竞技体育思想的冲击而变得没有“丰富”可言，文化的武术由于体育化而成为运动项目，坚持感悟和终生追求的传统武术，因为竞技成果“冠军”的最高奖赏而变得昙花一现，功利的传统武术因为高、难、美、新而变得轻飘和只追求比赛中的获胜。文化内涵的流失正堆积出传统武术发展的后遗症，并有日益严重的趋势。“面对文化争夺的硝烟和文化流失的痛楚，我们应该有所觉悟，有所启发，因此需要从文化的视角为处于窘境的传统武术寻找其失落的尊严与厚重，为传统武术在文化碰撞的时代构筑起与西方强势文化交流的话语平台”。

从传播学的角度对传统武术进行分析可知：传统武术的传播更多的是一种文化的传承。恰是这种文化的传承，才导致丰富的传统武术文化内涵流失严重。因为传统武术是在纯粹的中国传统文化的土壤中产生和发展起来的一种身体文化形式，它按照中国传统文化的发展模式，在师徒传授、宗族传授的过程中，挟裹在中国文化的神秘文化之中，在农耕文明社会需求的境遇中，产生和发展着。它融通着中国人、中国文化的历史血脉和记忆，是我们民族的信仰、崇拜、生活模式、文化思想的身体语言的写照。它更多的是我们民族历史的生活方式所决定的；是封闭的中国文化特征的显现；是内敛的儒道佛文化的集合。它完全体现着中国古老的哲学思想、兵家谋略、审美情趣和道德伦理。它以技术动作为载体，传播着真实且彻底的传统中国文化。它较少地受到外来文化的影响，保持着中国文化的纯洁性。传统武术满足农业社会中国人的生存需求，实践着“修身”“齐家”“平天下”的社会责任。按照地域的差异，宗亲的血缘呈现出千姿百态的风格和流派，不拘泥于统一和规范的约束。“传统武术的传播具有显著的狭隘性特征，文化整体的传播在其传播中所占比例大于技术层面的传播。”所以，在传统武术传播过程中，从来都不是纯技术性的传播，而是文化传播所占比例更大。在这种文化传播的过程中又不可避免地会产生受众障碍，刘树军等人将来自于受众的障碍因素归纳为：“语言障碍、文化背景障碍、兴趣障碍、认知障碍”。这四大障碍从一个侧面决定着人们对传统武术的认同程度，这就为传统武术的文化传播增添了难度，因为运动的推广是快捷的，真正意义上的文化传播却是缓慢的，尤其在当今各种文化交流日益频繁的境况下，受它民族文化的侵蚀，传统武术文化内涵的流失似乎也就成为必然。但这种流失又可以最大限度地避免，如何避免这种流失，将是今后我国传统武术文化传播研究的热点问题。

（二）传统武术习练者的流失

传统武术的习练者自新中国成立后明显增加，参与武术的热情一浪高过一浪，传统武术也成为人民群众体育健身的良好手段。这一中国民族传统体育的代表理应成为大众健身和娱乐的首选方式、内容。然而，随着市场经济的深入开展、契约精神的影响、大众文化的渗透、休闲体育的普及，传统武术作为中国人的锻炼方式，由于主客观原因，使习练传统武术的人群正在逐渐减少。2002 年年底第二次发布的《中国群众体育现状调查结果报告》中显示：以太极拳为典型代表的中国传统武术在中国群众体育参与的体育项目表中，风光不再。与 1996 年相比，体育人口在活动内容上保持了相对的稳定性。只是气功、太极拳、武术、地掷球、门球等项目参加人数有所减少，而参与球类、舞蹈等娱乐、竞技性强的项目，以及登山活动人数有所增加。比较 1996 年传统武术（含太极拳）占据前 10 名的景象，我们必须承认，习练传统武术的人数在萎缩。此外，外来的跆拳道、空手道等项目以其简单易学的运动形式和有着深厚本民族文化内涵而受到广大青少年的喜爱和积极参与。特别是跆拳道，在很短的时间内就风靡中国的各个城市，成为青少年喜闻乐见的运动项目，这从下面的例子中就可见一斑。中国人民大学的学校社

团组织“武术协会”取消了面向学生的传统武术教学，因为实践表明，传统武术对大学生的吸引力严重不足。人大武术协会原本为本校学生开设了传统武术、散打、跆拳道 3 个课余学习班，每班正常招生是 30 人左右，但在前一年，传统武术只招到学生 10 人，散打、跆拳道两个班的报名都是满员甚至超编至 50 人。当时，武术协会为了鼓励学生学习传统武术，还特别推出传统武术免费学习的优惠措施，但效果并不明显。

究其原因，是我们在开展传统武术时，基本推行的是竞技武术要求的武术精英的技术模式、少体校的技术模式，有着“入门很难、学好不易”的特点，成为人们拒绝武术技术学习的重要诱因。此外，传统武术由于受保守、封闭等传授思想的影响，多样性的武术传播只在很狭窄的范围中进行。那些过去长期流传于民间的、群众喜闻乐见的、难度不大的、技击性强的传统武术内容得不到推广。因此，就出现了群众参与的广场武术、公园武术中，统一的武术占据主导地位的局面，24 式、42 式太极拳、太极剑成为大众武术的代名词。扎根于社会民众阶层中的传统武术在日益丰富的世界休闲体育项目的威逼下，开始了极不情愿但又无法抗争的枯萎。传统武术的习练者开始明显流失。

武术在发展过程中，要十分关注传统武术习练者，提高传统武术传播的时效性。因为习练者是传统武术传承的基础，是传统武术生存下去的保障。习练者在武术传播过程中处于主体地位，决定着传播活动的基本方向及传播效果的好坏，是传播武术信息流通的终点。传统武术的习练者在某种意义上可以定位于受众，传播学者认为“受众对媒介的使用和对传播内容的接受是一个积极主动的过程，受众一方面具有主动性和选择性，另一方面则受到一系列主客观因素的制约”，如受众所处的社会环境、文化背景等，美国学者克拉伯提出，受众的选择性因素是传播过程的主要干扰，信息差异越大，干扰就越大，反之则相反。对于受众，除了我们传统意义上的国内受众外，还有“国外的华人受众、中国的外国受众、超越国的受众”在减少传统武术流失的过程中，我们要充分关注武术的这些受众，即传统武术习练者，只有这样，中国传统武术才能得到最大的发展，才能被世界人们所认可并广泛参与其中。

（三）传统武术传承人的流失

在以口传身授为主要传承特点的社会，传统武术之所以能够延续下去，经久不衰，这与传承人密不可分，传承人在传承祖国优秀文化遗产中起着承前启后、继往开来的重要作用。在中国武术历史上，有功垂武林的戚继光、有太极拳鼻祖陈王廷、有内家拳大师王征南、有八卦先师董海川、有意拳创始人王芗斋、有武坛泰斗王子平、有神拳大龙蔡龙云等，这些都是我们耳熟能详的传统武术杰出传承人。正是有了他们传统武术才能够拳种丰富、门派、流派林立，才能够源远流长、博大精深，才能够逐渐形成了中国大地上的一支绚丽夺目的奇葩。而当今，如果让我们数点传统武术大家，我们还能说得出谁的名字？

据《郑州晚报》的报道，在河南省登封市境内的唐庄乡磨沟村，曾因传承“少林功夫”而辉煌一时，但是，现在能完整打几套少林拳的老拳师已经不多了，而且，大多已在 60 岁以上。这种状况也发生在许多地方，传统武术传承人的流失已是不争的事实，尤其是一些被当今社会冷落的武术拳种的传承人，濒危现象十分明显。究其原因，我们在框定了所谓的 129 种拳种的同时，意味着更多的武术门类被拒之于门外。特别是那些用一生都在学习、融合、创新的武术门派，由于其所掌握的技击被弃于 129 种之外，所有的学习、融合和创新都变为徒劳。特别是

当武术文化成为产业文化的一部分以后，129 种拳术的代言人，成了武术产业最大的受益者，这些受益者也因此而常常以正宗自居。进而导致他们不敢创新，不敢“背叛”，因为创新则意味着对“正宗”的背弃。那些敢于在原来拳学基础上进行的创新者，也因对“正宗”的背弃而很少得到尊敬。传统武术传承人的流失问题，应引起我们的高度重视。因为传承人对于传统武术的保护和延续有着重要的作用。正如中国民间文艺家协会主席冯骥才在“中国民间文化杰出传承人调查认定和命名”项目启动仪式上介绍说：“当代杰出的民间文化传承人是中国各民族民间文化的活宝库，他们身上承载着祖先创造的文化精华”。许多武术传承人年事已高，技艺近乎失传，“人亡歌息、人去艺绝”的现象十分突出，保护并传承其杰出技艺已迫在眉睫。在传统武术文化传承后继乏人，传统拳种面临失传的情况下，能否将传统武术传承人的技艺留住，关系到传统武术的存亡。显然，国家已经充分认识到传统武术传承人的重要作用，已经将其提升到更为重要的位置，在首批非物质文化遗产传承人名录中，有多名优秀的传统武术传承人名列其中。

(四) 传统武术拳械和门派、流派的流失

传统武术历史悠久，有着极丰富的运动形式和内容，有便于武术技术记忆的拳种，有记录拳种的拳谱，有按血缘、地缘、业缘凝结成的门派、流派等。考证整个中国武术的发展史，我们可以清晰可见，虽然历史环境造就了大量的传统武术拳械产生，但其拳械的消亡也是不争的事实，这种流失很大程度上是来自人为的原因。比如元代，元代统治的时间虽短，但传统武术却受到较大的摧残。元人来自游牧部落，其统治阶层对中国固有的武术并不赞赏，又由于为了维护其统治，生怕人民造反，所以不但严禁百姓习武练艺，连私藏兵器，狩猎，都要治罪。从忽必烈统治时起，就再三禁止“民间私藏武器”，并屡次下令收缴民间武器。另据武汉市新洲区志记载：在新洲境地，传统武术，代代相传。清末至民国时期，武术门派主要有洪门、隐仙门、孔门等 7 类。境东主要流行查拳、南拳、梅花拳、心意拳和八卦拳；境西则多为洪拳、形意拳、长拳、少林拳。常用的武术器械有刀、花枪、三节棍、九节鞭、绳镖等。1970 年后，在继承传统武术的同时，开始逐渐推行国家统一规定的新武术套路。到 20 世纪 80 年代，丰富多彩、形式多样的新洲武术趋于统一，太极拳、太极剑和大雁气功等成为新洲人主要的习武项目。至此，新洲一些古老的拳械濒临灭绝。关于传统武术，类似以上实例当然还有许多。如驰名天下的峨眉拳法，明代史书中多有记述，可现在，门派销迹，后人无影，早已失传。明清时期，在中州地区与嵩山少林拳、陈氏太极拳相齐名的苌氏拳派等均属此类。八卦掌第三代传人李子鸣老先生生前就曾感叹过：“许多好东西眼看着就失传了”，已故的孙氏太极拳传人孙剑云老师（孙氏太极拳创始人孙禄堂之女）曾经说过，她只学到其父功夫的十分之一二，而她的学生辈中无一人继承她的功夫，孙氏太极拳在她之后可能就没了。另外，大量的武术拳种在明清时期发展就不平衡，而到了近代，伴随着西方体育进入中国，这种不平衡的状况加剧。新中国成立后，传统武术拳种在多方面因素的共同作用下，这些拳种发展也没有达到平衡，呈现出不同的发展态势和发展结果。由于对竞技武术的追求，长拳、太极拳、南拳等一些拳种得到重视；由于武术对健身的需求，太极拳、木兰扇等作为有效的健身手段而深受中老年人的欢迎；由于武术产业的发展，少林拳等拳种，借助影视的宣传，历史赋予的文化积淀，迅速走出国门，成为国内外耳熟能详的拳种。然而，大部分拳种由于得不到国家政策的扶持，仍是在小范围内得以传承甚至处于难以为继的状态，面临着“生存与发展”的严峻问题。宗法制度也是传统武术拳种、拳

谱流失的一个致因，因为，宗法崇祖崇古，非“正宗”不能有“真传”。宗法斥外，“真传”只能在极小范围内传承而秘不示人。这样家传武术只能传男不传女，以模拟血缘关系形成的师傅只把武艺传给徒弟，而不是学生。除非登堂入室成为入室弟子，一般弟子难以得到真传，只能学一些本门的皮毛功夫。“这极大地限制了武术的广泛传播。对单项拳种来说，在很长时间里都不会有太多的人得到真传。实际上，这种结果极有可能造成拳种的失传，造成自生自灭的现象”。传统武术门派、流派对于传统武术的最终成熟有着巨大的作用，“武术门派的形成，标志着武术套路技术体系的最终完善”。明清时期武术逐渐融合，一些技术风格相近的套路形成某一门派，门派中具备了完整的功法体系、套路体系和对抗体系。据统计，传统武术门派最多时可达 360 个之多，这么多的传统武术门派、流派成为武术的一道亮丽的风景线。但是，随着改革开放的迅猛发展，人们兴趣爱好的多样性，与世界的交通与信息传递的日益发达，由“封闭的传统宗法社会所形成的流派、门派”正慢慢地流失。因为封闭的环境一去不复返，传统武术传承由秘密状态转向公开，由师徒传承改为学校教习，武术交流更加普遍。传统武术的门派流派由封闭的文化环境转而开放的环境，在这种情况下，传统武术门派、流派的流失也就成为必然。

（五）传统武术史料、书籍的流失

可以说，传统武术历史的研究离不开史料，文献史料是史料的主要组成部分。我国号称文明古国，文献资料十分丰富，仅以旧时被称为“正史”的“二十四史”为例，就有 3249 卷，字数约达 4000 万左右；所记述的中国历史，从传说中的黄帝直到明朝灭亡，贯穿起来就长达四千多年，保存了积极丰富的史料。“二十四史”之外，尚有种类繁多、体裁不一的大批史书，它们共同构成我国文献史料的主体。而史书之外，经、子、集诸部群籍的记载，也都可按照不同的情况用为史料。早期的文字资料，如商周甲骨文、金文、秦汉简牍、帛书，以及历代石刻文字等。总之，一切可作为史料的文字记录，我国都有大量的收藏。具体到传统武术的史料上，由于传统武术具有口传心授的特点，所以用于文字记载的相对于其他史料要少，但这并不能说明武术典籍的缺乏。查阅古书古籍，我们可以发现有关武术方面的典籍并不少，汉代，班固著有《汉书・艺文志》一书，其中有不少是武术理论专著。仅弓箭射法之作就有《逢门射法》2 篇，《阴通成射法》11 篇，《李将军射法》篇，《魏氏射法》6 篇，《强弩将军王围射法》5 篇，《蒲苴子弋法》4 篇，《望远连弩射法》6 篇，《护军射师王贺射书》5 篇。除此之外，还有《手博》6 篇，《剑道》38 篇。可以肯定，以上这些著作，是长期实践积淀而成的宝贵的经验，是理论精华。但可惜的是，“这些财富并没有被代代传续下来，为后人所理解，所践行。而是全部化为烟云，荡然无存。究竟是毁于战火，亡于天灾，或人为所失，留给后人的也仅有叹息而已”。另据《中国大百科全书・体育》记载，流传至今的涉及武术方面的专著只有宋代至清末的 20 余部，这在浩如烟海、多如牛毛的中国历史典籍中，显然是微乎其微的。

二、传统武术流失的原因分析

我们真正意识到传统武术流失，并采取一定的保护措施积极应对，可以追溯到 20 世纪 80 年代。当时，武术界进行了大规模的“挖整”工作，这可以视为对传统武术有意识保护的开始，几十年过去了，传统武术的保护仍然处于十分被动的局面，许多传统武术的拳种、传承人等没有摆脱濒危之境。总结历史，着眼现实，从上面对传统武术发展历程的简要回顾和对传统武术流失现状的分析中，我们了解了一些传统武术濒危的原因。但总体来说，传统武术面临流失的严峻形势既有历史原因、现实原因，又有机制原因和观念原因。

（一）历史原因，即冷兵器时代的退却

不可否认，冷兵器时代为传统武术的大发展奠定了坚实的社会基础，是传统武术生命力延续几千年而不衰的直接动力。由于传统武术具有军事功能，故备受历代统治者的重视，通过高官厚禄来招揽武技人才，为全社会营造了一个良好的尚武之风，极大地促进了传统武术的发展。但是，随着火器走进历史舞台，作为“技击术”的传统武术存活的空间越来越小，应该说，火器早在宋代战场上就已经出现，到了明代有了快速发展。据《纪效新书》记载，在明代著名军事将领戚继光的戚家军时代初期，明军和倭寇作战多次失败，除了其他原因之外，就是明军使用的传统冷兵器遭遇到倭寇使用的轻便火器——鸟铳。在经过多次的失败后，戚继光对鸟铳等火器进行了创造性的改造，使这些火器无论用于训练还是用于作战，都取得了良好的效果。不过当时的统治者还没有认识到火器的重要性，他们始终认为本国的政治、军事、经济、科技都是世界最强。他们这种固守本位文化的思想延缓了火器在军事上的广泛使用。直到 1840 年的鸦片战争，西方的坚船利炮打开了以骑射为立国之本的大清帝国的国门，操持冷兵器的中国军队不堪一击。清朝统治者不得不承认西方火器“皆远且准，我师之所不及”。随后在第二次鸦片战争和镇压太平天国运动的过程中，西方火器再次显示了它与传统武术有无可置疑的优越性。外国军队“火炮之精纯，子药之精细，器械之鲜明，队伍之雄整，实非中国所及。”此后，清政府开始编制新军，用洋枪洋炮取代落后的弓刀鸟铳和传统武术训练。传统武术的军事功能由此而弱，冷兵器时代逐渐淡出历史舞台，传统武术的技击价值得以保留的主要社会因素不复存在。同时，传统武术技艺出众者也不会凭此技艺步入社会的上流，获得在冷兵器时代那样优厚的待遇。此时，传统武术面临两种选择，或彻底地消亡，或在它原有较为次要的社会价值中寻找在新的历史条件下继续存在的依据和发展因素，探索新的发展道路。传统武术在这种歧路彷徨中，选择了远离传统武术本质、追求“高、难、美、新”的竞技武术作为发展的方向。随后，在竞技武术“一枝独秀”的境遇中，传统武术被搁置在阴暗的角落里，被人们所淡忘。

（二）现实原因，即现代科学和全球化的影响

中国传统武术的理论基础，如阴阳、五行、八卦等，本身就具有意义上的模糊性，是直观的、感悟的、非逻辑的，而人们现在已习惯用生理学、生物力学等现代科学知识来解释武术招式的合理性，这必然会对传统武术理论造成冲击，进而质疑这种理论在指导实践时的合理性。目前我们还不能对这些传统文化给出一个让人信服的合理的解释，甚至我们自己已经把这些文化看作是“传统”而将它放置在文化博物馆里，仅供人去研究观览。如何看待这个问题，著名武术家赵道新曾做过这样的论述，他说：“历代八卦拳师谈掌法必言易理，这只不过是八卦学说往八卦掌上硬套，没人真能找出它们之间的一丝必要的关系。除了哲学启发外，在格斗中推敲阴阳八卦，是一种精神上的胜利法和麻醉法。甚至连八卦大师也在苦思冥想：这些变化莫测的换掌游动究竟怎么‘用’呢?”诸如此类，随着现代科学的发展，人们更加不能解释清楚这种注重“感悟”的文化基因，必然会促使传统武术指导实践理论的改变，进而引起传统武术表现形式的改变。表现形式的改变，可能就会引起人们对传统武术本身的怀疑与迷惑，怀疑与迷惑的

过程，就会阻碍传统武术的发展，增加传统武术流失。

全球化也是传统武术流失的重要原因。全球化是当今人们经常挂在嘴边的一个名词，其出现的时间比较早，但学者对其研究的时间比较晚。吉登斯将全球化定义为："世界范围内社会关系的强化，这些关系以这样一种方式将遥远的地方联系起来：一地发生的事情受到千百里以外的发生的事情的塑造，反之亦然。这是一个辩证的过程，因为地方上发生的事情可能沿着与塑造它们的伸延很远的关系相反的方向运动。地方性的变迁既是全球化的一部分，又是社会联系跨越时间和空间的旁向延伸。"从这个定义我们可以看出全球化的表现主要是世界范围内联系的加强，这种联系跨越时间和空间。同时，全球化也是"自近代社会以来，以生产力的迅猛发展和科学技术水平的快速提高为动力，人类不断地跨越空间障碍和制度、文化等社会障碍，在全球范围内逐步实现物质的和信息的充分沟通，不断取得共识，在众多领域制定共同遵守的规则，采取共同行动的过程。"在体育上，伴随着奥林匹克运动全球化的进程，西方奥林匹克强势体育文化逐渐成为世界体育文化的主导，世界许多边缘和弱势民族的传统体育受到以奥林匹克为标志的强势体育文化的压抑，甚至在"全球化"的阴影下被抹杀，被迫按西方体育的规则玩游戏，这是不争的事实。回眸历史，我们就会发现，民族传统体育与西方体育的分庭抗争的起源来自于国粹武术。发生在 20 世纪 20 年代的"土洋体育之争"的焦点是传统武术与西方体育的价值之争，尽管在这次的争论中，我们确立了传统武术的价值，选择了游离于社会底层的武术走向学校教育，提升了武术的文化层次，但还是没有使武术摆脱西方体育文化的影响。武术走向了"新武术"，也因此开始了传统武术的现代改良，传统武术就这样走进了西方体育的语境中。

20 世纪 80 年代以来，武术的发展在紧紧围绕"武术全球化"的战略发展目标的进程中，应该说取得了非常卓越的成就。从国际武术联合会的成立、国际武术联合会的成员国数量过百、持续不断的世界和洲际武术比赛的开展，都充分说明了这一点。但随之而来的在这一过程中的过度追求竞技武术的发展，又将武术的发展分离为"传统武术"和"竞技武术"两条道路。在国家和政府的大力支持下，在武术进入奥运会的目的性驱使下，在追求武术奥林匹克运动会项目化的武术发展进程中，武术特别是发展后的竞技武术，越来越远离从历史中走来的中国传统武术的味汁，成为西方体育的派生品。竞技武术国际化的结果，使历来追求主体目标和本质目标统一的中国武术在渐渐淡化，真正意义上的中国多元的传统武术已经远离我们且越走越远。武术发展向单一的方向发展，最终将导致武术国际化进程中的完全地被西方体育文化消融、代替。曾经靠口传身授方式在封闭的社会体系中流传的中国传统武术，随着全球化时代的来临，其运动形式、思想文化、价值观等都发生了很大的改变，逐渐成为西方体育理念下的产物，传统武术的发展愈发举步维艰。西方奥林匹克体育在全球的一元发展使传统武术的推广和传播不论在国内还是国际都受到了强烈的冲击。不可否认，民族文化内涵最为深邃的、最能展示民族精神的、承载最多民族情感的传统武术，其流失问题正实实在在地逼近我们。所以，有学者发出了"传统武术：我们最大宗最珍贵的濒危非物质文化遗产""传统武术亟待保护"的呐喊。事实的确如此，1984 年前后的三年中，中国武术工作者做了一件非常有意义的事情，即自上而下，又自下而上地进行了全国范围内的武术挖掘整理工作，摸清了"家底"，及时拯救和保存了一些濒于失传的拳种。但对这些珍贵的资料我们确实没有尽到责任，我们只是将这些散落于民间的优秀传统武术的资料进行了一次聚合，而没能够有组织、有计划地实施这些资料的科学化整理和这些优秀拳种的继承和传播。时至今日，这些优秀的传统武术技术和理论仍在束之高阁和放任自流。这样的“保护”形式是非常勉强的，时间久了也会再次丢失。因为，作为技艺传承的武术，会因前辈们的谢世而将技艺带走或消亡，传统武术的“体悟”成果也许只有体悟者自身最为明晰和最有发言权。

我们不知道未来全球化下传统武术的保护将会取得怎样的成就，但现今传统武术生存正面临着全球化带来的阴影，而我们大部分人仍处于无保护意识状态，这种无意识状态是民族观念淡薄的表现。全球化形势下，传统武术的保护需要整个武术界乃至全民族的自省和反思，需要对传统武术精神的自省和对现代社会不适应性的反思，在自省和反思中继承和发扬传统武术，在自省和反思中寻找传统武术保护的出路和传统武术精神延续的方法。当全球化浪潮四处蔓延之时，希望有识之士听到的不是传统武术流失的丧钟，而是保护传统武术和民族文化传统的号角。

（三）机制原因，即传统武术保护机制不够完善

国外关于类似中国传统武术的非物质文化遗产的立法保护起步比较早，日本于 1950 年通过了《文化财保护法》来保护无形文化财，韩国于 1964 年也通过了《文化财保护法》来保护传统的民间文化创造。这些国家对民族传统体育类非物质文化遗产保有者也建立了保护机制，先后建立“活的文化财”制度来保护那些非物质文化遗产和非物质文化遗产的保有者。目前，我国非物质文化遗产保护方面的立法还比较薄弱，非物质文化遗产保护与日本、韩国等国相比还比较落后。我国政府已经开始着手对非物质文化遗产保护的立法，建立和完善非物质文化遗产的保护体制。2004 年 8 月 28 日，第十届全国人民代表大会常务委员会第十一次会议决定批准联合国教科文组织颁布的《保护非物质文化遗产公约》，非物质文化遗产保护开始成为国家的意志；2002 年和 2003 年相继启动了保护非物质文化遗产的“两大工程”；2005 年 3 月 22 日，中国民协在北京宣布正式启动“中国民间文化杰出传承人调查认证和命名”项目。上述措施的实施表明我国非物质文化遗产的保护正逐步与国际接轨。在非物质文化遗产保护机制与保护措施还不完善的大环境下，宣传机制和管理机制也有待于健全和完善。社会各界对传统武术具有的历史、文化、艺术等价值缺乏足够的认识，从而使传统武术保护观念淡薄。一直以来我们都是在某种外部因素的促使下，有些手忙脚乱地进行挖掘、保护。尽管改革开放以来对传统武术的挖掘整理工作得到了前所未有的重视，并且取得了丰硕成果，陆续整理出版了一批有影响的优秀武术书籍、电子出版物等，为武术爱好者提供了较为权威的参考资料，但由于缺少有效的保护机制和完善的保护措施，研究水平参差不齐，挖掘保护工作的方法、手段单一，整个内容平淡琐碎，缺乏文化内涵，没有一个系统的持续的计划，断裂现象十分严重，而且在挖掘保护中投入大量的人力、物力、财力关注保护的形势和结果，而甚至是很少考虑传统武术持续传承、存在的根本动力等至为关键的问题。当前，人们因追逐经济利益而逐渐放弃了民族的传统，这造成民族传统的断裂，优秀的传统武术在无意识的状态下逐渐流失。因此，加强传统武术的历史价值、文化价值、艺术价值等方面的宣传，加强青年一代民族文化自豪感的教育和宣传是建立保护机制的前提和基础，而建立和完善对传统武术开发的管理机制，减少或避免传统武术的流失，确保武术的原生性，保持文化的原生态则是传统武术延续的重要保障。

（四）观念原因，即保守思想的影响

传统武术是在封建时期发展起来的，所以，它不可避免会受保守思想的影响，传承的许多弊端致使许多在民间流传多年的拳种正在逐渐远离我们的视野直至消亡。再加之传统武术观念中混杂了大量封建落后意识和迷信成分，由于历史的原因，长期以来，传统武术在社会文化的下层，它与封闭、保守、分散的小农经济结成了深厚的渊源，因此它就更容易接受和迎合社会的地位文化心态。这些传统观念的抵制也是传统武术得不到很好发展的重要原因。另外，“侠以武犯禁”思想的根深蒂固，统治阶级始终把武术压制在社会最底层，“抑制人们习武，收缴天下兵器”，从而大大阻碍了传统武术的发展，使传统武术在民间狭小范围内传播，“家传武术”“口传心授”成了传统武术传承的主要方式，这必然会导致传统武术大面积的流失。例如，明清时期是我国武术水平的巅峰时期，也是历史上武术活动的鼎盛时期。在清代，“反清复明”活动此起彼伏，武林义士为了反抗清朝的压迫，前赴后继地跟清王朝顽强斗争。为此，统治者在加强朝廷武备的同时又严禁民间练武，大大地阻碍了我国传统武术的发展。据说福建九莲山的南少林寺就是因“反清复明”而被官府以“少林寺整军经武，图谋不轨”的罪名围剿并一举焚毁的（大概是在康熙年间），最后逃生者只有五位高僧。可以说这是对南少林武术的一次大浩劫。而位于河南登封的嵩山少林寺也在1928年被军阀石友三放火整整烧了四十五天，大量珍贵文物均被付之一炬。若不是寺僧永祥和尚在火焚寺院前，将四十多卷少林禅武秘籍复抄后于养病期间带回东北老家秘藏的话，也许我们再也看不到有关少林武术完整的记载和理论体系了。传统的武术原有着自己的许多理论，在完成自身现代体育项目转化的过程之后，它的理论却没有能从总体上完成这一转化，许多过时了的东西仍旧被保留下来，甚至被奉为典则。加上武术界长期以来有着重技术、轻理论的倾向，因循守旧的习惯势力比较顽强。再者，民族传统诸多文化的渗透是传统武术厚重内涵的原因之一。由于历史的原因，在吸收其他文化精华的同时，一些消极的东西没有得到有效的过滤，因此，它与封闭、保守、分散的小农经济形态有着深厚的关系。在流传过程中，一些不讲科学，甚至故弄玄虚、迷信色彩的东西也掺杂进来。这些虽然是历史发展过程中的时代产物，但对传统武术的传承与发展是不利因素。千百年来，传统武术的教学多为言传身教的小家庭模式，师徒之间单线传授，容易练就狭隘的思想意识和保守的处事观念，即使学徒增多，门派之见也容易形成。况且同门、同派弟子之间又有内外之别，如“直系传人”“关门弟子”“得意门生”等，都是轻重不一的实际例子。这种传承方式，其受体无疑是窄小的，这就导致了大部分徒弟学不到本门或本派的武术绝学。无疑，在窄小的受体间传承的传统武术，流失问题更易发生。并且，传统武术分门别派，守派意识表现突出。各门各派之间虽然能相互尊重，但彼此之间难以进行技术交流，更加不会交流练武心得。另外，由于传统武术思想观念讲究含蓄务实，反对张扬炫耀、显山露水，提倡“真人不露相，露相不真人”“露头椽子易糟”“教一手，留一手，预防后人暗动手”等理念，遇事中庸，不予争先。翻阅门派林立的武术史料，无论是古代的内家拳，还是著名的少林拳，他们对传统武术的传承慎之又慎，筛选徒弟，用心良苦。“没有合适的传人，宁可失传，也不轻传。”

第三节　非物质文化遗产视角下传统武术代表性传承人研究

2011 年 2 月 25 日第十一届全国人民代表大会常务委员会第十九次会议通过《中华人民共和国非物质文化遗产法》，福建、浙江、新疆等省（自治区、直辖市）也出台了地方非物质文化遗产法律、法规。出台非物质文化遗产法，是履行联合国教科文组织《保护非物质文化遗产公约》的责任和义务，是我国非物质文化遗产保护工作的重要里程碑。众多传统武术项目、传承人入选非物质文化遗产名录与代表性传承人名单，是传统武术发展的历史性机遇。我国现行的法律没有针对保护传统武术的法规条例，这些非物质文化遗产法律、法规为保护和传承传统武术提供了依据。

一、传统武术代表性传承人性质分析

（一）代表性传承人是传统武术的"活态"传承者

世界遗产分为文化遗产与自然遗产（自然与文化双重遗产），文化遗产又分为物质文化遗产和非物质文化遗产。传承是非物质文化遗产的基本特点，进化是非物质文化遗产发展演变的基本规律。由于非物质文化遗产是根植于民族的活态文化，因而，它是特定群体的活的内容，它永远处于"活态"传承与"活态"保护中。传统武术是非物质文化遗产，只能依靠"活态"承载和传播。

在 1983—1986 年间，全国动员 8 000 余名武术界人员，进行了"普查武术家底，抢救武术文化遗产"活动。查明了流传各地的"源流有序、拳理清晰、风格独特、自成体系"的拳种 129 个，编写武术资料 651 万多字，录制 70 岁以上老拳师拳艺 394.5 小时；搜集了武术文献资料 482 本，古兵器 392 件，实物 29 件。武术界对于文化遗产的保护行动是先进的。但是，30 年过去了，就像有学者指出的，重新审视这次大规模的武术挖整工作时，除了留给后人一系列数字以外，似乎并未看到挖整工作给中国武术发展营造的新图景，就是武术工作者本身也不了解 129 种拳种到底都有哪些。传统武术需要法律、法规提供长期保护的保障。但是，更为重要的是，20 世纪 80 年代的整理与挖掘变成了一个不断把传统武术"固态化"与"展示化"的过程，并且留下的"只是一个个缺乏生命力的外壳"。20 世纪 80 年代传统武术的静态保护注重资料的收集，而非物质文化遗产的"活态"保护，其关键在于传承而非保存，需要把人放在第一位，否则，是无法传承传统武术的。比如，"民俗"类非物质文化遗产，即使是主要依靠群体习俗延续，而非个人，但是第二批国家级非物质文化遗产代表性传承人认定了 5 名民俗类传承人，到第四批认定了 31 名之多，可见，人们对于代表性传承人在非物质文化遗产"活态"传承中的作用越来越重视。武术传人通过刻苦练习、潜心揣摩、广览博采、反复实践，掌握了传统武术的文化传统和精湛技艺。他们是绝技的载体，他们的罕见绝技，招法运用经验，传承过程中遵循的规矩禁忌和道德信仰等，这些无形的精神因子是传统武术的灵魂，无法复制。传统武术传承靠口传身授、陪练实践，只能靠武术传人代代相传，精益求精，而且，创造行为是无形的，其技巧、记忆仅仅在于从事传承的人身上。独门绝技，往往因人而存，人亡艺绝。传统武术传承人是武术技艺的"活态"承载者和传递者，是世代传承"接力赛"的"执棒者"。

（二）代表性传承人是传统武术的传承主体

在非物质文化遗产保护过程中，存在着谁保护与谁传承两个息息相关的问题，于是就出现两个主体：一个是保护主体，一个是传承主体。我国《非物质文化遗产法》第七条规定："国务院文化主管部门负责全国非物质文化遗产的保护、保存工作；县级以上地方人民政府文化主管部门负责本行政区域内非物质文化遗产的保护、保存工作。"联合国《保护非物质文化遗产公约》第 11 条规定，各缔约国应该：采取必要措施确保其领土上的非物质文化遗产受到保护；在第 2 条第 3 段提及的保护措施内，由各社区、群体和有关非政府组织参与，确认和确定其领土上的各种非物质文化遗产。与我国非物质文化遗产法相比，公约强调了民间组织的重要性，由此说明了保护非物质文化遗产的主体构成，就是联合国教科文组织政府间保护非物质文化遗产委员会、从事保护工作的相关政府部门、社会组织团体、文化单位等。保护主体建立国际、国家、省、市、县五级宝塔形的非物质文化遗产名录体系，并实施分类管理和保护。《非物质文化遗产法》第二十九条规定："国务院文化主管部门和省、自治区、直辖市人民政府文化主管部门对本级人民政府批准公布的非物质文化遗产代表性项目，可以认定代表性传承人。"虽然各级各类保护主体负有不同的责任，承担着不同的保护任务，但工作的目标是一致的。值得注意的是，保护主体中的 9 部委共同组成的非物质文化遗产保护工作部际联席会议，没有武术部门或体育部门参与，国家非物质文化遗产保护工作专家委员会也没有体育学方面的专家，对传统武术的认定保护难免出现非专业性纰漏，武术管理机构应该主动参与其中，加强本领域保护工作。

传统武术传承人技艺精湛、经验丰富、富有创造力，在传承活动中处于主体地位，如太极拳传播盛世和主要传承人的创造性贡献是紧密相连的。陈氏太极拳陈王廷为始祖，到陈氏太极拳六代传人陈长兴，在家传太极拳的基础上，将陈王廷创编的一至五路太极拳改编成现在广泛传播的陈氏太极拳一、二路（二路又名炮锤），后人称之为"老架"（亦称大架）。陈氏九代传人陈发科，修改陈式老架招式，其子陈照奎定型太极拳套路，现被称为新架太极拳。自陈式太极拳开始，太极拳传承群体中涌现出来的杰出人物还有杨露禅、吴鉴泉、武禹襄、孙禄堂等人，创新发展了杨、吴、武、孙式等多个流派。国家级太极拳代表性传承人最多，为 7 人，其他项目传人均在 3 人以下，太极拳由此形成了一个代表性传承人群体传承的局面。传统武术传承人不仅继承、延续武学，还起着发扬、创新的作用。代表性传承人深谙传统武术的真谛，他们的创造性成果不会脱离"原生态"武术的本质特征，却往往赋予非物质文化遗产"生命力"，如杨露禅编创杨氏太极拳，促进了太极拳的广泛传播。传统武术在传承过程中，积累了历代传承者的智慧，甚至有对其他拳种的融摄补取，博采众长，成为创造力的结晶。传统武术必然会随着文化生态的变迁而适应性的"进化"，因此，传统武术保护与传承所宣称的力图使传统武术保持它的原生形态，保持原汁原味，这样势必要拒绝传统武术的发展变迁，使传统武术处在一种"呆滞"状态，变成毫无生命活力的"死武术"和"文化孤岛"。既要防止非物质文化遗产被滥用，用竞技武术这种西方化模式评判传统武术，促使传统武术快速变异；也要鼓励代表性传承人进行创新。应立足于挖掘价值内涵，在抢救、保护的基础上使其自身真正拥有适应社会的能力。陈氏太极拳代表性传承人陈正雷，1999 年—2013 年成功举办了 15 届国际陈氏太极拳高级培训班，已培训学员逾万人次。从总体上来说，传统武术的创始也许是由个人的努力引发的，但在其完善和传承过程中，需要传承人群体的努力。同时应该看到，代表性传承人不可能大量认定，以代表性传承人为核心，发挥传承群体中其他主要传人的作用非常重要。

传统武术传承主体与保护主体是进行非物质文化遗产保护的核心要素，他们紧密相连、相辅相成。传统武术的保护主体促进了传承与传播，通过认定、组织、管理、宣传、教育提高传统武术作为非物质文化遗产的影响，配置资源，制定保护措施和法律法规，为传承提供强有力的保障。同时，传统武术的传承主体也行使积极的保护职能，辩证地讲，成功的传承是最有效的保护。

二、传统武术代表性传承人的认定、管理与保护

（一）传统武术代表性传承人的认定

2011 年《非物质文化遗产法》第二十九条规定，非物质文化遗产代表性项目的代表性传承人应当符合下列条件：（1）熟练掌握其传承的非物质文化遗产；（2）在特定领域内具有代表性，并在一定区域内具有较大影响；（3）积极开展传承活动。这是认定代表性传承人的标准。这与 2008 年文化部发布的《国家级非物质文化遗产项目代表性传承人认定与管理暂行办法》（以下简称《暂行办法》）中的规定基本一致，只是后者第一条是："掌握并承续某项国家级非物质文化遗产"，显然新的《非物质文化遗产法》增加了必须"熟练掌握"这个限定条件。随着保护工作的推进，人们逐渐认识到代表性传承人必须对非物质文化遗产"熟练掌握"。著名的武术家都是几十年如一日"冬练三九，夏练三伏"砥砺磨炼出来的，老师的武艺水平就是学生的目标。武术技能是在多年磨炼中形成的"功夫"，"差之毫厘，谬以千里"。《暂行办法》对传承人还规定："从事非物质文化遗产资料收集、整理和研究的人员不得认定为国家级非物质文化遗产项目代表性传承人。"这与《非物质文化遗产法》并不矛盾，是一种具体执行条款。从事非物质文化遗产资料收集、整理和研究的人员很容易具有《非物质文化遗产法》规定的后两个条件，但是他们不能"熟练"进行实践运用，所以不能认定为代表性传承人，不是武术家、武术传人。因为传统武术传承需要靠口传身授，而不是靠材料。

（二）传统武术代表性传承人的管理

传统武术代表性传承人年龄较大，面临着青黄不接、后继无人、甚至会失传的危险，因此，现阶段重点是代表性传承人建立传承梯队。

目前传统武术最多的传承方式是家传、家族传、社会拜师传承。在物质匮乏的农耕社会，武术拳师对从祖辈传承而来，又经自己潜心学习和磨砺的技艺，拥有一种"敝帚自珍"的心态，他们认为这种技艺是立足社会、养家糊口的绝活，不得外传，甚至对徒弟也要"十年不得出门"进行考察和磨练。这样便形成了某些民间武术单线式的传承方式，即一对一的传承，父传子、师傅传徒弟。为了保证家族武术不外传，传承中甚至出现了只传男不传女、不传外姓人等规矩，即使是太极拳其代表性传人主要集中在有血亲关系的家族内部。

这种谨慎保守的传承方式，必然造成流传范围窄，掌握精髓的人数极少，失传的概率大。既要尊重其拜师的传统，又要打破"只传内、不传外；只传男、不传女"的思想。管理部门可以定期组织传承人举办收徒仪式，建立传承梯队，把传统武术礼俗传袭下来，规范武德，形成合法、文明的约束力。同时，对未列入代表性传承人名单的其他主要传承人给予政策关注，设

立“杰出传承人奖”奖励除代表性传承人之外的传承人，有利于形成传承群体。另外，掌握好普及与提高的关系，鼓励代表性传承人参与学校教育、著书立说，增加社会受众。

《非物质文化遗产法》第三十一条：“非物质文化遗产代表性项目的代表性传承人无正当理由不履行前款规定义务的，文化主管部门可以取消其代表性传承人资格，重新认定该项目的代表性传承人；丧失传承能力的，文化主管部门可以重新认定该项目的代表性传承人。”这其实是建立了一个“退出机制”。但是，该规定过于概括抽象，不明确、不具体，缺乏考核指标，难以调动代表性传承人的积极性。根据管理学“权、责、利”相结合的原则，权利、责任、利益均统一于责任方一体，责任主体是责任的承担者也是权利的拥有者和利益的享受者。管理方应该使代表性传承人清楚责任内容，知道权利范围，明白利益大小，并定期评估，建立管理规范。

（三）传统武术代表性传承人的保护

传统武术遗产的保护，本质上说是对传承人的保护。传统武术是濒危非物质文化遗产，“内容递减，传承断裂”，随着一些老拳师的去世，有些拳种也相继流失，这也是传统武术面临的主要问题，有的已经失传，也有的正在失传。因此，保护传统武术的延续性和可持续性，应防止因为传承人的死亡而出现“人亡艺绝”的情况。传承人锐减是传统武术濒危的根本原因，所以，一定要重视传承人的保护工作。对老一辈的拳师和各拳派传人的保护应该是传统武术保护的重点。传统武术是由传承而得以延续的，传承是一个动态的过程，是以人为载体的，保护传统武术的关键环节就是加强对各传统武术项目代表性传承人的保护。既要保护代表性传承人的自然属性又要保护其社会属性，二者缺一不可。保护其自然属性是指其传承所必需的生存条件、健康状况。改革开放以来，许多老拳师相继去世，中年拳师由于生活压力所迫，不得不放弃武术，放弃了传统的教武职业，转向其他的谋生职业。特别是在广大农村，拳师迫于生活压力，大多弃武改从其他谋生职业。因此，要改善他们的经济状况，提供基本生活保障、医疗保障，对传承人授徒传艺、开展传习活动给予资助等，提高他们的社会地位，鼓励他们继续言传身授民间武术。保护代表性传承人的社会属性就是保护他们传承活动中的各种关系，使传承人具有传承空间。首先，保护师徒关系。传统武术的一个传承特征就是长期性，这个传承过程必须有稳定的师承关系才能够保障教学关系的长期维持。尊重传承中的师徒关系，就是保护传统武术传承的纽带。其次，保护代表性传承人的群众基础。向全社会宣传普及非物质文化遗产知识，在全社会形成保护传统武术遗产的良好环境和舆论氛围。传统武术传承和发展总是依存于一定热爱它的群众，没有群众基础，就会失去存活的土壤。再次，保护代表性传承人的传承基地。基础设施是非物质文化遗产保护、传承的重要依托，要建立传统武术传承训练基地。随着我国城镇化的发展，传承基地的位置要选择在城区、中心城镇等人口聚集地，一定要告别传统武术项目在偏远乡村流传的状况。最后，保护代表性传承人的技术记忆。现代数字化技术的发展，可以“原生态记录”武术家珍贵武术影像资料，既有助于传统武术“原真性”记忆的保持，又为普及提供了便捷的途径。代表性传承人武术影像、著作等技术记忆是非物质文化遗产传承的重要辅助。

第二章 非物质文化遗产视域下河南传统武术的现代化发展

随着经济全球化趋势和现代化进程的加快，各民族的非物质文化遗产赖以生存的社会结构和环境发生了改变，使得一些依靠口授和行为传承的非物质文化遗产正在不断消失。近年来，我国政府和社会各界加大了对非物质文化遗产的保护力度。随着《国家级非物质文化遗产代表作申报评定暂行办法》的出台，河南省的月山八级拳、苌家拳、太极拳、少林功夫、心意六合拳已相继被列入到国家级非物质文化遗产保护名录中。这些非物质文化遗产蕴涵着河南人所特有的精神价值、思维方式、想象力和文化意识，成了河南对外交流的一张名片，是确认河南文化身份的标识，集中体现了河南武术文化的风貌和中华民族精神。越来越多的武术拳种被纳入到非物质文化遗产中进行保护，但在申报和保护的过程中由于不知道什么是“武术非物质文化遗产”、为什么保护、怎么保护，从而出现了申报难、保护难的问题，不但浪费了人力、财力，同时也失去了遗产保护的最佳时机。本章首先从非物质文化遗产的角度，介绍了河南弱势武术文化的边缘性现状，并对具有代表性拳种的发展状况，如少林拳、太极拳、南无拳和心意拳进行具体阐述，为我国传统武术非物质文化遗产的进一步发展认识提供一定的理论基础。

第一节 非物质文化遗产视域下河南弱势武术文化边缘化研究

一、河南省弱势武术文化的当代境遇

河南是中华民族发源地之一，在长期的历史发展过程中，由于其特殊的地理位置，积淀了丰富的武术文化资源，全国 129 个武术拳种中，起源于河南省就有 40 多种。此外，还有不少拳论拳谱，散落于民间。这些拳种在历史的长河中都有过辉煌的一笔，是中州民俗文化的重要组成部分。但随着现代化建设的加速和外来文化的入侵，文化自信的缺失、环境恶化等因素的威胁，有部分的弱势文化遗产逐渐被边缘化，它们犹如一个个影子随时都有可能消失。八极拳距今已有 800 多年的历史，发源地博爱县如今习武者甚少，它和少林、太极并成为“中州三大拳派”的荥阳苌家拳依然坚守“不得在人前卖弄”的古训，但也处于濒临失传的境地。另外，开封的查拳、汤阴的岳家拳、安阳的弹腿、豫东的洪拳、淮阳的六步拳、长垣的六合枪、滑县的虎尾镰、鹿邑的跤术等也面临同样的命运。河南大学栗胜夫对河南省这些弱势拳种的现状感到担忧，他说：“我省武术传承落后于发展，流失速度快于传承速度，武术整体在萎缩，尤其是一些有名的老拳师相继离世，致使一些拳种青黄不接，后继乏人，个别拳种已经到了失传的地步。”由此可见，河南武术文化发展过程中，在少林和太极兴盛的背后，一定要警惕弱势武术文化的生存境地。

二、保护弱势武术文化的价值

武术文化是非物质文化承载着丰富的历史，是过去时代留下来的财富，我们可以从中活态地了解历史。无论是何种武术文化总有其产生的历史条件，总带有特定的历史特点，通过这些非物质文化我们就可以了解到特定历史时期的生产水平、社会组织结构和生活方式，人与人之间的相互关系、道德习俗及思想禁忌。每个民族、种族的文化都具有独特的创造性和迥异于其他民族的特有价值，都是不可重复的、不可替代的生成体系，不管是强势武术文化或是弱势武术文化都是具有独特价值的独特传统。联合国教科文组织《世界文化多样性宣言》中指出，“文化在不同的时代和不同的地方具有不同的表现形势。这种独特性具体表现在构成人类的各种群体和各社会的特性所具有的独特性，文化的独特性是交流、革新和创作的源泉。”

三、弱势武术非物质文化边缘化研究

（一）对保护弱势武术文化价值的错误定位

人的思想观念对人的社会实践具有指导性作用。在对非物质文化遗产的抢救和保护上，目前还存在着一些错误观念。一是基层民众认识不到位，有人认为，非物质文化遗产和生物界一样，自然淘汰、适者生存，不必要刻意而为之；有人认为，抢救传统的文化是复旧，新时代不需要那些“老掉牙”的旧民俗，即使是掩饰和恢复人们的记忆也没有必要。有了这样的观念，对弱势武术文化非物质文化遗产的保护必然缺乏热情和行动。二是研究者认识不到位，一些学者认为弱势武术文化是次要文化，即便对其花费很多的精力和时间，也提不出令权威部门关注的理论与观点，所以就不愿意在实践中投入过多的精力，大多数田野调查都流于形式或者研究缺乏深度。因此，我国整体的武术文化研究呈现出热衷追逐主流文化的研究多，热心于弱势武术文化的研究少的不均衡状态，通过 CNKI 检索发现：作为河南武术名片的少林功夫和太极拳的研究文献较多；但同为国家级非物质文化遗产的月山八级拳就非常少。由此可见理论研究的缺乏是弱势武术文化处于边缘化的一个重要原因。

（二）弱势武术文化生长环境的恶化

每一项民间非物质文化都不可能以一个物质的符号独立存在，它所表现的所有形式都是与孕育它的民族、地域生长在一起的，共同构成了一个文化综合。所以，生长环境的变迁对于弱势武术文化的边缘化影响巨大。非物质文化的生长环境包括外部环境和内生环境。外部环境方面，其一，因为时代的发展，西方竞技体育的推广，某些民间体育项目原有的自发性练习民间体育的群众社团难以发展，受众人群逐渐分流，从事这些项目的民间艺人和爱好者越来越少，导致传承人断层；其二，当地媒体缺乏关注，使得这些项目逐渐淹没在了众多“流行”文化中。我们所熟知的苌家拳在清代末期河南地界几乎家家习练，与太极、少林合称为“中州三大拳”，但是随着时代的推移，习练苌家拳的人急剧下滑。内生环境方面，其一，河南省弱势武术文化缺少相关的文字记载、书籍和视频，而传承人老龄化严重，这些弱势武术文化随时都会因为传承人的终老而消失；其二，传统的民俗文化传承方式束缚了其发展。河南省民间传统武术文化的主要传承方式是口传心授，往往是“人在艺在，人亡艺绝”，大量的武术非物质文化处于自生自灭的状态。

（三）弱势武术“文化空间”日趋萎缩

《中国民族民间文化保护工程普查手册》界定“文化空间”是指“定期举行传统文化活动或集中展现传统文化表现形式，兼具空间性和时间性。”村落、庙会、庆典和节日等文化同构体是以地域性、血缘关系或社会、经济结构为基础的，拥有着共同的文化传统，是中华民族文化认同的主要方式。这些共同体是民族传统体育不可或缺的生存空间，表现出时间的节律性、场所的定点性，成为传承民俗语言、民俗传统、民俗思想、民俗信仰和民俗价值的重要场域。随着现代文化的兴盛，很多民俗节庆方式逐渐被人们淡化。兴盛于明清时期，开封民间的武术擂台赛，曾经作为民间武术切磋技艺、展示交流的主要平台，也是农村百姓用来休闲娱乐的主要场所，至今已经销声匿迹。很多武术文化为了拓展自己的文化空间往往借助现代市场化手段，比如每两年一届的郑州世界传统武术节和焦作国际太极拳年会的成功举办为登封少林拳和温县陈式太极拳拓展了文化空间。由于弱势武术影响力低下，与当代市场融合力差，导致其文化空间举步维艰，日渐式微。据了解，河南省部分武术项目平均每年进行由多人共同参与或表演的艺术形式不足一次，而且部分展示，增加了许多表演性套路，致使体育文化原生态内涵受到破坏，传统文化“盛宴”因此而变得乏味。

（四）弱势武术文化群众基础的薄弱与传承者的缺失

因为非物质文化特有的“活”的特性，使得它的延续与人紧紧联系在一起，并与人的活动息息相关。基层民众是多彩民间文化的创造者、享用者、传承者，他们与非物质文化遗产的关系是血肉相连无法分割的，是实现传统文化传承与发展的主体，是民间文化得以发展壮大的土壤，离开了这一生长的土壤，民间文化的艺术之树就不能枝繁叶茂、开花结果。因此，可以说广大民众的态度、觉悟从根本上决定了非物质文化遗产被传承或摒弃的命运。对河南省弱势武术文化调查中发现，基层民众对当地武术文化的关注度低下，甚至很多年轻人不知道当地的这些民俗文化，多数人表现出漠不关心，认为其可有可无。因为弱势武术文化鲜有人知，当地的政府和企业不能直接从中获得经济效益，所以他们也不热衷对其进行推广，而愿意继承这些弱势武术文化的年轻人也越来越少，甚至传承人自己的直系亲属宁可另谋他职，也不愿留在家中继承老一辈传下来的文化。今年已经 85 岁的陈忠德，是唯一的圣门莲花拳传人，在家免费招收弟子，却无一人登门求艺。贫瘠的文化土壤使得弱势武术文化找不到可以依附的根基，生存境地岌岌可危。

第二节　非物质文化遗产视域下少林拳和太极拳发展的态势分析

少林拳和太极拳作为河南体育非物质文化遗产的代表性项目，在最近几十年的发展过程中，各自面临不同的机遇与挑战，通过对这些机遇和挑战的分析，可以很清楚地了解到其自身的优势和不足，进而提出更好的对策来促进少林拳和太极拳的发展。

一、少林拳与太极拳发展的机遇分析

（一）少林拳发展的机遇

机遇可遇不可求，要想快速发展，必须抓住机遇，在各种文化攻势的重点宣传下，少林武术在民间知名度非常高，可谓无人不知、无人不晓，而且少林拳的御敌防身的功能得到人们的一致认同，因此，少林拳在民间的推广有大量的群众基础。

1. 国家级非物质文化遗产名录已经将少林拳纳入其中

少林拳在2006年，被列入首批国家级非物质文化遗产名录。非物质文化遗产的成功申报为少林拳提供了更加广阔的发展空间，很好的提升少林拳的文化品位。非物质文化遗产的申报成功对少林功夫是一个非常好的历史机遇。少林功夫成功的入选，很好维护少林功夫的源头，因此，少林寺对于少林功夫的正宗地位正式确定。电影《少林寺》中的一句“天下功夫出少林”，使嵩山少林寺驰名中外，少林功夫也因此受到大力热捧。

少林寺作为中国佛教“禅宗”的发源地，历朝历代的僧人以言传身教的传承方式，创造了名扬海外的少林功夫。因此，身为国家级非物质文化遗产的少林功夫正在面临着重要的发展机遇。

2. 广泛知名度使得少林拳在民间形成了广泛的群众基础

少林功夫在1500年发展历程中，已经完全形成了完整的、系统的修禅练武的文化体系。据少林寺流传下来的记载有关拳谱的文献，少林拳法数不胜数，并且相当一部分拳法在民间有较高的知名度，其中，达摩易筋经、七十二绝技、少林棍、洗髓经等在民间广为流传。之后，为了方便世人竞技和练习，少林武术逐步简化成了少林拳，这样将有利于人们更好的接受少林功夫，也为少林功夫赢得了广泛的群众基础，促进其快速的发展。

（二）太极拳发展的机遇

各行业和部门在借助大众传媒带来了良好经济效益的同时，也引起了传统物质生产的商业化改造，并逐步实现其竞技产业发展。如在奥运会比赛的时候，体育用品和纪念品的销售数量保持快速的增长势头，由此可以看出，从运动鞋、运动服装到健身器械等，这些都是太极拳发展过程中的机遇。

1. 中国国民经济收入有所提高

我国在2008年人均国民总收入首次超过1 000元，达到1 100元，在短短的5年内，在2013年又超过2 000元，达到2010元。在世界范围内，相应人均国民总收入的位次也由2008年的第142位上升到2013年的第130位。按照世界银行的分类划分标准，我国已经从低收入国家走进了中等收入国家的程度。物质问题解决后，精神文化就应大力推进，太极拳是中国的优秀世界级文化遗产，国家在经济发展的同时，也将加大对太极拳的扶持与投入。人民生活水平提高，也使得人们有更多的精力和时间顾及家庭和个体的生活质量，利用更多的时间来练习太极功夫。

2. 太极拳在国际范围内得到很好的传播

太极拳作为中华民族之瑰宝、武术之奇葩，在世界各地流传甚广。据不完全统计，目前全世界练习太极拳的人数达以数亿计，建立了太极拳组织有80多个国家。太极拳身为世界人民共同的财产，我们有责任把握时代机遇，大力发展太极拳，使太极拳产业尽快做大做强，以便其更好的造福人类。这些还必须依靠政府社会的大力支持，全身心投入这个事业，为弘扬太极拳做出自己应有的贡献。同时要加强交流，团结一心，共同将太极拳的发展推向另外一个崭新的阶段。

二、少林拳与太极拳发展的威胁分析

（一）少林拳发展的威胁

有挑战就会有威胁，少林拳在快速发展的时期也面临一定的威胁，社会舆论热点就是少林拳的过度商业化，少林拳要想更好地生存下去，商业化是必要趋势，为迎合市场需要，过分的商业化使少林拳日渐失去其本质，更多地注重表演性质，将会失去少林功夫千百年的内涵。另外，少林拳的学习者对少林功夫的发扬壮大起着非常重要的作用，如何能够使学习者得到全面的发展，更好地将少林功夫传承下去也是少林功夫发展面临的挑战之一。

1. 过分商业化使少林拳失去了本源

目前，少林拳在国内已形成了一定的产业链，例如，在著名的“武术之乡”登封，少林寺已经规划好未来10年的发展目标：根据发展规划，到2020年，登封将建成功夫世界的城市，每年接待游客千万人次，旅游总收入能够达到80亿元人民币，占24.5%的GDP，成为城市的主导产业。到2025年，全面建成以旅游产业为主导的，以休闲地质和佛教，儒家思想与中国传统文化体验练习，以文化创意产业为先导，以良好的人力资源和自然资源的保护和可持续利用的支持国际旅游度假区和城市的文化体验，文化旅游产业及相关产业占登封市的GDP总值的一半。

2. 少林拳学习和传承未能得到全面发展

身为我国著名的武术流派之一的少林拳，其历史悠久、源远流长，是中国传统武术不可或缺的组成部分。曾有“中华武术传天下，天下功夫出少林”的嘉句。少林拳以实战威猛、博大精深的内涵名冠天下，“拳以寺名，寺以拳显”就是其最好的证明。少林拳因禅武合一而博大精深，习武修禅，以禅入武，进则护寺报国救众生，退则参禅养性修道行，故少林武术又称为“武术禅”。学习内容有基本功、少林规定套路、少林传统套路、少林童子功、亚运规定套路。散打专业班主要是散打的各种技击、格斗、擒拿、拳法、腿法等相对实用擂台搏击技术以及散打心理学的学习。套路专业班主要是少林传统功夫、亚运规定套路、十八般兵器和体育理论课的学习。由于训练的长期性，武艺的精细性，体育在发展的过程中需要长期、全面、系统的训练，这样势必耽误学习文化的时间，这将对以学习少林拳为主的学生的全面发展方面起到一定的阻碍作用。

（二）太极拳发展的威胁

太极拳在全球范围内广泛开展，得到了世界各地人们的喜爱，但是太极拳渐渐地脱离了武术所要求的实战攻击性原则，进而演变成一种特殊的人体健身方式，在武术仪式化的过程中，这种演变得以完成，因此我们要意识到太极拳再发展过程中将会受到多方面的威胁。

1. 体育文化的内涵逐渐淡化

战争、狩猎等活动是武术动作出现的开始，在历史进化沿革的进程中，武术动作由原来的实用功能变成带有象征性的仪式。当今的太极练习者并没有去认真理解太极拳的文化内涵，很多人只是图热闹而已。其实太极拳每一式，每一招都包含着相对应的文化内涵，以及内在的攻防意义，由于社会意识形态的变化，大部分人只是把太极拳当作一种简单的机械运动，只是为了运动而运动，没有过多的去追寻其用力技巧，以及四两拨千斤的精妙之处，没有增加文化和精神的层次。由此，在当今的社会，太极拳的文化功能正在减弱，要阻止这种趋势的继续发展，需要更多太极拳传播者的不懈努力。

2. 健身气功的强力冲击

全国 32 个省区市在 2014 年 11 月底，共有五千多个健身气功站点被建立，并在第十届全国运动会、第五届全国农民运动会、2007 年山东首届全国健身气功交流展示大会、2007 年香港国际武术锦标赛等大型赛事和有关体育运动上进行了亮相。健身气功项目第一次作为运动会竞赛项目是在 2008 年 9 月韩国举办的第四届体育运动会上，通过大力的海内外沟通展示、站点的不断建立、培训活动开展，健身气功已经取得了非常大的推广普及成效。健身气功的强势推进对太极拳发展形成了很大的威胁，作为一个中国全民健身计划，要能够得到群众的承认和接受，这样将有利于开展实践活动。

3. 关于太极拳的健身原理研究不足

太极拳从诞生到现在已有几百年的历史，关于太极拳文化理论研究、文献资料却很少，就其太极拳在防病治病、养生健体等众多方面的知识，大部分人尚处于知其然，不知其所以然的地步，不能正确把握太极拳的根本属性，就不能很好地让太极拳得到传承，这将直接制约太极拳的推广，为太极拳文化产业化的发展增添阻碍。当今，有关太极拳的研究很多，但其健身的原理的研究学者并不多，许多研究没有很好地把太极拳健身功能说清楚，只是简单的通过对比研究，发现太极有健身的功能，并没有说明太极拳具体的健身原理。随着人民生活水平的不断提高，人们开始对养生渐渐关注，通过养生作为切入点来发展太极拳，是一个不错的抉择，由此可见，深入探索太极拳健身原理是我们遇到的一个重要课题。

三、少林拳与太极拳发展的优势分析

（一）少林拳发展的优势分析

天下功夫出少林，少林武术是中华武术中的一颗璀璨明珠，它发源于河南省登封市嵩山少林寺，并因而得名。少林武术起源的年代可以追溯到北魏年间，距今已有 1500 多年的历史，是中国最早最优秀的一项体育活动，历史悠久，影响深远，发展过程当中具有其优势的一面，在长期的发展过程中少林拳具备了风格独特、动作刚健有力、朴实无华、擅长技击的特点而闻名于世，“拳以寺名，寺以拳显”，为中华民族博得了赞扬和称颂，然而随着社会意识形态的转变，其优势发生了一定的变化。

1. 禅武一体历史悠远

少林拳可称为世界宗教史上的奇葩。原本以技击为本质的少林拳与佛教教义是完全背离的，但二者却能恰到好处地融合在少林文化之中浑然天成，而且名冠天下。其主要是“戒约”的力量。可以从两方面加以概括：尚德不尚力，重守不重攻；推崇道德，不尚武力，惩恶扬善，自卫为本。正是这种佛武兼修的特性称为武德兼修并独树一帜的巨大优势，更是少林拳发展的重要保障。

2. 内容丰富且理论体系完备

正所谓“天下武功出少林”。这从一个层面上说，少林拳丰富的内容精湛的技艺是得到了世人的肯定。据少林寺拳谱记载，少林功夫共有708套，仅传统经典套路就有217种，内功绝技、少林气功、医宗秘籍、108招罗汉散打等，是少林禅武文化的精华。而少林拳、少林棍、七十二绝技、达摩易筋洗髓经等，早已扬名海内外，这些足以说明少林武术及文化的博大精深；而纵观少林的发展史，少林功夫与战争是分不开的，唐代有少林武僧辅助李世民，明清有少林武僧抗击倭寇等，这足以说明少林武功技术的精湛。

3. 刚健有力，铸造少林精神

少林拳发展到隋唐末期，因少林寺十三棍僧救助唐王李世民有功，而得嘉奖，李世民准许少林寺内大规模练兵习武，至此少林寺武僧大增。据《少林寺志》记载，少林寺有僧众二千，其中武僧有五百余众，少林拳得以迅速发展。少林武术的功能也由原来单纯的护法、护院、健身，进一步与国家政治相联系，逐步发展成为辅佐军事、保卫国家的中坚力量。从嘉靖到成化的一百年间，少林寺僧先后三十多次应诏抗倭戍边。少林拳精忠报国的思想得到国家、人民的一致赞赏，现如今这种思想依然受到人们的推崇，这种精神的传承也成了少林拳发展的内在动力与力量之源。少林文化是少林所倡导的少林精神及其少林拳竞技技术等各个方面综合而成的一个庞大体系。

少林文化是一种宗教文化模式，具有极强的延续性，在经历了千百年来与各种不同文化的冲撞与融合后，不仅没有丧失其本性、发生文化变异，而且发展成享誉世界的传统武术。这都显现出少林文化是具有深厚内涵、独具风格、源远流长的文化，这些优势使少林文化始终焕发着活力，对中国传统文化未来的可持续发展更具有深远的意义。其中，少林拳不仅是少林文化的重要组成部分，更是中华民族的文化瑰宝，它历经1 500多年的磨砺，集众家之长，博大精深，独领风骚，同样对少林文化的发展具有深远的意义。

4. 武侠小说的推波助澜

武侠小说多以侠客和义士为主人公，描写他们身怀绝技、见义勇为和叛逆造反行为。大多数青少年喜欢看武侠小说，书中主人公那种大义凛然，扶危济困，路见不平拔刀相助，不畏强权，不畏残暴的武侠精神，受到人们的敬仰。如瓦岗寨的程咬金、秦叔宝；水浒传中的鲁智深、武松等；再有就是霍元甲，曾击败不可一世的洋武师；金庸的武侠小说更是让青少年看的如痴如醉，所以青少年想练就一身好的武艺成了他们的梦想，一大批青少年到武术名校去实现他们的梦想，而全国最有名气的武术学校非少林塔沟武术学校莫属，在这里少林拳得到广泛的传播。

（二）太极拳发展的优势分析

中国传统文化，是中国人民集体智慧的结晶，也是祖先留给我们的珍贵财富。作为中国传统武术太极拳，不但给人们带来健康和欢乐，而且有着深邃的哲学内涵，丰厚的文化底蕴。相对于少林拳而言，由于其本质特征的差异性，其优势的体现与少林拳相比有很大的差异性。

1. 太极拳深刻的文化内涵使其成为传播中华文化的杰出代表

太极拳是中国的一种优秀传统文化，充满哲理，彰显了中国古典阴阳哲学观人文特点，太极拳所蕴含的哲理已超越了技击。《太极拳论》曰："太极拳，无极而生动静之机，阴阳之母也。动之则分。静之则合，包过不及。人刚我柔，谓之走。我顺人背，谓之粘。动急，则急应。动缓，则缓随。虽变化万端，而理为一贯。"这是中国文化精神在武术上的体现。太极拳与中国传统医学有着血缘关系，同时太极拳彰显了道家的养生思想、养生方式；中国传统兵家思想；儒家的中庸思想，所以几百年来人们争相传授、继承和发扬。太极拳是人民的宝贵精神财富，促进了东西方文化的相互交融与和谐发展，太极拳丰富了中国文化，并推动了中国文化的和谐发展，太极拳必将在传播中华文化的进程中发挥越来越重要的作用。

2. 太极拳理念与和谐社会一致

太极拳文化是指太极拳技术及相关理论的总称。它是以太极拳为载体，以"阴阳学说""天人合一"思想为基础，奉行"体用兼备""身心合一"的原则，具有鲜明和谐理念的一种特殊文化形态。它是中华优秀传统文化的重要组成部分，包容了儒、道、释等诸家理论精华，体现了我国古代儒家学说的"中庸"之道和"含蓄浑厚"之美，又兼具佛家"大善以慈悲为怀"的高层境界，盛得道家"自然无为"的哲学之风，又与导引吐纳、中医经络学说密切配合，强调人自身的身心和谐以及人与人、人与社会、人与自然的"和谐"，是中国武术与传统文化结合的完美范例，承载了中国文化的基本精神和价值取向。

在人自身的身心关系上，我国自古就主张人之身心，对待周围环境应保持宁静淡泊的平和心态。孟子曾经说过："民为贵，社稷次之，君为轻"，体现了儒家的人本思想。生存是人在世上最基本的权利和要求。"富与贵，是人之所欲也"，孔子肯定了人们对物质利益的正当心理需求。提倡"君子""修身""取之有道"等观点，并警戒道："君子有三戒，少之时，血气未定，戒之在色；及其壮也，血气方刚，戒之在斗；及其老也，血气已衰，戒之在得。"也就是说，人要做一个君子，在追求情欲、物质利益等方面，要掌握中和的原则，保持平衡谦和的心态。倡导"君子"精神。

同时，道家创始人老子："故道大，天大，地大，人亦大。域中有四大，而人居其一焉。"高度肯定人在宇宙中的地位。另外，也推崇人之神形合一，如其所言："载营魄抱一，能无离乎?""挫其锐，解其纷，和其光，同其尘。"这是说人需与自然和谐的道理，就能"消除自我的固蔽，化除一切的封闭隔阂，以开豁的心胸与无所偏的心境去对待一切事物。"古代的"大家"都已看到了这些，而我们更应当将其发扬光大。

人类养生健身、技击的规律深深地隐秘于大自然中。通过人们长期的社会实践，不懈地探索，将其应用在太极拳体系中，使太极拳的拳理蕴含着浓重的中国传统文化的哲学思想。当今太极拳体系，本质上是中华民族传统哲学太极、阴阳五行、八卦学说和中庸思想的人格化演绎。在我国，国家所极力提倡和谐发展观，而太极思想正是和谐思想的集中体现。也为太极拳的可持续发展奠定了坚实的思想基础。

3. 太极拳的传播得到官方的大力支持

太极拳传播主要有三种途径，其最为重要的是师徒传授。它是指以择徒拜师的方式形成的师徒传承，由师徒双方聚合在一起，按照一定的规范，以传习某种技艺为纽带而组成的一种社会活动方式。它的传播特点是人数少，但是传习的技术精而细。中国武术门派繁多且源远流长，太极拳能够流传至今，并不断地完善、发展、创新，主要就是通过师徒传承实现的。

组织传播途径有许多优点，对传播太极拳等单项武术拳种尤为有利。相对于师徒途径，组织传播的内容覆盖面广，传播面更大，属于专门性传播，如官方的武术管理中心、太极拳专门研究所、民间武术馆校、武术协会、太极拳进学校课堂。利用组织、集体来传播太极拳是一种较好的传播方式，它在近、现代太极拳传播中都起着相当重要的作用。此外，媒体传播也有着重要作用，媒体传播主要是指通过报纸、杂志、书籍、广播、影视以及新型的网络传播方式这六大大众性传播媒介来传播太极拳。相较于师徒传播和组织传播，这种途径的覆盖面极为广泛，影响大，且侧重于太极拳文化的传播。但媒体传播属于浅层传播，主要是为了进行大众性传播，扩大太极拳的影响；但不容忽视的是，专业性、技击性的传播必须攻守交手和结合理论切磋，才能不断提高，达到顶尖境界。随着社会的发展与进步，在这三种传播途径甚至通过现代社会科学仪器与新的认识去创造更多的传播方式，以便发掘新的传播途径。

4. 不同流派各级别的比赛有力推动了其发展

太极拳自陈王廷创建开始，至十四世陈长兴方外传到杨露禅，为了适应不同对象的习练需要逐步衍生出赵、武、杨、吴、孙式等多式太极。从 20 世纪 50 年代起，为了普及太极拳，国家体委本着易练、易学、易记原则，组织编写出版了 24 式、48 式、88 式太极拳套路有力地推动了太极拳拳种本身发展。在 1961 年，太极套路编入体育学院《武术》教材，到 1962 年成为《太极拳运动》单行本。此后为了适应发展需要继续编写了陈、杨、吴、孙式太极拳竞赛套路，主要由中国武术研究院编写。太极拳凭着独到功效、丰富理论、深厚内涵成为武术七大拳系中发展最快的拳系，成为在中国武术史上可以和少林拳一较高低之拳种。

新中国成立不久，为推动体育发展，1953 年天津举行了民族体育表演及竞赛大会，太极拳是大赛比赛的项目，自此太极拳与竞赛开始结合，从 1959 年北京第一届全运会到 2005 年南京十运会，从 1987 年日本第一届亚洲武术锦标赛到 2004 年缅甸第六届亚洲武术锦标赛，从 1991 年北京第一届世界武术锦标赛到第 2005 年越南第八届世界武术锦标赛，太极拳都是重量级比赛项目，1986 年起正式举办每年一届的"全国太极拳剑、推手比赛"，是迄今为止唯一单拳种的全国性赛制。太极拳的竞赛与交流大会，对太极的普及和提高都有推动作用，同时国家领导也对太极拳发展非常关注。

1952 年中华全国体育总会代表大会上，毛泽东提出"做体操、打球类、跑跑步、爬山游水、打太极拳及各种体育运动"。1978 年邓小平为日本友人书赠"太极拳好"的题词等都为运动的推广起到了作用，1990 年在北京举行的第十一届亚运会开幕式上有上千名太极拳爱好者进行了太极拳表演，很好地向世人展现了太极拳的文化底蕴。1998 年由数万名爱好者组成的方阵在天安门表演 24 式太极拳，并通过卫星向世界转播，成为武术最辉煌的一幕。2000 年 4 月，中国武协制定了太极拳锻炼的健康工程。同年 7 月，国际武联决定将 5 月定为"世界太极拳月"，这将对太极拳在世界范围内的进一步发展和提高产生深远影响。2006 年 5 月，中华太极拳申报联合国教科文组织非物质形态类世界遗产已正式启动，这些措施都为加强太极拳的交流和弘扬太极文化，推动太极拳的发展搭建了平台，例如在太极拳的家乡焦作（温县）已经成功举办了五届太极拳年会。据有关资料显示，目前全世界练习太极拳者已近亿人，有 80 多个国家和地区建立了太极拳的各种组织。太极拳各种比赛可谓如火如荼，极大地促进了国际化发展。但也有学者有不同观点，如温力教授在《太极拳不宜继续作为竞技武术比赛项目》一文中指出：太极拳不具

竞技体育所需要的观赏价值，也缺少竞技体育必需的区分度，如果太极拳脱离了规则的限制，将以更自由、更多姿的方式，在更大范围内得到全面的推广。

四、少林拳与太极拳发展的劣势分析

（一）少林拳发展的劣势分析

任何事物要长远发展，必须居安思危，对其发展的劣势要知根知底，才能在以后的发展过程当中扬长避短，取得持续性发展。当前少林拳的发展势头较好，但我们不能沾沾自喜，必须要看到其发展的劣势才能促进其又好又快的发展。

1. 少林拳体系庞大但研究不足

目前武术科研工作者受到了专业等多种方面的局限，加上少林拳传播的问题接触较少，同时未能深入研究。而少林拳基础理论的缺乏也在一定程度上制约了少林拳的发展。现存的少林拳并不缺乏科学性，而是缺乏研究、发掘，以及对其重新审视！换而言之，少林拳理论体系虽存在着一定时代的局限性，但目前的问题是人们怎样用科学的认识论和方法论来研究它，而不在于传统的武术理论是否具有科学性。显然，这需要有学识渊博的专家学者进行整个资源的整合和科学的研究，并结合现状找寻到其本质，并完善其理论体系。进而提高少林武术专业人士的知识水平，才是少林武术科研人员亟须解决的问题。

2. 少林拳文化传承相对缺乏

今天的中国十分注重继承和发展传统文化，但传统文化在新时代也面临着转换。只有结合现实，取其精华，不断适应新时代的发展，才能得以延续并发扬光大。作为优秀传统文化的杰出代表少林拳的发展，不仅是继承，而且要选择的继承；不仅是发展，而且要创新的发展。只有具有民族的，才具有世界的，只有具有包容性与发散性，民族文化才能真正意义上得到充分的创新和发展。

少林拳应以禅武要义为指导，从现代武术中提取营养，才是少林拳得到发展的保证。如今我们的研究更应以服务当今社会的政治、经济、文化等而展开，重视少林拳当代价值的提炼。大胆地运用突破、超前、开拓和综合这四种创新思维，来为少林武术的创新工作服务，帮助我们在已有的理论基础上，找出创新的切入点、完善创新的方案，从而建立新的适合社会发展需求的理论和技术体系。

3. 缺乏系统一致，规范化的全国性少林拳比赛

现代体育的发展实践证明，举办比赛是推动运动项目发展的有效途径。少林拳已得到了很好的继承，并广为传播，而少林武术被确定为正式竞赛项目，为少林武术的发展提供了契机，少林拳的比赛很多，但缺乏系统一致，比赛竞赛制度不够完善，裁判评分的科学性有待提高，技术动作要统一规范，青少年比赛以培养和输送人才为目标制定赛制，老、中、青以全民健身、交流提高为目标制定赛制。完善少林武术科学化训练体系，在保持少林武术文化特色的基础上，进行技术创新和发展，提高套路竞赛的竞技水平。通过培训班学习少林拳的技术方法和评分标准，提高应用规则准确评判的能力，建立起一支思想作风过硬，热爱武术事业，业务水平高的、稳定的裁判员队伍。借鉴柔道、跆拳道的国际化推广经验，争取国家支持，派送援外教练或经常举办国际少林武术教练员培训班，加大技术输出力度，积极主动地向国外推广少林武术。

（二）太极拳发展的劣势分析

太极拳作为我国优秀的传统体育项目，蕴含着中国传统文化和修身养性的特性，其价值和功能已被世人所接受，然而他却有一系列的发展劣势需要我们得到相应的认知。

1. 青少年中的传播相对滞后且困难较大

太极拳的推广过程中人群受到限制，太极拳这一项目在青少年这一群体中参与太极拳锻炼的不多，大多数青少年对太极拳的文化内涵和价值功能了解很少，他们认为太极拳是老年拳，练太极拳只是健身，不能练成一身本领，与自己想象中的武术有很大差距，他们更喜欢散打、跆拳道、截拳道之类。不愿投入进去练习，所以太极拳受到大多数青少年冷落。青少年是太极拳的继承者，因此，怎样引导青少年参与、继承和发扬太极拳是广大武术工作者面临的难题。

2. 农村体育市场开发不够

市场经济的发展给民族传统体育提供了新的机遇。体育运动已成为现代工业社会应对人体可能造成的健康危机的首选。不同年龄、性别、职业、健康状况的人们，所选的体育手段和方法各有不同，但追求身心健康的目标却是一致的。太极拳只有顺应市场经济的发展要求，才能获得生存与发展。太极拳要发展就必须面向市场、面向大众，才能长久发展。

3. 学校体育课程重视不够

据相关调查，体育院校的教学大纲规定太极拳教学时数多数都在 100 学时以下，平均一周练习两学时。以太极拳大师陈小旺、冯志强多年教学总结的观点，没有一定的时间，是学习不到太极拳的核心内质的，也就是说，大多数学生到毕业都还未入太极之门。而且我省高等体育院校多数只是将其作为武术专业的附属或分支内容，很少院校会将其视之为一个独立的专业。因此，在太极拳师资和教学设施配备上都不完善，专门配备太极拳教学的多媒体学练场馆的学校不到十分之一，而多数太极拳授课老师也不是专修太极拳的，其自身的太极功夫也是十分有限的。

4. 传统与现代科学的断层

太极拳在用于修身时强调意、气、形三者合一；在技击时又讲究刚柔并济，张弛有度。无论是太极拳的修身价值，还是太极拳的技击价值，存在着较大的抽象思维。由此可见目前对太极拳理论的研究往往局限于古代哲学知识，而缺少与现代科学的结合，造成了太极拳与现代科学的断裂现象。

第三节　非物质文化遗产视域下南无拳和心意拳的发展与保护

一、非物质文化遗产视角下洛阳南无拳传承与保护研究

南无拳是中华传统武术的重要组成部分，自谭处端创拳以来，一直在洛阳道教南无派内代代相传，口传身授，不立文字，至今已延续了八百多余年。南无拳作为我国传统武术的一个重要组成部分，在我国武术发展史中具有重要地位。

自 2009 年南无拳引入洛阳以来，在短短五六年的时间内，南无拳的传承与保护活动获得了突破性的发展，既大大提高了此种拳术的知名度，又拓展了习拳人群的范围，同时也深化了对

此种拳术的研究，形成了丰富的理论成果，由此使南无拳的传承与保护获得了突破性的发展。然而，深入剖析可以看出，当前我国南无拳传承与保护过程中还面临着一系列亟待解决的问题。结合当前其他诸多传统武术传承与保护现状，积极申报高级别的非物质文化遗产无疑是南无拳下一阶段能够获得进一步发展的重要手段。

（一）南无拳传承与保护现状

1. 南无拳传承方式有了突破性的发展

2005 年之前，南无拳各代传人都严格遵守“教内传承”的思想，由住持对弟子进行言传身授、耳提面命式的拳法训练与传承活动。这在传统社会道教比较兴盛时期，能够充分保证此套拳法被很好地传承下去，但在当前入教弟子越来越少的社会环境下，使南无拳面临着“后继无人”的尴尬困境，很有可能造成其拳法套路、拳理思想的失传。从另外一个角度来说，南无拳仅仅在教内传承，既无法对更多的群众发挥强身健体的作用，又无法激发更多的专家、学者从拳术、文化、哲学等角度对其展开深入研究等，从而限制了其多元价值的发挥。而 2005 年 8 月，刘成庄开始在海南省海口市万绿园公园公开义务传授南无拳，使此种拳法打破“教内传承”的限制，开始作为一个大众化的拳术出现在公众视野之中。这由此开启了南无拳传播、传承、研究与创新发展的新阶段。

2. 南无拳的传播呈现出多样化的特征

自 2005 年开始南无拳以公开的形式进行招生和人才培养活动以来，经过十多年的发展，目前在传播形式方面呈现出多样化、规模化的发展特征。首先，从拳术传播的角度来说，目前洛阳市建有邙山镇南无拳传习所，一方面进行常规性的人才培养活动，另一方面也进行临时性的南无拳传习活动，目前建构起 100 多人的练习队伍；比如 2014 年 7 月 18 日，有 130 多名干部群众参加了“南无拳进社区活动”，由刘成庄宗师亲自进行南无拳义务辅导活动。不仅如此，洛阳市还开展了各种形式的南无拳社会体育指导员培训班，通过培养既具有专业的南无拳技术，又具有良好的社会体育教育知识的人员，来推动南无拳的传播与发展。这对于南无拳的广泛传播与顺利传承具有重要意义。其次，从拳术宣传的角度来说，目前洛阳市南无拳传习所每年都会组织庞大的队伍参加全民健身活动、国际民间艺术节演出、洛阳武术套路锦标赛、文化遗产日、洛阳市总工会演出、大运河博物馆汉服艺术节、洛阳市元旦晚会、洛阳市春晚以及各个社区举办的一些文体活动等，对于传播南无拳文化、营造浓厚的南无拳传习氛围具有重要意义。最后，从拳术研究的角度来说，洛阳市于 2010 年 12 月 28 日建立南无拳文化研究会，目前一方面出版了诸如《谭处端学案》《易经语法分析》《老子道德经语法分析》之类的著述，既记载了南无拳的拳法套路，同时也深入分析了南无拳的拳理思想及其潜在的哲理内涵等，极大地深化了我们对于南无拳的了解和认识；另一方面也建立有专门的“洛阳南无拳文化研究会网站”，包括“南无文化”“南无养身”“南无活动”等诸多专题，从而进一步推动了南无拳的传播。据此看出，南无拳虽然进行公开传播的时间比较短，但却呈现出突飞猛进的发展态势。

3. 南无拳的发展已被列为市级和省级非物质文化遗产

自 2009 年刘成庄宗师将南无拳带回洛阳以来，政府部门对于南无拳的保护、传承与发展给予了高度重视，不仅积极扶持南无拳练习者成立南无拳传习所、南无拳文化研究会，开展南无拳社会体育指导员培训班，以及建立南无拳社区之类的机构；而且在 2010 年 2 月 23 日，根据

《国务院关于加强文化遗产保护的通知》中的相关规定，将南无拳确定为洛阳市第二批市级非物质文化遗产；2011年12月19日，又将其确定为河南省第三批省级非物质文化遗产，从而为南无拳的传承与发展提供了重要的政策支持，对于南无拳的未来发展具有重要意义。

（二）南无拳传承与保护存在的问题

近年来，刘成庄宗师的努力加上洛阳市政府部门的大力支持，既大大提高了此种拳术的知名度，又拓展了习拳人群的范围，同时也深化了对此种拳术的研究，形成了丰富的理论成果，由此使南无拳的传承与保护获得了突破性的发展。然而，深入剖析可以看出，当前我国南无拳传承与保护过程中还面临着一系列亟待解决的问题，具体来说，主要体现在以下几个方面：

1. 业余习拳者多，而专业练拳者少

传统社会中，南无拳在南无派内由住持对弟子进行言传身教式的培养活动。他们大都是入教之人，终身进行传教、布道活动，一方面对教宗、教义与拳术具有虔诚的学习心理；另一方面也具有充足的时间保障，从而在天长日久的言传身教、耳提面命过程中，掌握南无拳的拳法套路、动作技巧，体悟其深厚的拳理思想等，即便学习的人很少，但却能够保证南无拳的精髓被顺利地传承下去。然而，当前洛阳市虽然练习南无拳的人比较多，但走访调查过程中发现，基本上所有的练拳者都是业余爱好者，也即是本着强身健体、消遣娱乐甚至是基于好奇心的原因，而利用业余时间参与南无拳的训练活动，既不会对南无拳产生虔诚的学习心理，也无法拥有充足的时间保障，不仅很难深刻体悟南无拳的拳理思想与深刻的文化内涵，甚至都不能系统、完整地掌握其拳法套路等，造成南无拳传承过程中诸多优秀思想、优秀文化以及优秀的拳法套路、拳法技巧被丢失。基于此，业余习拳者多而专业练拳者少成为当前南无拳传承过程中面临的首要问题。

2. 南无拳练习与研究的分离，造成其传承障碍

众所周知，传统社会环境下，南无拳的传承是集“拳法练习”与“思想传授”为一体的，也即是住持在对弟子进行培养过程中，首先会向其详细介绍每一招一式的拳理思想、文化内涵与产生背景等，随后再进行具体的拳法训练活动，使其既掌握拳法套路，又能够熟悉拳理思想。这既能够丰富习拳者的知识，使其深化对南无拳的理解和认识，从而提高学习质量和学习效率，尤其是在将来也能够将南无拳原汁原味地、系统完整地传承给自己的弟子。除此之外，这也能够保证练拳者可以根据自己对于南无拳的理解、认识和体悟，从而对南无拳进行必要的创新活动，由此丰富、完善其拳法套路，增强其强身健体、防身攻击方面的功能价值等。然而，当前南无拳传承与保护过程中呈现出练习与研究相分离的特征，也即是练习者仅仅进行南无拳的训练活动，掌握其拳法套路，但很少对南无拳的拳理思想、文化内涵与哲学理念进行深入、系统的学习活动；而研究者则大都是一些体育专业、传统文学专业、社会学专业的专家学者，虽然能够对南无拳进行深入的理论研究成果，但很少能够进行专业、系统的南无拳训练活动。这种练习与研究相分离的现状，既造成练拳者不懂拳理思想与文化内涵，单纯掌握技巧，久而久之便容易出现动作走形、套路混乱，甚至被遗忘等；而研究者不懂拳法套路，或者造成研究成果偏离南无拳这一研究主题，又或者造成研究成果被束之高阁，无法发挥教育、指导价值等，从而为南无拳的顺利传承带来了极大的障碍。

3. 南无拳的传承局限在洛阳地区，缺乏全国规模

通过对南无拳产生背景与传承历程的系统梳理可以看出，南无拳虽然产生于洛阳，但却在南阳、海南地区都曾进行过传播活动。然而，当前南无拳的传承与发展主要局限在洛阳地区，其他地区基本上没有人训练和研究南无拳。这一方面是由于南无拳的传承者比较少，能够真正掌握南无拳拳法套路与拳理思想的人寥寥无几，从而使此种拳法无法在其他地区进行广泛的传播活动；另一方面则是由于南无拳毕竟是一种小拳种，知道此种拳法的人比较少，由此无法进行积极的训练与研究活动等。这也在一定程度上限制了南无拳的传播范围与研究成果，无法激起更多的人展开对南无拳的训练与研究活动，从而限制了南无拳的传承与保护的质量和效率。这是当前南无拳传承与发展过程中面临的又一问题。

4. 南无拳缺乏高级别的比赛、表演与研究活动，无法拓展其影响力

从某种程度上来说，南无拳积极参加各类全国性、高级别的传统武术比赛活动与研究活动，既能够大大拓展其影响力，激发更多的人对南无拳的关注与兴趣爱好，同时也能够丰富对南无拳的研究成果，为此种拳法的创新发展、传承保护提供重要的理论支撑和理论指导价值等。然而，通过对南无拳传承与保护现状的系统梳理可以看出，目前南无拳主要参加洛阳市内的一些比赛、表演与研究活动，而且所参加的比赛与表演大都是以娱乐性和观赏性为主，也即是以一个简单的文体节目的形式出现在公众视野之中，无法真正展现其作为传统武术所具有的搏击性、竞技性的特征，不仅无法提高广大群众对于此种拳法的重视，甚至还促使其对南无拳产生片面的、错误的看法等。这对于南无拳的广泛传播极为不利。

5. 南无拳的传承与保护缺乏充足而稳定的经费支持

经济基础决定上层建筑。充足而稳定的经费是南无拳传承者能够顺利开展各项活动的关键所在，由此也是南无拳能够得到顺利传承和保护的前提和基础。在走访调查过程中发现，当前无论是南无拳传习所、南无拳文化研究会的日常运行经费，还是所开展的南无拳社会体育指导员培训班、南无拳社会义务培训活动所需要的经费等，基本上都是由洛阳市政府各级部门进行拨款支持的，而南无拳基本上没有实现相关的盈利活动等。这极大地限制了南无拳的经费来源，既无法保证各项高水平的活动能够顺利开展，同时也无法保证南无拳传承者和活动组织者的收入等，由此弱化了其进行南无拳传承与保护的积极性。这是当前洛阳市南无拳传承与保护过程中所面临的又一亟待解决的问题。

总体来说，自 2009 年南无拳引入洛阳以来，在短短五六年的时间内，南无拳的传承与保护活动获得了突破性的发展，无论是传习规模还是理论研究成果都取得了长足进步。然而从长远来看，南无拳要想提高传承与保护的质量和效率，就必须解决专业练拳者少、拳术练习与研究相分离、传承范围局限在洛阳、缺乏高级别的比赛、表演与研究以及缺乏充足而稳定的经费支持等方面的问题。结合当前其他诸多传统武术传承与保护现状，积极申报高级别的非物质文化遗产无疑是南无拳下一阶段能够获得进一步发展的重要手段。

（三）南无拳申报高级别非物质文化遗产的实际意义及面临的问题

1. 南无拳申报高级别非物质文化遗产的实际意义

根据联合国教科文组织《保护非物质文化遗产公约》定义：非物质文化遗产是指被各群体、团体或者是个人所视为其文化遗产的各种实践、表演、表现形式、知识体系和技能及其有关的工具、实物、工艺品和文化场所等。据此看出，非物质文化遗产强调的是以人为核心的技艺、经验、精神，具有活态流变的特征。我国于2003年11月出台了《中华人民共和国民族民间传统文化保护草案》、2004年加入《联合国保护非物质文化遗产公约》、2005年颁布《关于加强文化遗产保护工作的通知》、2006年发布了《国家级非物质文化遗产保护与管理暂行办法》等，不仅提出了实施非物质文化遗产保护的重要意义和面临的突出问题；而且也提出了具体的非物质文化遗产保护的指导思想、基本方针、总体目标与方法措施等，极大地推动了我国非物质文化遗产的保护活动。

2010年2月23日，根据《国务院关于加强文化遗产保护的通知》中的相关规定，洛阳市将南无拳确定为洛阳市第二批市级非物质文化遗产；2011年12月19日，又将其确定为河南省第三批省级非物质文化遗产，从而为南无拳的传承与发展提供了重要的政策支持。然而，从长远来看，南无拳积极申报国家级甚至世界级非物质文化遗产活动具有更为重要的价值意义，具体来说，主要体现在以下几个方面：

一是能够借助政府部门关于国家级非物质文化遗产的保护规定，提高对南无拳的传承与保护的质量和效率。比如我国2006年11月颁布实施的《国家级非物质文化遗产保护与管理暂行办法》中第五条提出：国务院文化行政部门组织制定国家级非物质文化遗产保护整体规划，并定期对规划的实施情况进行检查，而省级人民政府文化行政部门组织制定本行政区域内国家级非物质文化遗产项目的保护规划，经国务院文化行政部门批准后组织实施，并于每年11月底之前向国务院文化行政部门提交保护规划本年度实施情况和下一年度保护工作计划等。第十条提出：国务院文化行政部门对国家级非物质文化遗产项目保护活动给予必要的经费资助，而县级以上人民政府文化行政部门应当积极争取当地政府的财政支持，对在本行政区域内的国家级非物质文化遗产项目的保护给予资助等。除此之外，此项政策还提出了国家级非物质文化遗产项目保护单位应具备的条件和应履行的职责、代表性传承人应当符合的条件及传承方式、数据库的内容以及各级政府所应进行的非物质文化遗产宣传、保护、传承与开发的方式及在此过程中应注意的问题等。这从国家战略的角度，集合了多方力量，有目的、有计划地加强对国家级非物质文化遗产的传承与保护活动，从而大大提高了其传承与保护的质量和效率。这是洛阳市南无拳积极申报国家级非物质文化遗产最核心、最主要的意义。

二是能够通过申报高级别非物质文化遗产活动，来大大提高洛阳南无拳的知名度和影响力。从某种程度上来说，能够成功申报国家级甚至是世界级非物质文化遗产项目一方面也即是对该项目所具有深厚的民族文化内涵的一个肯定，赋予该项目较高的品牌知名度和影响力，自然而然便能够受多方的关注和重视，包括激发更多的人通过旅游的方式参观此项目、促使一部分人学习和传承此项目、吸引广播电视之类的大众媒体加强对其宣传报道活动等，由此推动特定项目传承与保护的发展；另一方面也暗示着国家将对该项目进行重点保护、传承和商业开发活动等，促使相关的企业、单位组织积极主动地加强对此项目的商业开发活动，既能够为该项目的传承与保护提供必要的经费来源，同时也为该项目的传承与保护活动开辟了一条新的路径。这是特定项目被评为国家级甚至是世界级非物质文化遗产项目所带来的潜在价值，也是洛阳南无拳积极申报国家级非物质文化遗产的重要原因之一。

总体来说，成功申报国家级甚至世界级非物质文化遗产项目不仅能够借助政府力量加强对该项目传承与保护活动的规划、实施、监督与考核活动，从而提高对其传承与保护的质量和效率；而且也在潜移默化之中肯定了此项目的历史文化价值，提高了其品牌知名度和影响力，从而吸引各方面对此项目的关注、重视、保护、传承与开发活动等，对于项目发展具有重要意义。基于此，当前洛阳市南无拳在成功申报市级、省级非物质文化遗产项目之后，还应当着眼于长远目标，积极申报国家级、世界级非物质文化遗产项目，从而在顺利传承和保护洛阳南无拳的同时，也能够将此套拳术发扬光大，发挥其应有的强身健体、防身自卫、文化传播、思想教育甚至是通过传统武术来展现洛阳市深厚的文化底蕴、塑造中国丰富的传统文化形式方面的功能价值等。

2. 南无拳申报高级别非物质文化遗产面临的问题

洛阳南无拳自 2011 年成功申报省级非物质文化遗产之后，便开始积极申报国家级非物质文化遗产项目，但时至今日并未成功，主要是因为此项目在部分条件上还有待完善，部分问题还需要解决。具体来说，与《国家级非物质文化遗产代表性项目申报书》所要求的条件项目，目前洛阳市南无拳主要存在以下几个方面的问题：

第一，有关南无拳的档案系统尚不完善，包括南无拳的产生背景、实际的功能价值、详细的流传体系以及所蕴含的深厚的传统武术文化思想与哲学内涵等，都处于起步阶段，需要进行深入的剖析和研究。这是成功申报国家级非物质文化遗产的前提条件。

第二，有关南无拳的保护单位只有洛阳市南无拳传习所和南无拳文化研究会，不仅单位数量少，缺乏多样性，无法有效地支撑此项目顺利传承与保护活动所需要的机构组织，而且目前这两个组织的组织内容与组织成果大都比较简单，很难有效地实现南无拳的传承与保护活动。这是南无拳申报国家级非物质文化遗产过程中所面临的另一亟待解决的问题。

第三，当前真正掌握南无拳精髓，并自愿参与到南无拳传承与保护的人非常少，基本上只有刘成庄宗师一个人，而且从另外一个角度来说，当前练习南无拳的人大都是以强身健体、消遣娱乐或者是满足好奇心为目的，很少有人抱着对传统武术文化浓厚的兴趣和强烈的传承责任感，而参与到对南无拳的训练与研究的，从而极大地限制了南无拳的有效传承与保护活动。这是南无拳无法成功申报国家级非物质文化遗产的重要原因之一。

第四，当前洛阳市虽然采取了一系列的措施加强对南无拳的宣传与传播活动，推动南无拳的传承与保护，但缺乏中长期的系统规划活动，毕竟《国家级非物质文化遗产代表性项目申报书》中的内容之一便是要求申报项目必须详细说明五年、十年的传承与保护计划，以及保障各项计划顺利执行的具体措施等。这是当前洛阳市亟待完善的一项内容。

第五，洛阳市南无拳是 2009 年由刘成庄宗师从海南带回来的，最近几年之所以在洛阳市能够风生水起地兴办起来，主要是洛阳市政府的大力支持和推动，从而引起了诸多群众的关注和参与。从某种程度上来说，南无拳虽然产生于洛阳，但却缺乏鲜明的地域特色和深厚的群众基础，也就是缺乏地域文化的积淀，而且南无拳所蕴含的全真教思想、道家哲学理念、传统医学原理等，也仅仅是传承者耳提面命所获得并通过当前的研究与推理所验证的，缺乏必要的传统典籍的支撑。这是当前洛阳市南无拳无法成功申报国家级非物质文化遗产的一个最为重要的原因。

第六，当前洛阳市南无拳的套路过于简单，而且更主要的是南无拳的拳法套路与名称并不确定，既可以是“金刚养生拳二十九式（南无拳）”，也可以是“南无拳十八式”，从而大大影响了南无拳申报国家级非物质文化遗产的实际说服力。

总体来说，当前洛阳市南无拳在申报高级别非物质文化遗产过程中，还存在一系列的条件需要完善和补充，存在一系列的问题需要解决。然而，南无拳作为南无派创始人谭处端所编创的一套拳法，尤其是作为道家唯一一套内家拳，经历 840 多年的历程而流传至今的事实却是不变的，而且此套拳法与 2005 年才开始对外传播、于 2009 年才引入洛阳，能够取得当前的传承与保护成果已是非常不错，而要申报高级别非物质文化遗产项目，则需要戒骄戒躁，脚踏实地，结合高级别非物质文化遗产项目的申报要求与申报条件，在明确自身问题与不足之处的基础上，制定出系统、科学的计划措施，推动南无拳高质量的传承与保护活动。在达到一定水平之后，南无拳成功申报国家级非物质文化遗产自然是水到渠成的事情。

二、非物质文化遗产视角下洛阳心意拳传承与保护研究

心意拳属于内家拳流派，它不仅是回族武术的重要组成部分，同时也是中华武术非常优秀的拳种之一。在经历几百年的传承后，与其他传统拳种一道，面临着中国社会的变革与快速发展的冲击，正处于严重的传承危机，对已被列入国家级非物质文化遗产保护名录的心意拳，如何及时有效的构建传承机制，确保传承有序，是亟待解决的问题。

（一）心意拳传承现状

1. 教育普及现状

心意六合拳研究会以“保护国家文物遗产，传播武术健身理念，构建和谐校园”为宗旨，在河南心意拳传承人李洳波、买西山的带领下，让心意拳这一文化瑰宝迈进校园，融入中小学体育教学中。漯河市郾城区向阳小学是心意拳协会重点扶持的学校，学校聘请传承人李洳波担任学校武术顾问，邀请他以及他的弟子讲授心意拳的健身、养生、历史渊源以及文化价值等，学校每周每班安排两节心意拳体育课，并派遣有一定武术基础的年轻体育教师到心意拳协会学习培训。目前，漯河心意拳已走进了昆仑路小学和辽河路小学，传授师生已达近 3000 名。据访谈漯河市心意拳研究会会长张全红得知，心意拳研究会正与漯河市教育局协商，将心意拳普及漯河市所有中小学及高校，让漯河市这唯一的国家级非物质文化遗产世代相传，生生不息。在周口地区，心意拳已走进了川汇区牛营小学和李庄小学，并逐步普及和发展。推广形势虽好，但目前仅作为试点推广学校进行开展，且传授过程中缺乏科学合理的教学方法，忽视对动作技击意义的解析，迫使广大学生丧失了习练心意拳的兴趣。缺乏系统性的授课计划，传人无薪金报酬，制约了其参与的积极性。

2. 民间推广现状

漯河心意拳研究会每隔几年就会举行全国心意拳研讨交流会，2011 年交流会上吸引了来自广东、上海、南京、湖北及安徽等地的心意拳爱好者，相互交流技艺和心得体会。成立世界心意六合拳促进会、漯河心意拳协会、漯河郾城区心意拳分会、周口心意拳研究会等机构传承和推广心意拳。在社会上建立了中山尚武俱乐部和聚英心意拳馆，传承普及心意拳。李洳波、买西山等心意拳传承人经常到公园、广场等地传授习练心意拳，重点培训喜爱心意拳的广大青少年，习练人数合起来约有 300 人，但缺乏场地设施，在阴雨天气和冬季只能选择在废弃的厂房里进行训练和辅导，限制了心意拳的传播与推广。心意拳传承人或其传人经常参加传统武术大赛，并获得多项奖励。很多心意拳爱好者慕名而至，拜师学艺，学习探究心意拳。在传统习俗

节日，心意拳协会、研究会等多种组织举办心意拳技艺表演等活动，心意拳在清真寺得到了较好的流传和发展。

3. 传承人及理论研究现状

心意拳国家级非物质文化遗产项目代表性传承人为李洳波、买西山和吕延芝，三位传承人都已年迈花甲，老龄化现象严重，又面临着经济压力，而所传弟子中真正传承心意拳者为数不多。缺乏系统化的传承体系，致使传承效果不理想。理论研究方面，数量颇少且立论层次低。现在能够撰写高层次、科研性强的文章只有心意拳传承人李洳波和买西山。如李洳波撰写的《心意拳四把捶图解》《买式心意拳十大形》《买式心意六合拳捶把精要》和买西山撰写的《心意六合拳鸡形歌百句令》等文章，发表于《中华武术》《精武》《中国功夫》等期刊。主要研究心意拳的技击方法与要领，对心意拳的保护与推广论述较少。

（二）心意拳传承机制中存在的问题

1. 缺乏合理利用和开发机制

中国社会化进程步伐的加快变更了农耕文明的社会背景，迫使依赖“原生态”环境传承的心意拳面临着传承危机。宗法社会向现代社会的过度动摇了心意拳传承的根基，急需政府构建出类似于“原生态”的“次生态”环境。面对市场化经济的冲击，缺乏合理的商业化开发，市场化、产业化发展程度低，迫使心意拳走上传承绝境。清真寺是伊斯兰教圣地，也是心意拳传承的重要基地，缺乏充分利用与保护，使伊斯兰教与心意拳的内在关系逐步淡化，意味着心意拳渐渐脱离了回族民众生活，势必面临传承危机。心意拳具有丰富的健身、教育、观赏、技击、教育等多重价值，文化内涵丰富，但学校、民间社团等机构利用不充分，尤其是对回民学校的开发和推广方面，迫使心意拳失去了最适宜的传承场所。心意拳的活态流变性特点，促使我们应创新理论技术体系，开发不足导致变异恶化，使心意拳的这种流变没有跟得上社会环境的变革，严重压缩了心意拳的生存空间。审美视角的“流行化”推动着传统文化的边缘化，致使心意拳文化遗产的“文化性”未充分利用，缺乏利用其他非物质文化遗产传承的成功经验，“政府调控、专家指导、市场竞争”的运作模式不充分，在一定程度上阻挠了对心意拳的传播和研究。对心意拳的传承和发展缺少一套合理的利用和开发机制。

2. 政府缺少制定长远规划，全面协调与保护机制

商业化浪潮深刻改变着人们的生活方式，心意拳赖以生存的文化土壤被逐渐瓦解，缺乏对原生态环境的保护与构建，使心意拳的文化空间遭受严重破坏，失去了其传承保护的外围屏障，时代背景的变革急需政府制定一套合理有效的传承发展规划。法律法规体制不健全，目前还没有具体针对心意拳保护、传承和发展的相关文件，没有具体明确传承人的责任和义务，对心意拳近期传承发展推广计划，未来发展规划及实施计划的步骤、方式、途径未加规定，致使心意拳传承推广目标极具模糊性。心意拳项目代表性传承人李洳波、吕延芝和买西山平均年龄在60岁以上，心意拳传承人老龄化现象严重，急需进行一次全面的挖掘整理活动，从心意拳的历史渊源、技术体系、文化内涵、传承谱系等方面全方位普查，并进行归纳和建档，缺少对心意拳普查机构的设置，使整体传承和保护成为幻想。在当今市场经济背景下，对心意拳的合理开发不失为一种合理有效的保护方式。回族清真寺为伊斯兰教圣地，亦是心意拳传承基地，缺乏对其保护、规划和开发，迫使心意拳失去了非常重要的民间传承基地。青少年是心意拳极为重要的传承主体，学校传承缺少制订必要的相关政策和法律法规，在很大程度上制约了心意拳的推广与普及。

3. 理论研究滞后，缺乏科学研究机制

心意拳具有活态流变性的特点，需要理论先导式研究。目前，对心意拳的研究主要集中在技击技法，且数量较少。传承人更多关注技艺的传授，一招一式讲究标准，至于为什么这样做，则道不出深刻的内涵来。学术机构研究较多的是非物质文化遗产的相关理论，对深入研究心意拳的传承与发展则寥寥无几，深入探究心意拳的内在价值、技术理论体系、传承方式、传承现状的相关文献更是少见。缺乏对心意拳传承困境及影响因素的分析，难以制定具有针对性的传承发展对策。对国外武技传承与推广的先进策略、传播模式、结构体系等借鉴不充分，忽视对太极拳传播模式、少林武术商业化开发运作的合理吸收和利用。特定历史背景下形成和发展起来的心意拳具有独特的文化内涵，心意拳传承在一定程度上依附于伊斯兰教的圣经《古兰经》和清真寺，清真寺是穆斯林社会生活、宗教生活和文化活动的中心，对历史文化背景研究的缺失是造成心意拳传承危机的重要因素。缺乏对心意拳未来传承的理论研究和支撑，将导致发展规划的模糊性，因此，需要制定一套合理有效的科学研究机制，为心意拳的传承和发展提供理论指导。

4. 宣传推广不力，尚未形成有效的传播机制

未充分利用清真寺、集市等传统途径，忽视民间各种传统习俗、节日的作用，使心意拳逐步脱离民俗生活，加剧了心意拳的濒危状态；未充分发挥民间组织、学校的教育与传承作用。民间文化组织是传播心意拳的重要载体，在当地文化生态环境中具有地缘优势，对民间组织认识的不足，制约了心意拳的传播发展。学校是心意拳传承和发展的最重要沃土，而据调查分析，周口、漯河地区只设置几所试点学校传习心意拳，且传授过程只注重技术动作的规范化、合理性，忽视对心意拳历史渊源、文化背景等方面的宣传。高校是开展心意拳学术研究的重要基地，传承人可以开展学术研究和技艺指导，但缺乏切实可行的推广实施方案，迫使这一美好计划变成幻想；心意拳的传承路径狭窄，心意拳项目代表性传承人以及与其他拳种传承人缺乏必要的技艺交流，传承经验与心得；未充分发挥文化事业机构保护和传承心意拳的作用。图书馆、档案馆、博物馆、科技馆等文化事业单位缺乏对心意拳技术和场馆支持，文字、录音、录像、数字化等多媒体利用不充分，未能真实、全面、系统地记录，是文化事业单位对心意拳文化遗产宣传力度的不足，忽视网络构建心意拳的传播途径。心意拳的保护和传承依赖于民间大众，缺乏科学有效的传播推广机制，严重阻碍了心意拳的普及和发展，因此，建立一套合理的传播机制势在必行。

5. 老龄化现象严重，缺乏传承人才培养机制

制约心意拳传承保护的因素之一就是资金问题。无论是在学术研究，还是宣传推广上，没有资金都是寸步难行。对心意拳传承人的保护离不开资金上的扶持。留住技艺的前提要先留住传承人，解决传承人的基本生存问题，才能谈及传承与保护。而当前，国家对传承人补助存在严重不足的现象。传承人的经济状况受到严重的威胁，尤其是对年老的心意拳传承人随时都有人亡艺绝的境地。国家对传承人的扶持资金主要用于资料收集整理、录音录像设备以及会演等事务上，对传承人的生活补贴和推广经费投入不足。“工欲善其事，必先利其器”没有经济基础做后盾，传承人的种种传承规划都很难实施，传承人的传习活动面临着举步维艰的境地。心意

拳的传承形式主要依靠口传心授，学艺比较艰苦，周期长且无工资待遇等原因致使大多年轻人不愿意进入到这个行业，成才率不高，使得心意拳传承工作面临着青黄不接的境地，后续乏人。传承人是心意拳传承过程的关键环节，是最重要的活态载体。受西方体育和竞技武术的冲击，心意拳传承人面临着严重的流失、断代的危险，传承人的锐减势必会影响到心意拳的传承。心意拳传承人人才队伍的缺陷严重阻碍了心意拳的传承和推广。但要成功地进行心意拳的抢救、传承和保护，对心意拳传承人的人才队伍建设和专业培训是传承工作有效推进的前提。

6. 传承效果缺少反馈、评估机制

2008 年心意拳列入国家级非物质文化遗产保护名录体系，国家从经费、立法、组织机构、政策保护等多方面对心意拳进行扶持，但心意拳在民间或学校传承与发展的状况怎么样，在传承过程中又出现了哪些问题等情况，缺乏一套及时有效的反馈、评估机制，严重制约了心意拳的传承与发展。这些方面主要体现在：整理、记录、出版心意拳书籍状况；传授技艺、培训学习；展演、推广和学术交流等方面。政府或学校部门对心意拳的发展缺乏评估，传承人在心意拳的开展现状、传承困境等方面缺乏反馈，反馈与评估机制的缺乏是传承心意拳亟需解决的问题。对心意拳未来发展规划缺少评估，致使目标不明确，忽视评估与反馈是心意拳传承与发展的瓶颈。

第三章 非物质文化遗产视域下河北传统武术的现代化发展

河北是中华民族发源地之一，历史文化悠久，底蕴深厚。河北省地域文化特色鲜明、地理位置得天独厚，拥有大量的物质文化遗产和非物质文化遗产。就河北省而言，2006 年 5 月公布非物质文化遗产九类三十九项，占全国的第四位；2008 年 6 月公布的第二批非物质文化遗产九类七十八项，占全国第二位。这些项目中，涵括了民间文学、音乐、舞蹈、戏曲、曲艺、体育、美术、技艺、民俗等多个门类。这些都向国内外展示了河北省文化的风采及底蕴，是社会主义文化大发展大繁荣的重要组成部分，对推动文化强省，构建“和谐河北，多彩燕赵”，实现省域文化传承，特别是民间文化的可持续发展起到了重要作用。

据有关调查资料显示，在我国 129 个渊源有序、风格突出的传统武术拳种中，曾有 50 多个于河北省境内广泛流传，极具代表性的有太极拳、八极拳、八卦掌、劈挂、燕青拳、梅花拳等。遗憾的是，河北作为武术重要传承地之一，至今尚无对其所蕴藏的深厚传统武术资源进行系统开发众多武术拳种挖掘不够在武术继承方面出现了严重的断层现象。因此，河北省传统武术如何继续向前发展、再创辉煌，如何实现传统武术的现代化转型，是时代赋予武术工作者义不容辞的责任，是我们亟待解决的重大课题。本章先对河北的传统武术进行整体性研究，然后再对河北的沧州武术进行具体分析，最后再以游身连环八卦掌为例来进行个案研究。

第一节 非物质文化遗产视域下河北传统武术发展现状分析

一、河北传统武术文化特征及其形成原因

（一）河北传统武术文化特征

1. 多元性

以拳术为例，拳术是中国武术中徒手技法的总称。古时有技击、手搏、拳法、白打等称谓。在长期发展中，拳术形成了许多拳种流派，风格特点各异。众所周知，一个成熟的拳种是通过其自身特点被认可并传承发展的，如：拳理明晰、风格各异、张弛有序的相对完整的技术攻击性技艺，在诸多方面可谓是别具一格。河北传统武术拳种之繁多，其拳理拳法的多元化、柔性化、常态化，古往今来涌现出大批武术奇才，比如：东汉时期的刘备、赵云、公孙瓒，东晋时期祖逖，宋朝涿州人赵匡胤等。新中国成立后，在各种民族形式运动会、武术表演中屡次获奖的河北籍武术家更是数不胜数，由上可知，河北传统武术所涉猎的武林志士，还是从所代表的拳种门派上，均体现出一定的多元性特征。

2. 区域性

河北省传统武术种类众多、内容丰富，其区域特色也是博采众长。因为传统武术在发生、发展过程中，由于受地理环境、人文风俗、经济政治等多方面因素的影响，其术种分布呈现出一定地域性特征，河北省传统武术的分布具有综合性、局域性、不均衡性等特点。

3. 兼容性

燕赵大地的民众向来都有崇武、尚武、习武的优良习俗，至今仍传承不衰。《史记·五帝本纪》中载：黄帝通过教武兴兵、壮大军备、“习用干戈”，此时的“大战之术”的武术，在河北广大地区勃然兴起。另外，西周时期的“一时讲武”其历史也达三千余年。在中华民族几千年的发展历程中，河北的传统武术伴随着时代前进的脚步，不断博采众长、吸纳营养、自我创新，其在延续更新过程中呈现出了明显的兼容性特征。

4. 辐射性

从上面的兼容性可以看出，河北传统武术在博采众长的基础上不断发展转变，同时，又将自己日趋成熟、独具特色的武技、方法，不断地向周边地域传播扩散，对域外乃至海内外产生了较为深远的影响。如1928年成立的“中央（南京）国术馆”，聚集了很多全国武术名师，也培养了一批优秀的学员，馆长张之江、副馆长李景林都是河北人，在馆内任教的河北武师传授包括具有浓郁特色的河北地方拳种。据考证，在此时期，河北人还参与或创建过其他省市的武术馆，并进行民间武术竞技技能的教授与传播。

（二）河北传统武术文化特征形成的原因

1. 地理环境对河北传统武术文化的影响

战国时期，在现今河北省境内，中北部为燕国之地，南部为赵国之域，所以河北又以“燕赵”代称，此地气候温和、土质肥沃、物产丰富，自古为兵家相争之地。通过历史的沿革与积淀，形成了地域特色鲜明的河北传统武术。比如，以“武术之乡”闻名的沧州，其地理环境与武术兴盛关系十分紧密。通过沧州的发展史，可以看到沧州地处华北地区南北交通要道，其镖行、旅店、押运行等行业兴盛发达。各业相争，必有武功高强的人庇护才能立足、生存与发展。因此，沧州地域传统武术兴盛且经久不衰，演变至今，发展为闻名域内外的沧州武术文化，成为河北省重要的非物质文化遗产项目。

2. 民风民俗对河北传统武术文化的影响

俗话说“燕赵自古多豪杰”，古代豪杰者乃劫富济贫，路见不平拔刀相助之士。慷慨悲歌的燕赵文化根植于民间，形成了独具特色的民风民俗，从而又影响着民间尚武风气的形成与发展。在这块古老神奇的土地上，英雄豪杰辈出。当今，全省城乡练武群众约有几十万人，全省各地七十余县都开展了武术活动。这种延续不衰的习武风俗，促进了河北传统武术文化的持久发展。

二、河北传统武术发展存在的问题

（一）拳种众多，分布不平衡

据《史记·五帝本纪》中载：黄帝通过教武“振兵”“习用干戈”，可见那时古代称之为“大战之术”的武术，就在河北境内萌芽了。假如从西周倡导农民“一时讲武”起已达三千余年。在上千年的传播发展过程中，河北的传统武术与全国各拳派相互融合，取长补短，改革创新，形成了独具一格的局面。据有关资料统计显示，河北境内风格特点不同的武术拳种有：形意、太极、八卦、无极、八闪翻、绵张翻子、鹰爪翻、义子翻、翻子（长、短）、六合、通背、燕青（迷踪）、劈挂、查拳、华（花）拳、炮锤、洪拳、太祖、八极、二郎、功力、明堂、沙脚、螳螂、弹腿、连环腿、连拳、短拳、戳脚、地躺、少林、梅花、罗汉、佛汉、峨眉、扫手、随手、拦手、掌式、搓拳、井泉、猿功、言情、缠身、象形、唐拳、太祖反拳、李逵、菩提等五十多种。

其中石家庄、沧州、邯郸、保定的武术拳种分布较多，拳种分布受地理环境、人文风俗、经济政治等多方面因素的影响，呈现出一定地域性特征。其中石家庄拳种最多，有 62 种，这与石家庄地处冀中，为河北省省会，与经济发展较迅速不无关系。

（二）挖潜有余，整理不足

河北古属燕赵，民风素以淳厚、勤劳、勇敢著称。此地气候温和、土质肥沃、物产丰盈，自古为兵家相争之地，人民为自卫生存，尚武不衰。远在春秋战国时期，就有“武健泱泱”之语。在 20 世纪 80 年代全国整理挖掘过程中，河北省体委和省武术协会，遵照国家体委《关于挖掘、整理武术遗产的通知》精神，历时八个春秋，先后动员了 200 多人，参加河北武术挖掘整理工作；耗资三十万元，调查了 32 个县市武术传统项目基地，访问了 77 个门派、拳种，武术会的 2 000 多位拳师；为 70 多人拍照，整理撰写了 60 多万字的《河北武术拳械录》，录制了长达六个多小时的 3 000 多个拳械套路技术录像；征集拳谱、术稿 200 多册，古兵器 80 多件，奖杯、纪念品 22 件。然而，在查证的 50 多项河北传统武术拳种中，现存规模和影响较大的拳种，仅有沧州的八极拳、劈挂拳、燕青拳，邯郸永年的杨式、武式太极拳，廊坊的八卦掌，邢台的梅花拳，深州的形意拳等，不足 10 项。挖掘汇编的《河北武术拳械录》仅限内部参阅，未能进一步拓展开来；征集的拳谱、术稿已无处可觅；录制的拳械套路技术录像早已遗失殆尽。

在今天，这个曾经轰动一时的挖掘事件，不要说武术界之外，就连武术界内，或者说是官办的“竞技武术”那个小小的圈子里，如今也少有人提。除了当年亲身经历过的人以外，几乎没有人知道挖掘整理到底是怎么一回事。

（三）推广不足，传承乏力

从古至今，河北曾涌现出大批武术英豪。如，东汉时期刘备，系今河北涿州人；赵云，系今河北正定人；东晋时期祖逖，系今河北涞水人；刘琨，系今河北无极县人。近代，河北涌现出一批又一批的武林高手，为国争光，驰名中外。如，1903 年沧州武术家“神力千斤王”王子平击败在沪摆擂的美国人沙利文。发展到今天，河北武术名家更是遍及世界各地，驰名海内外。如，传统武术方面有：八极拳名家吴连枝；杨式太极拳创始人杨露禅传人邯郸永年杨振基；八卦掌创始人董海川传人河北廊坊郭振亚先生；苗刀，劈挂传人郭瑞祥先生……他们宛如熠熠闪烁的群星镶嵌在河北武术发展的史册中，为中华武术的传播做出了积极贡献。从整体上看，这些名家身后的继承者呈现出后继乏人，传承乏力的特点。

（四）传承手段单一，过于保守

河北传统武术的传播多是作坊式的个体经营，常常是老师业余带几个学生，而且，多数学生是从事业余练习，如，河北沧州吴连枝先生，虽然创办了八极拳国际研究会，并开设了八级拳训练基地，但在走访调查过程中发现，其学员寥寥无几，而且多为小学生放学后或寒暑假来此习练，其他的多是一些师傅在街头巷尾，公园路旁等对一些武术爱好者进行传授，这与现代社会文化教育的传播体制和途径有天壤之别。跨国的连锁式的传播模式已经在全球普及，而且，有些是政府行为，这一点传统武术过于缺乏。虽然在较为系统的拳种或者比较完善的门派里面，整个训练过程相对科学化，有时候，师傅的只言片语确实能起到画龙点睛的作用。传统武术传承的保守性与当时社会背景密不可分：一是很多师傅本身也是经过千辛万苦才学到的真功夫，所以从心理上也就不愿意很轻易地传于他人；二是师父为了生存从不轻易地将看家本领示人，否则徒弟就可能胜过师傅，就会出现“教会徒弟，饿死师父”的现象；三是师傅担心将一些绝技传授给心黑险恶之人危害社会。因此，河北某些传统武术拳种门派仍保留着拜师需有友人举荐，并写下拜师帖等陋习，有的怕被旁人学到，常常是深夜偷偷地传授。另外，因资金短缺，宣传力度不够，也使得相当一部分优秀传统武术技艺逐渐丢失。

（五）河北传统武术市场化程度不高

当今社会是全面发展、高度信息化的社会，任何民族如果坚持封闭式的民族文化发展模式，都将导致愚昧和落后，所以要利用各种机会增进各民族文化的交流和宣传，走市场化发展路线，这是推动文化快速发展的有效途径。传统武术市场化程度不高主要表现在以下几个方面：

1. 河北省传统武术竞赛表演市场冷清

竞技表演是体育产业中最活跃、最具影响力的构成部分。这一市场的发展程度，一方面反映一国或某地区观赏性体育消费品的供给与需求水平，另一方面也反映体育运动职业化和市场化程度。从河北省曾承办的几次传统武术竞赛活动中可以看出，如沧州借助其武术资源优势，曾于1989年始，先后举办了七届中国武术节，每年举办一届武术馆校武术比赛，不定期举办“希望之星”武术比赛、太极拳剑观摩比赛，但发展到今天，不仅未能形成品牌，甚至这些比赛已无人问津。又如，河北邯郸虽自1991年至2006年，以“联谊会”“交流大会”等名称连续举办了十届国际太极拳大会，2008年10月，又以“推广太极拳、健康全世界”为宗旨，举办了第十一届国际太极拳运动大会，然其历届活动参与观众均不足千人（不包括运动员在内），赛场之冷清令人心寒。

2. 传统武术健身市场单一

我省参与传统武术健身娱乐的人口基数众多，据有关资料统计显示，目前全省城乡练武群众约有几十万人。在沧州、保定、邯郸、石家庄等地，群众习武成风。但健身内容相对集中，目前长拳、木兰拳等很少有人练习，居民进行武术锻炼的主要内容和项目，集中在太极拳、形意拳和八卦掌上。

3. 其他市场滞后

在体育领域有着专门的体育经纪人，其业务范围涉及体育比赛和表演的组织、策划和推广，包括电视转播、广告经营开发等；代理运动员、教练员财务收支、形象开发、帮助解决法律纠纷以及提供各类咨询服务等。虽然每年我省或多或少均有武术劳务输出，但他们多是自己联系，毛遂自荐，个别属于劳务输入方慕名而来，单线沟通进行聘任。可见，武术经纪人市场、武术劳务市场尚不成熟。

又如，武术图书音像用品的市场方面。目前，在图书市场上有关武术方面的书籍、音像资料品种单一，大多是关于太极拳方面的资料，而其他拳种、武术基础理论和武术理论研究方面的资料非常少见。一方面，太极拳音像制品种类繁多，有利于太极拳的推广和发展；另一方面，习练者的注意力集中在太极拳上，而忽视其他拳种或者器械的演练，不利于武术多元化发展。

（六）缺乏政策支持

目前，河北省尚未制定出台有关发展河北传统武术的相关政策，对河北传统武术的财政支出几乎是一片空白。从近十年河北省体育局武术运动管理中心组织的比赛同样可以看出，比赛内容均侧重于竞技武术的开展。而一些传统武术活动，仅有流派内部或以县为单位象征性的开展，规模及影响程度甚小。

第二节　非物质文化遗产视野下沧州传统武术的项目发展研究

河北省沧州市地处中原，是驰名中外的武术发祥地，武术已经成了沧州的特色，在全国武术中占有重要的位置。1992 年，河北省体委将沧州正式命名为“武术之乡”，在全国武术中占重要的位置。沧州传统武术根植于民众生活中，形成了与沧州乡村社会的广泛联系。从民众参与上看，文献记述清代中叶，沧州传统武术已经获得了广泛的普及；民国至 1949 年前时段，沧州境内把式房林立。发展至今天，沧州境内习武者数十万人，武术人口所占比例高达 40.02％。到 20 世纪 90 年代末期，沧州范围内武术馆校、乡村把式房有 600 多个，仅八极拳把式房，广泛分布于市区、孟村、沧县、青县等县。沧州武术门类众多，内涵丰富。资料显示，沧州武林门类及独立之拳、械，除失传者外，计 50 余种，有六合、八极、秘宗、功力、太祖、通臂、弹腿、劈挂、唐拳、螳螂、昆仑、飞虎、太平、八盘掌、地躺、青萍剑、昆吾剑、闯王刀、疯魔棍、二郎、苗刀、燕青、形意、戳脚、翻子、少林、埋伏、花拳、勉张、短拳、阴手枪、杨家枪、太极、八卦遍布各地。国家审定的 129 个拳种中，在沧州形成并广泛流传的就占 52 个，其中重要的武术门类在传承传播过程中又形成若干个支派；1986 年国家挑选 10 种民间名拳编订规定套路，其中八极和通臂均在沧州主要形成和流传；且传承时间久、传播范围广的武术门类形成了从传承形式、口类武术规范、基本功练习、拳械套路到技击思想等较为完备的门类武术体系。1985 年沧州市被河北省体委正式命名为“武术之乡”，1992 年国家体委首批公布的 35 个“武术之乡”中，沧州市是全国唯一的地市级“武术之乡”。

沧州武术兴于明盛于清，在民国达到鼎盛时期。纵观《沧州武术志》所有武术门派都是在明清形成并发展起来的，就连声名远扬的疯魔棍也是在民国时期创编的。所以沧州武术符合传统武术的概念，也符合传统武术的三个具体表现特征。即以中国传统文化为理论基础，以攻防技击为主要活动目标、体用兼备、打练结合、并融健身修身、防身自卫、娱乐审美为一体，富有浓厚的民族传统特色的武术活动。

一、进入非物质文化遗产名录中的沧州传统武术

（一）进入非物质文化遗产名录的沧州传统武术项目

2006 年 6 月公布的河北省第一批省级非物质文化遗产名录中的沧州传统武术项目有：沧州市的沧州武术、沧州泊头市的泊头六合拳 2 个项目。

2007 年 6 月公布的河北省第二批省级非物质文化遗产名录中的沧州传统武术项目有：沧州孟村回族自治县孟村八极拳，沧州市劈挂拳，沧州市燕青拳，沧州市查滑拳 4 个项目。要研究非物质文化遗产下沧州传统武术的保护和发展，首先要了解在非物质文化遗产名录中的沧州传统武术。

2009 年 5 月公布的第三批河北省省级非物质文化遗产名录中沧州传统武术有：沧州通臂劈挂拳研究总会通臂拳（沧州通臂拳）、沧州沧县弹（谭、潭）腿、沧州沧县传统武术、沧州河间市河间左把大奇枪、沧州黄骅市贾氏青萍剑、沧州黄骅市黄骅五虎棍、沧州青县麒麟拳、沧州通臂劈挂拳研究总会苗刀 8 个项目。

（二）进入非遗名录的沧州传统武术项目申报和条件

1. 非物质文化遗产的申报和审批

（1）申报流程。按照国家相关条例规定以及专家访谈得知，非物质文化遗产的申报要符合逐级申报的原则，首先向县文化主管机关申请，由县文化主管机关（文化局）向市文化主管机关申请，如申请成功，可得到市非物质文化遗产的证书，再由市向省主管机关（省非物质文化遗产保护中心）申请，如申请成功，可以列入省级非物质文化遗产，最后由省主管机关向文化部申请。

（2）申报的具体条件。根据沧州市文化局的相关规定，申报沧州市级非物质文化遗产项目的条件与标准如下：

①具有突出的历史、文化和科学价值。

②具有在一定群体中世代相传、活态存在的特点。

③具有鲜明特色，在当地有较大影响，具有展现当地文化创造力的典型性和代表性。

④具有濒临失传、急需挖掘、传承、弘扬的特点。

（3）沧州市级非物质文化遗产申报具体程序。由各县（市、区）文化行政部门根据申报单位的意愿、组织专家对县（市、区）级对申请项目中具备条件的项目进行筛选、论证、评审、提出推荐名单，经县（市、区）级人民政府同意后报送市非物质文化遗产保护中心。

（4）申请必须准备的材料。

①申报报告：县（市、区）级文化行政部门或市直属单位向市非物质文化遗产保护中心提出申请名单，并对申报项目名称、保护单位、申报目的和意义进行简要说明，同时附县（市、区）级人民政府的意见。

②县（市、区）级人民政府及直属单位主管部门同意申报的函件。

③县（市、区）正式公布县级非物质文化遗产名录的文件。

④项目申报书：包括项目简介、基本信息、项目说明、项目论证、项目管理、保护计划、授权书、市级专家委员会论证意见、市级参与项目论证专家名单、市级文化行政主管部门审核意见。

⑤辅助材料；包括录音、录像资料、代表性图片、证明材料、授权书、及其他相关资料等。

⑥明确具体承担申报项目保护与传承工作的保护单位和代表性继承人。

⑦制定翔实、具体可行的5年保护计划，并有地方配套经费和预算。

2. 国家级非物质文化遗产项目的申报规定

如何申报国家级非物质文化遗产代表作项目。公民、企事业单位、单位组织等申报国家级非物质文化遗产代表项目，应该依照国务院《国家级非物质文化遗产代表作申报评定暂行办法》的规定进行办理。

（1）评审标准。国家级非物质文化遗产代表作的申报项目，应是具有杰出价值的民间传统文化表现形式或文化空间；或在非物质文化遗产中具有典型意义；或在历史、艺术、民族学、民俗学、社会学、人类学、语言学及文学等方面具有重要价值。具体评审标准如下：

①具有展现中华民族文化创造力的杰出价值。

②扎根于相关社区的文化传统，世代相传，具有鲜明的地方特色。

③具有促进中华民族文化认同、增强社会凝聚力、增进民族团结和社会稳定的作用，是文化交流的重要纽带。

④出色地运用传统工艺和技能，体现出高超的水平。

⑤具有见证中华民族活的文化传统的独特价值。

⑥对维系中华民族的文化传承具有重要意义，同时因社会变革或缺乏保护措施而面临消失的危险。

（2）保护措施。申报项目须提出切实可行的十年保护计划，并承诺采取相应的具体措施，进行切实保护。这些措施主要包括：

①建档：通过搜集、记录、分类、编目等方式，为申报项目建立完整的档案。

②保存：用文字、录音、录像、数字化多媒体等手段，对保护对象进行真实、全面、系统的记录，并积极搜集有关实物资料，选定有关机构妥善保存并合理利用。

③传承：通过社会教育和学校教育等途径，使该项非物质文化遗产的传承后继有人，能够继续作为活的文化传统在相关社区尤其是青少年当中得到继承和发扬。

④传播；利用节日活动、展览、观摩、培训、专业性研讨等形式，通过大众传媒和互联网的宣传，加深公众对该项遗产的了解和认识，促进社会共享。

⑤保护：采取切实可行的具体措施，保证该项非物质文化遗产及其智力成果得到保存、传承和发展，保护该项遗产的传承人（团体）对其世代相传的文化表现形式和文化空间所享有的权益，尤其要防止对非物质文化遗产的误解、歪曲或滥用。

（3）申报。公民、企事业单位、社会组织等，可向所在行政区域文化行政部门提出非物质文化遗产代表作项目的申请，由受理的文化行政部门逐级上报；申报主体为非申报项目传承人（团体）的，申报主体应获得申报项目传承人（团体）的授权。

省级文化行政部门对本行政区域内的非物质文化遗产代表作申报项目进行汇总、筛选，经同级人民政府核定后，向部际联席会议办公室提出申报；中央直属单位可直接向部际联席会议办公室提出申报。申报者须提交以下资料：

①申请报告：对申报项目名称、申报者、申报目的和意义进行简要说明。

②项目申报书：对申报项目的历史、现状、价值和濒危状况等进行说明。

③保护计划：对未来十年的保护目标、措施、步骤和管理机制等进行说明。

④其他有助于说明申报项目的必要材料。

传承于不同地区并为不同社区、群体所共享的同类项目，可联合申报；联合申报的各方须提交同意联合申报的协议书。

二、进入非物质文化遗产名录的沧州传统武术项目发展现状

(一) 沧州地区武术专家和不同群体对非遗名录中沧州武术的认知情况

1. 武术专家对非物质文化遗产的认知情况

目前沧州地区几乎所有武术专家知道沧州武术被列入非物质文化遗产名录，大部分的专家对哪些项目被列入也有一定的了解，并且知道其申报流程和组织模式，对传承人和传承方式也有一定了解。而且大部分常州的武术专家认为八极拳、劈挂拳、翻子拳3个拳种项目的知名度最高，也有很多武术专家认为左把大奇枪、五虎棍、麒麟拳3个项目的知名度最低。

2. 不同群体爱好程度分析

目前，普通市民中，多数人对于被列入非物质文化遗产的沧州传统武术都持比较喜欢和一般喜欢的态度，而非常喜欢被列入非物质文化遗产的沧州传统武术的人较少；在武术专家这一群体中，大多数专家则是非常喜欢被列入非物质文化遗产的沧州传统武术，而其他的则是喜欢或者一般喜欢，而不喜欢的武术专家则几乎没有。另外，大部分的沧州武术专家最喜欢的是八极拳、劈挂拳、通臂拳3个拳种项目，最不喜欢的是燕青拳、沧州弹腿和麒麟拳3个项目，不喜欢的主要原因是其观赏性较差。

3. 列入非遗对沧州武术今后发展影响的认知

通过相关的调查得知，大多数的沧州武术专家和少数市民认为列入非遗对沧州武术的发展有很大帮助，而少数专家和多数市民认为将沧州武术列入非物质文化遗产对沧州武术的发展具有比较大的影响和帮助。

(二) 非物质文化遗产名录中沧州传统武术项目发展现状

1. 传承方式和组织运营

在非物质文化遗产的实际工作中，认定的非遗的传承标准是由父子（家庭），或师徒，或学堂等形式传承三代以上，传承时间超过100年，且要求谱系清楚、明确。

通过对沧州地区专家的调查得出，被列入非物质文化遗产名录的沧州传统武术传承主要渠道是通过传承人，在传承方式上有一半的专家认为传承方式比较完善，少数专家认为传承方式比较不完善；传承人任命制度和形式方面大部分专家认为传承人的任命制度和形式比较完善，少数认为比较不完善，或者特别不完善，在运营方式上也只有一小半的专家认为运营方式比较完善，另有一些专家认为比较不完善。

基于上述分析，可以得出以下结论：

(1) 传承人的任命形式不完善，发挥保护工作的能力有限。非物质文化遗产的传承主体包括传承人和传承单位，目前制定和实施的相关法律规范都没有对传承人下定文，没有一个统一的规定，对保护工作带来一定的困难，作为非物质文化遗产传承的重要角色，保护工作发挥的

力度不足。法律规范条件过于概括抽象，不具有操作性，通常是以申遗为目的，不利于项目的长久推广和保护。

(2) 申报和传承的组织不正规。通过专家实地访谈得知沧州传统武术多以民间艺术家、个人或多人自发形式申报非物质文化遗产，组织人员和制度不健全，多以申遗为目的，临时性组织较强，通常申遗完毕后便逐渐松散。

2. 资金来源和用途方面

关于非物质文化遗产的专项资金申报必须具备以下条件：

(1) 具有独立法人资格；(2) 具有固定的工作场所；(3) 具有专门从事非物质文化遗产保护的工作人员；(4) 有科学的工作计划和合理的资金需求。

目前沧州武术作为国家级和省级非物质文化遗产，资金管理由各项目遗产继承人申报和统筹，每年的专项拨款为国家级人民币 2 万元（沧州武术作为国家级)，河北省级人民币 3 600 元，除此之外，还可以根据具体开展的保护性工作进行单项申请，金额不定，视具体工作内容而定，但是通过数据显示资金有限，开展保护性工作和活动有限。

(三) 进入非遗名录的沧州传统武术项目发展优势

(1) 比较全面的项目背景资料，为未列入非遗的项目在资料整理上提供可借鉴的方式和方法。根据申遗条件要求，每个申请进入的项目必须具有该项目完整的发展历史、开展现状情况、参与受众情况以及对当地文化影响情况的成文资料备案，因此已经进入非遗名录中的沧州武术项目资料齐全，可为那些未进入的项目在资料整理方面提供可借鉴的方式和方法。

(2) 已列入市级非遗的项目 5 年开展工作计划，为未列入的项目在制定未来发展计划上提供参考价值。根据规定被列入市级的非遗项目必须提出 5 年的项目开展和保护计划，正因为有了这些规定使得这些被列入的项目先从发展方针和政策上有了理论指导，将来按照 5 年发展计划进行落实和执行，并从中吸取经验，取其精华去其糟粕，为更好地发展和保护此项目起到积极的作用，因此那些未列入的项目可以先试着参考和制定这些计划，从而为将来的申请工作做铺垫和准备。

(3) 在非物质文化遗产的保护下，政府有针对性地监督其开展活动，并积极地引导从而更有利于项目的长久发展和保护性措施开展。一旦列入非物质文化遗产就要遵守相关的法律法规，并如实按照当初申请初期的计划开展活动和实施保护措施，在政府的监督和指引下，有利于项目本身以及传承人的积极发展。

(4) 列入非遗，在项目发展上师出有名，并获得国家专项资金的扶持。被列入非遗的沧州传统武术项目，根据遗产级别不同，每年会由国家或省级单位定期发放资金，从一定力度上积极有效地扶持了项目的发展。

三、未进入非物质文化遗产名录中的沧州传统武术

(一) 未进入非物质文化遗产名录的沧州传统武术项目

如前文所述，沧州武术门派居多，武林门类及独立之拳、械，除失传者外，计 50 余种，前文已经说明已有 14 种项目进入国家级和省级非物质文化遗产名录中，其他大多只在民间开展，

并有少数濒临失传。

（二）未进入非物质文化遗产名录的沧州传统武术项目发展现状

目前大部分的武术专家对未进入非遗名录的沧州武术有一定的了解，大多数沧州的武术专家对未列入非遗名录的沧州武术有一定的了解。

在对传统武术和现代竞技武术的比较认识方面，沧州地区的武术专家对沧州传统武术与现代竞技武术的特点有着清醒的认识，二者各具所长：传统武术历史悠久，根基深厚，具有很强的文化性和观赏性；现代竞技武术则在时尚性娱乐性方面更高一筹。

目前沧州市民大多只是知道沧州是武术之乡，知道沧州武术是我国国家级非物质文化遗产，但是对于沧州武术的历史背景和沧州八大门派的相关内容却所知甚少。

关于沧州市民对过去沧州传统武术的印象方面，过去的沧州传统武术给多数沧州市民留下了成绩斐然、人才辈出、门派众多的深刻印象。沧州传统武术曾有过辉煌的历史，在沧州市民眼中，沧州传统武术的发展现状令人担忧。

（三）未进入非遗的沧州传统武术在发展过程中整体面临的障碍

1. 传承方式简单，缺乏系统的培养后继人才的机制和体系

传统武术也要从娃娃抓起，然而在实际工作中，从基础教育的中小学到专业教育的大中专学校都没有真正做到重视传统武术的教育与培养。没有现代化的教育机制、教育理念和教学手段，使得传统武术还是靠言传身教和世袭传承这样古老的传统方式进行传播发展。这样，那些过去长期流传在民间的、为百姓所熟悉和欢迎的、难度适宜、技击性强的传统武术得不到推广，制约了传统武术向更高层次的发展。

2. 缺乏完善的立法和系统的保护机制

国外许多国家和地区在关于类似中国传统武术的非物质文化遗产的立法保护方面起步比中国要早。比如，日本在1950年通过了《文化财保护法》来保护日本国内的“无形文化财”；韩国在1964年制定了《文化财保护法》来保护韩国境内的传统民间文化创造。但是目前我国关于非物质文化遗产的保护与传承方面的立法不完善，非物质文化遗产保护与其他国家相比还处于比较落后的地位。

非物质文化遗产保护机制不完善，导致社会各界对传统武术所具有的历史、文化和艺术等方面的价值缺乏足够的认识，使大家对于传统武术的保护观念比较淡薄。这样我们对沧州传统武术的挖掘和保护就显得有些手忙脚乱，各地研究水平参差不齐，对传统武术的挖掘和保护工作的方法简单、手段单一，没有形成一个系统的持续的计划，这样就导致了沧州传统武术的保护工作一直处于效率不高的境地。

3. 缺乏政府强有力的组织和有计划的领导

传统武术活动大多散落在民间，仅仅靠爱好者们自发组织进行，处于比较封闭的环境，欠缺必要的交流和切磋，从长远来看并不利于各自武艺水平的提高。民间武馆和武校受学生升学及市场经济等各种因素的影响，加上无法得到政府相关部门的协调组织和必要的支持，民间武馆武校大多因管理运作不良而自生自灭，形成了传统武术在局部时兴时衰，无法持续发展，民族体育属于政府职能工作的一小部分，在中心工作影响下往往会被忽视。由于严重缺乏政府有

效的组织以及引导，无法形成团队核心，这样，限制了传统武术文化品位的提升，不利于传统武术的持续发展。

4. 受外来武术项目的冲击较大

随着改革开放的不断深入，越来越多的外来文化进入中国。在此过程中，空手道、跆拳道、柔道等外来武术纷纷来到中国。跆拳道、空手道这些体育项目以其简单易学的运动形式和极具时尚的气息而受到广大青少年的喜爱。这其中要特别说明的是跆拳道，在传入中国很短的时间内就在各个城市引起火爆的效应，成为广大青少年喜闻乐见的运动项目，大大降低了传统武术的吸引力。

第三节　非物质文化遗产视域下沧州武术的个案研究——以游身连环八卦掌为例

游身连环八卦掌属于八卦掌中的一个流派，也是沧州传统武术当中较为独特的流派，在该地多个县市区域都有武术爱好者习练与传播，在全国武术中占有重要的位置。2008 年国务院公布八卦掌成为第二批国家级非物质文化遗产。列入非物质文化遗产名录后，对游身连环八卦掌的传承与发展起了一定的促进作用。但是在发展过程中仍存在一些问题，影响了游身连环八卦掌的传承与发展。

一、非物质文化遗产名录中的游身连环八卦掌

（一）游身连环八卦掌的起源与传承

八卦掌是我国传统武术中风格比较独特的一个拳种，属于内家拳。据考证为清代河北省文安县朱家务董海川先师所创。他在创编八卦掌时，是按照八卦之理而创编，共有八种各具特色的掌法传给众弟子。由于董海川传艺多是因材施教，善于从实际出发启发学生，因此形成了不同风格的八卦掌流派。董海川培养出许多赫赫有名的八卦掌传承人，从第二代至第六代的传承人代表分别是：尹福、高义胜、张福海、温仲石、温静。他们对八卦掌的继承、发展做出了很大的贡献。迄今为止，在社会上流传的八卦掌名称和套路各不相同，河北沧州一带普遍练习的是游身连环八卦掌，是由张福海先生于 20 世纪 60 年代在沧州开始传授的。张福海在沧州传授的主要弟子有：温仲石、高风英、邓松涛等。

（二）游身连环八卦掌的风格特点

游身连环八卦掌分为先天八卦和后天八卦，是一种长于技击善于养身的拳术。以站桩、行步为基础，以绕圆走转为基本运动形式，以趟泥步、摆扣步为基本步法，以掌法变换为核心。

练习要领是：双目平视、提项直颈、舌抵上颌、含胸拔背、沉肩坠肘、坐腰溜臀、合膝掩挡、十趾扣地。它的运行特点是以掌为主，其掌法以龙形掌为基本手型，一掌守内一掌守外，两掌都在圈里，同时头、颈拧向圆心，眼看守外掌虎口。游身连环八卦掌无论是徒手套路还是器械套路，它的各种掌法、身法、器械方法等，都是在走转行进中进行的。因此，绕圈走转是游身连环八卦掌最突出的风格特点。

(三) 游身连环八卦掌的价值功能

1. 游身连环八卦掌的历史文化价值

沧州武术历史久远，根植于民众生活之中，形成了与沧州乡村社会的广泛联系。游身连环八卦掌主要在沧州当地流传，是一种典型的地区体育活动。最初，由于当地文化经济很落后，当地居民没有其他的文化活动，所以只能通过习练游身连环八卦掌来满足自己的需求，以此来调节他们的心境，从而促进了人们的道德教育，人们能从游身连环八卦掌活动中受到一定的教育。当地前辈在教授时着重强调武德，包括严守武德、尊老爱幼、不欺软怕硬、不为非作歹等，一定程度上制约着学武人的道德品质和行为。

2. 游身连环八卦掌的经济价值

游身连环八卦掌作为一个具有本土传统文化的武术拳种套路，其独特地演练风格和观赏价值，可以带动沧州旅游业的发展。人们在观赏游身连环八卦掌套路表演的同时，了解它的发展史，这样既满足了人们的精神需要，又可以从中探寻沧州独具特色的民众个性和民族特征。只有有了更多的观赏者，才能实现游身八卦连环掌的经济价值。与此同时，也可以进一步激活武术俱乐部、武术研讨会、武术竞赛展演、武术用品、出版等多个相关的产业，从而促进沧州的经济发展。

3. 游身连环八卦掌的社会价值

为将沧州武术文化进一步弘扬光大，沧州市于1989年10月创办了“沧州市第一届武术节”，此后每四年举办一届，2010年升格为“中国沧州国际武术节”，至今已成功举办八届。武术节将武术、文化、经济融合为一体，重点突出沧州地区传统武术的特点与优势，充分展现了沧州传统武术的群众性、多样性与国际性。武术节提出了弘扬“爱国、修身、正义”的尚武精神，同时借助于武术展演平台，促进了当地相关经济产业的发展，增强了沧州“武术之乡”的影响力。因此，游身连环八卦掌作为沧州传统武术中的重要组成部分，其传播与发展对沧州乃至全国的非物质文化遗产的保护，乃至构建和谐社会发挥着重要作用。

4. 游身连环八卦掌的美学价值

游身连环八卦掌最为突出的美学价值主要体现在阴与阳、刚与柔之间相生相克、辩证统一的关系中；同时还体现在节奏和韵律当中。游身连环八卦掌的整套动作设计具有艺术性，主要表现在动态和静态的巧妙结合。它的演练从动态转化为静态，然后由静态再转化为动态，从而形成了动作的节奏美。此外，游身连环八卦掌的美学价值还体现在形与神的和谐统一、意与境的美妙结合上，也称之为形神美和意境美。

5. 游身连环八卦掌的健身价值

练习游身连环八卦掌是强身健体一种很好的方法，它适合不同年龄、不同性别、不同体质的人。经常练习能够增强体质、祛病延年，提高健康水平。同时对身体的消化系统、呼吸系统、心血管系统以及神经系统都有明显的促进作用；长期的练习能使人体的关节、骨骼、肌肉、韧带等功能得到充分的锻炼，增强其活动能力。

二、列入非物质文化遗产名录后游身连环八卦掌的发展现状分析

（一）列入非物质文化遗产名录后沧州地区游身连环八卦掌的普及程度

通过对沧州地区不同群体对非物质文化遗产名录中游身连环八卦掌的了解情况的调查分析，得出以下结论：（1）目前，沧州武术专家对列入非物质文化遗产名录中的游身连环八卦掌有一定的了解。（2）沧州市区武术练习者对列入非物质文化遗产名录中游身连环八卦掌的了解情况不是很乐观。（3）沧州市高校、中学体育教师以及武术学校教练对非物质文化遗产名录中游身连环八卦掌的了解情况很乐观，且不同群体对沧州传统武术游身连环八卦掌这个拳种还是比较喜欢。

通过不同群体对游身连环八卦掌的了解与喜爱程度可以看出：武术专家和学校体育（武术）教师对游身连环八卦掌还是有一定的了解和喜爱，但是大部分武术练习者不太了解和喜爱游身连环八卦掌。另一方面，对照本地区发展较好的陈式太极拳，通过网络调查，得出以下结果。

通过对游身连环八卦掌与陈式太极拳有关信息状况比较的调查数据可以得出：目前沧州与游身连环八卦掌相关的视频有 291 个、百度词条有 13 万、CCTV 无相关报道；而与陈式太极拳相关的视频有 132 498 个、百度词条有 265 万、CCTV 的相关报道有 83 集。由此说明网络媒体的宣传推广力度不够影响了游身连环八卦掌的传承与发展。

近些年，随着西方一些竞技体育项目引进国内，并且依靠大力宣传和推广深受大众喜爱。作为非物质文化遗产的沧州传统武术——游身连环八卦掌却遭受冷落。但是其他沧州武术拳种如太极拳等，它们的发展得益于政府部门的大力宣传与推广，经常举行交流活动，同时定期举办相关比赛。造成这两种不同状况的原因，与推广力度不够和缺乏关注度有着一定的关系。2013 年沧州市政府命名首批沧州传统武术传承人以来，沧州市博物馆收录了游身连环八卦掌的视频资料，说明政府部门对游身连环八卦掌也有一定的关注。但是这种宣传和推广力度是远远不够的。因此我们要充分运用网络、媒体等对游身连环八卦掌进行大力的宣传与推广，借助当前的全民健身热潮，使得游身连环八卦掌能够走进人民群众生活。

（二）列入非物质文化遗产名录后游身连环八卦掌的传承状况

1. 游身连环八卦掌练习者的年龄分布

根据沧州市体育局武术科的统计，现阶段游身连环八卦掌传播和发展比较快的区域主要在沧州市、南皮县、青县这几个县市区。除此之外，其他市县几乎没有人练习。练习人口主要分布于县区，市区习练者相比较而言会少一些。有少数武术学校学习，但是平时文化课的学习时间严重压缩了习武时间。

目前，游身连环八卦掌练习者的年龄集中于中老年人，对青少年的影响很小。所以在一定程度上影响了游身连环八卦掌今后的传承与发展。

2. 传承方式

在非物质文化遗产的实际工作中，认定的非物质文化遗产的传承标准是由父子（家庭）、师徒、学堂等形式传承三代以上，传承时间超过 100 年，且要求谱系清楚、明确。在调查过程中，大多数武术专家认为游身连环八卦掌的传承方式为言传身教，少数人认为是世袭传承、网络书

籍和武术课程，由此说明游身连环八卦掌的传承方式主要还是言传身教，传承方式相对简单，在武术课程中很少涉及。

由于缺乏现代化的教育机制、教育理念和教学手段，使得游身连环八卦掌的传承主要还是靠言传身教和世袭传承这样传统古老的方式进行，教育教学相对闭塞。由此说明，游身连环八卦掌的传承方式相对简单。

通过对沧州武术专家调查得出，被列入非物质文化遗产名录的游身连环八卦掌传承主要渠道是通过传承人，通过对沧州武术专家访谈还得出以下发展现状与结论：

第一，传承人的任命制度不太完善，发挥保护工作的能力有限。非物质文化遗产的传承主体包括传承人和传承单位，目前制定和实施的相关法律规定都没有对传承人下定义，没有一个统一的规定，对保护工作带来一定的困难。作为非物质文化遗产传承的重要角色，保护工作发挥的力度不足。法律规范条件过于概括抽象，不具有操作性，通常是以申遗为目的，不利于项目的长久推广和保护。

第二，申报和传承的组织不正规。通过对武术专家访谈得知沧州传统武术多以民间艺术家、个人或多人自发形式申报非物质文化遗产，组织人员和制度不健全，多以申遗为目的临时性组织较强，通常申遗完毕后便逐渐松散。

（三）列入非物质文化遗产名录后政府对游身连环八卦掌的支持情况

1. 列入非物质文化遗产名录后游身连环八卦掌资金支持与利用情况

本节针对非物质文化遗产名录中游身连环八卦掌项目的资金来源管理和用途方面，目前沧州武术作为国家级和省级非物质文化遗产，资金管理由各项目遗产继承人申报和统筹，每年的专项拨款为国家级 2 万元，河北省级 3 600 元。其中国家级项目资金的 50%用于开展相关活动；省级项目资金的 30%用于开展相关活动。除此之外，还可以根据具体开展的保护性工作进行单项申请，金额不定，视具体工作内容而定。但是通过数据显示专项资金有限，开展保护性工作和活动也有限，因此影响了游身连环八卦掌的传承与发展。

2. 游身连环八卦掌活动场地与活动开展情况

政府相关部门的大力支持与指导也是影响游身连环八卦掌传承与发展的因素之一。目前大多数的游身连环八卦掌练习者的活动场所集中在城市广场、公园以及活动站；少数游身连环八卦掌练习者的活动场所是在政府提供的活动场地，也有一小部分游身连环八卦掌练习者的活动场所是在租用的室内场地。

但是目前游身连环八卦掌练习者的活动场所比较集中于公园、活动站；而参加游身连环八卦掌相关活动的频率也不多。说明游身连环八卦掌的发展有些缓慢。但是得益于政府部门大力支持与推广的八极拳近些年发展迅速。通过对武术专家访谈得知，八极拳在孟村和青县发展良好。老师们不仅出版了相关书籍，而且还定期地举办八极拳比赛、八极拳国际交流研讨会等。近几年孟村和青县还分别建立了“八极拳国际培训中心”以及“八极拳国际训练基地”。相比之下，游身连环八卦掌由于缺乏政府相关部门的支持，产生的经济效益和社会效益微乎其微。由此可见，政府相关部门的大力支持与指导对游身连环八卦掌的发展起着重要的推动作用。

(四) 列入非物质文化遗产名录后游身连环八卦掌在沧州市学校的开展状况

通过对沧州市四所高校、部分中学以及沧州区县个别武术学校老师的调查数据可以得出列入非物质文化遗产名录后游身连环八卦掌在沧州市高校、中学以及武术学校的开展情况：(1) 目前游身连环八卦掌的师资力量不足，缺乏专业知识的系统培训。(2) 政府部门推广的传统武术进校园活动在体育课（训练课）中的开展状况不是很乐观。(3) 在传统武术进校园活动中，对游身连环八卦掌的教学与推广起到了一定的促进作用，同时也推动了沧州传统武术在校园中的普及与开展。但是整体的开展状况不是很乐观。

由上可知，传统武术进校园活动在沧州市高校、中学以及武术学校的开展状况不是很乐观。一方面，学校体育（武术）教师缺乏对游身连环八卦掌专业知识的系统培训，少数教师通过业余时间自学的方式来提高专业技能。另一方面，由于沧州地区传统武术门派众多，各拳种不能均衡发展。因此，作为八大门派之一的游身连环八卦掌在校园中的推广效果一般。政府部门要加大扶持力度，鼓励游身连环八卦掌传承人“走出去”，打破旧的思想观念，积极进行相关的传承活动。同时要对游身连环八卦掌进校园的工作提高重视程度，挑选具有武术基础的体育教师去参加培训学习，培训合格之后再把学到的游身连环八卦掌套路传授给学生，校园内进行推广。同时学校聘请资深游身连环八卦掌前辈、专家到学校进行指导教学，按阶段举办游身连环八卦掌相关比赛等活动。

(五) 列入非物质文化遗产名录后影响游身连环八卦掌发展的因素

随着改革开放的不断深入，越来越多的外来文化进入中国。在此过程中，空手道、跆拳道等外来武术文化纷纷来到中国。跆拳道、空手道这些体育项目以其简单易学的运动形式和极具时尚的气息而受到广大青少年的喜爱。

近几年跆拳道在沧州市区发展非常迅速，成为广大青少年所喜闻乐见的运动项目，从而降低了沧州传统武术的吸引力。当前的武术界门派传承仍以传统的师徒教授方式为主，教学封闭，缺乏交流；在技术教学上，多数老拳师的教学方法缺乏创新，仍以老一辈人传下来的经验进行教授，教学手段陈旧、单一，对当代年轻人缺乏吸引力；在理论发展方面，由于理论研究基础薄弱，创新力不足，传统武术理论水平发展缓慢，各门派武术理论体系得不到进一步改进和完善。

作为沧州传统武术，游身连环八卦掌历史悠久、风格独特，但在传承发展过程中仍无法避免以上因素的影响。今天，传统文化本土化发展，离不开必要的创新，游身连环八卦掌有必要在内容整合、活动方式、组织形式上进行创新。

(六) 列入非物质文化遗产名录后对游身连环八卦掌今后的发展影响

目前，大部分的武术专家和体育（武术）教师都认为只有通过学校传承和网络媒体的宣传推广才能更好地传承与发展游身连环八卦掌。教育是文化传承的主要阵地，真正做好传承工作是保护和发展游身连环八卦掌的根本措施。学生是教育的主体，也是传承与发展游身连环八卦掌的中间力量。教育部门可以把游身连环八卦掌纳入到大、中、小学的教学大纲之中，改进和完善游身连环八卦掌进课堂，在校园内普及和开展游身连环八卦掌。同时应用现代化教学手段，

发挥网络信息化的作用，提高教学效率。目前学校教育技术的不断发展、提高，为游身连环八卦掌的教学方法和手段的发展提供了有利的机会。因此现代教育技术的发展是提高游身连环八卦掌教学的新手段和新方法。此外，要积极借助媒体、网络的宣传功能，促进游身连环八卦掌在沧州市区的普及与发展。可以在现有的中国武术协会网站上增设游身连环八卦掌这个拳种的网页。网站上可以开设相关栏目，比如套路介绍、视频播放、辅导培训等。

第四章　非物质文化遗产视域下山东传统武术的现代化发展

山东省作为文化大省，亦是武术大省，是中华武术主要发源地之一，山东传统武术文化遗产每一个拳种都至少有上百年的传承和发展历史，拳种具有独特的技术风格和丰富的内容体系，每个拳种项目都深深植根于地域文化传统，与当地群众生活休戚相关，真实演绎再现了齐鲁儿女自古以来生产生活、民俗民风的全貌以及在推动社会进步和历史发展过程中不可磨灭的丰功伟绩。

近几年来，以非物质文化遗产为视角研究传统武术保护和发展的学术研究大量涌现。到目前为止，相关武术专家、学者以此为研究契机进行攻关，取得了卓有成效的学术成果，通过文献检索发现，以非物质文化遗产为视角，研究某省或者某个地域的武术文化遗产的相关论文凤毛麟角，现在许多具有浓郁地域文化特色的传统武术拳种已经被收录到不同级别的非物质文化遗产名录，在一定程度上保护了传统武术因种种原因失传的尴尬境遇。但如今非物质文化遗产整体保护现状让人堪忧，“伪传统、伪文化”“重申报、轻保护”“作秀大于保护”以及保护措施的“后续无法操作”“遗产依然在流失”等诸多呼声俨然不断，一时间，板砖与掌声齐飞。有些专家学者骨鲠在喉、不吐不快，针对非物质文化遗产申报过程所表现出的竭泽而渔、镜花水月的现象，提出要重新审视非物质文化遗产，传统武术文化遗产当然也要遭到“非难”，但是多数剑指“保护什么”以及“后续操作”问题。本章在非物质文化遗产的视角下，探讨山东地区武术文化遗产的形成、发展及内在规律，按历史发展轨迹展示了各个历史时期山东传统武术文化遗产的面貌，分区域论证了山东传统武术文化遗产形成的条件、地域分布特点及内在关系，并以山东文圣拳和山东梁山武术中的子午门功夫为例，对山东武术的发展现状与困境进行剖析，以期为实现山东传统武术文化遗产可持续发展提供些许借鉴。

第一节　非物质文化遗产视域下山东传统武术发展的历史溯源

山东作为中国古代文明的策源地之一，历史的长河在齐鲁大地积淀出厚重的文化底蕴，孕育出大批具有地域特色的非物质文化遗产。山东是武术之乡，自古以来武术拳种众多，据统计现在山东流行的拳种多达70余种。其中，查拳、螳螂拳、孙膑拳、文圣拳、肘捶、佛汉拳、牛郎棍、徐家拳等发源于山东。山东省内诸多古老的传统武术拳种为山东省申报非物质文化遗产提供了宝贵的源泉。

据统计，2008年6月7日国务院批准文化部确定的第二批国家级非物质文化遗产名录共计510项，“传统体育、游艺与杂技”(杂技与竞技)共计38项。属于山东传统武术文化遗产项目包括冠县查拳、莱阳市螳螂拳共计2项。2010年5月16日第三批国家级非物质文化遗产名录推

荐项目名单向社会公示。“传统体育、游艺与杂技”类涉及17个申报地区或单位，共计14项，山东传统武术文化遗产项目包括东明县佛汉拳、安丘市孙膑拳、临清市肘捶共计3项。至此，山东省内被列入国家级非物质文化遗产“传统体育、游艺与杂技”类的武术项目共包括冠县查拳、莱阳市螳螂拳、东明县佛汉拳、安丘市孙膑拳、临清市肘捶共计5项。

以上涉及的山东省内国家级非物质文化遗产传统武术项目在申报前均为省级非物质文化遗产项目。此外，山东还有诸如梁山县梁山武术、梅花拳（山东梅花拳学会、梁山县）、汶上县文圣拳、子午门（梁山县、东平县）、新泰市徐家拳、孙膑拳（安丘市、青岛市市北区、青岛市李沧区）、大洪拳（菏泽市、郓城县、滕州市）、二洪拳（鄄城县、曹县）、巨野县二郎拳、青岛市崂山区崂山道教武术、济南市济南形意拳、青岛市城阳区傅氏古短拳、临清市临清潭腿、螳螂拳（栖霞市、青岛市崂山区）、莱州市吴式太极拳、蓬莱市戚家拳、乳山市牛郎棍共计17项省级非物质文化遗产项目。

最终统计山东省内申报的“传统体育、游艺与杂技”类25个项目中仅传统武术就占到了20项（其中属于“同宗同源”的项目视为一类），传统武术作为“传统体育”的典型代表占据绝大多数。充分展现了山东省武术之乡的本色。各项目都反映了申报地鲜明的地域特色，长久以来在传承民族优秀文化、推动当地经济建设方面都起到了不可或缺的重要作用。

山东传统武术文化遗产的概念有广义和狭义之分，广义的山东传统武术文化遗产是指在山东地域内，广大人民群众创造的，与武术相关的且具有一定科学价值的拳种文化，是山东地区人们创造的武术精神文化和物质文化的综合。狭义的山东传统武术文化遗产则是专指在山东区域内，被列入我国（抑或世界）的各级别非物质文化遗产名录的拳种项目。

山东传统武术文化遗产形成与发展都离不开地域文化的浸染，其不论是外在表现抑或文化内涵，均表现出明显的地域多元文化特点，其价值功能顺应时代的发展，迎合群众需要，也呈现出多样化的价值取向。

一、山东传统武术文化遗产的历史嬗迭

山东传统武术文化遗产的概念有广义和狭义之分，广义的山东传统武术文化遗产是指在山东地域内，广大人民群众创造的，与武术相关的且具有一定科学价值的拳种文化，是山东地区人们创造的武术精神文化和物质文化的综合。狭义的山东传统武术文化遗产则是专指在山东区域内，被列入我国（抑或世界）的各级别非物质文化遗产名录的拳种项目。

河南大学教授、国家体育总局社会科学基地副主任韩雪，曾对武术与地域文化进行分析并指出：“地域文化虽是以地域限定的文化类型，但是它的形成和发展必定脱离不了历史的机缘。”通过对山东省传统武术文化遗产纵向历史沿革过程的研究，归纳总结出其在不同时期所表现出的阶段特征，概括起来表现为：发展期（明末清初前后）→繁荣期（清代中叶至民国）→持续期（民国后期至新中国成立后20世纪90年代前）→式微期（20世纪90年代至今）。

（一）发展期（明末清初前后）

明代是武术集大成时期，该时期的武术有了南、北派之分，并建立了完整的武术体系。山东尚武之风盛行，形成了具有独特风格的北派拳术。明末清初前后是山东传统武术文化遗产项目从萌芽逐步走向成熟的时期，多数以创始人的身份和相关史料记载，加之创拳始末为由来，

表现为从单纯的程式化技艺传授到相关理论的完善配套。如戚家拳，由明代民族英雄戚继光所创，戚继光从民间著名的16家拳法中，吸取了32个姿势编成拳套，称作《拳经》三十二势，编入《纪效新书》卷之十四，即《拳经捷要第十四》，作为士兵练习刀、枪、剑、棍等兵器的“武艺之源”，后世称之为《戚家拳》。

徐家拳起源于雍正年间，由徐氏高祖徐盛才所创。徐盛才，1725年出生（清雍正二年），卒于1797年。徐公自幼习武，练就一身绝技，创立徐家拳雏形。据新泰老县志和徐氏家谱记载，1826年出生（清道光5年）徐花葶为徐家拳第六代传人，他善于研究，丰富了徐家拳的内涵，发扬光大徐家拳法及各种兵器的使用。

“牛郎棍”为明末清初农民起义领袖“于七”（后化名燕飞）所创。牛郎棍基本内容与技术体系较为完整，包括田字鞭、十字鞭、长蛇鞭、龙虎斗鞭等，此外还有南斗六星刀、北斗七星剑、华夏流星枪、虎头双钩、铁砂、养神功等内容。

（二）繁荣期（清中叶至“民国”）

清代中叶至民国是该类项目从内容的不断成熟到技术理论体系的形成与定型的时期。该时期是民族矛盾和社会矛盾交织背景下的民众武装起义反帝反封建斗争的多发时期，在这样的背景下，武术在这一时期得到了广泛而深入的发展，武术在这一时期进入了繁荣期。山东民间尚武意识的崛起作为一种约定俗成，肩负民族兴亡的责任和义务成为一种普遍共识。中日甲午战争后，在反对帝国主义的热潮中，山东群众性练武活动形成高潮。山东鲁西南地区是义和团运动的策源地，义和团民众家家户户使拳弄棒。在冀鲁交界处，往往一村或数村联合延请拳师，设立场子或挖地窖，光臂露胸，习拳练武。清代末年，山东与直隶交界的一带民间广泛流传大洪拳、二洪拳、形意拳、肘捶、弹腿、梅花拳、查拳等；孙膑拳以安丘为中心，传入青岛、平度、高密、诸城等地；牛郎棍传入胶东半岛。比如临清肘捶，是我省土生土长的拳种，该拳的创始人张东槐是临清唐元乡瑶坡村人，生于道光二十四年（1844），卒于光绪二十七年（1901）。肘捶体系的形成与定型约在1874年前后，距今已有140余年的传承历史。肘捶主要分布在临清、临西及周边地区，在北京、济南、山西、湖南、广东都有传人。据考证，该拳成为义和团运动中民众所习内容之一。

又如安丘孙膑拳是以战国军事家孙膑的名字命名的中华古拳，技术和理论体系完整，具有散手、武术精华之特点。孙膑拳在安丘的传承可推至光绪十年（公元1884年）。孙膑拳流传至今，有史可考的已历经六代，其传承谱系完整、脉络分明、可证可考。其分布以安丘市为核心区域，周边高密市、昌乐县、青岛市区、济南、淄博、东阿等。辐射区域达北京、台湾、湖南、湖北、江苏、河南等。

辛亥革命后，民间习武开禁，尚武之风渐盛。军政当局为了训练军警人员和体育师资，开始倡导国术。20世纪二三十年代是山东武术颇为繁荣的时期，在民间，国术馆所属的武术练习所、社及农村拳房等遍布全省各地。如1934年，掖县国术馆成立，修丕勋（1892年—1976年）任教务主任，一时间吴式太极拳弟子遍布莱州，现流传在莱州的吴式太极拳老架，均师承于他手。这期间山东传统武术文化遗产在这一时期得到了传播和发展。

（三）持续期（民国后期至20世纪90年代前）

民国后期至新中国成立后20世纪90年代前，是山东传统武术不断持续发展的重要阶段，良好的社会环境促使民间武术活动长足发展，山东传统武术经历了抗日战争、解放战争，比如抗日战争时期，抗日民族英雄赵登禹将军，菏泽市牡丹区城西赵楼村人，大洪拳第十二世传人，1931年，九·一八事变后，赵登禹凭借大洪拳功夫（大洪拳截手刀刀法），带领菏泽1 000余名大洪拳弟子，手持大刀夜袭敌营，取得了著名的喜峰口大捷。1937年7月7日，卢沟桥事变爆发，赵登禹率部在南苑和大红门一带与敌军苦战，曾多次率部队用大洪拳截手刀与日军展开肉搏战，杀得日军魂飞胆丧，从此，大洪拳截手刀威震四方。爱国武术家杨明斋，早在青岛国术馆任教期间就传承孙膑拳，积极组织抗日，最终在河南省永城市罗寨战役中为国捐躯；再如傅士古短拳第四代传人傅兴斗，抗战时期在擂台上痛击日本侵略者扬国威。孙文宾新中国成立前秘密从事共产党地下工作、新中国成立初任山东省武协副主席，为新中国的成立、武术事业的发展贡献了自己的力量。

（四）式微期（20世纪90年代至今）

20世纪90年代以来，随着市场经济的不断发展，外来多元文化的不断冲击，以及人们思想意识和价值观的转变，导致了传统武术文化遗产日趋式微，直接压缩了武术非物质文化遗产的生存空间；加之老一代的拳师和习练者大都年老体弱，其生活上也得不到应有的待遇。山东传统武术文化遗产项目可持续发展正受到挑战，所以对其保护、继承、发展成为我们共同追求的目标。

山东人民富有革命传统，在漫长的封建社会中，山东人民无数次的反对压迫武装起义，沉重打击了封建统治和帝国主义的侵略。清中叶以前有于七、王伦等人领导的起义。近代的幅军起义及捻军斗争，清朝后期的太平天国运动，以及较大规模的义和团运动等。山东传统武术文化遗产在其产生、演变、发展的过程中都与当时的社会斗争有着一定的联系，并在反封建主义反帝国主义的民族斗争中起到了重要的作用。

二、山东传统武术文化遗产形成条件及规律探究

生态文化与行为的理论模式指出，“一定的生态环境产生一定的文化形态，而一定的生态环境和文化形态共同塑造于人，使其产生一定的行为方式。这种行为方式进而使人更好地适应那种生态和文化，甚至影响和改变它们”。同其他中国传统文化一样，武术文化是民族传统文化之一，武术的地域性特征表现较为明显，除了受自然地理因素影响外，还受到社会政治制度、经济结构、诸多文化背景等环境因素的影响。

（一）自然地理环境

自然地理环境是人类赖以生存和发展的物质基础，是武术文化创造的自然基础。人类的活动必须以一定的地域环境为依托，不同的自然地理环境，影响着该地域人们的思维方式、心理特征以及行为方式，在这之后进一步地产生相匹配的宗教信仰、民族习俗、生活习惯等，使生活于该环境的人类必须选择相应的生活方式；生活方式的差异，又使所创造的武术文化表现出

不同的特点。梁启超在“近代学风之地理的分布”一文中指出：“气候山川之特征，影响于住民之性质。性质累代之蓄积发挥，衍为遗传此特征又影响于对外交通及其他，一切物质生活还直接影响于习惯及思想。故同在一国，同在一时而文化之度相去悬绝。或其度不甚相远而其质及其类不相蒙，则环境之分限使然也。环境对于当时此地之支配力，其伟大乃不可思议……”梁启超以地理学为理论基础，阐述自然地理环境对中国近代学风的基础性影响。所以在考察传统武术文化遗产时，必须将它们放在当时的地理环境条件下，研究地理环境对其形成及发展的影响。

1. 季节气候

山东的气候属暖温带季风气候类型。降水集中，雨热同季，春秋短暂，冬夏较长。这一带土地肥沃，雨量充足，生物繁衍，为武术拳种的发展提供了有利的条件。习武素有“冬练三九，夏练三伏”之说，冬季寒冷，人在室外练武，必须进行热身，快速移动，闪展腾挪，以激烈强劲的动作，增加人体的热量，使得齐鲁地域流传的拳种具有大开大合、起伏跌宕、形健劲遒、动静分明等普遍特点，可见气候条件对武术拳种的风格也有影响，使武术拳种运动表现出鲜明的季节性特点。如山东临清肘捶对练中有“四季捶”，四季捶按照春、夏、秋、冬又分为冷捶和热捶。四季捶实战性强，捶与肘紧密配合，动作快速，招数变换多端，随机应变，招招击人要害，主练上肢速度。

2. 地形地貌

山东地形，中部突起，为鲁中南山地丘陵区；东部半岛大都是起伏和缓的波状丘陵区；西部、北部是黄河冲积而成的鲁西北平原区，东部的山东半岛突出于黄海、渤海之间，地形条件对武术拳种的产生和发展影响很大。

鲁东水源丰富、土地肥沃的山地和丘陵地带，更适合人类的繁衍，这样的地形条件下利于武术拳种发展，并且形成的拳种风格主要是腿和拳的动作多而幅度大，力量大并擅闪展腾挪，同时利于长兵器的发展。如孙膑拳以战国时期军事家孙膑命名，吸纳孙膑兵法之思想，尤重技击，侧身应战，手脚并用，招式可连，动作舒展，放长击远、猛打快攻，节奏分明。练习时蹲走跛形，长袖掩饰象鼻拳，虚实多变，上下兼顾动中有静，踢崩钻点加尖铲，劲狠招硬。旋转缠绕，避实击虚，指西打东。再如，长兵器乳山牛郎棍，“牛郎棍”是集刀、枪、剑、戟、鞭等技法为一体，其套路招式严密，刚劲有力，节奏分明，连贯通达，灵活多变，以快、奇、巧制胜。

鲁中地区多山区，古时以泰山划分齐、鲁两地，自古齐国崇武尚勇，养成了齐人粗犷、勇武、刚烈的性格；鲁国则奉行礼制，崇尚伦理和秩序，民风谦逊礼让。但两国地域毗邻，文化亦有共通之处，如重教化、尚德义、重节操等。在这样的文化背景下，产生发展的拳种形成了独特的技术风格和文化交融。如汶上文圣拳，动作古朴稳健，无蹿蹦跳跃，五步之地就可练拳，该拳包括文功、武功两部分，文功练习形式有盘膝、打坐、可以坐卧行走；武功分为功法、单练、器械对练、实战等形式。此外，文圣拳动作配合呼吸，式式讲究发力，习练多以长寿老人甚多，有“八十出功，九十不松”的说法，所以该拳又有“长寿拳”一说。该拳中的文圣剑，七字歌云：“……快慢相间似游泳，能刚能柔君子剑。”“君子剑”一词足以看出文圣拳“尚德义、重情操”的思想。此外，汶上据孔子故里曲阜几十里路，可以看出，该拳受鲁国周礼文化影响颇重。

鲁西南平原区，尤其菏泽地区，境内为黄河冲积平原，地势平坦，土层深厚，属华北平原新沉降盆地的一部分。自西南向东北呈簸箕形逐渐降低，古代自然灾害多发地区，该地区特殊的生态环境、民俗信仰、群众心理等诸多因素造就了“武术之乡”之美誉，成为山东拳种聚集地，该地区又是农民起义多发之地。如北宋时期梁山好汉，近代以来捻军、义和团起义等。又因该地区与河南相邻，少林武术与该地许多拳种有着密切联系，都表现为大开大合、注重力量性，具有独门功法练习，如东明县的佛汉拳，高低苗是佛汉拳基本动作，因它在练习时，身体重心一高一低，手法上也随之高戳低打，讲究“高棚下压中间截”，连环盘练不止，故曰：“高低苗”。该拳以擒拿对练、实战为主，辅以硬功。功法练习包括铁爪功、鹰爪力、盘手功、桩功等。该拳的功法使拳似钢锤，五指“软如皮条，硬如钢钩。”佛汉拳拳谱记载：佛汉出手站当阳，切闪调步人难防，两手不离胸，双肘不离肋，身似弓，手似箭，鹰眼、猫腰、鬼拉转。又如“梁山武术”以水浒英雄命名的各种拳法和器械，像武松醉拳、林冲枪、燕青拳、关胜大刀、鲁智深禅杖、李逵板斧等广为流传。梁山与少林、峨眉、武当被誉为中华武术的四大发祥地，充分说明了地形对武术拳种的产生和发展有着较大的影响。

人地关系论在人与环境之间的关系指出，自然环境对人类风俗习惯、生理特点和心理特点有着一定的影响。自然地理环境的丰富多样性为山东武术文化的形成与发展提供了肥沃的土壤，造就了山东传统武术文化遗产地域特色，比如北方人身材粗大，腿长臂粗的特点，形成了山东人民粗犷刚烈、脾气暴躁、尚武尚勇的性格。加之清时期阶级矛盾激化，民众受到帝国主义和封建社会的双重压迫，频繁保家卫国的民族战争强化了齐鲁儿女尚武尚勇的社会气象，这种习武风俗逐渐演变成人与人之间的感情纽带，成为民族危亡意识的重要体现，更成为一种民族凝聚和守望的精神家园，进而促进了山东武术文化的形成与发展。

（二）人文社会环境

武术文化遗产的地域性特征除了受自然生态环境因素影响外，我们还不能忽略齐鲁文化这个大背景，将武术文化遗产置于齐鲁文化的襁褓中考察分析，结合现实生活中的社会组织结构、经济结构、民俗信仰、群众心理等诸多因素的影响去探究，这样才不会割裂历史发展脉络。山东省传统武术拳种多产生于明清时期，而阶级和民族矛盾最激烈的斗争恰恰是发生于这一时期，根据史料记载，从 18 世纪到义和团运动前，长达一个世纪内，山东省内爆发的大规模农民起义，尤其是义和拳运动，几乎全部集中于鲁西、鲁西南地区，鲁中和鲁东地区虽有涉及，但是远不及前者地区在山东传统武术发展的内在驱动力上表现更加强烈，更具有代表性与特殊性。

1. 以古代地域文化管窥

地域文化鼎立成为山东武术产生发展的文化渊源。中华文明自其源起之日，随着时间的推移逐渐形成了在内容和形式各有异同的地域文化，“同体多元化”地域文化格局基本构成，如燕赵文化、中原文化、甘陇文化、巴蜀文化、吴越文化以及岭南文化等，在这些文化中，燕赵文化、中原文化和齐鲁文化三种文化构成了在地理区位上毗邻的文化区域，出现了“文化鼎立”的格局。三种地域文化孕育产生的武术文化，即燕赵武术文化、中原武术文化、齐鲁武术文化三种子文化在诞生与发展过程中存在着相互影响、相互渗透的关系。

齐鲁地域是中华文明的发祥地之一，自古以来在中华民族发展史上具有重要地位。作为北方文化重心的齐鲁文化，在文化的激荡交融过程中兼容并蓄，吸纳了中原文化和燕赵文化的精华，酝酿出诸多武术拳种文化，具体表现为拳种独特的内容体系、风格特征和技术要求。从空间地缘环境来看，齐鲁武术文化北靠燕赵文化，西依中原武术文化，三种武术文化形成一种“鼎立之势”，以齐鲁武术文化、燕赵武术文化、中原武术文化为主的地域武术文化共同构成了中华武术文化系统，然而在齐鲁武术文化孕育和形成过程中，各具地域性特色的武术文化并不是静态孤立的，而是互相交流与融合的动态过程，具体表现为拳种之间的吸纳和交流，比如，燕赵地域产生的形意拳、八卦掌、梅花拳、太极拳等，在山东的传播和发展较为深远，尤其是义和拳的前身梅花拳在山东省爆发的义和团运动中具有标志性的拳种，山东省省级非遗项目济南梅花拳与河北地区的梅花拳有着血缘关系；其次，最具影响力的河南少林武术对山东省影响颇大，其中影响最大的地区是鲁西南、鲁西地区。这些地区的诸如佛汉拳、大洪拳、二洪拳、二郎拳都与少林拳有着一定的渊源关系。山东地域武术文化的特征之一就是具有兼容性，极具吸收能力。但是山东武术的输出能力亦不可小觑，比如山东的查拳、孙膑拳、戚家拳、子午门功夫等都在燕赵京津地区和中原地区传播甚广。这充分说明了各地域文化背景下的文化交融在武术文化领域表现得尤为突出。

古代稷下学宫学派荟萃为山东武术注入思想理论精髓。战国时期，稷下学派包括儒家、墨家、道家、法家等，尤其是阴阳五行学派、兵家学派等的创立，为中国传统武术文化注入了思想文化理论的基石。阴阳五行学说在民间的不断发展，把相生相克理念引入到武术技击实战和拳理技法之中，从而成为武术实战过程中技术的灵活运用和发挥的重要依据。

而兵家文化的发展，赋予山东传统武术以战略战术思想。山东传统武术大多拳种在拳理技法上都受到兵学思想的影响，其中最典型的如：（1）孙膑拳，是以战国军事家孙膑的名字命名的中华古拳，孙膑拳又称“大架拳”，又有“二节腿”“长袖拳”之称，是我国武术中起源较早的拳术之一，孙膑拳是在吸取武术各派之长，融合孙膑兵法而创编的拳种套路，流传于山东各地。“象鼻拳”是孙膑拳的独有特征，中指突出成锥形。孙膑拳步法为“蹒跚”步，指撤退时不走直路，进退之法，左晃右移，动中求静。点穴为孙膑拳的主要技法，采用象鼻拳的锥尖去击打对方的穴位，并且以“避实就虚，打阴不打阳，挫其锐，毁其利”为进攻原则，选择对方肢体的内侧面，肢体的远端为进攻点，有“出手打手，出脚打脚”的要求，进而达到“一节痛，百节不用”的目的，充分体现了孙膑兵法谋略思想。（2）戚家拳，是戚继光从民间著名的十六家拳法中，吸取了32个姿势编成拳套，称作《拳经》三十二势，编入《纪效新书》卷之十四，即《拳经捷要第十四》，作为士兵练习刀枪剑棍等兵器的“武艺之源”，后世称之为《戚家拳》。戚继光所吸取的拳种远及宋太祖的三十二势长拳。长拳短打，用刚用柔，兼收并蓄，去芜存精。技击方法包括有踢法、打法、拿法、跌法，其拳法“势势相承，遇敌制胜，变化无穷”，气势磅礴，节奏明快，实践性极强，成为当时军队士卒必练武艺。

2. 近代社会环境思辨

社会组织结构特殊性为山东武术活动营造了相对宽松的环境。社会结构是根据社会需要而自然形成或人为建立起来的，其内容实际上是社会的主体——人及其生存活动——社会活动和社会关系的存在方式，表现为群体组织结构、人在社会中所从属的阶层、人的意识形态结构等。传统武术拳种发展沿革过程不可避免的和外界环境产生冲击对抗，尤其是当阶级压迫、民族危亡出现之时，武术又成为反抗封建统治、列强侵占的有力载体和斗争工具。如查询20项拳种申报书发现，关于拳种历史渊源和传承人介绍，基本上都与阶级斗争和民族斗争有千丝万缕的关

系。这些拳种植根于华北村落土壤，具有浓厚的乡土气息和民俗民风特点，同小农经济休戚相关。每当某一地区中的小农经济受到冲击或压迫时，广大的民众往往会以拳种会社（或某一拳种）为载体，同异己势力做激烈对抗，表现出强烈的排外性和斗争性。纵观农民运动历史，虽然许多农民斗争都归于失败，但是其组建的群众组织仍然隐匿存在，它可以通过变化称谓，重新斗争，比如义和团运动，其前身就是义和拳结社，而义和拳的源起是梅花拳，后来随着会社的成立以及当时时势变化，义和拳演绎成并非一种拳术，而是“梅花为主体、多拳集结”的民间组织性、系统性较强的秘密结社。这些都是在华北小农经济基础上，反映村落农民群众心理意识而又具有很强的内聚力的民间会社组织。路遥在《义和拳运动起源探索》中也认为，“义和拳不是某一种拳术的专称，它是以梅花拳为主体，依据某种政治需要，结合某些其他拳会而形成的民间会社。”据此我们推断，鲁西、鲁西南诸多拳种亦可能融入这些拳会组织之中，比如查拳、肘捶、潭腿、佛汉拳、大洪拳、二洪拳、二郎拳等。鲁西、鲁西南地区地处边疆，据史料载，东昌知府洪用舟向山东巡抚张汝梅文书中说：“直、东交界各州县，地处边疆，民强好武，平居多习为拳技，各保身家，守望相助。传习既众，流播遂远……”可见当地官府的管辖政策的相对放任和封建统治的鞭长莫及。据美国学者周锡瑞统计数据记载，鲁西北地区武举人比例出现急剧上升势头，如临清肘捶弟子于跃舟是1893年的武举人；汶上文圣拳代表人高建邦，也是清武举人。“从1851年到1900年，鲁西北武、文举的比例是1.22：1”，“而整个山东省则仅为0.57：1”。文武举人比例失衡以及鲁西、鲁西南地区“富足稳定出士绅，贫穷动荡出盗匪”的真实写照，足以说明该地区封建士绅的衰弱，加之该地区位于直、豫、鲁三省交界，人口流动性较大，村落组成多以族姓构成为主。这些在一定程度上给该地区的拳种发展创造了适度宽松的生存环境，以至于许多拳会组织诸如大刀会、神拳、红拳、梅花拳、义和拳等的快速发展，展现了当时阶级和阶层的相对适度开放性。

经济结构的变化是山东传统武术发展的主导因素。经济结构是反映一定社会生产关系的社会经济成分组合而成的有机整体，是决定其余社会关系的经济基础。从鲁西、鲁西南地区的土地所有制形态来看，那里的土地占有采用的是租佃制形态。地主对佃户的剥削极其严重，形成了地主与佃户的对立。周锡瑞在《论义和拳运动的社会成因》一文中也阐述，“由于鲁西南所出现的土地占有制形态多是采取租佃制，所以其封建性要比鲁西北浓厚，由此导致了在这两个地区所出现的教民情况亦有所不同。前者通常全村集体入教，而后者则多半个别入教。”可见，经济结构的差异导致群众内部驱动力的差异。

上述总体说明土地所有制、小农经济分化程度是导致鲁西、鲁西南地区群众斗争活动的直接动力，这也是山东传统武术发展的主导因素和客观基础。

民俗信仰与洋教渗透之间的冲突为传统武术创造了发展空间。民、教矛盾是义和拳运动爆发的导火索，传统的民族宗教信仰与外来宗教文化的对抗最终只能是本土文化占据主导。天主教在山东地区的传播所遇到的思想文化的对抗，不是儒家文化，而是儒、释、道三教合一的民间宗教和民族信仰。山东大地是儒家思想和道家思想圣地，到处都弥漫着本土宗教信仰文化带给山东人民的福祉，特别是道家圣地崂山、泰山，以及济宁、聊城、菏泽等地更是儒家最为盛行的区域。在这些区域生长繁衍的武术拳种文化更是富有这种地域武术文化传统，“武术在其漫长的发展历程中，无不与它所生长的社会文化环境和地理环境发生着千丝万缕的联系，所以，每一个时代的武术技术特征都烙有那个时代的文化印迹，而文化又反过来影响着武术技术体系的发展方向和其理论体系的构建”。

胶东地区历来是兵家必争之地，濒临渤海，民族战争出现于明代抗倭，鸦片战争后，该地区的战争较少，且农民起义涉及范围不如鲁西、鲁西南地区，青岛崂山、烟台蓬莱均是道教文化的策源地，道教宗教神秘色彩辐射整个胶东地区，如崂山道教武术是中国道教武术的一个重要门派，是崂山道教文化的重要支柱之一，其教义是练武健身、炼丹医病、道财兼施、济善于世、不畏强权、见义勇为、对老者要孝、对国家要忠、要有牺牲精神。崂山道教武术主要特点是以柔为主，用柔发力，柔中有刚，“柔起来似面条、用起来如弹簧”之说。主要以徒手拳术及器械剑术为主，辅以刀、枪、棍等器械套路，结合道教医学、内丹学、养生学等养生功法以及对打、截打、转打、连打等实战功法。该拳是以道教文化为思想精髓的特色拳种。

鲁西南地区的社会环境和自然环境较差，生产力较为低下，广大的村落民众为了谋求生存或者在精神上假托于某种信仰神灵，这种图腾式的把社会和大自然联系起来的天道观与西方超世俗和自然的精神上帝是唯一的创造者有着根本的区别。比如该地区拳民众信奉很多神明，关帝庙被不同的人尊为不同的神，做生意的尊他为“财神爷”，习武的人则尊他为“武神”或称“正义神”可以阻止粗暴与侵犯。武术文化、民俗信仰与秘密宗教仪式的糅合成为传统武术适应时代发展的典型状态，“秘密宗教和练武团体的屡屡结合，改变了秘密宗教原有的神秘色彩，导致了秘密宗教的世俗化、简单化，使它在很大程度上与下层民众结合起来，更具生命力，更具普及性”。这种结合已被广大民众所接受，颇具吸引力。如鲁西南菏泽自古尚武，民风彪悍，习武之风甚烈。该地区流传着二十多个传统武术拳种，尤以大洪拳最为兴盛，由“就算全家不吃盐，也要练练大洪拳”的俗语也足见人们对大洪拳的喜爱。嘉庆年间，菏泽等地成立了“大刀会”和“长枪会”，在各村设立“拳场”，“神坛”，教授群众习练大洪拳和金钟罩、铁布衫，组织的名称也叫义和拳，宗旨是抗拒外族侵我中华，义和团曾多次与西方侵略者、清军激战，屡建奇功，声威大振。当地民谣唱到：“一月二月去踢腿，松松拉拉打个滚；三月四月去练拳，比比划划自顾玩；五月六月练大刀，悠来晃去挑眉梢；七月八月练长枪，手脚划破脸扎伤；九月十月练棍棒，一棍打得屋梁晃；十一十二功练完，回家吃碗羊肉丸。”据民国时期《临清志》载：“士人习尚技击，临西尤甚。其派别不一：有少林拳、梅花拳及大小洪拳之分。器械则有长枪、大刀、拐子流星等，人专一技，互相比赛。”在鲁西地区萌发于聊城冠县的查拳和临清肘捶、潭腿等武术拳种体系中仍然保留着关于枪、刀、棍、戟、拐等器械套路。

以上三者因素共同催生民众的强烈对抗心理，民众习武保家卫国的激情空前高涨，众多的拳种会社成为广大群众精神的纽带和聚集的桥梁，各地区群众纷纷加入习武组织，由普通百姓变为拳民角色的变化，虽然没有改变贫穷，但是在一定程度上改变着被动挨打的尴尬境遇，此时的山东传统武术拳种处于百花齐放的局面，激烈的斗争潜移默化的推动着拳种在技术和理论上的不断发展。

三、山东传统武术文化遗产的特征

传统武术的特点多表现为：第一，拳种扎根于民间，地域文化对拳种的影响深远；第二，拳种个性鲜明，特征显著。第三，历史久远，拳理深奥，拳种多以形象化的语言阐释。以下是将武术文化遗产置于不同的视角对其内在的特征进行总结归纳。

（一）地域文化说——多样性与独特性的统一

地域文化学，是一门研究人类文化空间组合的人文学科，它以“历史地理学”为中心展开文化探讨，其地域概念通常是古代沿袭或俗成的历史区域。它在产生之初当然是精确的，但由于漫长的社会历史的演变，其地理学的意义逐渐模糊，其疆域更变，人丁迁移，景物易貌，只剩下大致的所在区域了。岁月的流逝虽然改变了古代区域的精确性，但这种模糊的“地域”观念已经转化为对文化界分的标志，深深地积淀在人们的头脑之中，并且产生着广泛而深远的影响。

齐鲁文化熏陶和滋养着中国武术拳种的产生和发展，形成不同的武术拳种的技术风格和武术文化特色，门类繁多的拳种在齐鲁地域得到发展和流传，呈现出武术文化的多样性特征。如螳螂拳、孙膑拳、戚家拳、牛郎棍、吴式太极拳等主要萌发于山东胶东半岛各地；佛汉拳、子午门、大洪拳、二洪拳等萌发并流传于鲁西南；查拳、临清肘捶、临清潭腿亦是鲁西重要拳种；子午梅花拳、内功八极经传入临沂，龙形太极拳由天津传入利津，小虎雁拳在广饶流传，二郎拳、燕青锤在惠民流传，岳家大枪、摔跤二十手在益都、沂水流传，太祖拳在苍山流传，潭腿、埋伏捶等在郯城流传。

齐鲁地域的自然环境和人文环境共同创造了源远流长、自然奔放、风格迥异的拳种，这些武术拳种在孕育之初就具备了独特的文化功能，并且在内容体系，技术风格，拳理技法方面都表现出独特性。

（二）历史沿革说——承继性与兼容性的统一

传统文化最为明显的一个文化特点就是世代相传性，在传统武术文化上更加具有代表性，可以说传统武术的技术内容、拳理拳法、思维方式、价值取向等都是在发展过程中表现为承继性和兼容性的高度统一，这是所有传统武术文化发展历程一般规律。每个拳种的传承时间都有上百年的历史，在这百年历史的交融、碰撞中并没有停滞不前，反而在扬弃的过程中不断发展完善，薪尽火传，这种承继关系和兼容并蓄正是中华民族“自强不息、海纳百川”的个性体现和精神展示。

（三）文化个性说——内敛性与张扬性的统一

“从文化哲学的视角来看，一种文化形态生生不息向前发展的最持久动力，莫过于体现该文化的内在精神及其个性。同时，也正是这种内在精神及其个性，使该文化区别于其他文化形态在世界文化之林展示出了独到的魅力”。诞生于山东这片富饶土地上的传统武术，在其与异文化交流和碰撞中，不断得到锤炼，越发显露出其独特的文化个性，这种个性的演绎不仅表现为外显的，还表现为其内在精神，文化是人创造的，文化的实质是人化，所以某种文化的形成和发展不可避免地带有某一地域内人们的思维方式和伦理价值观，人的个性和文化的个性在某些方面是相通的，某一地域内的人们创造的共同文化标准，也就映射着某种文化的文化个性，传统武术文化具有地域性的特征，拳种文化的最初形成在某一方面被赋予了当地人们的个性倾向，既然拳种是人创造的，那么拳种文化也就有了人的个性，对山东省内诸多传统武术拳种的个性进行整体审视发现，产生于鲁西南、鲁西地区的拳种文化在外显上大多具有张扬的个性，这跟当时的社会背景以及拳种的渊源有直接关系，比如大洪拳、二洪拳、佛汉拳、二郎拳等这些拳种，多与中原少林武术有血缘关系，而且这些拳种在农民战争中作为斗争的工具运用的淋漓尽致。相比来说，在鲁中、鲁东地区的拳种多表现为内敛型，这可能与地缘关系有关，比如鲁中地区的文圣拳、徐家拳受儒学思想的影响较深；鲁东地区的崂山道家武术、戚家拳、牛郎棍、吴式太极拳，这些拳种受道家思想影响较深，与经历农民战争，经过战争洗礼的鲁西南拳种来说，相对偏安一隅，文化个性较为收敛。

（四）文化地标说——符号性与时代性的统一

地标是指某种地方具有独特地理特色的事物，游客或者一般人可以通过看图而认出自己身在何方，据北斗星的作用，如教堂、雕像、桥梁等。它对一个区域的影响不仅仅是外在表现，更多的是体现在对文化、精神的影响上，引入“文化地标”一词，也是从事物所具有的“场”来考虑，这个场就是“精神文化场”，认为山东传统武术文化遗产每个项目成为各个地域的“文化地标”，因为它具备了三个方面的功能：首先，它是这个地域的“文化策源地”。因为每个遗产项目都是具有地方特色的，是地域文化的产物，同时也影响着当地文化，在地方上颇有影响力，是当地人民喜闻乐见的运动项目。如发源于鲁东地区的螳螂拳文化，莱阳螳螂拳、栖霞螳螂拳、青岛螳螂拳等，都是“螳螂拳文化的策源地”。其次，它也是武术文化的“集会中心”，提到某个拳种，必定会涉及哪个地域或者具体某个活动中心，比如安丘孙膑拳、青岛孙膑拳等。在健身领域，传统武术发挥着重要的作用，它是与社会发展相适应的，具有时代性，普适性的特点。最后，它也是一个很好的“地域文化名片”，每个武术拳种可以成为一个地域、一座城市的标签或者名片，是当地文化的一道美丽风景线。临清的武术文化名片就是肘捶，东明的武术文化名片就是佛汉拳，其他亦如此。所以，文化地标与一般的项目相比，其区别首先体现在精神文化层面，是符合时代发展的，是符号性与时代性的统一。

四、山东传统武术文化遗产的价值

2007 年 6 月 9 日，温家宝总理在参观“中国非物质文化遗产专题展”时曾说过，“非物质文化遗产所以千古不绝，就在于有灵魂，有精神。一脉文心传万代，千古不绝是真魂”。每个国家和民族都有自己独特的文化传统，非物质文化遗产体现了各个国家和民族长期形成的共同心理结构、意识形态、生产生活方式等特点，武术非物质文化遗产亦具有这些特点，因此武术非物质文化遗产是民族精神的载体和象征，是民族凝聚力的重要精神支撑。所以，研究武术非物质文化遗产的功能价值具有促进中华民族文化认同、增强社会凝聚力、增进民族团结和社会稳定的作用。

（一）科学研究

每一种武术拳种都是在人类的长期社会实践中创造出来的，各个拳种遵循人与自然界的生存生长、繁衍发展之规律，遵循佛家“拳禅合一”、儒家伦理道德以及道家、太极阴阳学等深奥理论基础，汲取兵学、技击名家传世绝招，拳法、拳理奥妙高深，具有缜密的科学性。此外，对它的形成演变、拳理技法、价值功能等方面的挖掘、整理和研究，必定对人类社会发展具有重要的科学价值。

（二）历史文献

山东传统武术文化遗产每一个拳种都有百年以上的历史，历史的每一个阶段都有传统武术拳种演变史的足迹，从拳种发展的历史管窥整个历史的发展阶段和发展历程，对于历史考古等具有重要的参考研究价值，武术史是中国历史的一部分，山东武术拳种的发展史也是一部山东人民斗争史的真实再现和演绎，对山东传统武术历史的考证有利于山东历史文化研究的补充和完善，具有重要的文献参考价值。

（三）民族传统文化教育

文化本身就是一种教育力量，不同民族的文化影响着其教育内容的不同选择，因此教育内容选择具有一定的倾向性和一定的民族特色。把对武术文化遗产的认识提升到民族文化教育功能的高度，教育阶段的学生正处于人格塑造、培育民族精神、加强品德教育的关键期，武术文化遗产每个项目都具有百年以上的历史，具有潜在的开发和利用价值，亟待我们去开发利用，揭示其所具有的文化内涵、文化魅力和文化价值在教育阶段学生成长过程中的重要功用和价值，从而服务于社会。

（四）实用价值

山东传统武术文化遗产的实用价值主要体现在三个方面：第一，技击实用性是山东诸多拳种普遍的功能价值，使习练者掌握护身制敌的本领，而且锻炼人的胆魄，提高人的生理素质、心理素质。第二，有极高的观赏娱乐价值，给人以美的享受，可以陶冶情操。第三，在健身养生长寿方面具有重要作用与功能，是提高民众素质的重要方法和手段。拳种多数附有养生功法，比如崂山道教武术就有养生功的练习。

第二节 非物质文化遗产视域下山东文圣拳的发展传承研究

文圣拳从首创发展至今已有300年的历史，与明末清初出现的太极拳有着同样久远的历史。在长期的历史演变中，文圣拳历经沧桑，一直在民间教门中秘密传授，所以不为世人所知，直到新中国成立后才在民间广为传播。

文圣拳是山东传统武术的代表和重要拳种之一，是具有较高文化内涵的传统武术之综合表演形式，在长久的发展中形成了完整的表演形式和独特的风格特点；在功能上，它兼具技击性与观赏性；在文化流变上它是在阴阳、太极、八卦等传统文化的基础上结合太祖长拳三十二式，以及六合大枪，跃步旗枪等技法精研而成，具有很高的艺术价值和文化研究价值，成为中国民间传统体育发展之瑰宝。就文圣拳的发展现状而言，一方面其技法在不断地完善，吸引了不少国外武术爱好者；另一方面有关文圣拳的理论研究相对较少，作为一个拳种缺少了理论的支撑，是不可能很好的继承和发展下去的。若不及时对它进行研究，这对中国武术乃至中国传统文化都是一个巨大的损失，因此更加迫切的需要我们去研究文圣拳。

一、文圣拳历史溯源

（一）文圣拳的起源

文圣拳的出现要追溯到明末清初时期，据说创始人名叫刘奉天，是唐高祖李渊的第四子李元霸的后人，在当时的江湖中名气颇大。刘奉天精通阴阳、太极、八卦等传统文化，而且自幼研习家传神功，后来得到高人指点后，勤加修炼内功，其功夫以内功为主，另外尚有108路捶法。

彼时的刘奉天除了修炼内功之外，还曾收下8个徒弟，其中功夫最高悟性最好的则是郜云龙（亦称郜难国，取“有国难复”之意）。郜云龙在跟随刘奉天习练之前，已经精熟太祖长拳三十二式，以及六合大枪、跃步旗枪等武功，与师傅刘奉天相比，郜云龙之前的武功多以外家功夫为主，故而后来师徒二人将各自的内功和外功心法相互融会贯通，创出了一套“内含阴阳五行八卦的内功拳法”，从而丰富了此拳种。后来这套拳法就这样在河北、河南、直隶、山西、山东一带的民间悄悄地传播开来。当时由于牵涉到一些反清复明的教会组织，故而这套拳法一直没有命名，后来郜云龙的后人为了躲避清政府的追杀，来到了聊城一带定居，这套拳法也就因此在鲁西南传播开来。到了晚清末期，这套拳法被嘉祥人杜恒信和汶上人宋隆康所学会，由此传了下去。由于练习该拳种的人多长寿，因此这套拳后来先后有过“杜家拳”“长寿拳”“神拳”等说法。“后来宋隆康的儿子宋传平和孙子宋如一，他们才正式的将其定名为文圣拳。”

（二）文圣拳的历史传承

在长期的历史演变中，文圣拳历经沧桑，一直在民间教门中秘密传授，所以不为世人所知，直到新中国成立后才在民间广为传播。20世纪80年代初，武术挖掘整理工作过程中，文圣拳作为优秀传统武术拳种被挖掘整理。

1. 近代主要传承人：宋传平（已故）

1908年宋传平随父宋隆康习练文圣功。后拜杜金房为师，成为文圣功的主要传人，1983年他在山东省体委领导下，将拳法的文武内功潜心研习成现在的文圣武学。他主张练拳不能以每天练习拳架多少趟为标准，要以练习各种单式动作的品劲和发劲为主。通过无数次的练习，将拳法的一切原理贯穿到每一个单式动作中，并以得劲为目的，使自身含有所习各种劲力。这样运用时才能自然得劲，随意而发。

由于该拳的拳学思想深受儒家文化的浸染，故与儿子宋如一共同将该拳定名为“文圣拳”，取武中文功、武以文成之意，以圣贤之心领悟拳法之道。为该拳以后的发展奠定了良好的基础，新中国成立后被后人尊为文圣拳第一代宗师。

1986年，宋传平以94岁高龄参加全国武术观摩交流大会，获雄师金奖，《中华武术》等杂志对他进行了专题报道；1990年，老人的文功结印照片刊登在美国的武术杂志上。其主要传人有宋如一先生，嘉祥黄亥的司品喜先生等。

宋如一（已故）。自幼随父宋传平习练文圣拳。随父亲系统地研习内家功夫。他因悟性极好，聪明过人，加之父亲的言传身教和自己的刻苦努力，因而较好地悟出拳里所蕴含着的自然

之理，并通过实练演化成自身的功夫。他全面继承了本门功夫的理法精要，为其以后的发展创造了良好的条件，被尊为文圣拳第二代宗师。其主要传人有：宋联洪、余保奎、贺玉秋、王安林、杨成华、宋国琦等。王安林在文圣拳的推广与宣传中做出了承前启后的作用。

2. 对现代文圣拳发展起主要作用的传承人：王安林

王安林自幼随宋如一习练文圣拳，他聪慧好学、肯于吃苦，深得师父喜爱，也经常受到师祖宋传平的指点。通过师祖、师父的言传身教和自己的刻苦努力，全面继承发展了文圣拳的理法精要，被称为文圣拳第三代宗师。现为济宁市文圣武学推广中心主任，济宁市武协秘书长，吉林四平中国文圣拳推广中心主任，阿根廷文圣拳国际发展中心顾问，韩国传统武学会顾问。1983 年，参与了全国传统武术挖掘整理工作，使世人对文圣拳历史和功法有了进一步的了解。

2000 年，在济宁收阿根廷“中国传统武术同盟会”主席克劳迪奥为文圣拳弟子，正式拉开了向世界推广文圣拳的帷幕，为实现宋如一先生弘扬文圣拳的遗愿做出了许多有益的工作。其主要传人有：黄双庆、刘树、孙支、卢安等。

（三）文圣拳的传承现状

目前文圣拳在国外开展的比较好，比如在美国、阿根廷、意大利、韩国等一些国家比较受欢迎。(1) 开展形式。在文圣拳的主要传播地区济宁还没有特设的训练场馆，习练的人群主要集中在健身广场及公园等；在国外，国外的武术协会邀请文圣拳的主要传承人王安林大师到其推广中心进行讲学及传授，还有一些爱好者拜师学艺，进行一对一的传授。(2) 政府支持。在国内政府部门的支持力度小，没有专门的传播机构；在国外武术协会及大学的武术研究学院邀请王安林大师去讲学传授技艺（阿根廷武术协会文圣拳研究中心、韩国武术协会文圣拳研究中心等）。(3) 习练人群。国内的爱好者主要集中在中老年人，青少年练习的比较少；国外的练习者从青少年到中老年，各个年龄段练习的人相对较平均。(4) 发展趋势。近年来，文圣拳在国内的发展不尽如人意，习练者在减少，由于时代的发展越来越多人更趋向于健身价值高，练习简单的健身功法，文圣拳古朴复杂的套路很难吸引当代的大众；在国外，出于对中国传统文化的憧憬，越来越多的人去研究习练文圣拳。(5) 传播地域。国内主要在山东、河南、河北、山西、吉林一带；在国外，主要是美国、阿根廷、意大利、韩国等。

文圣拳的发展出现当前的状况，笔者认为究其原因有两方面，其一：文圣拳对于外国人来说是一种新鲜的国外的东西，比较容易吸引眼球。就像跆拳道在我国的传播一样，都有一股热潮。其二：国外的武术组织，邀请文圣拳的主要传承人亲自飞往国外进行表演（收徒）传播，长期在国外进行交流。传统武术（文圣拳）能够走出国门，在一定程度上是很大的进展。但是国内外比较来看，文圣拳是在国外开展起来了，在国内却被冷落下来。

二、文圣拳的技术理论体系

（一）文圣拳的技术体系

文圣拳是在阴阳、太极、八卦等传统文化的基础上结合太祖长拳三十二式，以及六合大枪，跃步旗枪等技法精研而成，具有很高的艺术价值和文化研究价值，成为中国民间传统体育发展之瑰宝。

文圣拳有文功和武功之分。文功主要是调息，入静，养气，练意，为功法拳法之根本。方式有静坐、倒卧、仰卧、站立等方式。武功，主要是练形求法。动作讲究阴阳变化，刚柔含展，伸筋拔骨，以意引气，以气催力，气到力到，意气力结合。方法上讲究：粘、沾、连、挤、推、托、靠、钻等。

其技击方法主要通过多种形式的领会掌握训练，如站桩、品劲、发劲、步法、撝摸（打手)、扎枪、对练等。其目的在于锻炼整体的连贯性、灵活性、感知力和应变能力，达到既能健身强体，又能驱敌自卫的功效。

基本动作要领：含胸拔背头领悬，沉肩坠肘劲缠绵；合胯圆裆尾闾正，屈膝人地意在先；意动形随丹田沉，柔化强击任其然；六合攻守含中定，阴阳虚实巧变换；气下中原肋补丹，二次呼吸劲浑圆。技击战术为：得机得势，入位夺位；侧身击打，化打一体；瞬间进击，争夺空间；整体发动，守中用中；沾粘连随，挤跟靠打；神定势严，稳准狠衡。

拳法功理为：(1) 松静用意气自然；(2) 杠杆巧用遍全身；(3) 整体间架几何撑；(4) 对拉拔长生内劲；(5) 弧形轨迹圈中行；(6) 刚柔相济阴阳衡；(7) 意纳穴窍能量聚；(8) 拳法大道简繁简；(9) 丹田中心天人合。

文圣拳在技击方面主要集中整体优势，赢得良好的战斗空间，争取主动，积极进攻，以我为主，以静制动，以动制动，以变应变。其头趟母架包含了该拳的拳理和技击精华。其主要功法简介：

(1) 主动进攻实战技法；主动进攻实战技法主要介绍各种形式的散手组合技法，运用沾粘连随、挤跟靠打、守中用中、争夺空间、侧身击打、化打一体的技击战术打击对手，散手实战进击的关键是整体发动，瞬间控制。

(2) 防守反击实战技法；其基本拳理是化打合一，防中有攻；防守反击的关键是做化打为一体的弧线轨迹运动，在顺随中自然承接对手的内劲，控制对手劲源中心而得其劲。

(3) 撝摸手运用技法；文圣拳撝摸手与太极推手不同之处，是在得劲的瞬间，可由内而外、由跟至梢，由丹田中定内劲通贯双方相触劲点，直接打击进攻。

(4) 桩功；桩功由静桩和活桩两部分组成。静桩训练主要是调息养息、疏通经络，能够起到减轻心脏负担，提高心血管功能，增加肺活量的作用；活桩是在静桩的基础上，由意念贯通周身各部位穴窍，催动身体合理的动作间架进行微运动，是以呼吸开合催动全身由根节至梢节进行微运动。

(5) 品劲；是在拳架、桩功的基础上，通过主观内省和体会，了解自身内劲大小、长短及运行路线，借以提高自我感知灵敏度和应变能力。

(6) 发劲；由蓄劲和发劲组成，蓄劲是基础，方法是，在养练桩功，品劲，盘架子的同时，按照拳法要领要求，并在呼吸配合下，由内引外，通过外旋微运动，将全身内劲储存聚合于丹田，形成全身整体中心中定内劲。发劲的方法是，由内而外、由根至梢，通过内旋微运动，将全身能量裂变外扩发放，使全身上下、左右、前后瞬间对称做功运动。

(二) 文圣拳的理论体系

文圣拳起源于礼仪之邦，文圣之乡，深受儒家道家文化影响，文圣拳的拳学思想是“中正和谐，完善自我”。在儒家思想中，中正和谐是通惯于自然、养生、社会政治等方面的大法，正

道。修身养性，与世无争，谦让尊重，以中正为质，成就和谐之材，处处以文圣拳的拳学思想："中正和谐，完善自我"为指导。

文圣拳拳理中还体现了道家文化思想。道家文化着重强调"万物负阴而抱阳，冲气以为和"。老子主张"守中"和"不争"，认为"夫唯不争顾无忧"。文圣拳拳法云：阴中有阳阳中阴，拳法修炼中用中，攻中有守守亦攻，刚中有柔软欺硬，不开不躲粘挤攻，神仙难胜文圣功。不与人争，不落后于人，以静制动，整体发动，争取主动，控制战斗空间，虽不争胜于人，亦不败于人。这些都是道家理论在拳理拳法中的体现。

文圣拳的拳法理论总体上可以从以下几个方面体现出来；（1）天人合一整体观。注重天地人相通合一，精气神高度统一，周身一家内外六合，功法追求与自然规律统一，讲究练功的方向，时辰，季节，追求人的自身与宇宙自然的平衡和谐，例如，练功时要求意识争天入地与自然相容一体，一天内早东午南晚西夜北的方向，春生夏长秋收冬藏的养生要求等。（2）矛盾统一的太极阴阳观。练功者要了解一些自然的阴阳知识，细致了解自身的阴阳概念，修炼时追求寻经导脉，清升浊降，刚柔得当，阴收阳放，动静相宜，循环往复等要点使形气升降开合刚柔动静内外运行阴阳有序。（3）主张性命双修。注重养生健身效果，注重意识的作用，认为意主气，气主形主张炼精化气，炼气还神，炼神还虚，形神兼备，至灵至虚的修炼途径。（4）内外兼修，注重内功修养。讲究以丹田为中心，内外三合，练功的过程就是培养内元循环往复强壮内气，外健筋骨以提高整体素质质量。（5）体现刚柔并济。刚猛松柔相得益彰，以灵活的肢体运动，充实的内功为基础刚而不僵柔儿不懈。刚中有柔柔中有刚。（6）体现圆的轨迹运动与螺旋运动肩背臂腿腰都有圆曲的要求，力的运用脱离不开螺旋进退。这些拳法理论都能够在儒家、道家、中医及兵学思想中体现出来。

三、文圣拳传承中的困境

（一）文圣拳的拳学思想——儒学思想没有充分体现出来

文圣拳发端于礼仪之邦、文圣之乡，自身的拳学思想没有很好地与儒学思想完美地结合在一起，太极拳在这方面做得很好。如果文圣拳的技击及内功心法能够充分地体现出儒家思想，达到以武促文、以文促武，文武互补的效果，对于文圣拳今后的发展将是一个突破。

（二）文圣拳的健身功能没有很好的凸现出来

文圣拳又被称作"长寿拳""长寿"，充分体现了其祛病健身、养生保健、延年益寿的健身功能。随着时代的发展和生活水平的提高，人们越来越多的注重自身的保健，越来越多的人想要找到一种简单的、效果好的健身途径。文圣拳的传承人应该顺应时代的要求，在不改变其拳学思想的基础上，创编出一套适合大众的，健身效果比较突出的功法练习，来吸引习练人群。

（三）政府部门扶持力度不够

政府扶持力度不够，这里面有两方面的原因，一是相关政府部门借助文圣拳发展当地文化创意产业的思路不够，政府部门可以借助文圣拳拳学思想的影响来发展当地的旅游业、租赁业、餐饮业等，通过这一途径既发展了当地的经济，又促进了文圣拳的传播发展；二是当今文圣拳的传承人没有主动或更积极地提出相应的可行性思路建议和相关政府部门沟通。文圣拳的传承人可以借鉴太极拳的社会发展经验，提出一些适合文圣拳发展的思路建议和政府部门沟通，为文圣拳的发展做出贡献。

（四）文圣拳主要传承人思想的转变

20 世纪 80 年代初全国武术挖掘整理工作开展以后，对于文圣拳的发展起到了积极的促进作用，之后的 20 年文圣拳处于逐步完善发展的阶段。近年来由于文圣拳现代的主要传承人思想观念的转变（自身利益的引导占据很大的位置），文圣拳在国内的发展又走向了低谷。没有核心的引导，一个优秀的拳种很难向着正确的方向发展下去。

（五）竞技武术的强烈冲击

作为当代中国武术运动主流文化的竞技武术，其中的套路运动从 20 世纪 50 年代开始就定位于“自由体操”和“艺术体操”，所以其历年制定的《竞赛规则》和技术样式也越来越呈现出西方体育文化的色彩。由于“一花独秀”的竞技武术其异于寻常的发展动力基本上来自于一种由主管部门介入、被高度组织化的各类赛事制度，因而对包括文圣拳在内的整个中国传统武术活动格局产生了极为深刻的影响。在这种格局下，使得传统武术面临两种境遇选择：要么被竞技武术化；要么做一朵离散聚合任自由的“后庭花”。由于上述影响使然，在不少人的心里竞技武术成了中国武术的全部。

（六）缺乏创新传承人

调查分析可以看出，当前发展的比较好的拳种都不乏创新人才，太极拳、形意拳、螳螂拳等在传承发展中，杰出人才辈出。文圣拳在长期的发展中一直延续着古朴的练法，顺应时代发展的部分几乎没有，要想在现代社会得到更好的发展，创新传承人起到相当重要的作用。

四、文圣拳的价值

文圣拳是多种武术原有的技术结构和风格特点的演变与交融的重要精华体现。与同一时期出现的注重内外结合的太极拳在理论与技击特色上有十分相识之处。由于受到封建传统思想的束缚和压迫，文圣拳的发展脚步相对较缓慢，在技术与理论上都还处于逐步走向成熟的阶段。文圣拳的潜在优势表现在以下几个层面：

（一）文圣拳的健身价值

传统武术中的基本动作、基本组合、徒手与器械的各种套路运动、搏斗运动中的散手和推手等，都可通过它们各自特有的运动特点和方法，使人体的速度、力量、灵敏度、耐力、协调性、柔韧性等多种素质得以锻炼。传统武术还讲究调息行气和意念活动，对调节内环境的平衡、调养气息、改善人体机能十分有益，真正起到强身健体，延年益寿的作用。

文圣拳的功法套路比较多，可以满足不同人群的需要，如文圣拳的六路综合摘要套路，动作多变，灵活比较适合青少年习练；头趟母架只有三十二式，不烦琐，既没有高难动作，也没有纵跳、腾空等比较剧烈的运动，舒缓平和，易学易练，老少、男女，体质强弱都能适应。第

一，习练文圣拳可以起到舒筋活血，陶冶情操的作用。其以养生、调气、调神为主的慢动作练习；松柔养生练习的头趟架、活步架；五部养生内功心法练习等，主要是调节气血、稳定情绪、逐步进入练习状态的各种站、坐、卧、行功的静功练习。第二，文圣拳的各种身法，步法的练习，对增强自身的力量起到一定的作用。第三，文圣拳有专门的功法训练用于提高习练者的劲力。武术上讲求用“活劲”而不尚用“死力”即不同于现代专门进行的肌肉力量训练，通过增大肌肉的体积来增加力量。文圣拳讲内在锻炼，即意的修炼，精气神贯穿一体，在做每一动作时，必须带着意念来练，必须悟透所练动作招式的实战意义，久而久之在演练套路时就会体现出刁滑实战的神态。第四，提高练习者的灵活性。文圣拳演练时要求做到“步轻、法密、身活”，行拳过程中讲究手眼相顾，招式连贯，起落轻巧，身步合一。通过练习可全面提高习练者的灵活性和协调性。

（二）文圣拳的文化价值

中国传统武术区别于世界各国的武技武道，其显著的特点就是武术与中国传统文化紧密相连，密不可分。传承民族文化，是中华文化发展和创新的基础，也是维护中华文化独特性和复兴中华文化的重要一环。

文圣拳是山东济宁文化的重要组成部分，济宁市的曲阜、邹城是文明世界的“孔孟之乡”，因而整个济宁市都深受孔孟文化的影响。儒家思想的核心是“人”（仁），孔子认为，人是世界万物和大自然的核心，主张人与自身、人与人、人与自然的和谐。笔者认为儒家思想全部内容都在于“人”的定位所反映出的一切问题，人在不同的时间，不同的环境，不同的位置，不同的领域，不同的国度，所反映出的不同本质构成了人与人的整个社会关系。从人与人的和谐与否而映衬出整个社会的和谐与否。作为社会主体的人与自然、经济、政治、宗教是紧密联系在一起的，生态环境的平衡与否，经济是否繁荣，政治是否强大，都是有人来反映和决定的。“中正和谐”是“人”思想发展的至高境界，只有人自身达到和谐才能推动社会的和谐。几千年来，孔孟文化思潮不减，渗透到各个领域，各种文化之中，文圣拳首当其冲，深受儒道思想的影响，拳法拳理的核心思想都体现在儒家、道家的思想之中。

文化的传承分为有形文化和无形文化的传承，有形文化包括文物、古董、服饰等，无形文化就指民族精神、信仰、观念、思维方式等。文圣拳经过长期实践逐渐生成并沿袭下来，是融拳械、器具等有形文化和信仰、精神、价值观、审美观等无形文化于一体的综合性文化。通过文圣拳这种外在表现形势，丰富多彩的传统文化得以保存并展现，通过文圣拳的代代传承，传统文化也找到其世代传承的有效载体。

（三）文圣拳的人文精神价值

随着经济的发展，人们生活节奏的加快，物质的需求开始难以满足人们的需要，越来越多的人群开始寻找一些新的、具有一定文化内涵的精神层面的活态的东西，来满足自身的需要。特别是健身行业逐步成熟后，在城市里一些上班阶层的工作方式比较稳定的人群，在闲暇之余会选择到健身俱乐部去进行适当的健身运动，来缓解生活与工作中的压力。健身运动较适合于青年人、中年人，对于老年人就有弊端了，因而老年人就要试着去寻求一种适合自己的，技能促进身体健康，运动量与危险性又小的运动。传统武术就发挥了自身的作用，适合各个年龄阶段的人群习练，同时具备较深的文化内涵，会越来越受到人们的喜爱与关注。

在大多数的农村，由于经济条件的原因，还没有专设的健身设施或者健身机构，当广大农民日益增长的文化需要难以满足或者当健康的文化生活缺位时，一些内容低俗的娱乐活动、赌博、封建迷信等就会轻而易举地侵入农村。文圣拳的表演深受当地广大人民的喜爱，通过文圣拳的练习，人们的身体得到锻炼，心理得到满足，精神获得共振。在农村文化生活贫乏的情况下，用这种积极健康的活动占据农村思想文化阵地，对于增进农民健康，提升农村的文明程度和农民的文化素养、丰富农村业余文化生活、形成科学文明健康的生活方式发挥着重要作用，同时，对于促进我国农村事业的发展有着举足轻重的现实意义。

第三节　非物质文化遗产视域下山东梁山武术的发展传承研究——以子午门为例

梁山位于山东省西南部，地处黄河下游，历史上是济水、汶水汇聚之地。梁山武术是梁山好汉及历代传人集体智慧的结晶，同时也是中华民族集体智慧的结晶，作为一种历史文化的积淀，它自然而然地渗透了民族传统武术流派的一些特征，又由于它受齐鲁文化这一特定文化的影响，因而又具有鲜明的个性特征和地域文化特征。同时又是水浒文化的重要组成部分。

子午门功夫是梁山武术最具有代表性的核心内容之一。一方水土养育一方人，梁山人自古豪侠仗义，讲究仁义礼信。梁山特有的地域文化产生了子午门功夫，子午门的发展过程中，受到梁山地域不同时期的政治、经济、军事和文化的影响，并在一定的历史环境和气氛中逐渐成熟和完善。但在当今社会环境下，梁山武术的传承与保护遇到了前所未有的危机，很多优秀的老拳种几乎被湮没。所以，我们在保护传统武术的同时，更要重视地域武术的传承与发展。

一、子午门功夫的历史溯源

子午门功夫发祥于水泊梁山一带，是中华武术中的一大流派，与少林、武当、峨眉齐名。北宋宣和年间以宋江为首的三十六名好汉啸聚水泊梁山，征战之余常与梁山北六工山建福寺方丈园通共同习练武功，经反复切磋演练，功夫日渐深化，后经入寺为僧的鲁智深、武松、燕青、时迁、林冲等人的研进，形成了子午门功法雏形。命名“子午门功夫”的原因，一是练功多在阴极之时的子时和阳极之时的午时；二是练先天（阴）之躯补后天（阳）之精华，练后天（阳）之精华补先天（阴）之不足，形成了阴阳互补、阴柔与阳刚兼备的功夫特色。历代掌门中有佛家、道家、儒家、兵家，以海纳百川之胸怀兼采武林众家之长，不断丰富自身。

子午门功夫自创立至今经历了一个不断丰富和演进的过程。二世掌门公孙正茂据鲁智深、燕青初创的拳路特点把意念融入拳中，创立了智深拳和燕青拳。至元代，五世掌门江泓根据卢俊义、戴宗、石秀三人拳路特点，将吸提呼松之法融入拳中，经演练升华分别命名为麒麟拳、夜行拳和风火拳。至明代九世掌门西竺禅师根据圆通禅师和公孙胜初创的拳功特点把以动求静之法融入拳械之中，经研化命名为子午八卦游身桩和子午八卦拳。经历代掌门心血灌注，子午门功夫日臻完善。

子午门创建之初就以精忠护国保民为宗旨，积极参加抗金活动，在著名的岳家军中就有许多被称为山东义军的子午门弟子。在元明时代子午门弟子积极参加抗元和抗倭。九世掌门西竺

禅师就曾率梁山法兴寺众武僧抗击倭寇。至清末民初因西风东渐，社会生活及人们生存方式的改变，子午门功夫也逐步由临阵抗敌转向健身防身护院，并渐渐成为一种民间群众性健身活动。

（一）子午门的传承谱系

始祖王兴邦，法号园通，祖籍彰德府林州。一生博学多闻，精通儒、释、道，通晓诸子百家。宋政和年间云游至鲁西东阿，智逐建福寺恶僧，被拥为方丈。后与宋江等梁山好汉，切磋武艺，共创子午门。

一世掌门武松（1131—1163 年掌门），宋时山东清河县人，曾参加宋江领导的农民起义。他与圆通禅师、宋江等好汉，共创子午门功夫。公元 1131 年，子午门正式命名后，即为圆通推任为掌门，1163 年传任于公孙正茂。

二世掌门公孙正茂（1163—1216 年掌门），河北蓟州人，少年慕道，后拜于子午门下，随武松学艺。于南宋隆兴元年（1163 年）接任掌门，嘉定九年（1216 年）传任于张子良。

三世掌门张子良、田召星，张子良（1216—1238 年掌门），涿州范阳人，曾率众到东平谋生，投靠公孙正茂。宋嘉定九年（1216 年）接任掌门，嘉熙二年（1238 年）他降元引起哗变，田召星接任掌门（1238—1261 年掌门），至元中统二年（1261 年）传任于李璮。

四世掌门李璮（1261—1309 年掌门），山东潍州人，将门之子，擅枪法，授业于田召星。元中统二年（1261 年）接任掌门，抗元失败，临危传任江泓。

五世掌门江泓（1309—1330 年掌门），字清渊，广平永年人。宋嘉熙二年携本门百余众至湖北、湖南发展门徒。嘉熙四年，受孟珙推荐，带门徒五十余人入宋廷任侍卫总管。元至大二年（1309 年）承先师遗命为掌门，至顺元年（1330 年）传任于吴剑雄。

六世掌门吴剑雄（1330—1377 年掌门），河北解州人，武术世家出身。元至治元年拜江泓为师，至顺元年（1330 年）接任掌门。明洪武十年（1377 年）传任于道衍。

七世掌门道衍（1377—1463 年），长洲人，俗名姚广孝，后入佛门，曾随吴剑雄习武，于明洪武十年（1377 年）接任掌门，曾助朱棣起兵建政，参编《永乐大典》。正统元年（1463 年）传任于李玄。

八世掌门李玄（1436—1486 年掌门），祖籍徽州，避乱于彰德。明宣德二年，与道衍相识并拜其为师习武。正统元年（1436 年）接任掌门，成化二十二年（1486 年）传任于西竺。

九世掌门西竺（1486—1523 年掌门），祖籍山东掖县（现莱州市），自幼孤苦无依，流落街头，遇李玄收其为徒。李玄晚年他代师掌门；成化二十二年（1486 年）接任掌门。曾率僧兵抗倭。嘉靖二年（1523 年）传任于乔森。

十世掌门乔森（1523—1570 年掌门），籍贯不详，自幼生活在建福寺，诵经念佛习武，通易经。嘉靖二年（1523 年）接任掌门，隆庆四年（1570 年）传任于郭东阳。

十一世掌门郭东阳（1570—1612 年掌门），河南濮州人。出生时丧母，隆庆四年（1570 年）接任掌门；万历四十年（1612 年）传任于程靖。

十二世掌门程靖（1612—1650 年），山东临清人，幼时随祖父习武，其随受诬陷的父亲避祸投身建福寺。万历四十年（1612 年）接任掌门，清顺治七年（1650 年）传任于唐思明。

十三世掌门唐思明（1650—1673 年掌门），河南太康人，少时即喜习武，十二岁能开强弩。明崇祯十五年，拜程靖为师，父兄为明朝官史，清初隐居太康。他于清顺治七年（1650 年）接任掌门，康熙十二年（1673年）传任于左泉滃。

十四世掌门左泉滃（1673—1692年掌门），祖籍湖北通城。十二岁出家。顺治十六年拜唐思明为师。康熙十二年（1673年）接任掌门，康熙三十一年（1692年）传任于贡天行。

十五世掌门贡天行（1692—1732年掌门），法号觉正，河南荥阳人。其父随闯王起兵，兵败后，他随之隐居建福寺，十六岁出家拜左泉滃为师，康熙三十一年（1692年）接任掌门，雍正十年（1732年）传任于虚静。

十六世掌门虚静（1732—1776年掌门），祖籍不详，自小在建福寺修禅习武，十八岁拜觉正为师，雍正十年（1732年）接任掌门。乾隆四十一年（1776年）传任于无为。

十七世掌门无为（1776—1821年掌门），俗名查述学，又名查继东，祖父查嗣庭蒙冤而死，全家充军，其流落建福寺为俗家弟子习武，八岁拜虚静为师赐法号无为。乾隆四十一年（1776年）任掌门，道光元年（1821年）传任于王世杰。

十八世掌门王世杰（1821—1878年），号荣泽。祖籍湖南怀庆府，出身武术世家，因自幼喜武，十五岁入空门拜其为师。道光元年（1821年）执掌子午门，光绪四年（1878年）传空远为掌门。

十九世掌门空远（1878—1927年掌门），祖籍江苏射阳，原名曾权。其父曾广成是太平军杨秀清部将，兵败后，带家避难鲁北。其十四岁拜荣泽为师，光绪四年（1878年）继任掌门，“民国”十六年（1927年）传任于奇真。

二十世掌门奇真（1927—1987年掌门），山东临沂人，三岁家中蒙祸，险被仇家劫杀，遇空远将其救出带回建福寺寄养在裴村。八岁随空远念佛习武，云游天下，“民国”十六年（1927年）继任掌门，1987年传宋义祥为掌门。

二十一世掌门宋义祥（1987年—），山东梁山人，是我国著名武术家。八岁习武，十二岁拜奇真为师，曾游历全国寻访名家吸取众家之长，因善用腿功，被同行称誉为“神腿大侠”，在国内外享有较高声誉。

（二）子午门功夫传承的价值

地域武术是劳动人民在长期的生产生活中形成的，具有鲜明的地域性、群体性、娱乐性、普遍性、民俗性。地域武术的世代相传不是偶然的，作为传统文化的一种表现形式，反映着同一地域有着相同习俗的人民群众共同的社会状态和生活方式，它的传承是历史必然的选择。深入的挖掘和系统的整理地域武术的各方面价值，对于提高民众非物质文化遗产的保护意识，加强对地域武术的传承有着积极地现实意义。子午门功夫萌发于齐鲁大地，是中华传统武术的重要组成部分。它填补了中华武术发展史上的一片空白，而且对丰富齐鲁文化具有重要作用和多方面的价值。

1. 历史文化价值

子午门功夫在其形成和发展过程中深受道家、兵家、儒家等齐鲁文化思想的影响，其技击动作和门规戒律都充分体现出独特的文化内涵，是中华传统文化的一部分。

2. 艺术价值

经过历代掌门心血灌注，子午门功夫日臻完善，更具有科学性、观赏性，是水浒文化的主要组成部分。

3. 交流价值

子午门二十一世掌门宋义祥先生多次组团到俄罗斯、美国、新加坡等国家比赛和表演促进了中外文化交流。

4. 全民健身价值

子午门功夫具有强身健体、自卫御敌、娱乐表演等多种功能，对于丰富人民群众的精神文化生活，提高群众的生活质量，具有重要作用。

5. 商业价值

子午门的内功功法和拳械套路都有极高的技击价值与健身功效。如飞檐走壁、悬空断物、凌空踢木棍等功法目前武术界只有子午门弟子继承下来，填补了中国武术的空白。为此中央电视台、山东电视台、黑龙江电视台、台湾东森电视台及中国武协等单位媒体对子午门功夫多次进行专题报道。

（三）子午门功夫的主要内容

子午门功夫源远流长、博大精深，包括内功、硬功、轻功、徒手、对练、各种兵器，有七十多个拳种和七十多个器械套路、三十多套内功功法，是中国传统地域武术的重要组成部分。

1. 徒手套路

（1）子午拳。子午拳系六工山建福寺方丈园通禅师与宋江等众位梁山好汉所创。子午拳意境高远，讲究气贯四稍，气力通达，阴阳结合，动静结合，动作灵活多变，步伐轻盈，舒展优美。子午拳法十二路。每路风格各异刚柔相济，勇猛间显智慧，奔放中持清净，宛如大漠雄风剽悍凌厉，又似小河流水缓绵轻盈。正如诗云："春风柔柳意缠绵，烈火神泉总投缘。千古一迷日日悟，无限玄机在其间。蛟龙出海惊天地，雄鹰展翅笑峰巅。日月同辉定乾坤，浩浩武林有梁山。"

（2）子午八卦游身桩。子午八卦游身桩为梁山好汉公孙胜与建福寺方丈园通禅师所创，后经子午门第九世掌门人西竺禅师研习，命名为子午八卦游身桩。子午八卦游身桩刚柔相济，内外兼修，有气吞山河之势。本功法分四段：第一段，走正极，以小架为主，专攻人体之下盘；第二段，架势高大，气势凶猛，以左八卦为主；第三段，又变换成顺时右八卦，以大架势为主；第四段，再变换成逆时左八卦，以大、小架势混合为主。

（3）宋江拳。宋江拳为梁山好汉首领宋江所创，经七世掌门道衍禅师充实、整理，命名为宋江拳，子午门弟子也称之为初祖拳。宋江拳的拳法特点是：刚柔相济，内外兼修，招招相连，环环相扣，快慢相间，招法独特，难破难防。

（4）麒麟拳。麒麟拳为水泊梁山玉麒麟卢俊义所创，经子午门五世掌门江泓研习、充实命名为麒麟拳。麒麟拳的拳法特点是大开大合，气势雄猛，招式变化多端，柔中寓刚，刚中有柔，外功内功浑然一体，往往一招半式可致对方于死地。

（5）子午八卦拳。子午八卦拳是梁山好汉公孙胜与建福寺园通禅师所创，后经子午门九世掌门西竺禅师研习，整理定型，命名为子午八卦拳。子午八卦拳，变化多端，刚柔相济，闪展腾挪，招法多变，运用自如。

（6）关胜拳。关胜拳为梁山好汉大刀关胜与建福寺园通禅师所创，后经子午门十一世掌门郭东阳研习、发展，命名为关胜拳。关胜拳与内功浑然一体，大开大合，讲究欲刚则刚，欲柔则柔，随机应变，刚中藏柔，柔中带刚。

(7) 林冲拳。林冲拳为水泊梁山好汉豹子头林冲所创，由子午门十二世掌门人程靖在原套路的基础上，结合马上动作和排兵布阵的方法演化而定型，并命名为林冲拳。拳法特点：迅猛、刚柔，招法独特，刚中寓柔，打中藏拿，拿中藏打，身法忽长忽短，高低起伏，具有波涛汹涌之势。

(8) 霹雳拳。霹雳拳是水泊梁山好汉霹雳火秦明所传，后经子午门十四世掌门人左泉瀹研习、整理，命名为霹雳拳。拳法特点：养浩然正气，天人合一。出拳抬腿，讲究稳、准、狠，专击要害，无人能敌。

(9) 天威拳。天威拳是水泊梁山好汉双鞭呼延灼所创。拳法特点：刚柔相济，手脚并用，内外兼修，往往一招半式即可致对方于死地。

(10) 箭拳。箭拳是梁山好汉小李广花荣所创，后经子午门十世掌门人乔森充实、整理，流传下来。因花荣善射箭，故乔森将其命名为箭拳，又名内功连环腿。拳法特点：手脚并用，刚柔相济，内外兼修，大开大合，气势雄猛，快如闪电，静如泰山，招招相连，环环相扣，变化多端，难破难防。

(11) 旋风拳。旋风拳是水泊梁山好汉小旋风柴进所创，后经子午门十五世掌门人贡天行研习、充实、整理后，命名为旋风拳。拳法特点：掌法较多，借力打人，往往以挪闪步为主，后发制人，腿脚并用，变化多端，身法漂浮不定。

(12) 扑天拳。该拳是水泊梁山好汉扑天雕李应所创，后经子午门十七世掌门人无为整理后命名为扑天拳。拳法特点：内养脏腑，以意领气，内外兼修，快中有慢，慢中有快，实用性较强。

(13) 天拳。天拳是水泊梁山好汉美髯公朱仝所创，后经子午门十六世掌门虚静整理，命名为天拳。该拳飞撩劈踢，跳高纵远，拳法不定，顺其自然，适合身体灵巧之人演练。

(14) 智深拳。智深拳为梁山好汉鲁智深所创，宋隆兴年间，子午门二世掌门人公孙正茂，经过充实、整理后，命名为智深拳。智深拳易学易练，动中有静，静中生动，刚柔相济，内外兼修，气贯百节，内养脏腑，外壮筋骨，击人如弹丸，出手即可制敌，使敌无法近身。

(15) 戳脚连环腿。戳脚连环腿是中国子午门功夫腿功的一种，为水泊梁山英雄好汉武松所传。拳法特点：动中有静，静中有动，静如山岳，动如闪电，与内功浑然一体，刚柔相济，招招相连，环环相扣，难破难防。

(16) 董平拳。董平拳是梁山好汉双枪将董平所传，经子午门三世掌门人张子良研习、整理，命名为董平拳。拳法特点：每当演练该拳时，先持沙包练习，后再徒手练习，身法作左右交替，变化多端，实用性较强，内外兼修手脚并练。久练此功，可制敌于瞬间，身体可得到平衡发展。

(17) 天捷拳。天捷拳是梁山好汉没羽箭张清所创，后经子午门八世掌门人李玄研习，充实、整理，命名为天捷拳。拳法特点：刚柔相济，内外兼修，身法轻捷灵活，拳法刚猛有力，腿法撩劈点踹。

(18) 杨家拳。杨家拳是梁山好汉青面兽杨志所创，后经子午门八世掌门人李玄研习、整理，命名为杨家拳。杨家拳架势短小精悍，讲究：掌法较多，借力打人，往往以挪闪步为主，后发制人，腿脚并用，变化多端，身法漂浮不定。

（19）雷横拳。雷横拳是梁山好汉插翅虎雷横所创，后经子午门三世掌门人张子良研习、整理后以雷横的名字命名为雷横拳。该拳以劈、撩、挂、扫为主，讲究欲开先合，欲急先缓、欲重先轻、欲退先进的实战方法。

（20）李俊拳。李俊拳是梁山好汉李俊所创，后经子午门七世掌门人道衍研习、整理后命名为李俊拳。该拳特点刚柔相济，快慢相兼，合中有开，开中有合，急中有缓，缓中有快，重中有轻，轻中有重，进中有退，退中有进。

（21）天剑拳。天剑拳是梁山好汉立地太岁阮小二所创，后经子午门十一世掌门人郭东阳研习、整理命名为天剑拳。该拳法招式独特，缠拿摔打，招招相连，环环相扣，刚劲有力。

（22）天平拳。天平拳是梁山好汉船火儿张横所创，后经子午门十世掌门人乔森研习、整理，命名为天平拳。该拳讲究身体协调、平稳，架势小，行如流水，运行中无大起大落的变化。

（23）五行拳。五行拳是梁山好汉短命二郎阮小五所创，后经子午门九世掌门人西竺禅师研习、整理，命名为五行拳。拳法特点：以练内气为主，动静相合，讲究一口气将此拳打完。久练此拳，可增强脏腑功能。

（24）大力拳。大力拳是梁山好汉浪里白条张顺所创，后经子午门十三世掌门人唐思明研习、整理，命名为大力拳。拳法特点：气贯四稍，以气发力，气意相合，内外兼修，以练寸力为主，每招每式都讲究内气与发力相结合。

（25）水浒拳。水浒拳是梁山好汉活阎罗阮小七所创，后经子午门六世掌门人吴剑雄反复演练和实战后命名为水浒拳。该拳短小精悍，刚柔相济，内外兼修注重实战，快似雷鸣闪电，招式变化奇异，难破难防。

（26）杨雄拳。杨雄拳是梁山好汉病关索杨雄所创，后经子午门七世掌门人道衍研习、整理，命名为杨雄拳。该拳快如闪电，步法多变，身法忽长忽短，手脚并用，实用性较强。

（27）风火拳。风火拳是梁山好汉拼命三郎石秀所创，后经子午门五世掌门人江泓研习、整理，命名为风火拳。该拳手脚并用，步法变化多端，身法大起大落，行如风，快如闪电。

（28）天暴拳。天暴拳是梁山好汉两头蛇解珍所创，后经子午门十世掌门人乔森研习、整理，命名为天暴拳。该拳刚猛有力，出拳抬腿讲究稳准狠，每招每式都可力达千斤，致对方于死地。

（29）解宝拳。解宝拳是梁山好汉双尾蝎解宝所创，后经子午门十世掌门人乔森研习、整理后命名为解宝拳。练习该拳时讲究气运三环，出拳抬腿力量勇猛，大有排山倒海之势，招法独特，身法多变。

（30）燕青拳。燕青拳是梁山好汉浪子燕青所创，后由子午门二世掌门人公孙正茂研习、整理后命名为燕青拳。燕青拳刚柔相济，内外兼修，招式大开大合，内藏杀机，专击人体之要害部位，往往一招半式能制敌于死地。长期修炼此功还具有强身健体、延年益寿之功能。

（31）轻身拳。轻身拳是梁山好汉鼓上蚤时迁所创，后经子午门十世掌门人乔森研习、整理后命名为轻身拳。该拳共有四路，各有不同练法，特点是以练提气和灵活协调为主，结合跑跳之法同练。

2. 器械套路

（1）宋江追魂刀，（2）卢俊义奇门棍，（3）公孙胜八卦剑，（4）关胜浑圆大刀，（5）林冲六合大枪，（6）秦明霹雳狼牙棒，（7）呼延灼龙行双鞭，（8）花荣单刀，（9）柴进子午棍，

(10) 李应盘龙枪,(11) 朱仝刀,(12) 智深禅杖,(13) 武松双刀,(14) 董平连环双枪,(15) 张清阴阳枪,(16) 杨志朴刀,(17) 徐宁钩镰枪,(18) 索超夺命斧,(19) 戴宗夜行刀,(20) 刘唐单刀,(21) 李逵板斧,(22) 史进齐眉棍,(23) 穆弘柳叶刀,(24) 雷横八卦刀,(25) 李俊七星剑,(26) 阮小二朴刀,(27) 张横砍刀,(28) 阮小五钩镰枪,(29) 张顺齐眉剑,(30) 阮小七拐子,(31) 杨雄单刀,(32) 石秀棍,(33) 解珍三齿钢叉,(34) 解宝燕翅钢叉,(35) 燕青方天画戟,(36) 时迁轻身柳叶刀。

3. 内功功法

(1) 子午指,(2) 铁指功,(3) 斩手功,(4) 子午竹叶手,(5) 子午推山掌,(6) 沙袋功,(7) 铁臂功,(8) 黑砂掌,(9) 断魂掌,(10) 飞檐走壁功,(11) 内功入门,(12) 大力阴阳功,(13) 铁内衫,(14) 桩功,(15) 内养功,(16) 子午内功,(17) 子午洗髓经,(18) 子午易筋经,(19) 子午腿功桩,(20) 子午轻身术,(21) 子午养生功,(22) 子午运腑功,(23) 子午运脏功,(24) 子午周天功,(25) 子午六通功,(26) 子午合一功,(27) 子午掌功,(28) 内外兼修功,(29) 子午八卦功,(30) 护体功,(31) 子午金刚功,(32) 子午夜行功,(33) 子午眼功,(34) 子午换气功,(35) 子午童子功,(36) 子午五行功。

(四) 子午门功夫的主要特点

子午门功夫萌发于山东梁山,植根于齐鲁大地,已有近 900 年历史。它在形成和发展过程中,受齐鲁文化的熏陶和滋养,形成了自己独特的技术风格和武术文化特色,无论是技法特点还是门规戒约都能体现出浓郁的齐鲁文化特征和丰富的文化底蕴。

水泊梁山,地处鲁中丘陵和鲁西平原接壤地带,位于黄河与京杭大运河交汇处,地势险要,易守难攻,历来为兵家必争之地。子午门功夫即是在当时兵荒马乱的特定历史背景下创编的,实用价值极高,且其功法技击特点渗透了兵家思想。子午门功夫的实用性可以说直接得益于齐人的技击术。齐人的技击术自古有口皆碑。《荀子》中就有"齐人隆技击"之说。自齐国首创技击术后两千多年来,"技击"一直是中华武术的代名词,并成为子午门防身自卫的有效实践途径与方法。以齐国为中心产生的齐文化,在列强混战,诸侯争霸的春秋、战国时代,就混合了兵家思想。如"春秋五霸"之一的齐桓公,任用管仲为相,实行"寓兵于农,兵民合一"的政策,从而使齐国空前强大。齐人孙武著的《孙子兵法》云:"知彼知己者,百战不殆。"子午门功夫属于民间武术的北方拳种,根据北方人身高力大、腿长臂长等生理特点,在创编时就注意扬长避短,充分发挥腿的长处和优势,钩挂点踹,飞撩劈踢,勇猛无比。

子午门功夫在发展过程中,汲取百家之长,又有自身特色,自成一体,且极具开拓精神。它在演练中与内功浑然一体,摔、打、推、拿、快、准、狠、稳。其技术方法一般可分为踢、打、破、摔、拿、击、刺六大类。"踢""打"指的是以腿法见长的上下肢进攻方法。"破"指的是防守化解之法。"摔"指的是使对方身体失去重心,致使对方倒地的方法。"拿"指的是擒拿之法,包括锁、点等法,以反屈对方关节和点穴为主要手段,一般擒拿之后加点法。这些方法都比较适合当时的作战方式,特别重视实用性。

齐国先进的军事思想可以说独领当时诸国之风骚。一些卓越的战术原则,早为齐国人耳熟能详。像"兵以诈立""先发制人""避实击虚"等。"兵以诈立"或曰"兵者,诡者也",是行军打仗的一条最基本的原则,它的含义是:通过制造假象,隐蔽企图,达到出其不意攻其不备

而取胜的目的。这条原则，从两军对垒交战到徒手技击实战，均行之有效。兵法“以正合，以奇胜，奇正相生”亦是此道理。子午门功夫的散打特别注重假动作的运用，往往要求真真假假，虚虚实实。子无门功夫实战时，特别重视“敌欲动，我先动”，这里不仅强调的是进攻的主动性，同时也是齐国武术文化“先发制人”原则的重要体现。另外，在子午门功夫的实战演习训练中，特别强调“观”与“探”，要求不要急于出手，要善于观察，探到对方的虚实后方可出击。

子午门功夫还特别强调“气”的运用，将内功始终贯穿于整套技击动作之中。它既重实战，又讲养生之道；它注重内外兼修，形神合一，练习时要求心神合一，手脚并用，讲究“心、神、意、气、力”贯通，提倡“善养吾浩然之气”；它还主张顺应人体阴阳平衡，经络贯通。子午门功夫一向单传、秘传，其门规戒律相当严格，尤其把武德提到了至上的地位，充分反映了它受齐鲁文化（以儒家思想为代表）的影响之深。齐鲁文化一向被称为“道德文化”，以萌发于鲁国孔子为代表的儒家思想。子午门特别强调“本门弟子要绝对忠于师门，凡有叛逆行为者，人人得而诛之”。而所谓“师徒如父子”“一日为师，终身为父”的告诫，除表明师徒情深之意外，还体现出“徒弟对待师傅也应绝对的‘孝’”。另外，子午门功夫有“八打”与“八不打”之说，它强调对攻击部位进行限制，比武较技时，提倡“点到为止”。当然，这种“恕”也是相对而言的。辩证地讲，对穷凶极恶、屡教不改的残暴之徒的“恕”，则是纵容了他的“恶”，让其去“不善”“不仁”，因此类似情况则应严惩不贷。子午门功夫强调“凡吾门习武之徒，需谦虚好学，尊师重道……”，在其戒约中强调“凡吾门内之徒，应戒骄，戒诈，戒浮夸逞能……”。在技艺交流、向师长请教时，应先行抱拳礼或持械礼，以示谦虚恭敬。另外，子午门门规规定：本门掌门人在正式接任之前，都必须云游四海，向武林各大流派名家虚心请教，探讨经验，印证武功。可见，这些门规戒约受孔子“三人行，必有我师焉”、荀子的“人无礼则不生，事无礼则不成，国无礼则不宁”等儒家言论的影响。守信重诺同样是子午门中所强调的，如“信义为立身之本”“不信者不与教”“对待侪辈，须诚信勿欺”等。

子午门功夫是水泊梁山众好汉及历代掌门传人集体智慧的结晶；植根于齐鲁大地，是齐鲁文化的体现；流行于中国，是中华民族智慧的体现；走向世界，是世界武术之瑰宝。

子午门功夫作为一种文化积淀，在其形成和发展过程中，自然而然地渗透了民族气质、融入世界文化等诸多因素，特别是受齐鲁文化和道家思想的熏陶和滋养，形成了独特的技术风格和文化特色，带有鲜明的梁山地方特点和民间武术流派的特征。子午门功夫以子午拳为主体，由民间系列武术共同组成。这些武术多以人名命名，拳名与人名结合起来，拳法与好汉们的英雄行径结合起来，形成了拳如其人、风格迥异、各具特色的民间武术，共同构建起子午门功夫。子午门功夫在套路、内功、器械等方面与其他民间武术有着巨大差别，该功夫讲究刚柔相济、内外兼修，具有独特的技术特征。

二、子午门功夫的生存现状

受改革开放、市场经济和现代生活方式的影响，人们的生存方式随之改变，同时西方文化、竞技体育的渗透，使这一传统民族武术——子午门功夫缺乏必要的保护，再加上资金缺乏，使其传承、发展都已陷入困境。子午门发源地建福寺、梁山，只余遗址。目前系统习练子午门功夫的人越来越老化，使这一具有齐鲁文化特色的武术流派濒临灭绝，对子午门功夫的抢救和保护已刻不容缓。

（一）子午门功夫传承的主体缺位

传统地域武术文化传承的主要方式是口传心授，而这就使得传承人成为传承主题的典型代表。真正热爱和熟知子午门功夫的应是其传承人、习练者，即圈内人士。而真正的圈内人士又有多少呢？人们生活观念发生了巨大的转变，以前练武可以养家糊口，而现在只能当作一种爱好而已。随着这种观念的不断深化，人们离该项目越来越远，以至于没有人愿意去了解和习练它。

（二）子午门功夫受市场经济的影响巨大

随着近年我国市场经济的高速发展，没有经济效益的民俗体育项目，单一的依赖政府的投入进行保护是不行的，传承现状越来越艰难，地域武术生长在民间，生长的土壤是广大人民群众，要想有效的传承与保护，民众的参与是不可缺少的。在市场经济的影响下，人们对生活质量的要求越来越高，人们迫于生活的压力，很少关注于此，以至于子午门功夫失去了最佳的传承人群。

（三）子午门功夫无活动经费、场地器材匮乏

子午门功夫是梁山特有的地域武术，随着市场经济规模的不断扩大，人们的生活水平不断得到改善，可没有人愿意来支持该项目。本身就艰难的子午门得不到政府和当地人民的支持，那就更是雪上加霜了。子午门功夫的习练没有固定场所，只能在传承人自己家中开办。同时，受现实条件的限制，无法扩大传承规模。特别是近些年来，城市经济的快速发展，高楼大厦随处可见，空闲土地越来越少，民间协会以及传承人没有足够的资金租赁场地，传统的交流活动也都因资金、场地的匮乏等因素而停办，给子午门功夫的传承与发展造成了很大的困难。

（四）子午门功夫的传承人未受到应有的重视

在封建社会，地域武术是阶级社会的最下级，被认为是江湖人士的打把式卖艺，艺人们没有好的社会地位，被人们看不起。虽然新中国成立后，“只有社会分工不同，没有高低贵贱，人人平等”的人权思想深入人心，但一些老旧的社会遗风依然存在。而当下在社会主义市场经济的快速发展中，人们的生活节奏也普遍提速，生存竞争异常激烈。习练子午门功夫既没有经济利益价值，又不能解决实际的衣食住行问题，对于以后的人生道路起不到任何帮助，促使传承人改转它行。

（五）社会娱乐生活的多元化影响

随着社会的发展，娱乐活动呈现一个多样化的发展趋势。尤其是近些年，互联网的快速发展，带动着网络游戏产业的崛起，由一开始的静态的互联网发展到现在的移动互联网，网络深深地影响着当今大部分人的生活方式。

相比之下，子午门功夫本身的娱乐性就非常局限，古朴复杂的礼节仪式、种类繁多套路绝活、枯燥乏味的反复习练，既无法吸引人们的关注，又无法满足人们的娱乐需要。虽然一些老

拳师、老艺人凭着对传统地域武术的热爱，从内心愿意将这些项目传授给下一代，却找不到适合的传承人。生活节奏的加快也促使人们的思维方式发生了转变，人与人之间往往缺乏交流，即便是“邻居弄里”，也可能相见不识，在古代人们的娱乐形式匮乏时，人们对该项目的习练，除有强身健体目的外，更多的是对自身精神层面上的需求。如今人们有了更为丰富的休闲娱乐方式，而且对经济利益的追求也抹杀了人们传承地域武术的责任感。

（六）交流活动受到限制

随着人们生活方式的西方化，人们对传统的地域节日意识越来越淡薄，传统的庙会习俗消亡了，传统的节庆游行也消失了，而这些却正是地域武术展示与交流的平台。没有了庙会，也就不会再有人登台唱戏；没有了节庆游行，舞龙、舞狮也只能偶尔在大型演出中充当配角。展示交流平台的消失加剧了地域武术的消亡。

第五章 非物质文化遗产视域下山西传统武术的现代化发展——以洪洞通背拳为例

山西洪洞县的历史源远流长，洪洞县的文化博大精深，洪洞县的文物数不胜数，洪洞县的名人璀璨耀眼。华夏大半部古文明史在这里浓缩被称为神圣之邦的广袤沃土。洪洞是华夏文明的重要发祥地之一，它有中镇霍山父亲的厚爱和汾水霍泉母亲的哺育。这山的阳刚之气，这水的灵秀之魂，造就了洪洞文化独有的内核，也铸就了洪洞人民独有的气质。可以说，正是这自然天成的河山之魂，造就了洪洞这一地域独有的历史大势。在这片沃土上蕴藏着一个古老而又神秘的拳种——洪洞通背拳。随着全球化趋势和现代化进程的加快，人们生活环境和生活条件的改变，我国的文化遗产及其生存环境受到很大的影响和冲击，一些传统武术文化特性正在逐渐消失，许多传统拳种的传承面临断代危机，濒危状况日渐突出，作为地方拳种的洪洞通背拳发展也不容乐观。经过山西洪洞通背拳协会的挖掘、整理、申报、不断努力，在 2011 年 6 月 10 日山西省洪洞县通背缠拳入选第三批国家级非物质文化遗产名录。在政府的帮助下山西洪洞通背拳得到了有效的保护，但是山西洪洞通背拳的濒危状况依然严峻。为了进一步改善这一优秀民族文化的濒危状况，本文并从非物质文化遗产的视角对山西洪洞通背拳的发展进行认真分析。

山西洪洞通背拳又称通背缠拳，既是技术招式的宝库，也是多种不同方法形式套路的宝库，还是武艺技术方法形式的宝库。如今随着时代的发展和西方体育文化的引进，习练通背拳的人少之又少。在当地村里乡间，除了老拳师和少数爱好者之外几乎已经无人习练，甚至很多当地老百姓和年轻一代都不知道还有一个属于洪洞的古老拳种——通背缠拳。面对后继无人的尴尬境地，不能不说对我们来说是一种损失，更是一种古文化的悲哀。在非物质文化遗产保护的形势下，当前所见的大部分材料集中体现的是政府对非物质文化遗产保护的政策与方针，但关于非物质文化遗产保护，特别是对山西洪洞通背拳有关非物质文化遗产方面的保护仍缺乏有效政策与措施，以及对山西洪洞通背拳的源流、历史、发展、人文特性的研究几乎没有。

因此本章在保护非物质文化遗产理论指导下，考证山西洪洞通背拳的历史起源与发展，梳理山西洪洞通背拳的基本理论知识；基于非物质文化遗产的视角下对山西洪洞通背拳的现状进行一个客观的分析与评价，并对山西洪洞通背拳发展的文化缺失与原因进行剖析。

第一节 非物质文化遗产视域下山西洪洞通背拳的渊源考辨

一、山西洪洞通背拳的源流及其研究的必要性

洪洞通背拳，又称通背缠拳，从词义分析而言，通背即是周身通达，力从背部而发；缠的意思就是缠绕、缠丝之意，形容技法特点。通背缠拳按运动形式划分为套路与对抗两种形式。

其中套路包括徒手练习和器械练习，如母拳、子拳，而对抗主要指传统缠拳的拆招、喂招以及攻防性较强动作的对抗实战练习。缠拳实战性较强，重视技击效果。基于此，笔者将通背缠拳界定为：通背缠拳，即洪洞通背拳或无极通背缠拳，流传于山西洪洞县，源流清晰，传承有序，技术体系健全，技法缠绕特色鲜明，是具有浓郁的地方文化特色的拳种之一。通背缠拳在传承与发展过程中，形成了诸多流派，如河东的大架子派与河西的小架子派，以及樊汉武、秦根记为代表的技术风格派。

（一）山西洪洞通背拳的源流

据初步考证山西洪洞通背拳的源流有以下几种：

（1）洪洞通背拳是梁山英雄传下来的。梁山英雄一百零八将与通背拳一百单八势相对应。在通背拳中，包括了明朝著名将领戚继光所著的《纪效新书》第十四篇中的拳经三十二势的拳法动作。从以上两点推断，洪洞通背拳产生于宋末明初兵荒马乱、生产力低下的冷兵器时代不无令人信服。

（2）洪洞通背拳是陈式太极拳的前身，产生于明朝洪武年间。据传，明洪武年间山西洪洞广济寺看守护院的拳师陈卜先生常在大槐树下练习一百单八势，后官府移民时被迫令其押解移民而随之一家移居河南温县。山西省体委出版的《山西武术拳械录》和山西武协《山西武术名人名拳录》作了进一步考证，指出：明洪武五年（1372 年）拳师陈卜由山西洪洞县大槐树处移民到河南温州地方定居。在住所设立拳社，广教弟子，无私传艺。由于他为人正直，又精通拳械，常为附近居民抱打不平，排忧惩邪，周围邻近的人都很敬重他，常与之交往，且学拳于此，遂将他居住的地方叫“陈卜庄”。陈卜传拳的第九代弟子陈王庭（字奏庭），在祖传一百单八势通背拳的基础上，吸取明代民间诸家拳术流派之精华，结合“易经”“黄帝内经”“针灸大成”等学说，根据阴阳动静开合的原理，反复实践，演练了一种独创性竞技运动——太极拳及太极推手。随着九代传人对拳术的发展，拳祖陈卜的名声越来越大，出于对拳祖的敬重，后来群众讳避其名自然而然地将“陈卜庄”叫成“陈家沟”，便成为太极拳的发源地。而在洪洞留传下来的拳术，即为洪洞通背拳，流传至今。根据考证，洪洞通背拳与河南温县陈家沟的陈氏太极拳有千丝万缕的联系。陈氏太极拳和洪洞通背拳的拳经总谱几乎完全一致，只是个别字音有所不同。1936 年，山西洪洞县荣仪堂石印樊一魁编著的《忠义拳图稿本》，从卷一逐势绘图的《通背拳图谱》来看，它的歌词名称，和徐哲东 1934 年 9 月在南京从陈子明处借来抄录下来的两仪堂本《拳械丛集》中的《拳势总歌》文修堂本《拳械谱》中的《拳势总歌一百单八势》、唐豪 1931 年在陈家沟从陈省三（1880—1942）处抄录来的三省堂本《拳械谱》中的《长拳歌》，以及 1925 年 1 月油印，陈子明集编的《陈氏世传拳械汇编》中的《长拳歌》，除了个别词句和文字稍有出入外，其余部分完全相同。在顾留馨先生编著的《太极拳研究》第一章太极拳的起源和发展简史中也有注释：“长拳一百零八势于乾隆年间由河南镖师郭永福传入山西洪洞县贺家庄，1936 年樊一魁著《忠义拳图稿本》（洪洞县荣仪堂石印八册）将此拳逐势绘图，势名和歌词与《陈氏拳械谱》所载相同，唯别字太多，虽已改名为通背拳，实为陈王庭所创在陈家沟失传之长拳一百零八势。”20 世纪 70 年代中期，陈氏太极拳十九代传人陈立清曾来洪洞，将随身所带陈氏太极长拳拳谱，与洪洞通背拳谱对照，几乎相差无几。因此说，两拳同源同缘，有成为不争事实之论。洪洞通背拳和陈式太极拳是否一脉相连，有待更深入的研究和探讨。

(3) 洪洞通背拳是郭永福所创，产生于清乾隆年间。樊一魁在《通背拳图谱》自序中说的“此拳乃河南郭永福所传、郭在少林曾受艺、郭于乾隆年间保镖来洪，在洪羁留多年，传艺于贺家庄贺怀璧，后贺留传南北，皆是口传心授，按照前规。”“樊一魁童年时习拳于万安镇杨如梅及乔伯佥，系艺中名手，实为郭师永福之嫡派。”又据通背传人徐克明先生家传手（抄）本所云：“余自束发受书，即从吉贤学习拳业。先生临汾苗屯人也，讳书升，号少令，字俊先。其为人平和端方，善于诱（导）人，文章而外，又精通通背拳一百单八势。常于授课之暇，领吾等三四人学拳棒。越十余载，远近驰名，天下号为神拳，得之异人传授者。有河南郭永福，也亲得其传，后郭设教于洪邑堡村，从其学者有大弟子贺家庄贺怀璧、二弟子韩家庄张修德。”这点资料，正好把它拿来作为樊一魁在自序中所述历史渊源和授受情况的补充。在第八代传人上秦根记、张百锁所著《通背拳述真》，樊汉武所著《无极通背缠拳》（樊汉武，李培均，内部教材），第九代传人徐奎生所著《通背缠拳》中的记载，对通背拳盛传于清乾隆年间，认识基本一致。口径相差无几：在清代乾隆约 1776 年，明洪武年间迁民河南温县的古槐后裔郭永福（1736—1796）因义举打死达官贵人，逃返祖籍山西洪洞，有意投靠苏堡村的清副天官刘秉恬，以求庇护。此人武功高强，忠厚仗义，加之他的遇难处境，得到了刘的赏识和同情，遂将一百零八势通背拳传于刘府家院贺怀璧（洪洞贺家庄），账房张秀德（洪洞韩家庄）二人。贺、张二位志坚心诚，聪慧过人，刻苦求艺，寒暑不易。要点心领神会，拳技炉火纯青，传弟子甚多，且高手林立。后来，洪洞通背拳在整理传递宗谱时，将郭永福立为第一代传人，贺怀璧、张秀德列为第二代，现已传至十代。

不论哪种说法，都证明了洪洞通背拳是比较古老的，在漫长的岁月中，有继承，有遗漏，有发展，也有创新。历史上对源流考证、流派变化、拳术技术这些问题的争论，大都限于从有文字记载以后的某一历史时期的文字记载或某一本书讲起，殊不知另有一本书，作为一种文字载体，同样也经历了一个发展过程。

1983 年 5 月，根据国家体委制定的全国武术挖掘整理工作的指示和山西省体委的通知精神，由洪洞县体委李德才同志主持并组织力量挖掘整理了这一优秀的古老拳种，并根据众多历史资料和征得众多通背名师高手意见，将从明清流传下来的通背拳定名为“洪洞通背拳”，载入史册。洪洞通背拳仅是一个地域拳种名称，其实在山西广泛地区都有通背拳流传，如有灵石县、霍州市、临汾市、河津市、运城市、万荣县、永济市、临猗县等山西广大地区，并且有不少的高手和名家。洪洞通背拳的发展过程，其实也是对一段特殊区域发展历史的验证和记述。正因于此，2008 年 12 月，洪洞通背拳入选山西省第二批非物质文化遗产项目。

（二）研究山西洪洞通背拳的必要性

1. 传承传统武术

中华武术博大精深、源远流长是中华民族在生活与实践斗争中不断积累和发展起来的一项宝贵的文化遗产。洪洞通背拳作为古拳种，是现代社会的文物，是中国文化的瑰宝，它博大精深，源远流长，具有严密的哲学思想、系统的技击理论、完整的锻炼体系；尤其是它和陈家沟十三式的特殊亲缘关系性及其技势技击技巧的特殊性，以及其中兵法阵机变化的技巧艺术性，其重要的历史地位和武术沿袭变革的连接性，也是引起武术工作者关注的重点。传统武术是武术之源，是武术发展的基础，但目前不同地域一些传统武术拳种却令人担忧，作为地方拳种的

山西洪洞通背拳发展更是举步维艰。在当地民间，除了老拳师和少数爱好者之外几乎已经无人练习，在传承方式上，很多老拳师的思想还很传统，不愿意轻易传人，大多是以家族模式单位流传的，严重制约了洪洞通背拳的发展。在教授方面，洪洞通背拳大多是单一的师傅带徒弟的教授形式，师傅教一个动作往往就是个把月，很少给徒弟“说手”“喂手”等破解技击的动作，学生练很长时间却不会实战，致使不少徒弟转向学习更加简洁实用的散打、跆拳道等。

2. 顺应当前非物质文化遗产保护与发展的需要

非物质文化遗产是我国五十六个民族的民众一代一代相传下来的、与人民群众的日常生活生产实践有着密切相关的、各种各样的优秀的民族民间文化的外在的表现形式和文化生活生产空间。传统武术作为我国的国粹，是中华民族的骄傲，是中华民族优秀文化的精髓，从武术的概念和性质上确定了传统武术归属于非物质文化遗产中的杂技与竞技类的归属范围。为了从法律方面从立法层次上加强对我国非物质文化遗产的保护力度，国家制定了一系列的方针政策与法律法规来保障对非物质文化遗产的保护与发展工作的顺利进行，中华人民共和国非物质文化遗产得到了党中央和国务院的高度重视，非物质文化遗产的保护和保存工作要得以顺利实施就必须制订一系列保护方针和政策。于是乎我国第一部正式赋予法律效力的《中华人民共和国非物质文化遗产法》出台了。虽然当前我国在非物质文化遗产保护工作方面取得了一定的进展同时也有了一定的建树和成果。但是，我们要认识到非物质文化遗产保护工作仍然任重而道远，随着我国改革开放、加入世界贸易组织以来，外来文化便随着外来先进科学技术越来越多的涌入我国，对我国的传统文化造成了直接的影响甚至是冲击，一些需要口传身授的民间技艺越来越不受年轻一代的喜爱，很多民间技艺随着民间老艺人的去世不断消亡，越来越多的文化遗产的传承面临着没有传承人甚至是断代的严峻形势，所以急需进一步加强对非物质文化遗产的保护和宣传工作，转变我国民众的观念，提高我国民众保护非物质文化遗产的意识。

各级地方政府和各相关管理部门必须要充分领悟到文化遗产保护工作的重要性和紧迫性，在此基础上进一步确定文化遗产保护工作的指导思想、方针政策和总体实现目标，要切实解决文化遗产保护面临的严峻形势和突出问题，积极推进文化遗产的保护。

同时也要充分认识到我国非物质文化遗产保护工作的迫切性，把非物质文化遗产保护工作放在一个至关重要的位置上，经过各方协商制定出非物质文化遗产保护工作的具体实施方法和最终实现目标，建立非物质文化遗产的名录体系。逐步建立我们自己的富有中国特色的非物质文化遗产保护制度，加强管理，责任到位，分工协作，建立各部门之间协调的有效的工作机制。

2009 年 4 月 12 日，2009“山焦杯”洪洞通背拳全国选拔赛在山西临汾举行，本次比赛由中央电视台体育节目中心、中国大学生体协主办，这是山西地方拳种有史以来首次走进中央电视台康龙武林大会，对洪洞通背拳这一古老拳种在全国范围内的发展起到了直接的推广作用。

2011 年 6 月 10 日山西省洪洞县通背缠拳入选我国第三批国家级非物质文化遗产名录。

二、山西洪洞通背拳的历史与发展

（一）山西洪洞通背拳历代传承人

洪洞县所传通背缠拳，始于清朝乾隆（1777—1781）年间，由河南郭永福者传授于山西洪洞县苏堡村天官府第内诸多武艺爱好者。

当时从学于郭永福者主要有三人，一即刘秉恬之子；一为账房先生，韩家庄人张秀德，字茂斋；另一人则是长工，洪洞县贺家庄贺怀壁。最为精通通背缠拳者，贺怀壁与张秀德二人，而得其正传者，唯贺怀壁一人。这里所谓的正传，即得单传独授之全部秘密者。（苏堡村的刘秉恬，曾于乾隆四十二年（1777）至四十六年（1781）间，出任补职方司郎中擢吏部（左）侍郎，因任天官之职，所以乡间习称其府第为“天官府”。）

贺怀壁传其子（一说是其孙，若从年龄计应是孙辈）贺育英，及万安镇施继文，吉书升亦间受其教；张修德传其婿吉书升，施继文亦间受其传。

施继文传其子施根龙，万安陈七业、杨如银、乔柏、杨如梅等；乔柏传辛村郭清秀、高公村樊一魁等。

郭清秀传授本村许方庆等，许方庆传本村辛心明、刘学帮、其孙许生贵、西梁村梁德元、左家沟村左维堂、樊村樊汉武、下张端村陈国锁；樊汉武传下张端村陈中伟、北京蔡明主等；陈国锁在巴西的传人则有雷诺多、修维欧、卡尔罗斯、奥德尔、保罗、笑百合等；樊一魁传焦凳榜；焦凳榜传程永泉、田源、岳德福、王长荣、郑忠等至此共七传八代。

（二）郭永福－陈有孚与通背缠拳

洪洞通背拳是由河南郭永福者所传，但郭永福的真实身份却没人知晓。在洪洞县人们只知道，郭永福是河南人，是因打死抢夺民女的富豪恶霸而在逃的。鉴于这个原因，这个郭永福的姓名肯定不是真实的，尽管连陈家沟现今也认可了这个郭永福，但似乎犯了一个基本常识上的错误。毕竟有命案在身的人，是不会再用他的真实姓名逃避追捕的。在 1983 年的《武林》杂志《郭永福与洪洞通背拳》上提过。郭永福是犯命案后逃难到洪洞的，以安全计而改换姓名这也是必然的，杀人在逃后绝不会仍然以原来的姓名去招摇的。后来他寄身在苏堡村天官府教授通背缠拳，也应是从寻找一个极为安全的护身所考虑的。

早年陈国锁在读唐豪、顾留馨先生所著的《太极拳研究》时，留意到“陈家沟陈氏世系简表”内，在十四世一栏中有“有孚”的字样，而且也是拳师好手一类人物。这突然引起了他好奇的联想，这个传诵通背缠拳的郭永福是否就是陈家沟的陈有孚呢？1984 年陈国锁拜访陈家沟，承蒙陈伯先、陈正雷先生的热情帮助，在陈氏家谱（乾隆十九年谱本）中，于十四代中查到了陈有孚的名字。此陈有孚，居住在离陈家沟一里地之遥的厢堂村，其后人已移居于西安，厢堂村顾其名可得知是陈家沟人的支系，同样是陈家沟人的家亲体系。

在陈氏家谱中的陈有孚名字旁，亦注有“拳手可师”的文字记载，《太极拳研究》也是依此而列入简表的，陈有孚与陈长兴、有本、有恒等是同辈人，也恰是生活在乾隆年间，这也正符合郭永福在山西洪洞县苏堡村天官府教拳的年代，又因其所教之拳法与陈家沟所传的长（缠）拳拳法名称招式相一致；还因为通背拳内秘有陈家沟十三式五套中的第三套——二十四势（陈家十三式谱中在三套之后又有“此名大四套捶”的字样）；更重要的是陈王廷所留下的“拳经总论”，也是被列入通背拳中的首要地位。还有一个相当吻合于当时情景的事就是陈家沟的小架拳法，也是汲取了缠拳中的一些技术招式方法而变化形成的不同演练形势，这从陈立清所秘传的小架拳谱中可以证实。这就进一步印证了郭永福即是陈有孚的可能性。如果郭永福不是陈有孚的话，则这种亲密的交流就不一定有可能。原因很简单，即陈家沟人至今仍然恪守的家训：“陈家不学外人拳”。由此断论，陈有恒、陈有本是绝无可能向什么外姓的郭永福去学缠拳技法的，

更何况陈家炮捶架子的实际练法上有许多雷同于缠拳。其实，如果这个郭永福不是陈有孚的话，在当时陈家传拳十分保守的情况下，郭永福如何能得到如此体系完整、结构完善、技术深邃全面、文化宏厚、结构严谨的传授呢？如果郭永福不是陈有孚的话，能得到如此这般的神秘传授，这在当时显然、或者说绝对是不可能的。

（三）山西洪洞通背拳中几位较有影响的人物

一是重写拳谱的吉书升。根据其岳父的传授，不但作了系统的整理，而且还增加了许多破解技术内容，这使得颇为保守的武术界传统形式，大大缩小了保守的范围，更是保持了通背缠拳的完整性和持久性。

其次值得一提的则是许知远和施继文两位。他们在吉书升谱本的基础上，对图谱、文字作了修正工作，使得通背缠拳的传递授受更为完善可靠，也更为后世的久远完善传承提供了图文上的有力支持。这正如许知远在其序言中所说："然此图虽多而善本最少，余恐斯艺之传，愈久而愈失其真也，复郭请晓林、继文二先生校正无讹，嘱丹青侯有德复为斯图，以垂久远。庶庐山之面目不改，而爱斯艺者庶不至以讹传讹也。"

近代的一位重要人物则是樊一魁先生。因其父是当时的县令，就学的人也特别多，活动的范围也较广，邻近的蒲县、霍县、稷山、赵城等县，都是其教拳活动的范围。当时得其全部传授者为万安村的王四旦子，其后之传人则不明。樊一魁先生除了勤于教授学生之外，也辛勤于笔耕，在旧有谱本的基础上对武术器械也作了完整的图谱，并以人们便于记忆与化用的歌诀形式，对一百单八势拳法套路及器械套路的图谱等，都做了相应的歌诀形式的解说，并从德、义上提倡了武术的正义性。由于当时的国际国内环境形势，他把拳名改为"忠义拳"，从而提倡了学习武术者必备忠心义勇护国的血气等。

在五传六代中的重要人物则是许方庆先生。许方庆生于光绪三十二年，当是公历 1906 年 7 月 13 日，逝世于 1983 年 3 月 4 日，享年 77 岁。许方庆 14 岁学拳，18 岁即代师教拳授徒。从师 11 年。侍奉其师过世后，始独立闯荡教拳，直到其逝世的那天早上仍在教拳。他将毕生的精力全部奉献给了武术事业。县体委派专人敬送了花圈挽联。

三、山西洪洞通背拳的特征与内容

（一）山西洪洞通背拳主要特征

第一，原生态。通背拳是以 108 个动作，组成的母拳套路，又以数十个子拳套路，形成了一个完整的体系，具有原始风貌，在漫长的流传过程中，因为它的封闭，保存了它的纯粹，与其他拳种，很少有交叉的地方。2009 年洪洞通背拳，全国选拔赛中有一个环节是器械套路，在各路拳手所用"兵刃"上，通背拳的古朴也可见一斑。有搂草的耙子、有砍柴的斧子、也有放羊的鞭杆……

第二，实战性强。第九代传人张铁矛，总结通背拳的特点是，表演差、实战强。通背拳是在村民的看家护院、保护村庄的过程中兴盛起来的。但近代历史的战争中，也有洪洞通背拳的影子。无论是军阀部队还是民国军队，都有过通背拳师做教练。《搏击》杂志编辑田文波，曾经到祁县翻阅过镖局博物馆的相关典籍，他发现，记载的顶级镖师中，洪洞人占据相当数量。

第三，洪洞通背拳的技击作用。洪洞通背拳的风格特点是：随意而行，随力而走；动而不动，不动则动；架势小，动作快；发力隐蔽，用力巧妙；攻不露形，防不硬；身手灵活，藏头顾面；彼刚我柔，彼开我合；左右缠绕，侧身而进；上下贯通，闪惊巧取；以小力胜大力；声东击西，变化多端。

第四，山西洪洞通背拳的健身作用。洪洞通背拳九排子的练法，不像长拳那么快，也很少有跳跃的动作，强调的是以意用气以及缠丝劲。适合各人群的练习，特别是老年人。

（二）洪洞通背拳的基本内容

洪洞通背拳作为一种体系庞大的拳种，它的武术套路繁多且完整。从演练风格上分，可分为“慢拳”与“快拳”两类。“慢拳”指通背一百单八势，分为九排。“快拳”指它的技击秘诀套路。

从洪洞通背拳的内容上讲，分为“母拳”与“子拳”两大类。“母拳”一百单八势，由它破解出的其他技击套路为“子拳”。徐氏拳谱所云“前五十四势为天空星，后五十四势为天地星，天为阳，地为阴，阴阳二气造化。有八大金刚，四大明手，有六六三十六肘法，三十六打法，三十七跌法，七闪法，七十二拿法，二十四腿法，二十四手法等。一手可分为八着、八搂、八劈、八按、八插、八合、八拍、八滚，称为八八六十四卦”；子拳套路数多，典型的有行拳二十四势、行拳二十八势、散打七十二着、短打一百零八着、单手套路十路、秘诀套路；器械套路分为长、短、杂、软四种；对练套路主要有徒手对练、器械对练、多人对练、徒手对器械对练套路等。

“母拳”主要是外练手眼身法步，内修心神意念气；“子拳”主要是练习技击招法，动作速度反应能力，搏击反应能力。

洪洞通背拳练法有：八法，八要，六合，六纵，六巧，十测。其用法之灵活，变化通神，内行之功，上下三路，左右掌法，八纲六合，十二门，三种手形，五种步法，七种臂功，腕功，掌功，指功，腰功，腿功，桩功。同时将人体分为五位，三节，四稍，五行，经络。其中五位是指：身为元帅，头为帅领，眼为先行，手为战箭，腿为根。

四、山西洪洞通背拳的拳理与技理

（一）山西洪洞通背拳的拳理

1.“师法自然”：洪洞通背拳的技术本源

人体运动与生俱来，且伴随着人的一生，运动停止了，生命也就结束了。正所谓“动则生，静则亡”。运动作为人类最重要的本能之一，本能已经使得运动成为“天人相应”的重要组成部分。把人看作是一个整体，从整体上把握，天地人也是一个整体。“泛爱万物，天地一体”，“天地与我并生，万物与我为一”，“天人之际，合而为一”，把三才。道家以道、天、地、人为四大，“人法地、地法天，天法道、道法自然”。《周易·乾卦·文言》说：“大人者与天地合其德，与日月合其明，与四时合其序，与鬼神合其吉凶，先天而天弗违，后天而奉天时”这样的整体思维是传统武术的基本思维方式。武术把天时、地利、物性、人力作为统一体，将自然界的一切变化间接地影响到人体生理或是心理。所以，在练功的过程中，人们总是在追求人体与大自

然的和谐相通，使人顺乎自然，其运动也就服从大自然的变化规律，以此来求得物我、内外的平衡。

洪洞通背拳正是依据无极大道，九品连台、武当道教理论孕育而生。“无极，乃无穷无尽，无边无岸永无边缘是也。通者，即四面八方，四通八达，来往无阻也。背者，脊背也。”故曰通背之意乃为：“气沉于丹田，力发于腰背，而通于全身，达于四梢。缠即缠绕之意，周流无息，攻守无止”。拳论曰：“精存于内，气行于身，神通于背，功成于恒”。因此，洪洞通背拳非常注意在练习过程中使人体和四时、气候、地理等外部的自然环境相协调，因时因地采用不同的训练内容和手段，选择清静的自然环境作为练功修身养性的场所，如其练功歌诀所云：“要想鹞子腾空起，丑寅之时弹跳踢”“卯时迎日深呼气，后做搂齿练习功”。其目的就是达到为了“道本自然一气游，空气静静最难求，得来万法皆无用，身形应当似水流”的最高境界。

2. “阴阳变化”：洪洞通背拳的技术基石

如果用一个词来概括中国武术各派技术理发的话，那么一定是“阴阳”二字。《周易》概括了万事万物对立又统一的矛盾规律，所谓“一阴一阳之谓道”。中国武术基于对这个普遍规律的认识，称“一阴一阳之谓拳”。可见阴阳之道是武术运动的规律，洪洞通背拳也不例外，可以用阴阳来阐释其理。

洪洞通背拳拳论曰：“臂如藤条刚柔共”。这就是要求有柔有刚，不可死硬，亦不可无力，弯折中亦有弓劲滚动其中，若藤条之弹抖劲。刚柔变换，虚实结合，实质是阴阳的转换。讲求得手而缠，随势而绕。“若知缠绕此中理，内修外练求自然”。洪洞通背拳的练功歌诀已经道出区别于其他拳术的基本特征，也是它的技术基石。这就是洪洞通背拳以阴阳变化立说，要遵循的自然而不强为的运动规律，因为有变化才会产生功用。洪洞通背拳包容了武术技术中的诸多对立统一的因素，诸如刚与柔，动与静，进与退，快与慢，虚于实，内与外等技术要素。虽然招式繁多，但从拳理上讲，始终没有离开阴阳的哲理。“阴阳者，天地之道也，万物之纲纪。”阴阳是一切事物的内在规律，无疑也决定着洪洞通背拳的外在表现和内在功用。“任何一个流派的武术家，他对阴阳之理的认识和应用上的深度和广度直接影响着他的拳技风格特点和效用、成就以及在武术界的地位。”阴阳易道思维方式不仅决定了武术文化的面貌和走向，而且决定了洪洞根祖文化特有的生活方式、价值观念、伦理道德、审美意识及风俗习惯。

3. “万物圆成”：洪洞通背拳的技术追求

中国传统思维方式是建立在《易经》卦爻符号模型上的，以取象、运数为思维方法，以外延界限模糊的“类”概念为指谓对象，对宇宙万物作动态的、整体的把握和综合的、多值的判断，它构筑的是一套生命哲学、整体哲学，以生生不息、整体和谐“生生之谓易”，天地人“三才”圆融，天人合一，“保合太和”，阴阳调中为最高价值理念，偏重于循环变易、动态功能与意象直觉。中国文化是追求和谐的文化，它视和谐为至上，也是中国传统价值观念的一个重要特点。和谐观念受惠于中国传统文化的智识慧命：“上下与天地同流”“天地与我并生，万物与我为一”“芥子纳须弥”“壶中自有天地”，在此种“天人合一”、万物圆成自在的生命精神中，个体的“私我”“小我”，即涵纳于宇宙天地之“大我”的境界中，这是一种保存自我而又与他者共生共存的精神理念。

洪洞通背拳拳论曰“通背缠拳玄中玄，玄妙二字在缠绕。”技术运转处走弧形，运动变化无穷，攻防不止，破法不断。实质就是在攻防中追求圆润和谐的精神。万物圆成观念以孔子“和为贵”为发端，贯穿于儒、道、佛各种学说和主张中，和谐成为中国人着力追求的目标，也是生活的价值，由此一步一步地推衍到社会生活的各个层面，由个人和谐推展到家庭的和谐、社会的和谐乃至国家的和谐、天下的和谐。

4. “知行合一”：洪洞通背拳的技术表征

知行合一是中国传统哲学的一个主要特点。张岱年先生说“中国哲学在本质上是知行合一的。思想学说与生活实践，融成一片。中国哲人研究宇宙人生的大问题，常从生活时间出发，以反省自己的身心时间为入手处；最后又归于实践，将理论在实践上加以验证。”“中国哲人探求真理，目的仍在于生活之迁善，而务要表见之于生活中。”“所谓‘广大高明不离乎日用’，乃‘为学’之理想境界。”对于知行范畴，“其重要的内涵便是指道德知识和道德实践这两种活动。”知行合一的思想和重实用的思维特点就决定了传统武术的理论来源，突出了其实用性，凸显了其技击特点，处处表现出一种对技击性的“不离乎外用”的表征。

洪洞通背拳交身技击的方式正是知行合一的最好体现。拳经总论曰：“劈打推压得进步，扳捌横踩也难敌”。“武事者，如置穷理尽性于不顾，纪委无本之木，无源之水。武学宗师若非亲证体道，无有实证而授艺与人，往往是以盲引盲。不格物之物，致武之知，皆是鸟学人言莫明其义，即或偶有所得，亦是抱残守缺，不知其所至乃止于至善。”习武者从刚开始对武技之道的毫无感知，通过形架招式的定型、熟练，继而精熟生巧、生变，最后达到神明脱化复归虚无，正体现着拳术中“以虚无而始，以虚无而终”的说法。洪洞通背拳要求“出门就把沙袋打，到院就把桩子踢，练完腿功再手拳，刀枪剑戟棍熟识。”在拳术修炼过程中，若是能很好地修炼，精心领会，熟练掌握并运用形架中蕴含的各个法则，规律则可以达到“一手拆八手，八手破一招”的应变自如的境界。

5. “大道无形”：洪洞通背拳的技术归宿

“大道无形，生育天地；大道无情，运行日月；大道无名，长养万物。吾不知其名，强名曰道。”老子对所谓“道”的理解，实为阴阳未判之前的混元无极。宇宙之起源，天地之本始，万物之根蒂，造化之枢机。它无形无象，无色无臭，无所不在，无所不备，充塞宇宙，遍满十方，不增不减，永恒常存。它本无形而不可名，但却真实存在。老子为了使人承认它、研究它、掌握它、运用它，故以“道”名。王夫之说：“两间之固有者，自然之华，因流动生变而成绮丽，心目之所及，文情赴之，貌其本荣，如所存而显之，即以华奕照耀，动人无际矣！”武术拳术的意境有它固有的深度、高度和阔度。拳种、拳派虽有不同，但是在原理及精神实质的追求上是一致的。

洪洞通背拳讲求缠绕的机理，但是其中玄妙机要，就要在自然之中求得，要通过自己感悟以产生通感和神会。也正因为个人体悟对审美感具有直觉性、超越性和愉快性等特点，所以审美直觉是从感性形式直接切入，即刻心领意会到某种内在的情感和意蕴。这种心领意会是一种浑然大全的整体，它是一种“感性现象与超感性意义的合一状态”。这种状态是无法用准确的语言来表达的，任何语言工具只能是近似的描述，即不可言传，只可意会的一种情感体验。在审美直觉的情感体验中整体地领悟审美对象的内在意蕴。刘勰在《原道》中讲“人文之元，肇自太极。”这种对人文的追根究底，恰是心灵的映射。以心灵映射万象，代万象而立言，拳术所表

现的是主观的生命情调与客观的景象交融互渗，成就一个活泼玲珑，渊然而深邃的灵境，这灵境就是构成武术之无形的“意境”。高境界，“无意”之境也就是“忘我之境”。老子对此境界也以“大方无隅，大音希声，大象无形”做了形象的比喻。这一比喻富含深刻的辩证思想，可以理解为：“最方正的反而没有棱角，最高的声音是听不到的，最大的形象是看不到的。”久之能在心境上淡泊返朴，如秋水澄清，在精神上养成定力，复归无极。这便是中国审美哲学的最高范畴，也是武术家的至高至极的追求。

（二）山西洪洞通背拳的技理

1. 依照人体生理运动规律，顺力顺势的技击原则

人身体的不同部位有着不同的运动特点，在做不同的动作时应该充分利用不同部位的运动特点，使动作更加顺势顺力，这样就可以取得最佳的运动效果。洪洞通背拳以借人之策，用人之力，顺势借力，快速多变，我顺人背，闪擎巧取。凭借“近靠缠绕我接衣”顺存之势，以对方之势而接进、攻击，以对方之力而助我化之、击之是其主要的技术理论原则。如拳谱曰：“此拳巧力胜人，全要身手灵活。他如世俗所传之红、炮、飞虎、九拳、长拳，以及罗汉、二郎诸拳，皆以有力胜无力，大力胜小力。此拳是借人之力，四两拨千斤。”

2. 注重攻防转化，快速多变的技术精髓

在攻防变化中掌握好“时”，对于武术技术理论和实践是非常重要的。因为对抗双方随时都处在攻防交替、动静刚柔转换的过程中，绝不能随意而动，必须相机而动，趋利避凶。洪洞通背拳战法中讲：“侧身而进，闪惊巧取”，侧身则见长，有助于闪展腾挪。

洪洞通背拳讲打、拿、缠、跌。以腰为轴，侧身而近，出手就打。在以快制胜方面有歌云：“眼如闪电手如风，打不了人是来的松”。并且手眼身法步随时配合，“手打脚不跟，十有九掏空。”，手法上讲求一手可分八着，八着可分八搂，八搂可分八劈，八劈可分八按，按可分八拍，八拍可分八滚，名为六十四卦。打法讲：“远者手，近者肘，不远不近使扳手，高捧低搂平扶手，不低不高丘捌手。”这样的战术思想就是积极争取，是“时止则止，时行则行。”总之，洪洞通背拳练打要以十六字诀为主导：扳、搂、扶、捌、合、腾、拎、斩、推、打、劈、压拘、捧、托、栓。

3. 注重阴阳平衡，以缠求进的技击特色

武术本是一种技击术，以双方在对抗中是用的技术所依据的理论为基本内容。在双方攻防转换过程中，这种反映事物对立的统一规律的阴阳变化思想，必须作为武术的基本技法原理在各个方面都得到充分的体现。洪洞通背拳以侧身为主，刚柔相济，虚实互易，巧力取人诀有：“高扳、低搂、平扶手；高打、平接、丘列手；远者手、近者肘、不远不近使扳手”。虚实真假，虚实在自身，真假施于对方，真真假假，假假真真，其实质是配合虚实，丰富虚实。而要做到这些攻防虚实的变化，就要得手而缠，随势而绕。“缠”有三种含义：其一为缠绕之意，为化敌力之法；其二即手法，变化无穷，攻防不止，破法不断，如同缠住对方一般；其三它的最高武功秘籍招法，叫作二十七路“缠手”。缠绕即随机就势而进，以缠绕求化、求进、求胜。拳谱讲：“缠缠绕绕是正宗，侧身而进是根本，臂如藤条刚柔共，闪惊巧取快如风。”

4. 注重体用一源，内修外炼的技击准则

注重体用一源原理，就是说功法动作要合于自然规律的动作，必须是自然动作。人出生后

逐渐丧失先天的自然行为，思虑重重、杂念不断、筋骨僵硬，在功法的练习中则表现为动作僵硬不协调，意、气、劲、行配合无序，甚至不知配合。如果在练习中一味放任自然，后天行为（拙劲）会进一步发展。按照一定的技法练习，才能抑制和逐步消除这些违背自然的行为。以健身气功的技法原理去约束意识、调节呼吸、规矩动作，使人体内外、上下、左右各部有序配合形成的整体动作，才能算是“合乎自然”的功法动作。因此，可以说形神兼备、内外相合不仅仅是对技术动作协调的技术要求和动作要领，而且还是武术技击理论的重要组成部分。洪洞通背拳一身如棋：与对方对阵，势如棋局，不可疏忽。其势为：头为帅，肩为士，肘为象，拳为炮，膝为马，足为车，指掌为卒。出势先看士马动，千军万马在一身。并且要求劲以曲蓄而有余，周身之劲在于整，发劲要专注一方，须认定准点，做到有的放矢。劲起于脚跟，由脚而腿而腰形于手指，须完整一气，不能有丝毫间隔断续。一举一动须达于无角无棱，无有凹凸，无有缺陷的要求。若能达此境界，不论向前向后、向左向右，乃能无懈可击。以意行气，以气运劲；意往上升，气往下沉；动者，气转也。先在心，然后便能施于身。日久功深，盖吸则自然提得起，亦拿得人起；呼则自然沉得下，亦放得人出。吸，为合为蓄为收；呼，为开为发为放。只要依法求之，就能逐渐地做到物来顺应，敏感自得；进者，便能达于“一羽不能加，蝇虫不能落”的境界。若到此境界，则无所谓内外，无所谓不对，一举动则无不恰合法度，形神皆忘。

5. 注重动静互根，闪警取巧的技击要领

“动静不失，人所易明。动静互根，人多不觉。天运行，动也；而四方不移，四序不乱，静主焉。地持载，静也；而人物代谢，五宝环生，动使焉。日月盈亏而终归圆满，星缩飞度而终归本位，胥不少动静互根也。”在武术的攻防双方动是攻防，静是待机。洪洞通背拳十分讲求闪警巧取的要领。鱼龙之变化皆在于腰，闪惊巧取全在于腰之上下起伏，缠绕抖化，气机充实，方能如拳诀云：“练时起伏翻江海，波澜壮阔会风云”。而时机来临用力出击时，眼、声、力无惧聚不可散乱。拳诀云：“眼似闪电光千里，声如疾雷惊敌魂。”

五、山西洪洞通背拳的技术特点

（一）拳系丰富：套路繁多，递相映带，气势贯通

中国武术的主要流派都是从地域性文化派生出来的，我们可以把这些拳种中的主要流派称为拳系。拳系可以理解为具有同源异流的拳术，具有系统理论和技术，也就是同一起源的拳种之下又划分不同流派的拳术，这样形成的体系称之为拳系。在异彩纷呈的中国武术中。几乎每一个拳种都有自己较为庞大的拳术体系。

洪洞通背拳作为中国传统武术的重要组成，也拥有着自己庞大而又系统的拳系。洪洞通背拳虽以拳称，实际是由108个不重式动作组成的母拳套路，数十个子拳套路，还有各种器械套路、对练套路共四大类形成的一个完整的体系。母拳有九排子，共一百零八势。每势动作，都可破解为多个技击变化不同的招法。前五十四势，破解开就如同天上的星星一样繁多，后五十四势破解开就像地上的万物一样无穷，无法数清。同时还有许许多多的套手、短打套路。如三进步、铁翻杆、按人扫脚、推胸掌以及扶手套、摆手等。拳谱解曰：“通背明堂一百单八着，初破为短打散打，名为单手，细破是三十二路套手。若再细破是七十二路缠手。缠手为第一秘诀，

套手为第二秘诀。世之习通背者，以多知单手者即为能手，而知‘套手’‘缠手’者甚稀。因此手法变化无穷，破法尤多，绝非短字长文所能解名”。洪洞通背拳演练风格正如拳论所云：“演时起伏翻江海，波澜壮阔汇风云，重于泰山轻似云，劲功撼山玄通神。”具有递相映带，气势贯通的磅礴气势。

（二）拳风独特：奇奥诡谲，古朴深邃

人因各自个性的差异而成为相对独立的个体。拳亦如此。因为地域上的差别，武术往往有很大的不同。中国武术因此也就出现了拳术拳风迥异的现世格局。拳风可以理解成为某种拳术的独特拳理和拳术技术特点的统称。因为没有一种拳种的产生是凭空臆想而得的，必然是遵循某种独特的原理方能应运产生的。

洪洞通背拳生长于洪洞根祖文化的古地，其技法原理内涵丰富，无论是阴阳变化的原理、功防趋势的原理、注重内外兼修的原理还是符合人体结构特点及器械形制特点的原理都是围绕技击特点进行的。洪洞通背拳拳理内容虽各有不同，但是作为冷兵器时代的产物，无论是作为军事活动的拼杀技术，还是非战争环境中的少数人之间的械斗，都是满足生存自卫的表现。因此，注重交身技击是其主要的技术特点。这也是戚继光不屑于“花法”的根源，那就是花法不益于实战。

交身技击的演练风格与战略要求止在此中、久演自可省悟其中玄妙，而举一反三，运用自如。技击的风格特点是：随意而行，随力而走，取之以力，用之以力，空而不空，不空真空，动而不动，不动则动。而行拳之类的演练风格，则要求显然不同，“俗称快拳。”它删去了108势中的过势、而招法清楚、连贯实用，动作紧凑，拳脚密集活泼，要求攻敌不露形、露形不为能。它即讲究后法制人的内家拳法，更重视外家拳的主动进攻。拳论曰：“彼不动己不动，彼微动己先动。”俗名叫作：“彼攻打主攻。”而“虚实配合，诱彼轻进而制彼”的连续进攻，俗名叫：“主攻打破攻。”拳论歌诀中云：“彼若守门不出征，虚实并用引彼行，敌若不识此中计，连环攻敌定成功。”

拳论又云：“缠缠绕绕是正宗，侧身而进是根本，腰如藤条刚柔共，闪惊巧取快如风。”这即是洪洞通背拳的战术指导思想。洪洞通背拳除了有它以上所说的战略和战术思想之外，另有它势法多变、招数系统，临阵善用的战术手段。

（三）拳势跌宕：意气相聚，贯气凝神，穷形尽相

因风格不同，拳术的演练气势也有不同。洪洞通背拳共108势，没有重复，演练起来如老太婆纺线抽纱一样，延绵不断，气势连贯；又似长江之水，源远流长，滔滔不绝。其动作似阴阳鱼，首尾相接，周身处处做连续的圆周运动，尤以两臂左右相转带螺旋和缠绕为最。洪洞通背拳在习练中均突出一个“缠”字，要求练起来周身放松，呼吸自然，以意带动，以心记事，时而和风习习，时而狂风骤雨。

“慢拳”一百单八势在练法上要求动作大方，气势贯通，含胸收腹，意念专一，平心静气，身手灵活，用力得到，柔而不软，刚而不僵，招法清晰，节奏鲜明，慢于“长拳”，快于“太极”，一气呵成。“快拳”的演练要求，动作幅度小，拳脚密集，节奏紧凑，用力巧妙，含胸收腹，藏头顾面，虚实闪躲，刚柔相济，露藏得当，快速多变，故有“出手不见手，见手不算手”

之说。它手法繁多，以巧以快的战术取胜，总的归纳为四大手法，打法，拿法，缠法，跌法，目的从有形的演练手段达到无形的自然规律。要求和用时不可平平淡淡，要驭气而练，以达到重如泰山轻如云，劲功撼山玄通神。“神”非迷信，而是化发自如，神速灵妙。

（四）拳法多样：错综变化，寓有法于无法

拳法可以较为宽泛地理解为武术运动的方式，还可以狭义地理解为组成拳术单个动作或者动作组合的技术方法。洪洞通背拳拳法错综复杂，它的套路里包括各种独特的手法，步法，闪法，打法，跌法，肘法，腿法。

手法：四大名手，即扳、搂、扶、挒。

步法：除常用的弓步、马步、扑步外，还有五步之主，即偷步、腾步、拗步、一霎步、丁字步，其中以丁字步为主，名为金木水火土。

七闪法，即前闪、后闪、左闪、右闪、中闪、进步闪、退步闪。

七靠法：前靠，后靠，里靠，外靠，飞仙靠，单臂靠，推掌靠。

三十六肘法：以肘逢肘，顺拦肘，滚肘，开肘，拗鸾肘，上肘，拦肘，穿心肘，捧肘，提肘，横拦肘，挡肘，曲肘，扑身肘，套肘，顶肘，双头肘，翻肘，擦肘，提花肘，虚肘，实肘，扶拦肘，合肘，推肘，开花肘，左肘，撞肘，藏头顾面卖耳肘，鬼神肘，左右肘，退身肘，跨腿肘，挂肠肘，飞虎肘，拈肘。

三十六打法：打肋下锤，打拴肚掌，打迎面掌，打格岭鱼，打窝里炮，打托肚掌，打急三锤，打风靡扫奏，打顺水横桩，打按手肱拳，打朝阳起鼓，打泰山压顶，打拦手双扑，打里外靠山，打左右硬开弓，打白蛇吐信掌，打里外插花双扑跌，打迎面掌刘全进瓜，打火焰攒心，打腾蛇入洞，打接后手双撩，打群仙掌凤凰展翅，打袖抱头推山，打提手推山，打燕子浮水，打仙人拍掌拿，打顺水推舟，打喜鹊过枝，打按耳扫脚，打黑虎攒心，打白虎洗脸，打白猴扒杆，打推山二掌，打栽头掌一杆旗，打闪警巧取下扎。

三十六跌法：腾手一挒二跌三挒四靠五撤六跌（六个跌法），白鸟卧卵一卧二靠三坐四撤五扫六跌（六个跌法），里按手一捺二拿三肘四臂五按六跌（六个跌法），外鸾手一摆二抢三肘四搂五扫六跌（六个跌法），里挒手一剪二靠三踩四腾五按六跌（六个跌法），外挒手一按二撩三剪四靠五扫六跌（六个跌法）。

二十四腿法：快腿，慢腿，朝阳腿，禅腿，靠腿，里合腿，滚腿，跨腿，挂面腿，脚腿，前腿，挂肠腿，提脚腿，悬脚腿，飞虎腿，撩裆腿，通袖腿，十连腿，金鸡独立腿，翻身过海腿，穿庄鱼腿，珍珠倒卷帘腿，缠龙腿，后又屈腿。

二十四手法：扳，搂，扶，挒，合，腾，领，斩，推，打，劈，压，勾，捧，托，拴，丢，拿，提，滚，拍，抡，抹，按。

三十七滚跌：双风贯耳跌，鹞子抓杆跌，挒手按耳跌，孤面跌，挒手跌，外按头扫足跌，里按手扫腿跌，死蛇扑地跌，千金坠地跌，抓裤腰跌，搂下腿跌，踩头发跌，抓领子跌，十字跌，贴身靠跌，狸猫扑鼠跌，左右靠山跌，合手踩跌，扑前扫后跌，鬼蹴脚跌，怀中抱月跌，以肘逢肘跌，托肚跌，古树盘根跌，迎门踩跌，撇手滚跌，白马卧栏跌，挂醋瓶跌，小鬼拔葱跌，仙人捧盘双捺跌，拧身靠跌，横栏肘跌。

洪洞通背拳还依据象棋的理论基础和象棋的战略思想将其技术理论加以引导和作用。用象

棋对比人体而划分各部位，用象棋的战略思想作为开发通背拳的外形理论基础。将人体划分，与象棋对比：头为将帅，士为两肩；两肘似象，两跑是拳；卒是十指，掌是金铲；两膝似马，足车一样；棋拳相比，同杀同战；武者动也，术者手段。

头为将帅，人的智慧全属于头脑的发挥，没有头就没有一切，人头在人的整体中占首位，大脑指挥着人的各个部位，能调节人体各个关节系统的功能，人体的一切行动都在大脑神经系统指挥下完成，在武术运动中，人脑指挥整个技击，不但能自身保护，还可以反击对方。

三头：人头除了用智慧指挥一切行动以外，还有自身保护和反击对方的功能，如三头就是投自身保护和反击的方法，三种应用方法，通过三种方法还可以举一反三，通背拳中“三头”，以丢头，扬头，甩头为代表，从头说起，帅的功能。歌诀：藏头顾面天下有，扬头甩头面部求，车炮象士阵前守，老将出阵彼发愁。

六臂：六臂者，里三臂和外三臂也，是三个手法组合的应用方法，它是三进步和击三捶的连环。歌诀：一捌二掌三钻心，击三拳出快如风，中门侧门连环用，左右变化不留情。

七手：插手、拍手、甩手、勾手、斩手、缠手、推手。

八足：斩足、撩足、踩足、勾足、穿足、踩足、排足、旋足。

外四法：身法、步法、掌法、眼法。其中，身法分为正身、侧身、虚身、闪身、卧身、滚身、翻身、坐身。步法分弓步、马步、虚步、偷步、扑步、马虚步、丁步，无形步。掌形分八字掌、金铲掌、柳叶掌、金剪指、金针指、拳头、虎爪、龙爪。眼法分正眼、闭眼、眉眼、眯眼、转眼、斜眼、瞪眼、翻眼。

内四法：内四法和外四法在洪洞通背拳里总称为八法。外四法者、手法、眼法、身法、步法。

上述所列的拳法，步法、腿法等无论是在“形”和“势”上，还是“功能”和“效用”都各有区别。因此，更加彰显出洪洞通背拳错综变化，寓有法于无法的形式和内容。

（五）拳技灵活：拙中寓巧，刚柔相济，虚实互易的技击精髓

洪洞通背拳技术灵活多变，随意而行，随力而走，取之以力，用之以力，空而不空，不空真空，动而不动，不动则动。讲究上下贯通，左右缠绕。在劲力上讲究“冷、急、脆、快、硬、绵、弹、灵、巧”。打法上强调“不招不架，只是一下；犯了招架，就是十下”。洪洞通背拳气充于丹田，力发于腰，通背而出，传于四肢，主张侧身而进，巧力胜人，高捧低按，里勾外挂，摇身拆膀，闪惊巧取，善以其人之道还治其人之身，随意而行，随力而走，极尽刚柔屈伸之妙，风驰电掣之势，动如猛虎，静若岿山，手法多变，奥妙无穷。

彼挨我何处，我心就用在何处，要知己知彼。若要知人，则务要使人不能知己。若要使人不能知己，则务要以己之虚，探彼劲之实；须秤准彼劲之大小，权准彼劲来之长短和粗细。左重则左虚，右重则右杳；避彼之实，而入彼之虚，顺其势，借其力。此即所谓“知己知彼，百战百胜”也。能知己知彼，才能因敌变化。能因敌变化，“引进落空，四两拨千斤”之技才能神妙无穷。

“缠缠绕绕是正宗，侧身而进是根本，腰如藤条刚柔共，闪惊巧取快如风，上打咽喉下撩阴，二龙戏珠两盏灯，指上打下要回冲，声东击西变无穷，左右两拳太阳落，双拍两掌耳贯风，兄弟二手两扇门，知己知彼能取胜，被攻主攻在于用，彼要未动己先动，无极通背技在巧，打

拿缠跌乱环套。”洪洞通背拳动作干劲有力，行拳寓刚寓柔，进退随心自如，技击精巧实用，时而和风习习，时而狂风骤雨，境况不同，表现各异。

总而言之，引进落空，借力打人是以意使技，而非以力能成技也。周身须完整统一，动则俱动，动中须有静，动者才能不慌不乱，乃能依法行工；静则俱静，静中须有意存（即有预动之势），静者才能达于劲断而意不断，乃能一触即发。开中寓合，则开者还能再开；合中寓开，则合者还能再合。所谓“如长江大海，滔滔不绝”也。虚实宜分清楚，虚实的变化全在内而不在外。在内者，劲换而不露痕迹，劲走而人莫知，乃能随接随转。由得机得势，及舍己从人；由舍己从人，及知己知彼；由知己知彼，及引进落空，借力打人。

洪洞第七代通背传人许方庆遗留谱中对春秋刀的后记曰：“春秋刀，过五关，内有常山刀一路，偃月刀一路，四门刀一路，八卦刀一路。刀刀不一，路路不同。其中妙求，不可尽述，惟在熟习善悟者得之”。因此，要通晓“通背缠拳玄中玄”的真谛，就需要将它放在其赖以生存的根祖文化的土壤中去考察，来探讨究竟是根祖文化中的哪些因素如何促使洪洞通背拳作为技术体系产生和发展的。

第二节　非物质文化遗产视域下山西洪洞通背拳的发展现状分析

一、山西洪洞通背拳的申遗之路

长期以来，洪洞通背拳的传承仅限于洪洞县周边地区，了解掌握该拳术的人并不多。改革开放后，尤其是近年来随着人们对健身意识的提高与关注，掀起了练习太极拳的热潮，越来越多的人参与到了练习太极拳的浪潮中。以及国家对非物质文化遗产保护的工程支持，曾经不为外人所知甚至连当地人都不知晓的洪洞通背拳终于摆脱禁锢融入到了现代社会的生活中。2005年，在临汾市委常委、宣传部长王月喜同志和洪洞县委常委、宣传部长晋廷瑞同志的关心和支持下，由秦根基主讲、山西作家影视艺术制作有限公司将《洪洞通背拳》拍摄成十二集电视教学片，正式对外推广洪洞通背拳。以此为契机，洪洞通背拳第九代传承人徐泽生自己出资出力成立山西洪洞通背拳协会，开始着手申请省级非物质文化遗产，几经周折终于在2008年的12月份，洪洞通背拳成功入选了山西省第二批省级非物质文化遗产的名录；2009年的4月12日，洪洞通背拳选拔赛在山西省临汾市师范大学举行，由中央电视台武林大会栏目组进行现场直播。

这是山西洪洞通背拳第一次走进中央电视台武林大会。洪洞通背拳向全国的观众展示了自己的风格特点，借此次机会洪洞通背拳向世人展现了自己，让人们知道了古老而又富有神秘感的洪洞通背拳，引起了武林中人们极大的关注；2011年6月10日，通背缠拳被列入，第三批国家级的非物质文化遗产名录的行列。从此以后，洪洞通背拳迎来了新的发展机遇。

二、山西洪洞通背拳被列入国家级非物质文化遗产名录

山西洪洞通背拳是一种地方性的古老拳种，也是一种文化的象征，更是中华民族先辈们智慧的象征。山西洪洞通背拳传统的文化性和系统的完整性，其重要的历史地位和武术沿袭变革的连接性，是引起武术界人们关注的重点，尤其是它和陈家沟十三式（太极拳）的特殊亲缘关系性（陈家沟长拳留存有谱，与山西洪洞通背拳谱完全相同，可以断定是同一套拳。虽然陈家

沟长拳已失传，然而山西洪洞至今仍有通背拳一百单八势流传。）及其技势技击技巧的特殊性，以及其中兵法阵机变化的技巧艺术性，尤其技术招式的囊括厚涵性，与其训练形式技法的系统性、多样性、特殊性与完整性，也是他们所感兴趣的。大概对于武术研究者来说，其重要尤在于体系结构的完善性、独特性、繁杂性和可深入探讨研究性，更在于它既可以使世人明白洪洞通背拳——通背缠拳的神秘所在，又可以使人们在探讨研究太极拳的历史时，能有更多充实的历史足迹的实际依据，使太极拳历史研究的部分中间缺失环节得以有了填补、完善的可能。这无疑是极具价值意义的东西。2011 年 6 月 10 日山西省洪洞县通背缠拳入选第三批国家级非物质文化遗产名录。

三、山西洪洞通背拳的现状分析

（一）山西洪洞通背拳的流派

洪洞通背拳历来都是高手辈出，在近代历史战争中，军阀部队和民国军队中都曾有洪洞通背拳拳师做教练的。现在随着时代的发展洪洞通背拳已然形成几大分支，即洪洞、霍州、河津、万荣以及河南焦作等几大流派。如今各大派系都有着不同的发展。

据调查，洪洞地区现在的几大分支按传承人分主要有：一是徐凤山门，徐凤山籍贯山西临汾洪洞，是土生土长的洪洞本地人，现已传三代，其弟子主要是在洪洞传授地域最广、从学的人员也最多，洪洞、临汾都有其传人，徐泽生是代表人物。二是程永泉门，山西洪洞人，程永泉本人在 20 世纪 50 年代曾是山西省体工队队员，代表过山西省参赛，取得过优异成绩，其传人主要分布在洪洞、临汾、运城各地，其中洪洞万安镇最多，能代表其风格。三是秦根基门，其传人主要分布在洪洞河东，曾在临汾开办武术学校，这些年影响力也非常大，最近还出了书籍。四是樊汉武门，樊汉武本人长期在太原工作，后调回临汾，从事武术工作五十余年，培养了数千名弟子，其弟子主要在临汾、洪洞。2011 年 11 月 27 日，山西洪洞通背拳第八代传人樊汉武大师开山收徒，本次正式拜入门下的有 74 人。参加本次收徒仪式的嘉宾有临汾市体育局局长秦英俊，临汾市武术协会主席赵占华，秘书长马勇，山西师范大学体育学院教授张智禄等社会各界人士，并送来了花篮、字画等以示祝贺。五是田源系，田源与程永泉、岳德福、王长荣、郑忠均从学于焦凳榜。田源一直从事武术活动，直至 2002 年 1 月 11 日逝世。曾任洪洞县武协秘书长、副主席。20 世纪 80 年代武术挖掘整理时，任副组长兼主笔，1984 年被国家体委授予“挖掘民间武术先进工作者”。田源一生致力于洪洞通背拳的传播，培养了张智禄、孔洪生、田和平、丁元元、康吉富、景常茂、贺建平、李国民、杨祥全、徐景田、张云生、焦小旦、田建平、师永建、刘丑怪、郑国龙、何成心、郭浦君等一大批弟子。六是其他门都有不同的发展，霍州分支，王其昌、张从检都是代表人物。

（二）山西洪洞通背拳的流传区域与习练人数

洪洞通背拳主要流传于山西南部各地，如洪洞、霍州、临汾的尧都区、河津、稷山等地，在这些地方中，洪洞地区习练通背拳的人数最多，在临汾地区山西师范大学体育学院的师生中也有小部分通背缠拳的习练者。洪洞通背拳的参与人群主要集中在中老年，青少年人群的比例较小，洪洞通背拳传承范围十分狭小，长期以来洪洞通背拳的传承仅限于洪洞县周边地区，不为外人所知晓，甚至连当地人都不知道自己地方有一个神秘而又古老的拳种——洪洞通背拳，即便知道的大多也不明其详。

山西当地大部分人对山西洪洞通背拳并不了解，有的人只是听过当地有一个自己地方的古老拳种，也没见过有人练习。

目前山西洪洞通背拳传承力量主要集中在中老年人以上，洪洞通背拳后续人才不足，缺少洪洞通背拳的接班人。需要加大青少年传承人的培养，以防出现断代的危机。

通过对洪洞通背拳传承人继承人数以及招收的徒弟人数的调查，发现只有少数几个传承人教授过徒弟，其他的几乎没有继承人。一些古老拳法正面临着伴随老拳师的逝世一起消失。很多器械套路的练习方法现在已经失传。由于种种原因大部分年轻人不愿去练习洪洞通背拳，即便是学习洪洞通背拳的年轻人，大多忙于生计现在也已经不再练了，坚持继续练习通背拳的少之又少，这就致使洪洞通背拳的传承出现后继乏人的状况。

（三）山西洪洞通背拳的传承方式

山西洪洞通背拳的传承历来以保守著称，当年有个日本弟子来学艺，想用录像机把招法全部记录下来，但遭到了师父的断然拒绝。当年师父教拳，弟子们之间要以布相隔，如今洪洞通背拳正迈出开放的步伐，登上武林大会。

现如今山西洪洞通背拳的传承方式主要是当地民间老拳师和群众自发组织练习占的比重比较大，当地传习所集体教授还有待于进一步加强发展。

通过对洪洞通背拳练习者练习套路的调查，几乎所有的人练习徒手套路，还有一少部分人练习器械套路和对练套路。其中练习徒手套路的以九排子即一百单八势为主，也就是民间所流传的手拳。练习器械套路的现在流传下来的主要是子母鞭杆，对练套路主要以对演四路为主。

通过对练习洪洞通背拳缴纳学费情况调查，需要缴纳学费的占一小部分，不需要缴纳学费的占绝大部分。据统计需要缴纳学费的一般都是在武校或者当地传习所进行学习，传习所收费情况一般是在 800 元左右一个假期。不需要缴费的大都是群众自发组织练习或者是由民间老拳师教授。

据调查，现在洪洞县县城洪洞通背拳的发展并不容乐观，练习通背拳的人很少，取而代之的是太极拳二十四式、健身操、健身舞等。前几年洪洞县武术协会会长胡安辉在洪洞县体育广场开办体育学校招收学生教授过通背拳，从学的人不在少数，自从去年重修了体育场以后，体育学校搬迁到了其他地方，知晓的人也就不多了。通过相关资料得知，在洪洞县第二中学和实验小学附近的广场有群众自发组织学习洪洞通背拳的，教授通背拳的拳师是洪洞县周川地区的老拳师，从学的人数大约在三十到四十人之间，大都是附近的家长、学生，也有少部分学校的老师。现在洪洞地区除了万安镇和上纪落村有两所武术学校教授洪洞通背拳外，就是申请洪洞通背拳为国家级非物质文化遗产的徐泽生，其弟子在洪洞地区传授最多，每年寒暑假都会开办专门的洪洞通背拳兴趣班。每年的清明节洪洞大槐树寻根问祖祭祀文化节上也会有洪洞通背拳的表演，为弘扬洪洞通背拳文化起到了积极的推动作用。此外，在民间也有一些老拳师自己教授徒弟的，现在洪洞通背拳已经摒弃了以前基本上不传授外地人，只是洪洞本地人才能学习的规矩，不过从一些老拳师口中了解到，要想拜师学艺一般都要经过师父的考验，洪洞通背拳一共九排，每排十二势，一共一百零八个动作，学习起来比较艰辛，成才时间也比较长。一般练上七、八年也就练到五排、六排，能坚持练习的人非常少，老拳师一般考虑到怕年轻人吃不了苦，坚持不下来学习，所以也就不轻易传授，再者还考虑到武德方面的问题，一般不了解、不熟悉的人不轻易传授。只有通过了师父的各方面的考验，最后磕头拜师才能真正成为洪洞通背拳的弟子。

洪洞县辛村乡洪洞通背拳第九代传人周天星说过，现在坚持练习洪洞通背拳的年轻人很少，周天星师父一共收过十一位徒弟，都是洪洞县辛村当地人，一直坚持练习通背拳的仅有辛亚明（周天星的大弟子）和周洪亮（周天星之子），他们大都是在晚上闲下来了练习一下拳法，平常白天里一般都忙于生计顾不上练拳。其他的几位徒弟要么已经放弃了不再练习通背拳要么就是偶尔想起来了才练习一下。

目前洪洞通背拳文化的传承与发展除洪洞通背拳传习所外，洪洞通背拳老拳师以及爱好者也是洪洞通背拳文化传承发展的主要力量。同时应当加强对洪洞通背拳传习所规模与数量的提高。

目前人们学习山西洪洞通背拳的动机主要是学习山西洪洞通背拳的技术、技能以达到强身健体、防身自卫，以及提高自身修养的目的，对弘扬洪洞武术文化的认识还不够。

（四）管理部门对山西洪洞通背拳作为非物质文化遗产的重视程度

通过调查了解到，洪洞县 2012 年一般预算支出安排情况，文化体育与传媒 3 006 万元，其中文化 753 万元，文物 362 万元，体育 1 179 万元，广播影视 679 万元，其他文体与传媒支出 33 万元。通过走访得知，山西洪洞县通背拳前两年在体育场举办过几次洪洞通背拳的比赛，近年来没有举办过相关的比赛和交流大会。

通过对洪洞通背拳练习场所的调查了解到，大部分人选择在公园或者是广场、体育场进行练习，一些人选择在小区空地进行练习，只有很少的人选择在通背拳传习所进行练习。在洪洞当地建立的专门的洪洞通背拳传习所很少。人们自发组织练习通背拳一般也都是在露天的广场、公园等地方。

（五）山西洪洞通背拳的理论研究现状

洪洞通背拳的相关论著有：咸丰年间的《通背缠拳》（洪洞通背拳第四代传人），洪洞通背拳第六代传人樊一魁编著的《忠义拳图稿本》《拳谱歌诀》，洪洞通背拳第八代传人田源编著的《洪洞通背拳正式》《洪洞子母鞭杆七十二路》，2010 年 6 月 1 日人民体育出版社出版，陈国锁编著的《通背缠拳》（清玄散人：洪洞通背拳第八代传人），2006 年秦根基、卫明编著的《中国洪洞通背拳》，1983 年秦根基、张百锁出版的《洪洞通背拳练用述真》（洪洞通背拳第八代传人），2012 年 4 月 1 日人民体育出版社出版，杨祥全主编张智禄、孔洪生等副主编编著的《洪洞通背拳》（杨祥全、张智禄、孔洪生：洪洞通背拳第九代传人），徐奎生、申葛达、徐天生编著的《通背缠拳》。目前关于洪洞通背拳拳法介绍的书籍出版了不少，但是对洪洞通背拳的起源、历史发展以及如何传承等方面的研究还相对比较短缺。

第三节　非物质文化遗产视域下山西洪洞通背拳发展的文化缺失及原因

一、洪洞通背拳发展的歧路：唯技术主义的迷障与思想特征的虚设

武术文化作为中华文明内涵因子之一，在中国传统文化的浇灌下成长，孕育着丰富完整的民族文化特质，是中国传统文化的沉淀与反映。武术以其独特的方式潜移默化地影响着中国这片土地的气质和心理。因此，继承和发扬优秀的传统武术，发扬武术文化，是我们的责任也是我们的义务。在西方体育科学化的推动下，武术以全新的面貌加入到中国现代体育的行列，以其自身的独特魅力深得世界其他民族的喜爱。面对中国现代体育迅雷不及掩耳之势的迅速崛起，洪洞通背拳发展中出现的不可调和的矛盾也越发的凸现。洪洞通背拳的技术体系与思想内涵这一同根的并蒂莲却越走越远，本应是殊途同归，却颇有了几分南辕北辙，这种现象的出现对无论是对洪洞通背拳本身还是中国武术的发展都产生了不利影响，其主要表现为：

（一）洪洞通背拳传播过程中技术的突出与思想的消解

洪洞通背拳流传甚广，这与明朝的大槐树移民有很大关系。据调查，凡是有从洪洞大槐树下迁民的省、县和地区，大都盛传洪洞通背拳。许许多多古槐后裔因为家传会练洪洞通背拳，千里寻根来洪洞认祖者甚多。因此可以说，洪洞通背拳这一渗透着大槐树骨血的古老优秀拳种，在洪洞根扎得最深，花开得最艳，是洪洞根祖文化中一颗璀璨的明珠。

在全球化浪潮下，西方奥林匹克运动对近代中国社会的发展起了巨大的推动作用。但是，因为近代中国在学习西方竞技体育的过程中，仅仅是功利地从技术层面入手，因而使传统武术在中国的发展出现了偏颇，逐渐远离了自己的文化家园。虽然从目前我国民族传统体育的发展现状来看，竞技化程度的高低是反映和评价民族传统体育运动现代化程度高低的重要维度，而竞技性毕竟不是现代性的唯一，竞技体育也不是现代体育的唯一。洪洞通背拳技术性所反映的现代特征自然也不能完全等同于洪洞通背拳的现代性。如果把以技击为代表的洪洞通背拳替代现代武术与传统武术对应，则在无形中促成了现代武术中的非竞技成分被边缘化，造成洪洞通背拳传播范围小，传播速度缓慢；作为文化传承主要载体的教育不能为创新提供有效支撑；不看重技术创新和竞争能力，与时代的文化发展脱节；缺乏与外界文化的交流和营养的汲取等现实状况。现代人站在前人的肩膀上，从小就接受着现代科学技术的系统教育，在前人成熟理论的基础上，用怀疑、不解的主观思想去了解、探求传统的哲理、精髓，（反推）有所突破，理论上就超越了前人。现代人无论在主观能动性上，还是传统哲理的指导思想上，练功环境、强度、时间，切磋交流的层次、数量、质量，发挥应用的机会、社会背景的约束等方面都无法相比。就像有些传统文化技艺会失传一样，前辈的传统功夫也会失传，留下来得只是前人的技术。

（二）洪洞通背拳传播过程中思想内涵逐渐被同化

目光所及，我们更多地看到了存在于洪洞通背拳表象的技术层面，本应属于传统精华的劲

力和技击韵味被淡化或遗弃了，有深厚中国文化底蕴精神和思维的武术却没有在中国的本土上发扬光大。曾经为之自豪的多样性的武术在发展中成为过去，经过千年历史发展的拳种也正在成为历史的记忆，越来越多的武术拳种成为濒危的文化遗产，功利主义思想严重阻碍了洪洞通背拳的发展。在传播过程中受市场经济的催化，人们不是将武术文化作为一个完整的体系来对待，而是忽视甚至否定其思想内涵和传统，将它作为一种改造社会的万能工具。正如罗丹在《艺术哲学》中所指出的："精神方面也有它的气候，它的变化决定这种艺术的出现"。对于洪洞通背拳也不例外。"道"的消极，顺从，无为，"禅宗"的"无心"也从另一个侧面对武术其影响。生物学家达尔文曾指出，作为动物之一的人，为了生存与发展，亦具有竞争的本能。"凡有血气者，皆有争心。""争者，人之所本也。"如果说经济是共性的，是能够用价值来衡量的，那么，文化则是个性的，是无价的，失去了文化就失去了自我。

从直观上看，洪洞通背拳技术只停留在经验的形态上，缺少现代武术文化严密的理论体系，也没有得出普遍的科学规律和定则来，满足于实际上的应用，没有形成理论上探讨和深思的风气。不辨良莠，缺乏理性精神是洪洞通背拳发展过程表现出来的又一问题。在自然经济背景下成长的中国传统文化从整体上说是一种人文文化，与现代科学的实证精神恰恰相反，强调的是"天人合一""主客观合一"，崇尚的是直觉式的思维，重悟性、重直觉，跟着感觉走，缺乏科学理性思维的传统，缺乏科学精神的基本要素如理性批判主义，对严格逻辑的追求等。这使得我们的武术文化比起其他体育文化来，对现代新文化的建立和扎根的阻力更大，这两种思想和文化的融合更加困难，这使得洪洞通背拳的思想内涵文化传播总体说来还很薄弱。

二、"根"的双重失衡：洪洞通背拳文化缺失的原因

洪洞通背拳百余年来沉淀在根祖文化的广袤大地，在理论上受根祖文化的思想浸润，在技术上受根祖文化的行为制约；它既有根祖文化的共同特征，又有其独特的文化个性，两者交合的洪洞通背拳天然地成为记录思想与民间生活的考古学文献。因此，我们在肯定传统文化积极的文化底蕴作用时，也不应忘记对消极的传统思想给予洪洞通背拳应有的否定和批判，消极传统力量对洪洞通背拳的进步，对其新思想、新发展的影响存在着巨大的阻碍。

（一）洪洞通背拳技术之"根"的偏离

洪洞通背拳有着艺术境界情趣的追求，更有着文化内涵境界价值意义上的追求，尚有着浩然豪侠道义上的追求，或尚有飒爽精神气质上的追求，或有着潇洒人生飘逸境界行为上的追求。也正因为有了诸多的不同情趣上的境界追求形式，洪洞通背拳才形成了集群荟萃的完整的武术文化系统。洪洞通背拳技术层面的东西，是要体现修身养性作用机制的。如果失去了这一作用机制，失去了洪洞通背拳矫健长寿的作用，失去了矫健身手的防卫自保或是见义勇为的作用，都将失去洪洞通背拳技术技巧的光辉。洪洞通背拳如果失去了文化层面的浩瀚深厚蕴涵，也同样会失去武术文化涵括意义的四射光芒。我们在解构洪洞通背拳技术表征时，以及其在对这种历史遗产的继承过程中，都不能绕过其作为一种文化的精神内涵以及它的推动能力和作用。洪洞通背拳的发展似乎并没有循着我们的预计思路所进行，对洪洞根祖文化没有起到很好的传承作用。西方的体育思想在不断张扬的过程中，不断影响我国民族体育传统的思想，改变着从传承方式、训练方式到武术文化理念。一个世纪以来，武术内容形式的多样性，正被单一的西方

体育指导下发展起来的新武术所掩埋和替代。今天，传统武术亦受到其潜移默化的渗透，在技术规范和风格上出现了长拳化的倾向，洪洞通背拳呈现于后人的只剩下显于外的技术体系。

洪洞通背拳技术中竞技内容一旦被否认，就只能成为无源之水、无本之木。事实上，我们从竞技武术的发展中可窥其端倪：竞技武术被认为模仿拳击、跆拳道等西方竞技项目的结果，已经“逐渐从传统武术中分离出来”，在内涵上已不再是“中国传统文化的代表”，而成了“西方竞技体育的化身”。文化具有积淀性。虽然现代体育文化的结构可能与传统武术文化有质的差别，但也必定会有许多“文化传统”存留下来，从而也使“传统”与“现代”之间有着许多延续性。换言之，“现代”中必然包含着“传统”。所以，洪洞通背拳在历史演变发展中也不能背离这种文化发展的规律。毕竟，在摧毁传统武术秩序的同时，也消解着武术文化传统对意义的深度追求。

（二）洪洞根祖文化之“根”的深“根”固柢

洪洞通背拳是洪洞根祖文化僵化保守思想的完整缩影。洪洞通背拳技法深厚，但其发展却不尽如人意。一方面，洪洞通背拳作为传统武术——我国宝贵的“非物质文化遗产”，它的传承和发展呈衰微的趋势；另一方面，洪洞通背拳受家族脉络的影响，被卷入不可避免的门派之争，然各门各派武功风格或修习侧重点不同，并非不能融会贯通；同时，洪洞通背拳在“汲巍巍中条之灵气，纳滔滔黄河之膏泽，接皑皑盐湖之熏风，承殷殷后土之深情”的根祖大地独自享受“精神桃花源”的境界。

丰富琳琅的洪洞通背拳是传统武术中重要的文化库存。考察其形成和文化根源，我们可以从不同角度对此做出种种分析和推断，但以模拟血缘为特征的师徒传承在其中起到的作用，无疑是显而易见的。师徒传承是至今为止仍然是洪洞通背拳生命存在的基本方式。在封闭型的小农经济生产方式和封闭型的社会文化心理等多重因素作用下，这样师徒传承有其无法逾越的历史局限。比如受到洪洞根祖文化宗族本位，注重血缘传承的影响，在洪洞通背拳的拳谱中有明确规定的“授徒十二不传”。徒问：收徒传艺所忌者何也？师曰：不仁不义者不传，不忠不孝者不传，好勇性贪者不传，鼠窃狗偷者不传，朝三暮四者不传，顾一盼二者不传，欺师灭祖者不传，六根不全者不传，不识常理者不传，无意深究者不传，见异思迁者不传，持强欺弱者不传。徒问：应实授何人？师曰：传人不善罪于师，俗曰：师不教，师之过，徒不学，徒之惰。传人必传忠义者，敏而多思者，侠心义胆者，识礼博学者，苦练深究者，品行端正者。这样的传承虽然被看成不可轻传、不可轻失的神圣财产，使得洪洞通背拳在技艺传授过程中出现了许多曲折，增添了几分悲壮，使其传授几近于对早已逝去的祖先的祭祀仪式。师徒传承的历史局限主要表现为各拳种之间的门派之争。从文化发生学的角度看，拳种门派的形成，本来是由一种文化个体向文化复合体的扩展。模拟血缘的师徒传承，在某种意义上是种文化上的同门聚族。因而，在门内人和门外人的划分下，在拳种门派发展的同时，也产生了彼此之间的门派争斗。洪洞通背拳还具有鲜明的宗派性，各家各派都认为自家一派是上乘的武学，或以自己所习练的一派为武术的真谛。欲讨论洪洞通背拳的思想特征，必须摆脱传统的门户之见，我们也不能以拳理拳谱为尺度，衡量洪洞通背拳的武术思想，拳理拳谱只是其中一部分可以通过文字记录。

祖槐的枝叶在承接外来文化雨露的同时，仍固执地将自己绵连的根须牢牢地深植于洪洞根祖的土壤。在洪洞通背拳发展过程中还存在着一些明显落后的思想和因素，乡土观念紧紧地将

洪洞人民束缚在土地上，限制在封闭的环境里，使他们缺乏进取、开拓、冒险和竞争的精神，使他们安于乡土匮乏、贫困的生活，而不走向外面精彩的世界。由此足见，根祖文化对洪洞社会发展造成的消极作用是何等严重。把人民束缚在土地上，除了地缘性的乡土观念外，还有血缘性的家族观念。“血缘是稳定的力量。在稳定的社会中，地缘不过是血缘的投影，不分离的。‘生于斯、死于斯’把人和地的因缘固定了。”正如一位外国人所观察的，“总的说来，中国人没有离家不归的。他们总是希望发财回来，死在家里，葬入祖坟。‘渴望在后代的脚下朽烂’，这个命中注定的愿望，如此长久地支配着中国人的情感，长期阻碍着他们采取一种可以有效减轻痛苦的显而易见的措施。”

重传承因循而轻改革变异；重子孙繁衍而轻个体素质；重天道循环而轻创造发展，伦理秩序而封杀了个体的独立意识等。表现为：由于传统的观念、思想或文化根深蒂固，所以新的观念、思想很难轻易进入或发生作用；重视追逐财富并满足于财富积累，却忽视了科学追求和知识积累；过于倚重经验的作用，而忽视理性的力量及其养成，没有形成理性成长的环境和氛围。由于洪洞历史文化在求异精神、科学精神、理性精神上的先天不足，从根本上决定了它的重大缺陷。可以说，洪洞通背拳逐步淡出辉煌历史是洪洞根祖文化的烙印太深的必然结果。

恩格斯指出：“传统是一种巨大的阻力，是历史的惰性力。”源远流长、丰富厚重、复杂多变的洪洞根祖文化就像是一把双刃剑，运用得当就可成为当代洪洞通背拳重整旗鼓、再铸辉煌的精神财富，运用不好则有可能成为洪洞通背拳低迷失落、裹足不前的思想枷锁。

（三）本土生存的窘境加剧了洪洞通背拳人亡艺绝的传承悲哀

当代中国武术文化思想文化精神的缺失，源于我们长期以来对思想文化精神的认识不足，重视不够。仅把洪洞通背拳作为神秘的武林秘籍，高不可攀，而不敢涉及，造成其普及性低的现象，使得洪洞通背拳陷入了一种思维的盲从，令人遗憾地被当成一种徒手打败别人的工具，被当成一种拳艺技术、一种躯体体操，抑或仅作为一种健身方法；在奥林匹克文化的大背景下，武术正尴尬地遭遇着技术化和标准化的改造。作为传承传统武术文化重要阵地的高等武术院校，本来是传统文化的重要阵地，应该是最有资格也是最应该弘扬传统文化的地方，但是现代武术院系完全按照西方体育模式进行构建，用所谓的现代体育理念来研究传统武术。传统武术是弘扬和继承中国传统文化的典型代表，而今传统武术反而被挤在人不欲见的偏僻角落。武术院系的一版又一版的教材也变得越来越“现代化”，语言表达也越来越“标准化”“客观化”。在这样的语境中，中国武术成了“失语的武术”？

同时，散落在民间的拳师和继承人，由于长期没有经过学习，加上以谋生为目的，所以，他们的文化和业务素质普遍较低，真正能将技术特点和思想内涵结合的高手甚少，理论研究和学术观点的创新，在整个科学研究上显得十分滞后于时代的发展和进步。洪洞通背拳是通过口传身授的方法传递下来的，对洪洞通背拳传承人不进行有效的保护就造成了“艺随人走”，很多老拳师的绝招、技艺没有留下来，一些依靠口传心授的文化遗产不断湮没，许多珍贵的实物和资料也在不断流失，这都是非常惨痛的损失。保护洪洞通背拳文化遗产，留住洪洞通背拳文化之根，让洪洞通背拳文化薪火相传，是我们共同肩负的历史责任。

第六章　非物质文化遗产视域下福建传统武术的现代化发展——以畲族武术为例

福建省于2004年就制定非物质文化遗产保护方面的专门性法律法规，即《福建省民族民间文化保护条例》。截止到2012年，福建省颁布四批省级非物质文化遗产，共计355项。其中福建省畲族文化正式列入非物质文化遗产名录，项目有：白露坑畲族小说歌、闽东畲族歌言（国家级第一批）；畲族传统医药、畲族传统服饰（国家级第二批）；畲族巫舞《奶娘踩罡》、畲族“三月三”“二月二”歌会、霞浦畲族婚俗（省级第一批）；畲族苎布织染缝纫技艺（省级第二批）；畲族武术（盘柴槌）、福建畲族民歌、福建畲族歌会（省级第三批）；福建畲族乌饭制作技艺（省级第四批）。可见，畲族武术是唯一入选非物质文化遗产名录的畲族传统体育类项目。

福建畲族历史悠久，文化内涵丰富多彩。畲族武术更是中华民族丰富体育文化遗产中的一颗绚丽璀璨的明珠，畲族人民由于受风俗习惯、宗教信仰、生产与生活方式等因素的影响，他们为了生存在生产劳动与大自然抗争中，产生了各种各样的民族传统体育项目，如骑海马、打枪担、打尺寸等。其中尤以源于军事斗争的畲族武术最为突出，它动作朴实无华，讲究适用，特点别具一格。畲族武术包括功法、拳术、器械等，种类繁多，深受福建畲民的喜爱，并广泛流传于福建畲族聚居地。如：每年农历“三月三”“二月二”是传承已千年的畲族传统节日，身穿民族服装的畲族同胞汇聚在一起，载歌载舞庆祝节日，当天各个民间武术团体都会争相表演，热闹非凡。畲族拳还多次在全国少数民族传统体育运动会上获得表演项目的好名次。就齐眉棍、盘柴槌、白鹤拳这三项武术，在2009年第四届香港国际武术比赛中均获中年组金牌。同年，福建畲族武术——盘柴槌更是被列入了福建省级第三批非物质文化遗产项目名录，2010年8月28日，兰大瑞还被确定为福建省第二批非物质文化遗产畲族武术项目代表性传承人。之后，作为福建畲族传统体育的奇葩，畲族武术俨然成为畲族传统文化的一面活招牌，形成了独具一格的畲族武术文化。

目前福建非物质文化遗产畲族武术虽然逐渐被畲民所认知，但由于社会发展的变迁以及法制化保护和发展机制的缺失，这些畲族武术文化遗产尤其独具特色的民族文化和社会效益，但并不被外人所知，且将面临萎缩消亡的危险。正因为《中华人民共和国非物质文化遗产法》的出台，政府加强对非物质文化遗产畲族武术的保护力度，为福建畲族武术文化遗产传承与保护提供了法律基础。本章旨在以非物质文化遗产为视角，通过剖析畲族武术的基本理论与保存现状，并基于非物质文化遗产的视角下，对畲族武术发展的态势进行分析，以更好地解读畲族历史和文化，了解畲族人民在历史长河发展中自强不息、英勇顽强的精神。

第一节　非物质文化遗产视域下畲族武术的基本理论

一、非物质文化遗产畲族武术的背景研究

21 世纪以来，国际社会保护非物质文化遗产的呼声日渐高涨。2003 年 10 月，《保护非物质文化遗产公约》在联合国教科文组织第 32 届大会上被通过，这是截至目前联合国有关非物质文化遗产保护的重要文件之一。中国是从 1998 年开始着手非物质文化遗产保护的法律起草事务，针对少数民族地区文化工作存在的困境和难题，采取有效措施，大力推动少数民族文化事业建设。2000 年，文化部以及国家民委联合发布了《关于进一步加强少数民族文化工作的意见》，提出扎实做好少数民族非物质文化遗产的普查、收集和整理战略部署。2003 年，中国民族民间文化保护工程由文化部与财政部联合国家民委、中国文联正式启动。提出初步建立起相对完善的少数民族民间文化保护制度和体系，使中国社会形成自觉保护民族民间文化的意识，争取实现民族民间文化保护工作的科学化、法制化、规范化、网络化的总体目标。2004 年 12 月，中国正式签署了《保护非物质文化遗产公约》批准书。2005 年，由国务院下发的《关于加强文化遗产保护工作的通知》制定“国家＋省＋市＋县”4 级保护体系，这意味着中国少数民族非物质文化遗产保护开始进入整体性、活态性保护的新阶段。2006 年，《国家“十一五”时期文化发展规划纲要》提出“确定 10 个国家级民族民间文化生态保护区”的要求。

2007 年，第一个国家级文化生态保护实验区——闽南文化生态保护实验区正式由文化部设立，迄今为止，文化部已先后设立了 11 个国家级文化生态保护实验区。2011 年 2 月 25 日第十一届全国人民代表大会常务委员会第十九次会议通过了《中华人民共和国非物质文化遗产法》(2011 年 6 月 1 日起施行)。该法的保护对象为传统口头文学以及作为其载体的语言；传统美术、书法、音乐、舞蹈、戏剧、曲艺和杂技；传统技艺、医药和历法；传统礼仪、节庆等民俗；传统体育和游艺；其他非物质文化遗产。

《中华人民共和国非物质文化遗产法》的出台丰富了我国社会主义法律体系，开启了我国对非物质文化遗产保护工作的新篇章，对继承和弘扬中华民族优秀传统文化，增强民族凝聚力和创造力，将对文化的大发展大繁荣产生重大而深远的影响。

中国少数民族非物质文化遗产的保护和发展，不仅被列入政府的重要议事日程和国家可持续发展战略的重要组成部分，而且还受到各自治区和多民族省份人民政府的重视。福建省是最早一批制定民族民间文化保护法律法规的省份，2004 年 9 月 24 日，福建省第十届人民代表大会常务委员会第十一次会议通过的《福建省民族民间文化保护条例》。该条例的针对在本省行政区域内，具有历史、科学和艺术价值的民族民间文化受本条例保护，具体包括民间文学、戏剧、曲艺、音乐、舞蹈、美术、杂技等；传统工艺和制作技艺；传统的礼仪、节日、庆典等民俗活动和传统体育活动；古语言文字和少数民族语言文字；与上述各项相关的代表性原始资料、实物、建筑物和场所；其他需要保护的项目。福建省迄今为止都将 2004 年制定的《福建省民族民间文化保护条例》作为福建省非物质文化遗产重要法律依据。

在我国幅员辽阔的土地上，各族人民创造了灿烂辉煌的中华文化，福建畲族武术就是其中一块夺目的瑰宝。在地理人文的影响下，畲族武术通过畲民的言传身教，不断丰富和发展，显示出浓郁的民族和地方特色。与一般武术项目相同的是畲族武术同样包含拳术类和器械类，并且符合福建南派武术的风格。不同之处在于，其动作短促有力，注重上半身动作的变换，而腿法扎实，移动少，整体套路时间较短。此外，在器械上也与一般棍术用的器械不同，畲族武术用的棍又粗又长，可达2.3～3.6米。锄头、扁担也被用做畲族武术的器械之一。

随着时代变迁，畲族武术早已没有昔日畲民人人习武的景象，在中国大力倡导保护非物质文化遗产这个背景下，为了拯救畲族武术这一优秀文化遗产，2009年，福建畲族武术——盘柴槌，被福建省列入省级第三批非物质文化遗产项目名录。2012年，福安金斗洋畲族拳、霞浦畲族白鹤拳、蕉城畲族下申厝拳术与棍术，也被纳入福建省第一二三批宁德市级非物质文化遗产项目名录。

作为畲族武术的代表性项目，盘柴槌、畲族拳、白鹤拳等都已进入非物质文化遗产省、市级名录，是否就意味着保护之路已经完成？而其他畲族武术项目在非物质文化遗产背景下是否依葫芦画瓢，或又是另谋出入？福建非物质文化遗产畲族武术和其他少数民族非物质文化遗产的保护一样，抢救时间紧迫前景堪忧。这是因为：管理不够到位、法律条文缺乏操作性、传承人数量不足、资金较为短缺、未纳入学校体育课程、社会变迁的影响等。

二、福建非物质文化遗产畲族武术的基本理论

（一）关于福建非物质文化遗产畲族武术的研究

1. 关于福建畲族武术挖掘与整理研究

福建畲族武术作为中华民族的一种文化形态，实际上是以汉族文化为主体，并在长期的民族融合中，融合了多种民族文化共同形成的，正如民族本身的形成和发展经历了漫长的历史过程一样，畲族武术也同样经历了复杂的历史演变。回顾几千年的文化史，我们不难看到：福建畲族武术正是在与汉族的体育交流中相互学习，取长补短，弘扬精华而形成的，虽然它没有能向外辐射，以扩大影响，但也未能因汉文化的渗透而泯灭，而是在历史的长河中，不断予以传承与发展，从而形成了具有鲜明特色的畲族武术文化体系，这是很有文化意义的。

绵延数千年的畲族文化是研究畲族武术的资料库，在畲族武术的形成和发展过程中，无不蕴含着畲族传统文化的各种成分和要素。

旧中国由于反动统治者对少数民族实行民族压迫政策，也使畲族武术一直受到歧视和摧残。新中国成立后，畲族武术获得了新生。自20世纪50年代以来，在“积极提倡，加强领导，政策提高，稳步发展”的少数民族传统体育发展方针指导下，畲族人民所居住的地市区委、文体局把开展少数民族传统体育作为贯彻落实党的民族政策的一项重要内容来抓，并列入党委的议事日程，一些体育部门对不同形式和内容的畲族武术做过大量而卓有成效的挖掘、整理工作，在不同时期，有目的、有针对性地召开了探索畲族传统体育的座谈会，举办大规模的畲族传统体育竞赛、选拔优秀运动员参加全国少数民族运动大会，取得了一些可喜的成绩。

1956年，福建省举行农村体育工作会议，要求对少数民族体育加强领导，对其特有的运动形式，应帮助发展。会后，武术、舞龙、舞狮、登山、打猎等活动日益扩大，畲族武术也开始登上竞技体育的大雅之堂。

特别是改革开放以来，畲族武术的发展进入了一个蓬勃发展的时期。1981年，国家体委和

国家民委联合发文倡导恢复少数民族体育活动，并召开全国少数民族体育工作座谈会，确定对少数民族传统体育采取“积极提倡，加强领导，改革提高，稳步发展”的工作方针。

为做好畲族武术的挖掘与整理工作，福建省文体局、省民政厅，多次联合召开全省少数民族体育工作座谈会，要求对传统体育项目进一步加以搜集、研究与整理，并对其活动进行推广。1981 年 6 月 10 至 11 日，福建省召开“宁德地区少数民族传统体育汇报会”，省里有关部门和宁德地区的民政、体委、民族中学的干部、教师 19 人参加。会议探索了民族传统体育流传于福建的项目、名称、活动方式、历史沿革和现实意义，搜集到 20 多种畲族传统的体育项目及有关材料。12 月 20 至 24 日，福建省在宁德召开“福建省少数民族传统体育工作座谈会”，省、市、县民政、体委、民族中学、民族文化站干部，以及体育积极分子 99 人参加（其中宁德地区畲族运动员 26 名及有关县、市体委主任、民族干部出席），学习全国少数民族传统体育工作座谈会文件，研究贯彻措施。福建宁德、福安和福鼎民族文化站和地区民族中学介绍各自开展民族体育的情况，大会还专场表演了畲族的武术。其影响很大，意义深远，受到人们的高度评价，对普及畲族武术起到了积极作用。

1981 年 9 月 21 至 28 日，霞浦县蓝何弟、福鼎市蓝牡丹出席在北京召开的全国民族体育座谈会。1982 年在内蒙古呼和浩特举办的第二届全国少数民族传统体育运动会，福建宁德市经过层层选拔组成宁德地区畲族代表队，运动员钟干兴、雷清富、雷信钗、雷平生、蓝泉妹、雷知土、兰清盛、蓝秀娥、雷永瑞、蓝银月、雷洪锦等 11 人获武术打尺寸、舞龙头大会表演奖。1980 年至 1986 年，福建基层民族体育活动发展迅速。1980 年，福建福鼎市“二月二”畲族节，组织拳师们表演拳械，兄弟省份族亲也临场献技。福安县金斗洋村成立武术协会，将流传拳械和套路系统整理成新械录，以充实提高群众武术活动的质量。

1983 年，福建周宁县举行少数民族传统体育骨干培训班。同年，福安市畲乡穆云舞龙队获省舞龙舞狮表演赛表演奖，畲族拳发祥地福安金斗洋村，由于活动出色，1986 年被评为全国少数民族传统体育工作先进单位，在第三届全国少数民族运动会上受到表彰和奖励。1991 年福建省召开了第二届少数民族传统体育运动会，同年 11 月 1 日至 17 日，在广西南宁市举行了第四届全国少数民族传统体育运动会，畲族运动员表演的《打抢担》荣获一等奖，《打尺寸》《虎捉羊》《猴抢蛋》《舞龙头》获三等奖。1992 年中央电视台、福建电视台播放的《中华民族体育》栏目中的畲族“竹竿舞”，引起体育界的浓厚兴趣；1995 年 5 月，第五届全国少数民族传统体育运动会在昆明市举行，畲族运动员表演的《竹竿舞》荣获一等奖。1993 年 5 月由福建省文体局、福建省体育科学学会、宁德市乡暑联合举办的“畲族与体育”论文研讨会在福鼎举行，入选论文 17 篇，来自国家体育局文史办，福建、浙江、江苏、安徽、新疆等地的 54 位专家学者参加了研讨。研究会的中心议题为“如何继承和发展畲族传统体育”，会议在宣读论文的基础上，围绕主题开展了充分的研讨，与会代表认为：畲族历史悠久，在生活、生产、战斗实践中演变而来的传统体育是中华民族传统体育文化的一个重要组成部分，研究它，继承与发展它，对中华民族的繁荣和加强民族团结具有现实意义和历史意义。

1999 年 9 月 25 日，第六届全国少数民族传统体育运动会在北京和拉萨两地同时隆重举行，代表福建参赛的福建畲族运动员再创佳绩，《稳凳》项目荣获一等奖。以上种种发展，表明了在党和政府的关心和大力提倡下，福建省畲族传统体育项目不断得到了普及、发展与提高。近年来，代表我省参赛的运动员，又一次取得了可喜的成绩。可以说，福建省畲族武术项目挖掘、整理工作效果显著，该项目在历次全国（省）少数民族传统体育运动会上，获得可喜的成绩。它为我国全民健身计划的开展增添光彩，其本身获得了很好的传承与保护。

林荫生教授所著的《畲族拳》一书，挖掘整理了畲族武术的基本理论、武术套路、拳谱与练习方法。以上所述为本课题的研究提供了理论基础。

2. 关于福建畲族武术保存与保护的研究

关于畲族体育保护和发展的研究。学者郭平华从理论基础薄弱、地理环境、文化环境、现代体育的冲击、观念的偏移等方面分析福建畲族传统体育的困境，并从政府的关心与投入，培养研究畲族传统体育的研究人员，加强对畲族传统体育的发掘整理，加强对畲族传统体育领导和宣传工作等八个方面提出了对策与措施。兰润生提出畲族体育将和畲族服饰、畲族音乐等一道作为跨文化交流的重要形式，在中华民族文化交流和体育竞赛表演中扮演着更加重要的角色，而这种体育文化的交流将进一步紧密地结合举办对外贸易和经济技术合作洽谈会，做到“文体结合，体育搭台，经贸唱戏”。此外还建议定期举办畲族传统体育文化节，不失是一个好的举措，在畲族聚居较多的地、市、县，每年可举行 1 次。并定期召开“畲族与体育”研讨会，并设置有关畲族民间体育文化的历史源流、思想基础、文化背景、活动形式、社会功能、项群分类和发展规律等重点研究课题，广泛召集社会学、体育学、历史学、民族学等学界的专家与学者，对畲族体育的有关问题进行重点攻关，构建我国畲族民间体育的规范体系，为福建省民族传统体育发展战略的宏观规划提供参考依据。

学者洪静静认为，畲族传统体育的“存在合理”就是其在畲族文化建构下的体育，它并不是纯粹意义的畲族体育活动，这是表层运动形态，畲族传统体育具备成熟的中层体育体制和深层体育观念的体育文化架构。其次还分析国际体育发展趋势，提炼其中内含的现代体育元素，并将这些元素放到畲族传统体育的实践当中科学论证，检验这些元素对其的适用性和融合度，从而做出筛选。另外，他还特别提出具有时代感的畲族传统体育教材化将对我国体育教育改革注入新的血液。

（二）福建畲族武术的源流与基本内容

1. 福建畲族武术的历史源流

我国地大物博，幅员辽阔，是个多民族聚居的国家，由于自然条件、生产方式和民族习惯的差异，武术也随着历史的发展而相应形成风格不同，特点不一的流派。福建畲族武术与其他武艺一样都起源于生产活动，发展于军事斗争，是长期以来福建畲族人民赖以生存的必然结果，是在千百年的历史长河中，受特定历史条件的影响和地理因素的制约而逐渐衍化出来的以适应阶级斗争和生产斗争的产物，广泛流传于福建畲民聚居的地区。

福建畲族武术的源头追溯起来，要数畲族的开创祖师盘瓠王。畲族称盘瓠为“忠勇王”“龙麒”“龙猛”等，相传他武艺高强、降妖伏魔是龙与麒麟的组合，是畲族历史中神话般的英雄人物。早于东汉年间，燕国藩王作乱，大隋高辛帝贴出皇榜，告示天下，有勇士能平定藩王者，招为驸马。盘瓠揭榜，孤身渡海潜入藩营，取下藩王首级，全胜而归，高辛帝封其为王，并将三公主许配盘瓠王，盘瓠王婚后生下三男一女，畲族三姓从此开始，“王爵忠勇懋殊勋，万载子孙承世美”。

盘瓠传说作为民族起源的神话叙述，从畲族传统文化上赋予畲族武术以丰富的内涵，据穆

云高山村钟谱载："先世肇迁祖为忠震公，武略冠一时，前朝崇祯时，寇盗蜂起，或有谋哨聚众数名，公弗从，贵在大义，遂归隐于考河，旋迁斯土而家焉"。《闽杭庐丰蓝氏族谱》记载了蓝氏家族中孔武之人，"故膂力轶群之士，代有诞生，数百年来其能以国术驰名"如"一门道贯者，前辈盛推吾之叔祖登鳌，叔祖清嘉庆时，人申我觐日、素、雯三代青轸，即其直系上祖也。貌三体伟，力大气充，好习武术，拳棒俱熟练，从业师丘安思、黄贵琅、游约廿载，深得秘授，能吞阴缩骨闭气，使腹大如囊。人若以拳殴之，则吞拳力拔不出。其子能庆，孙瑞成，侄双庆、衍庆、振庆，侄孙岳林，均能绍其术，颇著盛名。振庆、能庆且善舞狮，振庆披狮首，能庆披狮尾，随台飞跃，活动如生狮状。至今犹传为美谈"。正是这些畲族历史上不计其数的英勇尚武者，使畲族武术在千百年的历史长河中得到延续和发展。畲族武术就这样在畲族人聚居地广为流传，特别是在福建闽东地区最为盛行，主要分布于福安、福鼎、周宁、寿宁、霞浦、柘荣等市（县）。

2. 福建畲族武术的基本内容

畲族武术有功法、拳术、棍术、刀术、气功等，重在强身健体，防身护身，攻防别具一格，虎虎生威。拳术中主要有连环拳、畲家拳、蓝技拳、洪拳、八景拳、法山拳等。棍术主要有齐眉棍（盘柴缒）、钟家棒、茶园棍棒、扁担功、肚顶棍、手顶棍、插足把、打绞棍、四门棍等。除此之外，还有独具特色的打尺寸、打扁担、打石锁、推八字步、舞铃刀、板凳拳等。其中尤以畲家拳最为著名。

畲族拳术的主要动作有冲、扭、顶、搁、削、托、拨、踢、扫、跳等。进攻时多用拳肘，防守时常用前臂和掌；讲究以肘护肋，步伐稳健，动作紧凑，进退灵活，具有"下如铁钉，上如车轮，手如辗盘，眼如铜铃的特点。"此外，畲族拳术中有点穴绝招，一旦被点中穴，便动弹不得。笼统地说，连锄头、扁担等生产工具都是习武器械。

（三）畲族武术的特点及成因

1. 畲族武术的特点

福建畲族自古以来就有练拳习武的习惯，各畲族聚集地乡村设馆习艺，农忙务农，农闲习武，练武之风颇盛，历经千百年而不衰。福建畲族武术内容丰富，形式多样，独具特色，从基本理论、功法、拳术到器械形成了一系列完整体系。它是南派武术中一支朴实无华、风格独特的武术流派，故有南派武术的共性特点，又受独特史地因素的影响和制约。从而形成其特点有五：

一是武术形态的原始性。畲族武术参与外界交流少，他们结合原生态编创出一套具有手法多变、动作短小、发力短猛、步稳刚烈、立身中正、以气摧力、防守严谨，进攻擅用指法以及掌法风格独特的畲族武术。从福建流传许多的畲族武术项目，外形上来看它极接近自然，一般都是日常劳动或生活技能的再现，或是动作技术的加工、改造与升华，而且大多数活动自由、随意，很少受规则束缚，保持淳朴的原始性。

二是鲜明的民族性。畲族武术文化内涵，既与民族思维方式有关，又与特定的文化氛围相关。畲族武术在其产生发展过程中，由于特点的地理环境和风俗人情，形成了语言、性格、民族气质等所构成的武术文化特征，而一定文化模式也必然塑造出一定的武术形态，畲族武术作为畲族文化的一个方面，因而也就具有鲜明的民族性。

三是场地器材的简易性。畲族武术除了内容和形式喜闻乐见、趣味醇厚外，许多武术项目不受场地和器材限制容易开展，且所用器械多取之于自然，不需加以修饰和再生产，大部分器材是以木、竹、石制作而成，如打尺寸用的竹片、木棍、操石磉的石头等均是周围所盛产的，无须花费钱力和财力，既经济又实惠。

四是观赏的娱乐性。在畲族武术活动中有许多观赏价值很高的项目，操石磉这项运动它通过二至四人的协作，来进行组与组之间的堆石块的表演，双方相向而动，让石磉猛烈碰撞的称"对磉"，对磉的一方，如果石磉被推到道路或街道的一边，就称输了。观众对胜的一方报以热烈的鞭炮，以示十分光彩。另外像打枪担动作具有畲族艺术风格，使武术与艺术融为一体，在强身健体中，给人以美的享受，很受畲民的喜爱。

五是象征的纪念性。畲族一些武术运动的背后，都有一个引人入胜，美丽动人，或可歌可泣的故事，这些传说故事，内容大多数是人们为表达他们对生活的憧憬和热爱，故往往会自发地创造出某些活动以表示纪念之情，而武术运动则被畲族人民认为是最好的表达方式之一。如：纪念畲族首领蓝凤高率领畲族群众抵抗外来侵略的"打尺寸"，纪念抗倭名将戚继光的"赛海马"等，都是从许多美丽动人的传说中逐步演化而成的。

2. 畲族武术特点的成因

福建畲族武术的形成尚未有文献记载和研究，就其口碑的看法有三：一是认为南热北冷，畲民长期生活在燥热南方，不宜做蹦蹿跳跃、闪展腾挪、多用腿法的大运动量练习，久之，形成这么一种少跳跃、少用腿的畲族武术；二是认为北方人性格豪放，其拳势奔放洒脱，擅长攻硬打；南方人性格内向，故拳法幅度短小，擅自顾；三是认为北方多平原，地势宽阔；南方多山区丘陵，地势狭窄多林木。故北拳可大开大合，伸长击远，而畲族武术由于地形的缘故，活动范围小、跳跃少、腿法少；加上北方人身高马大，动作以攻为主；南方人身材矮小，技法以守为主以及名家创拳等。综上所述，可从以下几方面进行阐析：

首先，山地多。由于福建闽东境内山岭耸立，丘陵起伏，地貌以山地丘陵为主。而畲民主要聚居在此。由于居住面广、地域分散、交通不便等原因，迄今为止，在一些经济不发达的山区，还保留着有趣的民族传统习俗和颇具特色的畲族武术。

其次，水田多。福建省的水田面积较大。早在隋唐五代时期，畲民已垦山塍海，广植水稻，明代已形成了"自高山至平地，截截为田，远望如梯"，梯田栉比"无遗地"的水稻耕作区。所以，畲族拳源于自然生活、因地制宜、就地取材，其动作朴实无华，招招讲究实用，动作别具一格。

最后，行路难。福建境内山峦起伏，连绵不断，古时交通十分不便。宋代文学家曾巩在《道山亭记》中描写福建行路之难："自粤之太末与吴之豫章为其通路，其路在闽者，陆则出扼于两山之间……其途或乘崖如一发，或侧径勾出于不测云溪上……挥然后可按步负载者。"正因为如此，山间小道之险就不言而喻了。综上所述，畲族武术特点形成的地理因素可概括为"四多一难"——山地多、水田多、滩涂多、船舶多与行路难。

总之，福建畲族人民在一定的历史条件下，发生了争田地、争滩涂等械斗、海上贸易、抵御外敌等历史斗争，畲族武术的形成与发展也就随着这些历史斗争的不断变化而发展的。

（四）福建省畲族武术的分类与衍变

1. 畲族武术的分类

福建畲族武术源于自然生活、因地制宜、就地取材、简便易行、富有民族气息，深受畲民的喜爱。据初步调查统计，现已挖掘整理出来的福建畲族武术共有50多个项目。其中拳种、拳种与器械流派繁多，最为流行最具特点的是畲家拳和打柴棒。按其民间体育项群分类：大体可分为如下三大类型（见表6-1）。

表6-1　畲族武术分类一览表

功法类	桩功、一竹功、二竹功、眼功、竹把功、三年功、插竹把、半龙虎桩、斗牛、扁担功、打石锁、推八字步、三角战、五步子、小六步、大六步、七步、上半尺、下半尺
拳术类	畲家拳、法山拳、连环拳、蓝技拳、洪拳、八井拳、武力拳、板凳拳、翻门拳、六九拳、勒步拳、八发转尅拳
器械类	盘柴槌、仗法、打抢担、打尺寸、舞铃刀、斗刀、丈二棍、齐眉棍、手顶棍、双头棍、钟家棒、肚顶棍、打绞棍、四门棍、打柴棒、锤家棒、开武子五棒、柳叶子棒、七星子五棒

2. 畲族武术的衍变

福建畲民由于受生产劳动、风俗习惯、宗教活动、生活习惯、军事斗争等因素的影响，他们在大自然的面前为了生存和抗争，产生了各种各样的且广泛流传于畲族乡的畲族武术，其内容丰富，形式多样，极具特色，从基本理论、功法、套路到器械系列形成了一整套完整的体系。如以防止入侵而编的武力拳、法山拳、连环拳、畲家拳、蓝技拳、洪拳与八井拳；为衣食所需而练就的盘柴槌、打抢担、打尺寸、舞铃刀等，这些具有内容丰富多彩、浓郁民族风韵和初具民族色彩的畲族武术源远流长，是中华民族非物质体育文化遗产中的一颗璀璨明珠。

福建畲族武术是以福安市金斗洋村为核心的畲族拳、杖；霞浦县四斗的八井畲族拳、杖；福鼎市浮柳、双华的畲族拳、杖；宁德市蕉城西下山、向阳里畲族拳、杖等四大流派，形成了福建畲族武术。如流传于福安金斗洋畲族村寨的武术打枪担。是畲族同胞模拟上山挑柴等生产劳动动作，并以劳动工具做道具和乐器，经过艺术加工和升华，成为一项畲族武术项目。再如流行在福鼎的畲族武术有齐眉杖与盘柴槌两种：一种长一丈二尺，单人耍弄，称“中栏”；另一种长七尺，双人对打叫盘槌。盘槌的每个动作都有功有拦、功拦结合，攻时以击对方，拦时以防对方，保护自己，步伐稳健，有快、猛、活的特点。

流行在霞浦的畲族拳，以下浒四斗最为有名，也最有代表性。这里的畲族，清咸丰年间从罗源迁来，为了自卫，专门从罗源八井请拳师传授，其拳法攻防有术，招式多变，独具一格，世代相传，经久不衰。这里称拳术为“打拳头”。逢年过节或农闲时，经常可看到人们习拳练武，全村13岁以上的男女几乎都会拳术，甚至连小女孩老年妇女也有练拳习武的习惯。四斗的拳术功夫高深，技术精湛，远近闻名，影响较大，不愧为“拳术之乡”。

流行在宁德西下山畲族武力拳。蕉城区畲族拳主要分布于蕉北西下山、飞鸾南山、向阳里、八都等畲族村庄。据畲族武力拳传人兰德水提供，该村兰氏祖先兰昌桂生于同治壬戌年间，为人祥和，心地宽厚，从小爱好武功，练就一身好武艺——武力拳。该拳多以一字马为主要步型，兼八字马、虚实马、不丁不八马，步稳而手法多变，门户防守严密，礼让三先。此外，流行在宁德向阳里畲族半龙虎桩、双头棍。飞鸾向阳里畲族祖先兰志清于清咸丰年间从罗源梅州湾迁徙到向阳里至今200多年。兰志清自幼好学武艺，祖传半龙虎桩、双头棍，下传其子孙兰庆乐，带徒60多人，其中本村兰姓家族兰河水等10多位，至今该村庄仍保留原汁原味的畲族拳半龙虎桩及双头棍术。

第二节　非物质文化遗产视域下畲族武术的保存现状

由前面得知，关于非物质文化遗产的研究是近几年学术界的大热潮。而关于福建非物质文化遗产畲族武术的研究，只有在非物质文化遗产畲族传统文化研究中被代过或提及，并未单独成文。所以，本节拟从非物质文化遗产物质、精神和制度层面来研究畲族武术的现状与发展，对弘扬和推进畲族武术文化的传承具有现实意义。

一、从畲族武术的制度层面来看

（一）管理不够到位

从表6-2显示，我国现行的非物质文化遗产管理部门已经由原来涉及文化部门、民族宗教事务部门等多个部门共同管理的体制到现在由中华人民共和国文化部中的非物质文化遗产司统一管理，下设办公室、管理处和保护处，主要负责拟订非物质文化遗产保护政策，起草有关法规草案；拟订国家级非物质文化遗产代表项目保护规划；组织开展非物质文化遗产保护工作，承办国家级非物质文化遗产代表项目的申报与评审工作；组织实施优秀民族文化的传承普及工作；承担清史纂修工作等。以福建畲族非物质文化遗产为例，主要由福建省文化厅中的社会文化处也称非物质文化遗产处牵头组织全省非物质文化遗产保护工作，下设办公室、文教科与教育局。县级市主要是由民宗局参与负责非物质文化遗产项目保护工作，并没有专门成立独立部门或职位对其进行管理。

表6-2　非物质文化遗产不同层级管理部门一览表

<table>
<tr><td rowspan="3">中央</td><td colspan="3">中华人民共和国文化部</td></tr>
<tr><td colspan="3">非物质文化遗产司</td></tr>
<tr><td>办公室</td><td>管理处</td><td>保护处</td></tr>
<tr><td rowspan="3">地级市</td><td colspan="3">福建省文化厅</td></tr>
<tr><td colspan="3">社会文化处（非物质文化遗产处）</td></tr>
<tr><td>政府办公室</td><td>文教科</td><td>教育局</td></tr>
<tr><td>县级市</td><td colspan="3">各县级民族与宗教事业局</td></tr>
</table>

从国家层面来看，体育类非物质文化遗产保护工作由国家体育总局体育文化发展中心具体负责，省级层面由体育局下的群体处负责，而各市（县）设有文体局、高校、基地等。核心内容是对流行在中华大地的体育非物质文化遗产项目进行挖掘和整理，进而达到进一步的保护与

推广。体育类非物质文化遗产保护与推广工作的主要分为三种形式：以单个项目为主体；以项目所在单位（或基地）为主体；以项目所在城市为主体。就畲族武术来看，属于国家体育总局下的武术运动管理中心。由于畲族武术属于中国武术繁星种类中很小的一个类目，所以得不到武术界的重视，畲族武术非物质文化遗产得不到应有的保护。

（二）法律条文缺乏操作性

上下位阶法律条文不够有机衔接，缺乏操作性。福建省虽然于2004年就制定了非物质文化遗产保护方面的专门性法规，即《福建省民族民间文化保护条例》，但是我国首部《非物质文化遗产保护法》于2011年2月25日颁布，同年6月1日才实施。由于省级保护条例早于国家非物质文化遗产立法，所以，省级保护条例法律保护机制并未完全衔接上国家立法，对民间体育非物质文化遗产的保护工作的展开有一定限制作用。

主要表现在，上位法中体现的内容在下位法中找不到相应的内容加以贯彻和具体化。例如，在《中华人民共和国非物质文化遗产法》第四条规定："保护非物质文化遗产，应当注重其真实性、整体性和传承性，有利于增强中华民族的文化认同，有利于维护国家统一和民族团结，有利于促进社会和谐和可持续发展"，但在《福建省民族民间文化保护条例》中却没有提及关于辨别真实性、整体性的相应的规定。首先，畲族武术种类繁多，分类也都因个人观点而异，还有许多未被整理出来的武术拳种，使得畲族武术体系不够完整。其次，畲族的各个武术项目都有自身的项目特点和发展特点，要使畲族武术完整性得到良好的保存，必须进行分类保护，做到不同保护途径相同保护目的。此外，在法律位阶之下的法规，应当在法律指导下，根据地方特色和实际情况，将原则化、抽象化的法律化作具体而具有可行性的行为规范。但是从福建省地方的相关规定来看，对《非物质文化保护法》的规定还是停留在照搬的阶段，没有根据具体项目的情况将《中华人民共和国非物质文化遗产法》具体化。在福建省有关于非物质文化遗产保护的相关法规中，既没有列出政府如何有效开展对福建畲族体育之类的非物质文化加以宣传，也没有具体指出利用何种途径对民间体育非物质文化遗产进行整理研究以及学术交流，还没有具体规定地方各部门的具体职责，以至于对民族武术文化的保护工作无法深入开展。

（三）法律责任条例不够完善

《中华人民共和国非物质文化遗产法》中涉及法律责任的条例还不够完善。《中华人民共和国非物质文化遗产法》第五章涉及的是法律责任，具体有五项条例。主要包括文化主管部门和其他有关部门的工作人员工作失职、一般民众及境外组织或个人，恶意破坏非物质文化遗产项目的依法追究法律责任。但有关非物质文化遗产传承人的法律责任并未认定。比如，在《福建省非物质文化遗产项目代表性传承人认定与管理暂行办法》（2010.4）中提出，传承人的权利主要通过资金补助和支持的方式，这就关系到传承人如何合理安排这笔资金，对于这部分资金的使用存在明细模糊不清等问题。从传承人角度来看，若传承人将政府给予的项目辅助资金公款私用，就务必给予一定的法律惩罚。目前，畲族武术非物质文化遗产代表性传承人只有几个人，这笔资金的使用和分配都由这几个传承人安排，存在一定的监管弊端。就政府部门的角度而言，福建非物质文化遗产办公室的个人或团体若是利用非物质文化遗产传承的名号，将补助移花接木，或者拦截部分传承人的资金等，都将对其追究法律责任。

（四）地方尚未出台保护条例

地方没有出台关于福建畲族非物质文化遗产的相关保护条例。宁德是全国最大的畲族聚居区之一，约 17 万人，占全省畲族人口的一半、全国的四分之一。全境包括蕉城区、福安市、福鼎市、寿宁县、霞浦县、柘荣县、屏南县、古田县、周宁县。宁德地区畲族历史源远流长，形成了颇具特色的地方语言、文化艺术、民俗风情及历史文化遗迹。主要包括语言、民歌、故事、音乐、舞蹈、服饰、古民居、民族工艺、民族习俗、医药和武术等。福建畲族武术主要发源地主要集中在宁德地区，以福安金斗洋、宁德交城像样里、霞浦四斗和福鼎双华为代表。其中福建福安金斗洋畲族武术村是闻名遐迩的“畲族武术之源”，被评为全国农村体育先进单位。

福建地方性文化保护政策是为了加强对某地区文化遗产的保护，保持地方文化遗产的真实性和完整性，遵循有关法律、行政法规的基本原则，结合当地实际情况而制定的条例。截止到 2012 年，福建省地方政府出台了《福建省武夷山世界文化和自然遗产保护条例》（2002 年）、《福建省“福建土楼”文化遗产保护管理办法》（2006 年）、《厦门经济特区鼓浪屿文化遗产保护条例》（2012 年）等地方性政策。但并未出台关于福建畲族文化聚居地非物质文化遗产的地方性政策，使得地方并未能衔接上省级保护政策，具体保护措施无法得到落实。

二、就畲族武术的物质层面而言

（一）传承人数量不足

我省畲族聚集地多处崇山峻岭，或交通不便的地带，处于比较封闭的环境之中，在长期与汉族杂居过程中，畲族武术对外辐射影响小，而始终只是在自己民族文化范围中继承发展，活动范围有一定的局限性。畲族武术需要依靠畲族人民的技艺和集体活动存在，依赖于畲族人群的文化传承、延续与发展下去。畲族武术的传承主要在代际（师与徒，父与子）之间进行，包括技艺传授和文化传承两个部分，以口传心授为主要传授方式。2010 年 8 月 28 日，兰大瑞被确定为福建省第二批非物质文化遗产畲族武术项目代表性传承人之外，福建地方乡村畲族武术传承人还有钟福录、蓝清珠、雷盛荣等人，但有的年纪老迈……，这将给我省畲族武术传承与保护工作带来严峻考验。所以，对于畲族武术的传承和发展，畲族武术传承人起着至关重要的作用，传承人本身也肩负着巨大的压力。

随着传承人年岁的增长，以及种种生活中意外因素的产生，畲族武术传承人这棵独苗使畲族武术顶着巨大的失传的风险。此外，传承人人数不足还导致传承途径受到局限，传承速度缓慢。由于畲族武术必须通过口传心授的途径，并且需要日积月累的艰苦训练才能真正领悟畲族武术的精髓，因此，就算畲族武术传承人夜以继日地开班授课，也不过几十上百个学生，更何况训练过程中难免有学生因生计压力，社会压力，自身压力被迫放弃的，使得畲族武术传承的任务变得更加艰巨。

（二）资金较为短缺

目前福建畲族武术传承的主要资金来源是少数由招商引资、民间筹集与当地乡政府拨款等。目前畲族武术发展的最大阻碍就是资金不足，上级政府在对畲族武术的资金投入上没到位，福

安金斗洋畲族村基本没有得到上级政府资金的支持。大多数的练习者认为没有长期且固定的畲族武术项目活动资金。了解到其原因是：上级政府的财政支持不到位，《中华人民共和国非物质文化遗产法》第三十条明确指出："县级以上人民政府文化主管部门根据需要，采取下列措施：(1) 支持非物质文化遗产代表性项目的代表性传承人开展传承、传播活动；(2) 提供必要的传承场所；(3) 提供必要的经费资助其开展授徒、传艺、交流等活动；(4) 支持其参与社会公益性活动；(5) 支持其开展传承、传播活动的其他措施。"《福建省民族民间文化保护条例》中第二十五条指出："县级以上地方人民政府设立民族民间文化保护专项资金。专项资金来源于政府拨款和境内外捐赠，并用于：民族民间文化项目的保护和研究；民族民间文化珍贵资料和实物的征集和收购；抢救濒危的民族民间文化；对民族民间文化传承人的培养和补助；对民族民间文化传承单位、文化生态保护区和民族民间文化艺术之乡的资助；民族民间文化保护的其他事项。专项资金应当加强管理，专款专用，不得挪作他用。"虽然法律法规有明确条例指出县级政府必须给予非物质文化遗产给予资金上的支持，但或是政府不重视畲族武术，没有设立畲族武术的专项资金；或又是给予的拨款并没有落实到基层，资金流向上不明去路等原因。

(三) 未纳入学校体育课程

武术的传承是需要通过人与人来传承的，只有人与人之间的动态传承才能使畲家拳、畲族武术得以有效的生存、传承与发展。畲族武术传承的主体是畲族青少年。现在的畲族青少年大部分时间集中在学校，只有通过学校教育稳定性、规范性的教育，才可能使畲族青少年逐步了解畲族武术、畲族文化，从而对本民族的传统文化产生自信心、自豪感及认同感，最终推进畲族武术的传承与发展。福建省一些少数民族中小学校并没有将畲族武术纳入学校体育课程，例如，宁德市民族中学等部分少数民族学校只是把畲族武术设置成兴趣课、拓展课。这就使得学生学习畲族武术的意愿不单纯，有的可能觉得畲族武术有意思，有的可能觉得畲族武术比较简单，还有的可能会因为授课老师好不好，课程好不好通过等原因选择上畲族武术课程。这其中可能会因为选课学生不够多而停课；就算经过畲族武术授课的学生由于授课学时不足，学到的畲族武术不系统、不扎实，达不到传承的目的；此外，由于现代社会，学生、老师、家长大部分都认为只有高考有考的课才叫主课，其他课程都显得不那么重要，可有可无。使得原本就偏冷门的畲族武术在学校体育课程执行情况中非常不乐观，因为它没法为升学提供服务。可见，从目前学校对少数民族体育文化的学科理论研究来看，福建畲族武术的传承与发展可以说是任重而道远。

(四) 理论研究不够系统

理论研究是保护和开发工作基础和保障。福建省对畲族武术文化遗产的科学研究还处于较低的层次。对畲族文化进行研究的人员大多集中在高校、研究所之中，基层和地方上的研究人员相对较少，普通的畲族群众虽然身处这种文化之中，但由于自身知识水平的局限并不能承担起对其畲族文化的专业研究工作，更不用说系统化、专业化的保护、传承畲族文化非物质文化遗产。在对畲族武术的研究中，一方面，身怀技艺的畲族武术传承人虽一身功夫，但理论基础不足，思想不够开化，容易满足现状，眼光不够长远，没法将畲族文化理论结合实际发扬传承，走出大山走进城市走向世界。另一方面，高校、研究所人员研究畲族文化还处于粗放型状态，诸多研究都是从研究者的兴趣爱好出发，虽有一定的理论积淀，但毕竟不处于当地，且脱离了实践，能深入基层进行实证调查和研究的又鲜有只是“识其一不识其二”，并没有办法全面了解畲族武术在实际传承保护过程中遇到的情况。此外，从博物馆、文化馆等文化保护机构来看，很少看到博物馆和文化馆对福建畲族武术文化的介绍和保护，如历届全国博物馆陈列展览精品中没有少数民族体育文化方面的成果，更何况是福建畲族武术，说明这方面的研究不够系统。

（五）自身项目的局限性

长期以来，少数民族非物质文化亦被贴上“落后”“封建”“愚昧”“粗俗”等标签而被主流文化和精英文化所诟病。20世纪以来，少数民族非物质文化在中国经历了一个极为复杂的历史过程，或者说，不同的政治、文化诉求，都在少数民族非物质文化这一领域有所表达。由于福建畲族武术自身项目的局限性，故对福建少数民族非物质文化遗产武术的讨论与改造从未停止过。

畲族武术是一种从福建畲族人民生产劳作生活中产生的一种具有地域性、娱乐性、节庆性、艺术性、宗教性等特征的少数民族体育活动。其特点是简单易行、随意性较强。但是，畲族武术项目大多都没有规范的套路和规则限制，竞技性不强，实用性不大，难以融进传统武术竞技项目。

三、从畲族武术的精神层面来说

（一）媒介宣传存在缺失

由于畲族人民大多聚居于偏远地区的一角，与外界极少交往，所以畲族武术保留着其古老的传统面貌，鲜为人知，但宣传不到位，乃至被蒙着一层神秘的色彩。随着现代社会的发展，传播媒介得到不断的开发与创新，有效地利用现代化的传播媒介技术，力求达到更好宣传效果将是福建畲族武术发展的一个不容忽视的问题。以往的畲族武术传播大多是靠直系关系、本民族关系等面授传播的形式，一个传承人只能带几个徒弟，加上老师在技术指导上存在水平差异，直接影响了传播的准确性，从而制约福建畲族武术的发展。

影视传媒利用现代化的技术与器械设备，将畲族武术的技术动作，蕴涵的文化精髓、精神内涵等通过录像的形式将其声音、图像、配乐、精神状态等完整记录下来，通过广播、网络、电视、电影等媒介进行广泛的传播，这样不但使传授的动作、理念能够更好地统一，能提高武术的传播范围，使学习和关注武术的人群不断增加，还能使受众更清楚地学习每个细节，多次地反复学习，增强学习效果，提高学习效率。同时通过声音、画面、技术动作的结合，给受众以艺术的享受，不断了解畲族武术的文化，了解中华民族文化。

（二）文化价值认同存在差异

福建畲族武术价值观的差异性是文化差异的集中体现。这种价值观时刻展现在社会生活的各个方面。如社会习俗、经济生活、道德观念、人生礼仪及各种文化价值认同所呈现出来的价值观的差异十分明显。在文化冲突的压力下，习惯势力将被刺激起来，处于防备和抵制状态，各种文化意识会大为增强。尤其是经济生活，要由畲民自己去开发与利用本地区的工业显然困

难重重。这个问题在文化上必然会表现为两个层面的冲突：第一，畲族素质、畲族武术文化与现代经济开发的冲突；第二，在现代经济开发过程中，由畲族与汉族存在的互动互补关系所引发的文化冲突。概括地讲，经济发展问题会表现为复杂而敏感的文化冲突问题。

历史上畲族武术文化价值观念并不是一成不变的，在各个时期的传承与变迁过程中，它吸收与融合了不同质的传统文化，增强了原有武术文化的生命力和张力，从而实现不断更新的发展过程。但与经济、政治相比，传统的价值观在变革中带有“滞后性”，以此出现变革时代的“文化冲突”。传统的价值观虽然是非主流的，但对一个畲族武术的繁荣与发展有着直接的影响。总而言之，福建畲族武术价值观既有与社会主义物质文明和精神文明建设相适应的一面，又有不太适应的一面。

（三）未发挥竞技功能

目前大多数人认为畲族武术新增为全国（省）少数民族运动会正式比赛项目是可行的，主要是因为适应了时代的潮流，是少数民族项目进一步发展的具体体现，便于在少数民族群众中开展和普及，能使畲族体育更加丰富、更有吸引力与更具观赏性；只有一小部分认为畲族武术新增为全国（省）少数民族运动会正式比赛项目是不可行的，主要是因为他们认为没有预期的效果，并不能很好地展现民族特色，没必要增设畲族武术的比赛，与大众武术雷同。可以看出，绝大多数福建人认为将畲族武术新增为全国（省）少数民族运动会正式比赛项目的可行性与必要性。因为竞技体育凝练体现体育的魅力和作用，衍生出促进人类作用的多种功能。包括体现国家综合实力，推动社会经济发展，增强民族自豪感和凝聚力，增进友谊、加强交流、促进社会和谐稳定，满足和丰富人民群众的文化生活需要，推动整个体育事业的发展等。所以，竞技体育也是畲族武术发展的必要手段和途径。

自 1982 年以来，福建省畲族武术代表队仅参加了 3 届全国少数民族运动会表演赛，并获得优异的成绩。可见福建畲族武术参加全国少数民族运动会的次数屈指可数，畲族武术得不到足够重视。此外，畲族武术除了官方举办的民运会，很少参与其他竞技体育赛事。

从举办民运会的角度来看，虽然举行多届民运会，举办过多次各种形式的民族传统体育表演，但是这些项目对畲族武术文化的真正保护起到的作用是有限的，普及面相对狭窄，不能解决实际存在的问题。

（四）社会变迁的影响

畲族武术的发展也同样受到时代变化的冲击。就历史而言，畲民有着光辉革命斗争传统，由于长期遭受帝国主义列强的侵略和历史反动派的残酷镇压与排挤，福建畲族经历长期的战乱和不断的迁移，比如唐代时，漳、潮畲民起义军，声势浩大，同封建势力进行长达 45 年的斗争，沉重打击了唐朝的统治阶级。在新民主主义革命时期，福建闽东建党初期，还是在敌军“围剿”白色恐怖下；无论是建立苏区革命时期，还是在开展敌后游击战争的艰苦岁月，福建畲族同胞始终不渝地同汉族人民一起投身革命斗争。正如叶飞同志所言：“畲族人民‘第一最保守秘密，第二最团结，不管敌人怎样摧残他们，自始至终都忠于人民，忠于党。’”

畲民经受住多次的战火洗礼与考验。在战火纷飞的年代里，福建畲民不得不往北迁散，大多散居于福建山区，长期从事较原始的狩猎、农耕和畜牧业生产。加上畲族社会生产力十分低下，经济、文化、教育等都没有形成独立的体系。畲族武术也是在这样的历史条件和经济基础中产生，为了防身和保卫已取得的劳动成果，以及抗击压迫和外侵之敌所采取的防守与进攻的手段及措施。正如：打尺寸这一项目流传于唐代，传说畲族首领蓝凤高率领畲民抵抗外来入侵者，寡不敌众，被迫撤退到洒江南岸筑堡抗敌，敌军在江北万箭齐射，蓝凤高急中生智，用断弓横扫敌箭，尺示弓，寸示箭，打尺寸源于此。该项目是为了纪念畲族抗敌英雄蓝凤高的事迹而流传至今。这些与军事斗争有关的活动，如畲家拳、蓝技拳、推八字步等武术项目都是福建畲民作为练武强身的重要内容。经过千百年流行、传承和社会变迁发展，已形成独具风格的福建畲族武术，亟待我们的传承、保护与发展。

第三节　非物质文化遗产视域下畲族武术的传承与发展

一、传承与发展的一般关系

近年来，福建畲族地区的传统武术都有了许多新内容，包括武术、体制以及内涵等。如今我国的市场经济逐渐发展并完善，畲族武术也受到了一定的影响，它的内容和形式受到现代生活的冲击，也在慢慢发生改变。传统武术的出现是因为当时生活的需要，如今它的变化也是为了满足生活需要，它要获得社会的认可，才能成为社会行为，才能不断得以继承和发扬。

传统武术的传承保护与现代化发展彼此对立，又相互统一。在发展传统武术时，应该要保护传统文化特色，同时要与现代社会相适应，要使传统文化生态得以继承，同时也要做到创新发展。要保护好传统武术的原始风貌，又要让其不断向现代化方向过渡，要让它符合世界一体化趋势，既展现传统文化特色，也要具有时代文化意义，它在实现多元化发展时，能够为我国传统武术的发展提供强大的动力。

二、福建畲族武术的传承方式

（一）传统传承方式

畲族武术和其他武术的传承方式相同，主要是师徒传承方式，它的形式包括授徒和拜徒两种，这也是其他武术传授的主要方式。师父在挑选徒弟时非常严格，师父既要看徒弟的武术基础，也要看他们的武德情况，而后者是武术练习者更为注重的。畲族武术有着严格的拜师程序，有着隆重的仪式。师父在教授徒弟时，通常会以口传身授方式为主。

据武力拳传承人介绍，学拳首先是需要介绍人。介绍人被称之为“引师”，或曰“接引师”，又名“引进师”。顾名思义，是起到师徒关系的结识作用，一般需要一或两人。另外还专门设有一个“送师”，即负责把由“引师”介绍来的弟子，送到拜师场所。拜师时引师和送师必须到场，这就是所谓的“三师在位”（引师、送师、师父）。介绍人的身份大致有三类：一类是与“徒”具有血缘关系的人物，如“父兄”，“拜师之时，其父兄应亲自率领，行当然之礼节，方为重师之道”；一类是与“师”具有模拟血缘关系的人物，如师父的同门师兄弟或早期入室弟子；还有一类是与双方都熟知的亲朋好友。

畲族传统师徒关系比较特殊。其表现包括：（1）师父在选择徒弟时非常严谨。师父之所以

会选择徒弟，是为了将功夫继续传承下去，使其不断发展。所以，他们在选择徒弟时非常慎重，在其他人引荐徒弟后，还要深入了解徒弟的武术基础、人品、学习能力等。（2）拜师仪式非常严格。在所有畲族武术中都有规定，即只有举行拜师仪式，弟子才能成为本门的弟子，才能学习本门的功夫。（3）师徒间要遵循师徒准则，这种准则和家庭伦理相类似。师徒的关系以武术继承为目的建立起来。因此师父和徒弟的关系更像是家庭关系，师如父，徒如子。所以，徒弟要听从师父的安排。徒弟在习武过程中，要绝对听从师父的话。（4）畲族武术的传承有着封闭性，并没有明确的学习标准，在修炼畲族武术时要进行自我体悟，它的文化具有继承性，所以畲族武术传承方式是师父教徒弟，传承模式包括门户传承和宗派传承，在传承时，师父最关心的是将武德传授给徒弟。畲族武术的传承，传承范围并不大，师父是主要传授者，他们多采用言传身教的方式。这是因为我国过去以小农经济为主，师父在传授武术时，以他们自己的经验为主，因此在传承时，对外都有一定的保留。而且，在农耕时期，师徒传承体制中涉及许多门派，各门派也会有所竞争，彼此也会影响对方，这使我国的传统武术不断传承并发扬。就整体来看，师徒传承都是以一定的血缘关系为基础，师父采用言传身教的方式将自己掌握的武技教授给徒弟，让徒弟能够学会武术，并继续传承下去，这种方式也使畲族武术拳种得到了继承，同时也保留了各门各派的特点，使畲族武术有着丰富的内容，推动了畲族武术的发展。畲族武术采用的师徒传承体制和我国武术的传承体制相同，因此推动了我国武术向纵向发展，采用这种方式传承武术，能够让人心凝聚起来，使武术行为更加规范。同时也让各类拳种的传人形成了凝聚力，使畲族武术能够一直传承至今。采用师徒传承制，畲族武术的套路、功法等都得以传承，在我国处在农耕时期，这种方式使我国的传统武术得到了快速发展。然而，这种传承方式也有一个缺陷，即能够学习到真功夫的人员在不断减少，一些师父在教授徒弟时，还没有将自己的毕生功夫都传授给徒弟，他们就已经去世了，此时徒弟难以学到本门的所有武术和功法，一些畲族拳种因此失传。而且，师徒传承方式都有排外性。每个门派都有自己的观点，即本门武功最厉害，所以，各门派之间都有一定的成见，这些门派也缺少交流切磋，这对于畲族拳术的交流非常不利，使畲族传统武术更加保守，这不利于武功套路和功法的流传，同时也无法使畲族武术做到创新，阻碍了它的可持续发展。

（二）现代传承方式

如今的福建畲族武术传承，还是采用过去的师徒传承方式关系，即师父教授，徒弟学习，在这一阶段，畲族武术传承方式分为几种，包括师徒传承、家族传承以及学校的师生传承。就历史变化情况而言，在这几种传承方式中，家族传承的历史最长，在拓展家族传承方式后，师徒传承逐渐出现，当武术逐渐向现代化方向发展后，出现了学校的师生传承方式。

家族传承反映的是人类对经验和知识的占有，只有在家族之中，才能传承经验和知识，一代传一代，不传外人。例如，当前福建闽东地区的畲族武术就属于典型的家族传承。畲族武术的师父包括两类，其一是就全村来讲，师父属于“老祖”，其二是就每个家庭来讲，师父是父亲。随着时代的变化，也出现了一些新形式，例如，各村为了进行武术交流，某一个村想学另一村的武术，他们会带着厚礼去邀请其他村子的“老祖”。畲族村子的传统组织以村老制为主，各个村子都有村老，这些村老被称为“老祖”。“老祖”一般都具备几个条件，包括高超的武艺、有一定的声望、多是长辈。畲族武术传承中的师父都是由这些“老祖”来担当，全村人都向

"老祖"请教，在一些节日和活动中，"老祖"都会在上座进行公开授拳。

就每个畲族家庭来讲，父亲就是子女的师父，但通常情况下，父亲并不会主动要求子女学习武术，当子女想要学习武术时，父亲才会教授他们；如果有外人想要学武，那么即使子女还没有请求习武，父亲也会让子女一同学习。因为他们认为通过集体学习，子女能够掌握一定的武术要领。在畲族村庄中，四成左右的男女都会习武，所以，除了"老祖"外，其他人之间都属于徒弟，在每个畲族家庭中，父亲的徒弟多是自己的子女。在学习武术时，"老祖"会在一些公开场所教授拳术，同时徒弟也可以跟同辈或长辈们学习。在畲族村子中，村民彼此都有血缘关系，因此他们都有辈分关系，在学习武术时，他们彼此间的称谓都十分简单，并不像中原武术在传承时有各种各样的称谓，他们也没有"师父"和"徒弟"这种称谓。他们会按照辈分或村子中的称谓来表述师徒关系，例如"我是和某某学习的武术"。

三、福建畲族武术传承与发展的态势分析

（一）福建畲族武术的优势分析

1. 历史悠久

就拿福建的闽东来说，在古代，福建闽东这一带的人民都非常勇敢、勤劳。福建闽东地区有着温和的气候，这里的土质便于耕种，物产富饶。福建的闽东地区有着悠久的历史，据考古人员考评，在原始社会时期，这里有人类的活动足迹，他们是古越族的分支，也有人称他们是东越。到了战国时期，楚军打败了越军；越人逃到了浙江和福建闽东这一带地区，这些越人和当地的一些闽族人融合在一起，他们的后代就是闽越人。后来，秦始皇统一天下，在福建闽东地区设立了闽中郡，此时福建闽东地区被当作行政区域单位绘制在版图上。在清朝时期，一些少林弟子开始实施反清复明的计划，他们一直在寻找机会，希望有一天推翻清朝的统治，光复大明朝。他们都藏身在泉州的少林寺中，这里是一个反清复明据点。朝廷知道这件事后，派出许多官兵来到泉州少林寺，他们杀害了寺里的许多僧人，一些少林武僧有幸存活下来，他们四处逃难。一名叫林铁珠的武僧逃到了民间，他最终藏身到畲族人民聚集的福安县金斗洋村。后来他开始教授畲族人民武术，这使畲族民间开始兴起习武热潮。明朝末期，畲族的一些武术就已经开始振兴，到了清末，畲族的武术达到鼎盛时期。在福建闽东一带，到处都有畲族武场，当时出现了许多民族武术英雄。可以说勤劳勇敢的善良智慧的畲族人民为祖国东南山区的进一步开发和发展，建立了不朽的功勋。

2. 拳种众多、属于民族传统体育项目

福建畲族武术和我国其他门派的拳术彼此融合，经过创新，形成了自己的特色。据相关资料显示，带有福建风格的拳术包括八井拳、蓝技拳、擂竹把畲家拳十八铁、"半龙虎桩"、畲族武力拳、金斗洋畲家拳、洪拳等；棍术有：盘柴槌、"双头棍术"、金斗洋畲家棍等。

福建畲族武术群众基础扎实，现已挖掘整理出来的畲族民间体育或武术共有 35 个项目，如打尺寸、骑海马、打枪担、狩猎、擦红脸、猴子占柱、击草、敬茶舞、踏步舞、狮子舞、舞铃刀、舞龙灯、操石磉、踩石球、举八吨、抄罡、斗牛、登山、考龟、爬竹、猴抢果、前岐马灯、弹弓、虎抓羊、猴抢蛋、稳凳、摔油茶球法山拳、连环拳、畲家拳、蓝技拳、洪拳、八井拳、盘柴槌、插竹把等 35 项，这些既带有浓厚的民族性，又不失激烈竞技的武术的项目，在继承与

发展中保留了它们的原貌又有所创新，体现畲族武术人文精神的价值所在。

3. 政府保护扶持

联合国教育、科学及文化组织大会于2003年9月29日至10月17日在巴黎举行的第三十二届会议制订了《保护非物质文化遗产公约》国际公约。联合国教育、科学及文化组织大会于2005年10月3日至21日在巴黎举行第三十三届会议，制订了《保护和促进文化表现形式多样性公约》国际公约。2005年3月，国务院办公厅下发了《关于加强我国非物质文化遗产保护工作的意见》；同年12月，又下发了《关于加强文化遗产保护的通知》，这无疑是为福建畲族非物质文化遗产的保护工作提供了立足之地。2006年10月25日文化部部务会议审议通过了《国家级非物质文化遗产保护与管理暂行办法》的发布。2004年9月24日福建省第十届人民代表大会常务委员会第十一次会议审议通过了《福建省民族民间文化保护条例》，《条例》从2005年1月1日起施行。以上这些《公约》《办法》《条例》，无疑为福建畲族武术作为非物质遗产保护项目提供了一些依据。目前福建畲族武术八井拳入选福建省第二批国家级非物质文化遗产名录，畲族武术盘柴槌已入选福建省第三批省级非物质文化遗产名录。“畲族武术（福安金斗洋畲族拳）”传人雷盛荣、钟团玉被确定为宁德市级非遗代表性传人。

（二）福建畲族武术的劣势分析

1. 推广力度不大，缺少继承人

福建畲族有着许多拳术，它们的内容都非常丰富，然而发展到今天，由于福建畲族的传统武术没有得到深挖掘，推广工作不到位，许多优秀传统武术文化渐渐消失。造成这种现象的原因有许多，例如，一些拳术的传承都是以血缘、家族为主，这些拳术不传外人，在教授时，许多师父不能倾囊相授，受到封建思想的影响，许多拳种不传女子。受到这些原因的影响，许多畲族武术因后继无人而逐渐流失。

2. 宣传力度不够，观念落后

福建畲族武术在传承时都是以个体经营方式为主，师父教授一些徒弟。师徒都是在业余时间从事教授活动，这与现代文化教育体制不同。如今，许多教学方式都是跨国连锁式，政府也注重一些传统文化的教育，然而在福建畲族武术中，这一点极为缺乏。观察福建省体育局举办的一些比赛可知，他们都只重视竞技武术，没有关注民间武术的发展情况，只在个别县或内部开展了一些民族传统武术比赛，这类比赛的规模较小，也没有较大的影响力。

在一些门派和拳种当中，训练过程都十分科学，一些师父常常帮助学生领悟武术中的精妙之处。但是受到“留一手”思想的影响，许多师父在教授徒弟时都没有倾囊相授，只有很少的人掌握一些规律性或机密的东西，比如八井村的点穴手法一直都不为世人所知，而且点穴手法轻则使人半身不遂，重则要人性命。

3. 资金匮乏，政策支持不足

福建宁德市霞浦县畲族武术盘柴槌于2009年5月被福建省人民政府列为第三批省级非物质文化遗产名录，现正积极创造条件申报国家级非物质文化遗产。为保护和传承处于濒危状况的霞浦县崇儒乡溪坪村畲族武术盘柴槌，在霞浦县人民政府的重视下，近年来，霞浦县文化部门和崇儒畲族乡人民政府联手抢救挖掘这项非物质文化遗产。一是发现并培养传承人，如崇儒畲族乡溪坪村畲族武术第30代传人蓝大瑞于2009年3月参加第四届香港国际武术比赛荣获畲族武术三项第一名，受到县人民政府的奖励。二是积极筹建溪坪村武术研究会，通过各级的支持筹资10万元兴建了会所。

当前急需着手完成的保护措施是：（1）挖掘整理畲族武术资料并汇编出版；（2）溪坪村畲族武术会所的装修；（3）添置传统武术器材和办公设备。仅此三项，据预算需支出资金46万元左右。但由于溪坪村是贫困落后的少数民族聚居地，无法获得资金支持。

如今，福建省政府还没有制定有关政策，推动福建畲族民间武术的发展，对福建畲族武术的财政支出微乎其微。目前，地方所给予的帮助已经不足以满足这一项目的深入发展，资金问题一直困扰着福建传统武术的传承人，在申报福建省非物质文化遗产所产生的费用也是由福建传统武术的传承人和组织者个人垫资。

4. “非遗”申报过程中存在问题

从非物质文化遗产的视角，可以将中国武术分类为传统武术拳种、自成体系的武术功力锻炼和竞赛形式、武术锻炼器械及用品和武术文化空间四类。在国务院相继于2006年、2008年和2011年公布的3批国家级非遗名录中武术项目共30项。应该说，达到国家级非遗标准的武术项目远不止此数，进一步努力整理研究和申报立项的空间还很大。

为挽救传统武术日渐飘零的态势，自1983年起，全国各地的武术挖整工作渐次展开。然而多年以后，除了一堆精确数字，并看不到由此带来的传统武术发展新气象。从调查收到的畲族武术非遗项目申报材料来看，主要可概括为4点：时间界定不清、内容把握不准、内容缺乏依据、申报流于形式。此外，在突出申报项目的技艺特点、保护价值和可操作的组织管理方式及实施措施等方面，都需要加强研究。

韩国的“文化财保护法”对传统武术的保护对畲族传统体育具有一定的借鉴意义。如“文化财保护法”规定，在指定重要无形文化财时，也应同时指定重要无形文化财的持有者或持有团体。所谓“持有者”，就是指那些可以“原原本本领会或保存重要无形文化财之技艺、技能，并能够原原本本地进行艺术表演或进行工艺制作的人”。在认定之前，无形文化财持有者及持有团体应接受文化财委员会中该领域委员、专员及相关专家的调查。作为无形文化财传承者，除可获得必要的生活补贴和崇高的荣誉外，他们同时也有义务传授他们的技艺或技能。按韩国“文化财保护法”，即使具有很高的技能或技艺，如果他们对自己的技艺严防死守，秘不传人，也不可能获得“重要无形文化财持有者”的光荣称号。

5. 经济落后制约着福建畲族武术活动的开展

福建一些地区的畲族武术的发展也受到了当地落后经济的制约，由于经济落后导致了有关部门对畲族传统武术发展投入的经费不足，因此没有足够的资金投入到畲族武术的发展工作中，虽然体育场地并不会影响畲族传统武术的发展，但严格来说，畲族群众进行武术活动时的场地都不能算是标准的场地，例如，霞浦盘柴槌传承人兰大瑞，他的培训中心因为原址拆除重建，中心失去了固定的活动场，八井村的八井拳平时也是在村中随便找一块比较空旷的地方进行武术活动，活动场地数量缺少，不规范，不标准。如果很多畲族群众同时进行畲族武术活动时，活动场地的确匮乏，练习器材等设备也不足。这些因素导致了畲族传统武术有时不太容易开展，就算开展也没有很大的规模，从而导致了畲族传统武术的发展相对缓慢。所以经费问题一直是限制福建畲族武术的瓶颈，资金从何而来、向谁要都是十分重要的问题。

（三）福建畲族武术的机遇分析

1. 公众逐渐重视传统武术

如今国际武术联合会会员国超过了 100 个，据相关资料显示，就国外武术市场来看，有八成以上的都是传统武术，我国武术管理中心也举办过世界传统武术节。我国在 2004 年时举办了第一届传统武术节，有几十个国家参加了这次比赛，参赛人员超过了 2 000 名，包括安道尔、南非等，加拿大和美国也派出了代表团，日本参赛人员超过 300 人，还有 200 多人的观摩团。在 2006 年，我国举办了第二届传统武术节，这次除了几十个国家上千名参赛运动员外，还有许多武林高手、专家学者对传统武术的发展进行了研究，这两届传统武术节的成功举办使传统武术向着世界化方向发展。福建畲族武术作为福建的代表参加了这些比赛也逐渐被世人所知。

2. 福建畲族武术从民间武术发展中获得了指导和借鉴

云南开远市在 2005 年举办了中国传统武术节，在这次武术节上，参赛的省市超过 20 个，有近 50 支代表队，运动员人数超过了 500 人，这场武术节的举办是为了推动传统武术的发展，使武术文化发扬光大。全国武术大发展为福建畲族传统武术提供了有益的借鉴。

李小龙创立的截拳道是传承发展于咏春拳，李小龙不仅受到我国人民的热爱，在世界上也享有一定的盛誉，他在世界范围内掀起了功夫热潮，李小龙使其他国家的人了解到了中国功夫，李小龙能够创立截拳道有许多因素：不仅受到中西文化的影响，还与李小龙自身的思想境界有关。反观畲族武术，大可参考截拳道风靡世界的原因来弘扬和发展自身，对于同样是传承人身份的畲族“武术人”来说，提升自我不断“认识自我”，走向“自我解放”，如果只是掌握几个武术动作，或学会几个武功套路，在缺少文化内涵时，一个练武之人无法成为武学宗师。李小龙并不是依靠幸运才获得了成功。他不仅刻苦练习武术，同时也做到了开拓思想，紧跟时代发展，使武术实现了创新和进步。

（四）福建畲族武术的威胁分析

1. 福建畲族武术可持续传承的威胁

要想让福建畲族武术文化不断发展，一定要坚持正确的理念，这样才能推动它的可持续发展。同时，福建畲族武术文化的可持续发展将是摆脱畲族武术静态发展模式，而呈现动态的可持续性的继承与发展。福建畲族武术有着许多项目，这些武术在过去发挥了许多作用，不仅能够防身，还能锻炼身体，同时对于生产生活也有一定的作用，这些武术动作简单，但要遵照许多规定。如今，一些武术项目已经失传，一些项目的继承人越来越少，也已经快要灭绝。因为一些拳师、棍师们担心没有教出好徒弟，既不能传承门派武术，还会对他人产生危害，所以他们就不再传授武术。而且，受到社会环境的影响，如今人们都生活在安定的环境中，民族之间很少有争斗和冲突，人们也不需要自卫和防御敌人，所以传播棍术和拳术没有太大的现实意义。棍和拳也不会在人们的日常生活中使用到，所以也没有师父教授传统武术，也很少有人愿意学习。还有一个重要原因是许多拳师和棍师都已经离世，如今掌握这些武术的人越来越少。

传统武术的发展受到传承环境和空间的影响，在进行实地走访后发现，只有在一些武术学校才会教授武术，其他学校的学生很少习武。近年来，社会发展步伐加快，人们在娱乐休闲时能够选择许多项目，因此他们都不在练习畲族武术。当今的社会文化导向并不是朝向中国传统文化，学龄期的儿童基本都以文化教育为主，除了畲族少数民族聚居地之外，城市中的少年儿童基本是过着学校家庭的两点一线的生活，真正想要学习传统武术的学生往往找不到畲族武术的师傅，受到现实条件的影响，而身处小城镇的畲族民间拳师，也因为整体实力的原因不能大招大揽学生来上课，造成了想学学不到，想教教不了的两难现象。种种原因导致各个民间传统武术项目的传承现状都不容乐观，例如，十八铁拳术甚至到了濒临灭绝的地步。

2. 社会发展削弱了畲族武术的文化个性

多种多样的娱乐文化受到人们的青睐，使畲族武术受到一定的冲击，人们认为畲族武术属于一种健身手段，有些人也认为它是一项绝技，城市中的居民并没有接触过这些武术项目。畲族武术缺少发展活力，它的文化内涵越来越少。当一项运动缺少内涵后，它的传承和发展将备受阻碍。社会的发展和变迁，破坏了畲族武术的文化个性，由于没有得到重视和保护，畲族武术很难发展下去。

福建畲族武术受到国外健身运动的影响。随着我国改革开放力度的加大，西方文化涌入我国。在之前，福建民众在健身时会选择畲族武术，但现在许多人都喜欢简单方便的西方健身项目，例如，舞蹈、健美操等，这与大众的心理需求相符合，喜爱这些健身项目的人非常多。所以，就健身功能来讲，畲族武术也无法再发挥昔日的优势。

3. 福建畲族传统习武者原有的“生态环境”遭到破坏

福建畲族武术的出现离不开人文环境和自然环境。正因为地域环境是丰富多彩的，所以传统武术也有许多特点，它们或多或少都带有区域性特点。福建畲族传统武术根植于民间，而乡村多是民间武术的发源地，与城市相比，外界文化带给农村的影响力较少，这说明，乡村的武术文化氛围更浓厚。近年来，福建的城镇化步伐不断加快，使村落生活有了巨大的改变，人们活动空间更广泛，这使外界文化影响到了畲族武术的发展，它原有的区域性特点也逐渐消退，畲族武术的传承制度、教授方式等都受到破坏。在城镇当中，各种市场行为不断增多，商业活动越来越频繁，过去有许多场所都是用来展现传统武术的，但现在已经成了农贸交易市场，过去，人们在农闲时会教授徒弟，如今一有时间就会奔赴各种应酬活动，习武之人越来越少。畲族武术已经失去了发展空间，它的发展举步维艰。

4. 学校教育传承中存在的问题和缺陷

从 1990 年后，一些乡村拳场受到了学校的冲击。这些地区的学校越来越多，一些家长为了让孩子接受良好的教育，将他们送到附近的学校或县城的学校。通常情况下，学校都和学生的家庭相分离。而且，乡村儿童也逐渐接受教育，他们都在寄宿学校学习。因为学校教育的发展，使得许多畲族乡村拳场没有了学习的孩子。这足以看出，学校教育已经逐渐取代了数年的乡村拳场教育。武术文化和学校文化能够互增短长，两者的融合对两者的发展都极具好处，然而，就习武者的生活空间来讲，过去的乡村拳场更加开放，而学校教育则是在相对封闭的空间内进行，在宁德地区，如宁德民族中学、福安民族中学，这些拥有优质教学质量它们都采用封闭管理方式，学生都是一些乡村家庭的孩子，还有一些外省来的孩子，这些孩子周末也没有休息，一个月仅能休息三天。这些学校的校区具有独立性，都建有很高的院墙，这些学校内部有教室、宿舍、训练场馆、食堂等，学生都按照一定的标准划分在不同的班级，例如，散打班、武术套路班等。这些学校都处在县城、乡镇政府等地，只有附近的学生能够走读，大多数学生都是寄宿生，这些孩子从村庄中走出来，他们远离了乡村拳场，他们只有在假期或周末才能回家。这

种封闭的教学方式，将孩子们圈在一个有限的空间中，他们只能和同学、老师以及其他管理人员进行交流。

在师徒教育方式中，师父多采用言传身教的方式，而在课堂教学中，教师更侧重教学的一致性，这种教学方式虽然能够获得较好的成果，但是学生的个性并没有得到尊重，他们的个性化需求也无法获得满足。这种课堂和流水线工厂一样，所有的内容都是固定的，学生们接受的是完全相同的教育，他们的个性被抹杀。在进行武术比赛时，涉及的内容非常多，而拳术只是武术中的一种，拳术套路包括太极拳、长拳、南拳等，在进行课堂教学时，教师都是按照比赛要求来选择教学内容。虽然有很高的教学效率，但一味地按照课程要求进行教学，学生接收到的只是一些指令，他们是被动的学习。教师在对学生的学习成绩进行评价时，将武术比赛的要求当作评价依据，因此学生的个性并没引起教师的注意，学生因此失去了自由和选择的机会。特别是传统武术中所蕴含的文化精髓，在程序化的学校体育课堂中难以表达，更没有针对性的教育教学手段。

第七章　非物质文化遗产视域下陕西传统武术的现代化发展——以红拳为例

传统武术是在农耕文明的历史时空背景下形成发展起来至今仍在传播的以套路、功法练习为主要内容并体现中华民族传统文化主体精神的身体活动方式，是建立在民族文化底蕴中并不断积累起来的具有文化“珍品”的民族文化精髓。在西方文化的冲击下，西方文化与中国传统文化发生了剧烈的冲突，而作为中国传统文化的重要组成部分——传统武术正面临着失传或正在失传，抢救和保护是当务之急，而且要从非物质文化遗产的高度加以抢救和保护。

在广袤的中国大地上，曾经孕育了许许多多的优秀传统拳种。如：邢台梅花拳、山西的形意拳等。国务院 2006 年 5 月 20 日颁布的我国首批非物质文化遗产保护项目，其中，少林功夫、武当武术、沧州武术、天津回族重刀武术、邢台梅花拳等被列入保护名录之中。随着这些传统拳种被列入国家非物质文化遗产名录，说明传统武术的保护已经被政府开始重视。同时少林功夫也有可能在 2007 年入选《人类口传和非物质文化遗产代表作名录》，这些进一步说明传统武术在非物质文化遗产中具有举足轻重的地位。

中国传统文化所处的大环境下孕育出的中国武术，拳种流派众多，风格各有差异。而由于人们所处的历史地理环境不同，文化结构也不尽相同，形成了不同的文化系统或体系，并显示出不同的历史文化特征。

陕西由于陕北、关中、陕南而“合称”为三秦。三秦地域，西北部连接一望无际的黄土高原、丘陵，南贯穿秦岭山脉，而东部则是宽阔无际的关中大平原，其地理位置从东到西，地理环境的多样化造就了丰富多彩的三秦文化。历史上的三秦地域曾由于相处在农业文明与草原文明斗争的最前沿，社会的动荡和频繁的战争，增强了三秦人民形成尚武尚勇的社会风俗习惯，这种风俗经久不衰，更促进了陕西武术的形成与发展，在这片华夏文明的发祥地上孕育了一个古老而又神秘的拳种——陕西拳，又称红拳。陕西独特的历史文化和地域特色为陕西红拳的产生与发展提供了宽阔的沃土和充足的养分。

陕西红拳与沧州武术等传统拳种一样，无疑也属于我国最珍贵的非物质文化遗产。它的魅力在于古老，在于传统，在于凝聚和承载的中华文明。陕西红拳是秦文化的结晶，它已不仅仅是通过体育范畴来展现，而已经上升到了文化的层次。红拳浸润着陕西优秀的文化，文化底蕴深厚，它体现了黄土地特有的文化气质，以及西北地区人民群众勤劳淳朴的民俗风情。它是一个历史悠久、内容丰富、自成体系、普及面广，深受广大人民群众所喜爱的武术流派。红拳集内家外家之长，汲取了别的拳种实战招式，从清代的乾隆、嘉庆到道光、光绪年间使陕西红拳在西北五省发展到鼎盛时期。但由于长期受重文轻武和严以择传的思想影响，目前有价值的红拳技艺掌握在少数年迈的拳师手中，难免有人去艺绝之嫌。而且红拳极少有专著遗文传世，就算其间有一二也是形之过略，迄今国内外极少论述。随着现代化建设的加速、外来文化的入侵、

西方体育文化的介入，如今的红拳已处于濒危的状态，它犹如一个影子，随时都可能消亡。因此作为古丝绸之路发源地的陕西正面临着红拳这项非物质文化遗产该如何去保护与传承的问题，假如我们不采取一些积极有效的措施，任其发展，总有一天祖先留给我们的宝贵文化遗产，将面临灭绝的危险。因此，我们必须把陕西红拳放到非物质文化遗产的高度去保护和抢救，充分挖掘其深层文化内涵，以使陕西红拳这个古老的拳种能得以保护和传承。

陕西红拳是一种拳种，更是一种民族文化载体。由于中国传统文化目前面临的保护与传承问题，陕西红拳作为中国传统文化的一分子同样面临着保护与传承的问题，本章从非物质文化遗产的角度着手，详细地论述了陕西红拳在非物质文化遗产的背景下发展的历史、现状以及对未来发展的构想。

第一节　非物质文化遗产视域下陕西红拳的历史背景

一、陕西红拳的历史溯源

（一）陕西的地域和文化特征

十三朝古都长安历史悠久，八百里秦川风景如画，在这块美丽的四塞之地，曾经是中国古文化的发祥地，也是经济的集中中心，更在此发生过许多重大历史事件和出现过许多可歌可泣的历史人物，这里就是中国西北军事、文化、经济的重要之地——陕西。陕西位于地球东经105°29′～111°15′，北纬31°42′～39°35′之间，这里气候适宜，物产丰富，世界文明曾在此诞生、人类最辉煌的历史也曾在此演绎。北有中华母亲河——黄河缓缓流过，中有孕育数百万中华儿女的渭河，南面横亘着连绵数千里中国南北气候的分界线的秦岭，东有函谷关，西有大散关。陕西与山西、河南、湖北、四川、甘肃、宁夏、内蒙古等七省、自治区相邻。总面积20.56万平方公里。省境南北长1 000多公里，东西宽约360公里。2004年末全省常住人口为3705.2万人，汉族占总人口的99.4%，聚集回、满、蒙古等少数民族。

陕西是中华武术的重要发源地之一，自古长安“文武盛地”，历史上曾有十三个王朝在此建都。“东有长安、西有罗马”，这里是中国五千年文化的溯源地。这里孕育着中国华夏文化的精髓。这里曾经是世界文明史上，最早融贯东西的丝绸之路发祥地，也是现代横跨亚欧经济动脉“新亚欧大陆桥”的重要区域。这里有着周人的文雅、秦人的粗犷、汉人的豪迈、唐人的包容。在这片地灵人杰之地，曾经诞生过周易、周礼等先秦诸子文化的精髓；在这里曾经是儒、释、道先贤设坛演绎之地；这里曾经诞生过有“虎狼之师”称谓的世界上最强大的横扫六国的大秦军团；这里曾经有过不破楼兰终不还的大汉军团；这里也有西出阳关，马革裹尸还，壮烈雄浑的大唐军团；这里曾经诞生过，万朝来仪、百域纳贡的盛景；这里曾经是贯通世界东西政治、经济、文化交流的丝绸之路；这里曾经诞生了最先响应武昌起义，开启近代民主革命先河，向封建王朝最早开火的靖国军。这里发现了令世界惊奇的人文古迹，这里发生过扭转乾坤促成第二次国共统一战线的“西安事变”；这里曾经有粉碎日寇三个月灭亡中国狂妄梦想的中条山战役，这里有无数三秦勇士浴血奋战令日寇闻风丧胆创下了赫赫战功，这里更有无数壮怀激烈的英雄人物为抵御日寇侵略而捐躯报国创下可歌可泣的英雄赞歌，这一切都体现了三秦儿女在民族危难时机为民族大义团结一致共御外敌的民族向心力与凝聚力。“红拳”就诞生在这片具有浓郁中华文化传统的地域。八百里秦川孕育出秦人朴实豪放的性格，“红拳”就是中国文化文治武力的缩影。就是中国天人合一文化的表现形式，就是这片土地土生土长的精髓。

（二）红拳的历史沿革

红拳是历史的承载者和见证者，也是中华民族璀璨的明珠。红拳作为技艺从雏形到形成再到繁荣、昌盛，融合了十三朝古都积淀的民族文化，是红拳人集体智慧的结晶。在红拳浩瀚的历史长河里，一代又一代的红拳传承人口传、身授不断补充和完善，形成结构清晰、内容丰富、文化底蕴深厚、技法灵活多变的红拳体系。红拳的发展和兴盛经过了一个很长时期历史的沿革。

红拳的雏形可以追溯到秦，秦王嬴政打完胜仗后举行的庆功宴上的武舞，武士“击髆拊髀”（跳拍打舞）以示庆贺，据《史记·张仪传》记载：“秦人秦声，舞秦舞击缶弹筝，击髆拊髀”，这在流传的红拳套路中有体现，如：“放炮”“十大响”。

唐宋是民间武术盛行的时期，唐代著名诗人王维所写的七绝组诗《少年行》：“新丰美酒斗千斤，咸阳游侠多少年，相逢意气为君饮，系马高楼垂柳边。”公元700年长安二年武则天诏：“天下诸州宣教武艺”。并确定在兵部主持下，举行一次武士考试，合格者授予武职。这就是我国科举制度中“武举”或“武科”的正式出台。自此以后，武举考试被大多数封建王朝所承袭，成为封建王朝网罗武备人才的重要制度。武举的设立进一步刺激了长安城官宦子弟游侠习武欲望，习拳、舞剑、扎枪、跑马射箭成为长安少年的主要内容。宋代武术兵源文化得到发展，《武经总要》《武学七经》等一批理论性著作陆续出版。民间武术也得到了长足发展。这为红拳的萌发与形成提供了良好的氛围。

元代是对中国传统文化和民间武术的扼杀。但是元代尊重道教与佛教。如“雪庭福裕”是少林寺的祖师之一。少林寺因福裕禅师，在元代，得到了元世祖忽必烈的支持，发展迅速，从此成为曹洞宗的祖庭之一。元代少林寺武术发展是一个极盛时期，据《少林拳谱》手抄本记载：“元代方丈大和尚福居，德高望重，佛、武、医、文皆通，名扬天涯海角，为增众僧武功，邀请十八家高手，会集少室，一则授艺与僧，二则各演其技，择优互学，取长补短”，为中兴少林武功选派一些僧人还俗到民间拜访名师。《少林拳谱》载有“宋末觉远上人访白玉峰、李叟于陕西宝鸡、兰州，习大小红拳。后白玉峰随觉远入少林寺传授大小红拳、棍术、擒拿等，李叟做了居士”。可见少林寺习练的大小红拳源自陕西。

明代王圻《续文献通考》所载“西家拳”惯用拳势“雀地龙”“裙拦”等，均出自关中方言。红拳作为兵源文化——训练士兵的军事科目广泛流传，对近代武术套路的发展产生了深远的影响。明代戚继光所著《纪效新书·拳经捷要篇》与关中红拳有着千丝万缕的关系。《纪效新书·拳经捷要篇》注解三十二势长拳又称红拳，拳谱中可见到“裙拦”撑、补、揭、抹、捅、斩等，均出自陕西红拳方言的痕迹，红拳拳谱沿用至今。如：戚继光《纪效新书·拳经捷要篇》载“我前撑”“滚船劈靠抹”“鬼蹴脚抢人先着，铺前扫转上红拳，背弓颠補劈揭起，穿心肘靠妙难传”“回步颠短红拳”“雀地龙下盤腿法，前揭起後進红拳”。现存红拳拳谱也是以“撑補为母”。《纪效新书·拳经捷要篇》多处提到红拳。拳经中“披红”“推红”都是红拳至今还在沿用的招法。

清代在《清稗类钞·技勇类》中出现过“大小红拳、关西拳”的称谓。民间流传着“西棍、

东枪、关中拳”，“西红、东查”的美誉。红拳集内家外家之长，红拳传域甚广，有川红、豫红、滇红、陇红、晋红、鲁红等，尤以关中最盛。

据故宫博物院藏《军机处录副奏折、农民运动》载，清中叶后民间教门中传习红拳者颇多。例如，乾隆时常子敬、李之贵，嘉庆时张景文、张洛焦，道光时张真、阚梦祥，光绪时阎书勤等皆是红拳名家，特别是道光咸丰年间，陕西红拳不断吸取了别的拳种的实战招式，使红拳发展到一个鼎盛时期。其代表人物——关中四杰“鹞子”高三、“黑虎”刑三、“饿虎”苏三、“通背”李四，他们对陕西红拳的发展研究做出了很大的贡献。据《国技论略》论：“自道咸以来，南方以技击术声于大江南北者，有三人：一为李镜源，又号长须李，湖北省之夏口人，从陕西于商高某（鹤子高三、高占魁）学技，年余大进……”。据史料考证中国清末最后一个武状元张三甲就是红拳习练者，从师于濮阳相近的清丰普马寨红拳名师安万杰，习练红拳。

陕西关中“三三一四”对红拳在近代的传承具有重要的历史贡献。尤其以邢三所传邢派红拳，高三所传新意红拳影响大，传播广。

二、陕西红拳的发源地

原始的防御格斗到扑杀野兽的食物猎取、异性的争夺到部落间领地的争夺再到冷兵器时代战争的厮杀，使得击刺有无序到有法，即“击有术”，“术”的巩固成为战场获胜归来庆功的“武舞”。武舞的传播作为套路最早的雏形被延续和记录，有了两晋时期对套路的记载——拳谱。“击有术、术有谱”，拳谱是对武术发展最好的记载和诠释。红拳的起源地在拳谱中又体现，“粉红拳”拳谱：“粉红拳起势高强，斜叉步赛过天王。醉一势随风摆柳，孙行者大闹天宫，魁星势回头观望，铁罗汉就地打滚。霸王并开两张弓，刘备勒马望江东。连三腿人人兼爱，太祖粉红出关中”。作为红拳最早的典型拳术太祖红拳、粉红拳在拳谱中已经体现出其源于关中，现在这两套拳法在陕西关中仍然流行。这也说明红拳源于关中的事实。

陕西位于我国西北，民风劲悍，尚气力，以武勇著称。民间常用“耍红了”表示普遍、兴盛、吉利、艳美。红拳又名“软拳”，以大小红拳流传为广，此拳流传于潼关（或函谷关）以西，史称“西家拳”。明代王圻《续文献通考》载：“使拳之家十一，曰赵家拳、南拳、北拳、西家拳……”西家拳应该是以地域命名拳名，明代国家疆界西部地区为关陇，关中为关陇的中心。西家拳即指红拳。《少林拳谱》载有：“宋末觉远上人访白玉峰、李叟于陕西宝鸡、兰州，习大小红拳。后白玉峰随觉远入少林寺传授大小红拳、棍术、擒拿等，李叟做了居士”。可见少林寺习练的大小红拳源自陕西。清代陕西传承尤为普遍，以关中为最盛。杰出的红拳大师有凤翔的师宝龙、千扈的宋朝佐、耀州的郭崇志。道光、咸丰年间著名的红拳关中“三三”，鹞子高三、黑虎邢三、饿虎苏三奠定了红拳的繁荣。高三对红拳发展贡献最大，西传红拳甘肃，南跨秦巴到川楚，北出榆林，东至晋中。

清代故宫军机处档案记载乾隆年间，宝鸡人张阳真是东传红拳的第一人。张阳真在周至应山西平遥人师来明之邀至山西传授红拳，又至山东聊城传授红拳。山东城武县张景文述其传承云：“伊父及祖父素习红拳”。山东冠县人张洛焦述其传承，其叔张普光学自山西平遥人师来明，师氏于乾隆二十八年（公元 1763 年）在陕西周至拜宝鸡人张阳真为师，学得红拳两套。这与红拳出自关中吻合。

在凤翔师宝龙、关中三三的传承下，红拳在清末、民国时期发展达到顶峰。出现了一批优秀的红拳传承人，红拳的传承也遍及关中大地。红拳传人井勿幕、杨虎城、胡景翼成为历史的开拓者，优秀的红拳人物成为部队的武术教官。新中国成立后，红拳人参加全国武术比赛。红拳一代大师杨杰和冯建勋受到毛主席、朱德总司令的接见，并表演了红拳。当今，陕西关中仍为红拳的主要传承地，红拳的传承和发展更需依托关中红拳传承人的传承，而陕西关中各地区是保护、挖掘、研究红拳的主要地域。

三、陕西红拳与非物质文化遗产

（一）红拳被列为国家级非物质文化遗产

红拳是一种文化、一种技艺，也是历史的承载者和见证者，更是中华民族璀璨的明珠。红拳作为技艺从雏形到形成再到繁荣、昌盛，融合了华夏民族千百年的历史与文化，是红拳人集体智慧的结晶。在红拳浩瀚的历史长河里，一代又一代的红拳传承人口传、身授不断补充和完善，形成结构清晰、内容丰富、文化底蕴深厚、技法灵活多变的红拳体系。由于陕西人特定的人文特征和朴实豪放不羁张扬的个性，红拳人在固守自己红拳体系上未受到现代武术舞蹈化体操化的影响，原汁原味地继承了红拳文化。红拳是目前我国传统武术保留较为完善的武术拳种，红拳的展现和承载则是红拳技艺传承人。红拳随着历史的演变和发展在历史的传承过程中形成不同派别的体系，至今仍保留套路器械近百余套，到了近代已形成了以三原鹞子高三，临潼黑虎邢三，潼关饿虎苏三，通臂李四等为代表的不同风格的红拳体系。红拳作为悠久的文化历史，作为华夏武术重要的组成部分，从它诞生之日起，社会就赋予它“强国强种、强身健体、防身自卫、保家卫国、承载历史”的职责。在中华民族传统文化元素不断流失的今天，保护红拳文化、呼唤传统文化的回归，既保护了祖先智慧的结晶，又弘扬了民族精神，增强了民族的凝聚力。

陕西红拳文化研究会于 2005 年成立后，积极挖掘历史资料，组织红拳学术研讨会，经过红拳人的努力获得红拳宝贵资料，组织团队撰写红拳申报“非物质文化遗产”材料上报陕西省文化厅，经过专家学者论证后符合条件，列入“陕西省非物质文化遗产名录”，2007 年上报文化部于 2008 年 6 月 7 日国务院颁布了《第二批国家级非物质文化遗产名录》。

（二）非物质文化遗产视野下红拳的发展重点

保护非物质文化遗产关键是保护非物质文化传承人。非物质文化遗产传承人是传承着某一种技术或技艺的有突出能力的代表者，这种技术和技艺蕴含着世代相承的传统文化。如果传承人没有了，活态的文化便立即中断，剩下的只能是一种纯物质的历史见证了。

随着经济全球一体化进程的不断加快，保护非物质文化遗产、保护人类文化多样性对推进世界文明进程和可持续发展的重要性已被全球越来越多的民族和国家所认可和采纳。非物质文化遗产是文化多样性最直接的体现，传承人是非物质文化遗产的承载者和传递者，是非物质文化遗产的活的灵魂，也是非物质文化遗产继承和发展最为重要的载体，保护好传承人使其行之有效地履行传承人责任是非物质文化遗产红拳得以延续和传承最主要的保护方式，是非物质文化遗产保护的核心，更是保护非物质文化遗产连绵性和延续性最主要的方式。

非物质文化遗产植根于世界大地，是一种源远流长，绵延传递的行为方式和生活方式，是

一种活态的文化。它是一种传统文化，具有发展性和延续性，这决定了它不可能脱离继承者和传递者而独立存在，它无法以静态的方式被保护，它的存在必须依托于“活体传承”，不然就是化石的呈现。因此，“传承人”是进行非物质文化遗产保护的核心因素。

（三）红拳传承人是红拳传承的“活载体”

红拳作为非物质文化遗产和其他传统武术一样，都面临着传承和发展问题。传承是一个动态的过程，是以人而非其他资料为载体。保护传统武术的关键环节就是加强对各传统武术项目代表性传承人的保护。红拳传承人是红拳的活态载体，也是红拳精粹和绵延不断最为重要的承载者，保护好红拳传承人并使其有效地履行传承人责任，对红拳的保护和传承具有不可估量的作用。红拳传承人是红拳及红拳文化最重要承载者和传递者，他们掌握着红拳的精湛技艺，既是红拳技艺代代相传的代表人物，又是红拳文化的活宝库。正是依靠这些传承人，珍贵的红拳才得以传承、发展，延续至今。一代一代的红拳人，不断充实和完善，经过历史的沿革和时代的变迁，留下可歌可泣、荡气回肠的历史故事。红拳扎根陕西关中大地，在华夏大地上辐射传播，富含文化内涵、独具特色，而承载这一切的却是一代一代的红拳传承人，他们使这种技艺文化得以延续和传承。随着经济全球一体化进程的不断加快，保护传统文化和维护人类文化多样性对推进人类文明进程和可持续发展的重要意义已被世界上越来越多的民族和国家所认同。尤其是自联合国教科文组织提出了《保护非物质文化遗产公约》以来，人们对非物质文化遗产的认知水平和自觉保护意识已有明显提高。红拳作为国家级第二批非物质文化遗产，它的价值和传承不容忽视。

第二节　非物质文化遗产视域下陕西红拳的基础理论透析

一、陕西红拳的技术特点

红拳的风格特点：招式古朴，讲求踩腿审进，钻靠刁打，出手快，交口明，形一实二，声东击西，后发制人为其能，闪绽腾挪（绽，陕西方言读 càn），飞步刁打为其法，多腿法；劲道要求外柔内刚，刚柔相济，节奏明快，以脆见长；姿势工美，要求身法活，拧腰摆胯，侧身换膀；运动方向从起势多向左方前进，多走直线与原地，结构严谨，连贯自然，强调形与意合，内外合一。可以将红拳的风格特点概括为“撑斩为母，勾挂为能，化身为奇，刁打为法”十六字诀。

“撑斩为母，勾挂为能，化身为奇，刁打为法”是经“鹞子”高三、“恶虎”苏三、“黑虎”邢三、“通臂”李四等历代红拳宗师整理出的一种独特的红拳技击要领。“撑斩为母”又说为“撑补为母”，“撑”者，有抵住、支持、容不下之意，在红拳训练中有十大盘功法之一的撑补式，充分表现出了“撑”的技击特点。“斩”者，有砍断、截、杀之意。斩字在红拳演练中要求，力点主要表现在腕上桡骨，茎突处上二寸左右。如何理解“撑斩为母”呢？“母”者，有生息繁衍、派生等功能。两人相搏，领起全身精神，惊动四梢，豪气放纵，气势逼人，临战前的气势腾挪闪绽的精神状态为撑，接受彼方各种力量各个角度的击打，封锁对方的进攻，拦截对方的劲路以防为打的方法为撑。“勾挂为能”，在这里表现为弯曲、删除、截取、捉拿之意。简单地说，就是以横力破直力之用的技术防身的战略转移，也就是正反上下表现的两个技术手法。勾和挂的技术，红拳拳谱中多有叙述，有“里勾外挂”之说。小臂由外向内向下，以腕关节为轴，掌之外沿使力引动彼方之力，于自身外则为勾；小臂由内向外向下，以腕关节为轴，掌之外沿使力引动彼方之力，于自身外则为挂。勾多用于防内膛打及防御低势进攻，勾住对方的梢节、中节桩或顶部，勾带彼方脚梢桩及腿中关节；挂多用于化解彼方的刺、掀、劈以及各种高腿，并挂住彼方不让走脱，与拨、架、格、挑等动作相配合，更能显示出挂的特点。

陕西红拳的特点是架势端庄、姿势工美、身步灵活、节奏明快、招法巧妙、劲道外柔内刚，劲力以脆快为主，兼有长劲、柔劲，突出一个“巧”字。练法讲求势劲轻柔，气势招圆，以心意为根，用意不用力。打法讲究“云手和抹手，打人凭的六合手”；步法讲究闪、绽、腾、挪，里跤外跤；身法讲究“拧腰摆胯，贼鬼刁拿，避肩溜滑”；手法讲究撑斩勾挂，高搠低压，里勾外挂，指上打下，刁打巧击，钻身贴靠；概括为十六个字：“撑补为母，勾挂为能，化身为奇，刁打为法”。在练红拳基本套路时，要求“松静”，做到尽量放松，只有达到松静才能贯穿于拳手。

二、陕西红拳的构成体系

陕西红拳属于中国武术四大流派——查、花、炮、红之一的“红拳派”，它集内家外家之长，吸收并借鉴了其他拳法的优秀招式，形成了盘、法、势、理俱全的红拳体系。

盘，是红拳传统的基础训练——十大盘功，又称十大盘筋，简称盘功。它是红拳依据套路演练和实战打手实际的需要，仿宋明之八段锦，优选十组拳势，精心编辑成套的一种传统基础训练。是属于以地面为依托物、以自身体重为静力负荷、以柔韧为主的训练方法之一。十大盘功主要有以下训练特点：一、意领体随，动必求缓；二、盘为势基，盘势一体；三、左右演练，可收全功；四、补偏求弊，不失其整；五、前后有序，易难有制；六、佐之呼吸，内外交修；七、十盘贯通，功效乃宏。

法，即打手手法与组手排子，打手母子九拳及打手跑拳程式——门子，相辅并习，组成红拳完整的打手体系。排手，即对练，是红拳的打手手法之一，它共有四类，分别是“四排手、十排手、十二排手、三十六排手”，包括“迎面贴金、判官脱靴、美女照镜、玉带拦腰、浪子踢球”等动作，将踢、打、摔、拿等技法相结合，并多上肢招法。跑拳，即散手，也是红拳打法的一种，它与排手、九（母子）拳共同构成红拳完整的打手体系。

势，即套路，以大小红拳为基本，二路红拳、关西红、关东红、明月红拳为楷模，有三十六路（套）之称。主要有以力法和劲道著称的“通背拳”（陕西通背），以撑斩为主的小红拳、大红拳、六趟、梅花拳等，还有刁拿勾挂的“子拳”（猴拳），有抹捅斩揭、直闯硬进的“炮拳”（即炮锤、四把锤等），以及倒地摔打的“醉拳”（即醉打山门、醉八仙）等。大拳正套另有拳序（套），合之同化为外来及拳系所属，实已逾百。至于所用器械，长兵以枪棍为主，还有三节棍、大连枷、单鞭、双鞭、九节鞭、双钩、春秋大刀、朴刀、步战刀、鞭杆等，套路总计七十之多。

理，即拳法理论。遗有专著（如红拳打手歌五篇），谱本记有套路与动作名称及打手要言。拳谱是历代拳师总结和归纳而成，它涵盖了该拳的精要，且容易记忆，是拳术不可或缺的部分。红拳现在尚存有大量的拳理、拳谱，涉及红拳技术内容的各个方面。如小红拳拳谱：抱拳十字开势妙，锤是金锁要记牢；裙拦托掌雀地龙，踩步云手打法高；单片坐盘双撑补，抱头打虎逞

英雄；倒插盖脚快如风，二起抹手华山摇；钉门收势变化奇，小红快拳敌难逃。由此观之，在我国的武术流派中，红拳堪称内容丰富、自成体系的一个拳系。

三、陕西红拳的价值体系

（一）红拳的技击价值

传统武术是现代武术的源泉、基础、素材，同样陕西红拳的技击也是陕西红拳的灵魂，离开了技击，红拳便成了无源之水，无本之木。红拳历史文化悠久，经历了数百年历史的风风雨雨，在不计其数先行者和主要代表人物的呕心沥血、流血流汗的实战与练习下，最终以技击技术为主要内容形成了自己独特的完整训练体系，并吸收了中华民族悠久历史的文化积淀。“扁身势雀”是红拳的典型招式之一，“扁身”意在远击，意在筋柔。即侧身换膀、拧腰披跨的身法，在跑拳的运用上被形容为“有膀却无膀，无膀却有膀，丁膀不见膀，手去复探膀”，能达到长击远扬、上惊下取的效果。拳言有“拳打不知，迅雷不及掩耳，不招不架只是一下，犯了招架，就有十下八下”。

（二）红拳的侠义价值

红拳主要围绕“实用技击”和民间“套路演练”的发展相伴而生，其主要意义是防身健体为主，逐步延伸到艺高人胆大，路见不平出手相助的仗义侠骨之举。中国的传统美德之一就是助人为乐，路见不平，拔刀相助，同样这也是习练红拳人的侠义精神价值的再现。习武之人肩上都背负着“天下兴亡，匹夫有责”的侠骨柔情和精忠报国之心。那些红拳人曾经走南闯北于江湖、出手扶贫帮弱者、拳师们行侠仗义的行为举止，使他们的所作所为至今依然被红拳后人所崇敬、怀念。在民族面临危难之际之时，陕西有一大批武林志士挺身而出投身革命队伍，如红拳高派传人胡景翼、杨杰、陆杰等，充分地体现出红拳人的侠义之举和爱国之情。当红拳的核心技击文化，不再被我们的生存所必需时，当它不再是抵抗强力、帮助弱小的有力工具时，侠与武分离了，但侠义精神却并未消亡，而且在如今的时代环境里，注入了新的含义、新的形象。可以说这是红拳侠义的遗产。当正能量与侠义精神充满世界时，相信我们的社会会变得更加美好！

（三）红拳的情趣价值

情趣可分为高雅和低俗，高雅的情趣是积极的、健康的、文明的、向上的，然而习练红拳从中即可得到高雅的情趣。当情趣在套路中诞生时，所带来的情趣主要表现为积极向上的。红拳势正行美，繁华藻丽，是红拳的一大特点，红拳不论是静还是动，势高还是势低，正面还是侧面，都是人体艺术美的一种展现。红拳的情趣价值可以归纳为“和谐美、意境美、气韵美”的价值趋向。习练红拳可以使自己的情感丰富，兴趣浓厚，同时也可以给他人带来极高的情趣。在河南温县太极拳之乡流传着一句“喝了陈家沟那里的水，老太太也能跷跷脚”。那到了陕西是不是吃了羊肉泡馍，老爷子也会冲天跑。同时红拳也促进了社会精神文化生活的发展。

(四) 陕西红拳的文化价值

1. 陕西红拳具有较高的民俗文化价值

陕西红拳历史悠久，经过近千年的文化积淀，积累了丰富的文化价值，渗透到陕西地方民间艺术的各个方面。陕西民间的舞蹈中大量糅合了陕西红拳的拳术套路动作和器械套路动作。如陕北“秧歌”中的“武场子”流行于陕北吴堡、清涧一带，它以突出男角的武艺为特点，男角动作粗犷敏捷，奔放刚健。拳术动作尽现其中，有跪步摆手、金鸡独立、金猴拜佛、弓步看虎、右挡步、马步龙抓、拧身抓风、后飞燕、三角不落、扫堂打地、跨腿盖跳，其中有些直接引用了陕西红拳中的动作，有些是由陕西红拳动作改编而成的。安塞腰鼓中更是将拳术动作发挥得淋漓尽致，它主要是以鼓手的踢打、跳跃、旋转、腾空飞跃技巧而著称的，艺人将腰鼓动作技法归纳为：“转身击鼓踢腿打，跑跳腾空接跪打，蹒跚有力跨步打，翻个斤斗蹲步打”。流传于汉中地区的宁强、略阳等地的“羊角鼓舞”是秦巴山区端公（巫师）跳神仪式中的一种祭祀舞蹈，舞者在同进同退的击鼓表演中，突出扭腰摆胯的动作特点，时而屈膝前进时而弯腰后进。榆林的“霸王鞭”更是要求舞者具有高超的“跳、翻、滚、转、蹲、跪”技艺。延安的“狮子上老杆”是一种民间拳术、杂技相结合的舞狮表演。流传于渭南地区的“红拳鼓”是因击鼓动作融汇了小红拳的架势而得名，动作中主要的拳术动作有“白云双盖顶”“回头望月”“倒步云顶”“拉弓步”“丁字步”等。许多著名的艺人也都有习练陕西红拳的经历，“三山刀”艺人贾孝清，“地龙”艺人尚省成，“牛拉鼓”艺人郑志文，“红拳鼓”艺人杨武堂都有习武的经历。红拳为陕西民间舞蹈向“更高、更美”的方向发展奠定了基础。

2. 陕西红拳中蕴含的性格文化

中国的传统文化具有一个很重要的特征就是兼收并蓄和对超乎实用之上的美学意境的无限追求。陕西作为中国历史与文化的重要滋生地，在陕西土地上产生的一切文化形态，无论是物质的还是非物质的，都带有浓厚而鲜明的陕西文化痕迹。陕西红拳的文化气息是浓厚的、深邃的，我们无法完全把握这种文化遗产的魂脉，这里只从陕西人的性格来展现陕西红拳文化丰厚的蕴含。

陕西红拳在技术范畴方面也体现了陕西的文化特征，即包容性，有帝王之气魄。因而陕西红拳的技术内容是相当丰富完善的，而且其风格迥异。陕西红拳吸收了“山东的打法、河南的跑法、江南的身法、湖北的刁拿”。

陕西红拳有一个重要的特点就是式架工整，都直来直往，这一点和陕西人的性格是吻合的。陕西号称“八百里秦川一马平川”，在农业经济时代是难得的沃土良田，也造就了陕西人固守家园、不愿舍离故土的性格。地域的方阔，使得陕西人的思维严谨务实、四平八稳、不事华虚。反映在陕西红拳的文化内涵里，也就尤其注重拳架工整、劲力饱满的要求，还有“打人如灯草”般的胆识、豪情与气概。陕西红拳中的典型招式“接抹捅斩”，则是鲜明的直来直往。

陕西红拳又被称为“软拳”，要求行拳时不用力，这似乎与刚猛迅快的拳风形成了很大的反差。但经过思考，觉得其中的道理是深厚的，正体现了陕西文化的底蕴。因为长安文化的底蕴是博大宽厚，有厚重的历史积淀，才有了陕西人含蓄的性格，不求外显，信奉“真人不露相，露相不真人”。陕西拳师在走拳时多以含蓄的劲道熔铸其中，品味招式之中的妙意与技击之道，如果一味地追求快速凌厉，那么可能会对招式之间的玄机不甚察觉玩味。常常听老拳师们讲

“耍拳”“耍场子”，一个“耍”字十分贴切地表露了陕西拳师的心态，陶醉于“耍拳”时拳架的工整，劲力的似有若无，含而不发，这也许是一种武术的境界，是我们今天的人无法体验的。因为陕西的土地肥沃，自然条件颇佳，造就了陕西人悠闲的品性，不温不火、不紧不慢，吃饭细嚼慢咽，因而有了令陕西人割舍不了的羊肉泡馍。三朋四友坐在一起，慢慢地掰着饼子，然后慢慢地品味。到了拳法的演练上，也就自然成了一种风格，强调“用意不用力”，周身放松，拳架大方工整，落落有致，显示出一种超脱和优越。

3. 陕西红拳中蕴涵的语言文化

陕西是中华民族古代文化的发祥地之一，相传汉字为“文字初祖”仓颉所造。仓颉是陕西宝鸡人，出生于五代，距今已有4000多年历史。陕西方言因咬音轻重和语速缓急不同而内容涵义有所不同。陕西红拳受唐文化的极大影响，套路方正、端庄、四门对称。现代武术套路的发展和演变也受到唐代文化的影响。民间常说的“耍红了”，即指表演的好，练习的美。而陕西方言读音是sua，（读第四音｀）。有现代语言中“火爆”“酷”的意思。具有陕西红拳语言特色的有：劲道（劲力的意思），“闪绽腾挪”（从心解声，有拧紧解开之意，在陕西方言读音是can，读第四音｀），“迈跤”（以步法移动改变不同的方位），“老婆婆拐线”“迎面贴金”等，现流传在民间的陕西红拳方言名词不胜枚举。明代著名爱国将领戚继光在《纪效新书》第十八卷：“拳法捷要篇第十五”“太祖红拳三十二势”拳语中有许多陕西方言，至今红拳还在沿用。如：“雀地龙”下盘腿法，雀地龙一势造型优美，具有观赏价值，陕西方言有躲藏之意。陕西红拳在发展中广集内外家之长，其套路中就有太极之柔，如：“云手”“挑朵子”等；有短促急进直线中路的“抹手”“迎面贴金”。有大劈之攻，巧击闪打的“拦斩”，有神出鬼没的“缠腰锁口”，其拳法变幻莫测，包罗万象，形成红拳独特的语言文化。

（五）陕西红拳的社会价值

陕西红拳作为中国传统武术中的一分子，它的精神魅力，并不在于其对所谓的“高、难、美、新”等技术规格的人为设计，而是在于其简单朴实的动作运动中所内含的文化吸引与人文关怀以及其健身性的体现。陕西红拳不仅能攻防格斗、防身自卫而且也能健身强体，延年益寿。人们通过练习红拳，精神愉悦地获得了技击、表演、健身、养性、自娱等方面的效果。习练者在训练过程中所获得的，是一种难以言表的内心愉悦；通过训练而得到的种种外在评价，对习练者来说，绝不是最为重要的。正是其在功能复合与精神愉悦等方面的独特优势，使陕西红拳有着远大于现代竞技武术的吸引力，而成为雅俗共赏、老少皆宜的运动项目。它对现代社会中处于激烈竞争、过度紧张工作与快速生活节奏重压下的人们来说都是一种强身健体、健身养性的理想手段。

（六）陕西红拳的历史价值

无论是何种非物质文化遗产，总有其产生的特定历史条件，总带有特定时代的历史特点，通过这些非物质文化遗产，我们就可以了解到特定历史时期的生产发展水平，社会组织结构和生活方式，人与人之间的相互关系，道德习俗。例如，通过昆曲名剧《牡丹亭》，我们就可以认识到当时人们的婚姻关系，认识到封建伦理纲常对年轻人的控制和束缚，了解到当时的家庭结构，以及长幼尊卑、界限分明的人际关系，这些都是鲜活生动的历史。陕西红拳是一个古老的拳种，它也有其产生的历史条件，以及其历史特点，具有较高的历史价值。据史料记载秦时就已经出现了对练套路，而且最早盛行于“三辅”即今陕西关中一带，西汉京城长安附近地区。据传，在秦王嬴政每打胜仗的庆功会上，武士必“击皮为鼓”（跳拍打舞）以示庆贺，红拳、炮锤套路中“放炮”“十大响”的起源，就与此有关。到了宋代，武术形成了众多的门派和系统的套路。

明代红拳又被称为“西家拳”《续文献通考》所载：其惯用拳势“却地龙”“裙拦”等。戚继光《纪效新书》“太祖红拳三十二势拳谱”使用了很多陕西方言，如“弓步架”陕西方言称“撑”，“弓步冲拳”称为“补”。陕西红拳拳谱中常用的“揭”“抹”“捅”“斩”在《纪效新书》里多有记载。红拳作为兵源文化——训练士兵的军事科目广泛流传，对近代武术套路的发展产生了深远的影响。

通过对陕西红拳历史渊源的了解，有助于我们了解封建社会当时的政治、军事状况以及为我们研究传统武术的历史渊源以及发展提供有价值的历史资料。

四、陕西红拳的传承模式

（一）师徒传承

师徒传承是历史上武术延续不断的主要传承形式，从“择徒拜师”到“登堂入室”，是师徒传承的一个口传身授的长期过程。师徒的形成过程中，主要体现在师父对徒弟的“授技传道”的严格选择，种种的考核，仔细地观察，最为主要就是对徒弟的道德品质的考察，并且要举行递帖子的拜师仪式后，方成为情同父子的入室弟子。这些种种考察都是师父为了徒弟，在习武后的道路上，能够持之以恒，做好精神上及技术上的准备，是为了确保武术正直“香火延脉”；师徒传承的方式使技艺向精、纯的趋势发展。师徒传承的方式是，在没有血缘关系为前提的一种授徒与学艺的一种传统武术传承的方式。习武训诫有“一日为师，终身为父”，师父对徒弟有授艺之责，徒弟对师傅应有敬重孝悌之心，视如父子的师徒感情，为传承打下了敦厚的基础，使传承桥梁较为坚固。

（二）家族传承

家族传承主要以血缘关系为纽带的，使红拳得到了有效的，整体的，系统的传承，促进了陕西红拳的纵向发展。家传主要是父传子，子传孙模式他们在本质上是血缘关系的传承。像这种以血缘关系的传承方式在中国社会发展过程中占据了主导地位，在传统武术拳种各异众多门派的发展过程，大多数都是“家传”的传承，得到“真传”的也是以血缘为纽带关系的后辈，没有血缘关系的外姓只有在经过了相当长时间的考察（人品天赋等），才有可能登堂入室成为入室弟子或衣钵传人而得到真传；使得红拳的传承不光是技能的继承，更是一种制度和传统观念的继承。所以，习练武术的意义不仅在于技艺的本身，更多的在于学习技艺的过程，因此，武术的文化是一种过程学习文化，更是一种对人性的教化。

（三）乡缘传承

乡缘传承是指在特定某一小范围内所进行的红拳传承。在交通工具极其缺乏和生产力较为

低下古代社会，此处区域是除家庭之外人类活动较为频繁的场所，“不是亲人却胜似情人，所谓的故乡人吧”“远亲不如近邻”等民俗谚语，同村同乡同一地域，是人们感情与人际关系形成的重要因子。在地理环境相同的文化背景下，很容易在人们心理基础上达成共同的文化心理结构，这样一来使得红拳可以以另一种传承的方式出现在某村落或某区域内传习，由此形成鲜明的地缘性特征。例如，过去在陕西关中一带地区练习红拳者居多，村子里常年设有很多个教拳场所，由精通红拳的老者义务担任教师，街上摆着枪、刀、剑、棍等器械，青年人在习练时都趁着空隙时间习练并玩耍，旁边自然会有长者出来指点一二。无论是在村头村尾、屋里屋外、黎明傍晚，都有人在耍拳舞棍，自然也就形成了“吼几嗓子秦腔，耍几趟红拳”的场面。乡缘传承方式充分地说明了此传承方式在中国传统武术发展过程中起到了举足轻重的作用。

（四）红拳传习所和红拳培训基地的传承

红拳传习所和红拳培训基地是陕西红拳文化研究会根据文化部关于非物质文化遗产保护文件精神设置的，结合陕西本土的风俗习惯、乡土人情、地貌概况，红拳传承等情况设立的一种传承形式，陕西红拳文化研究会根据实地考察和相关讨论来决定是否授予红拳传习所或红拳培训基地牌匾。这种传承推广模式已经被政府部门认可，并且可以在其他优秀传统武术拳种中推广。鉴用传承人名字或有关单位进行命名，也是给予传承人荣誉的一种方式。它不是随意的组织而是一种具有坚定的责任和义务传承机构，要想获得传习所的殊荣称号，务必首先提出申请，然后经过调查考核符合红拳传习所或红拳培训基地要求（有训练计划、训练内容、训练时间、一定数量的学员，红拳训练制度）的授予称号。如今，已有 80 多个红拳传习所和红拳培训基地已经遍布整个陕西的每个角落，这样的创举唱响了一首空前绝唱。

第三节　非物质文化遗产视域下陕西红拳的保护现状与困境

一、陕西红拳保护传承现状

陕西红拳是一种古老的拳种，经过漫长的发展和演变，逐渐形成现在的红拳体系。红拳集百家之长，完善自己的不足，而红拳带有浓厚的西北民族的风气，红拳演练起来气势磅礴，刚劲有力，姿势优美，架势端正不失韵味，步法灵巧，身法轻快，节奏鲜明，招法讲究巧劲。劲道讲究外柔内刚，而劲力则以快为主，长劲、柔劲兼施，强调一个巧字。红拳的文化特性，是红拳从古至今长盛不衰的原因，红拳特有的文化魅力，不只是它内容丰富，体用兼备，它蕴藏着深刻的哲学思想。学习红拳不只是学技能、技术、技法，更要追求和理解红拳的哲学文化内涵。

自 1994 举办第一次“华祥杯”地方传统拳比赛，2008 年红拳又被列为国家级非物质文化遗产，到 2012 年第 10 届非物质文化遗产红拳传承人交流大会的举办，主要采取个人传习所的方式进行保护和传承，现在陕西范围内已有 70 多个传习所。

2011 年世界园艺博览会长安武林文化活动周、同年在西安市举行的国家级非物质文化遗产红拳传习所工作交流大会以及在 2012 年举行的第十届红拳传承人展演交流大会，与会同期举办了第四届红拳文化学术交流，对红拳的历史挖掘、红拳传承由实践上升到理论，进行探讨、研究，红拳学术交流是促进红拳文化的发展和提高的重要途径。还有近年制作、出版的红拳新画册、碟片，历年陕西组队参加全国各种比赛等，古老红拳在新的时期焕发出的勃勃生机，越来越受到人们的关注。

特别是 2013 年，在西安市莲湖区武术之乡举办的中小学红拳展演比赛，本次比赛由莲湖区教育局和区文体局举办，共有近 60 所中小学校参加比赛，参赛人数达 6 千人，西安体育学院姜霞教授受陕西省武术运动管理中心委派担任总考评长，组织、率领了以西安体育学院部分教师为主的裁判队伍，担任了此次比赛的裁判工作。本次比赛为陕西红拳进校园、为红拳的保护传承提供新鲜的血液。

本文主要是通过对陕西非物质文化遗产红拳的保护传承研究，为政府管理部门提供理论依据，使国家级非物质文化遗产红拳在陕西得到更好的保护和传承。

（一）非物质文化遗产保护传承法规

联合国教育、科学及文化组织大会于 2003 年 9 月 29 日至 10 月 17 日在巴黎举行的第三十二届会议，参照现有的国际人权文书，以及 2002 年第三次文化部长圆桌会议通过的《伊斯坦布尔宣言》强调非物质文化遗产的重要性，不容忍现象一样，使非物质文化遗产面临损坏、消失和破坏的严重威胁，而这主要是因为缺乏保护这种遗产的资金，意识到保护人类非物质文化遗产是普遍的意愿和共同关心的事项，承认各群体，尤其是土著群体，各团体，有时是个人在非物质文化遗产的创作、保护、保养和创新方面发挥着重要作用，从而为丰富文化多样性和人类的创造性做出贡献，注意到教科文组织在制定保护文化遗产的准则性文件，还注意到迄今尚无有约束力的保护非物质文化遗产的多边文件，考虑到国际上现有的关于文化遗产和自然遗产的协定、建议书和决议需要有非物质文化遗产方面的新规定有效地予以充实和补充，考虑到必须提高人们，尤其是年轻一代对非物质文化遗产及其保护的重要意义的认识，2003 年 10 月 17 日《保护非物质文化遗产公约》在巴黎通过。我国在 2004 年 8 月，经过全国人大常务委员会批准，正式加入了联合国教科文组织《保护非物质文化遗产公约》。

2005 年 12 月 22 日下发的《国务院关于加强文化遗产保护的通知》中指出："为了进一步加强我国文化遗产保护，继承和弘扬中华民族优秀传统文化，推动社会主义先进文化建设，国务院决定从 2006 年起，每年六月的第二个星期六为我国的'文化遗产日'"。2006 年 12 月 1 日起施行《国家级非物质文化遗产保护与管理暂行办法》，国家级非物质文化遗产保护项目必须有代表性传承人或相对完整的资料；具有实施保护计划的能力；能够开展保护传承、展演活动的场所和条件。全面的搜集该非物质文化遗产的实物、资料，并登记、整理、建立档案；具有保护非物质文化遗产的场所和传承该非物质文化遗产的条件；积极开展该非物质文化遗产的展示活动。

《国务院办公厅关于加强我国非物质文化遗产保护工作的意见》指出：（1）推动我国非物质文化遗产的抢救、保护传承工作；（2）加强中华民族的文化自觉性和文化认同感，提高对中华文化整体性和历史连续性的认识；（3）鼓励公民、企业单位、文化教育科研机构和其他社会组织参与非物质文化遗产保护传承工作。2007 年文化部制定了《中国非物质文化遗产标识管理办法》，2008 年 6 月 14 日起施行《国家级非物质文化遗产项目代表性传承人认定与管理暂行办法》，2011 年 6 月 1 日起施行《中华人民共和国非物质文化遗产法》，2014 年 1 月 10 日陕西省第

十二届人民代表大会常务委员会第七次会议通过《陕西省非物质文化遗产条例》，更加细化了对非物质文化遗产的法律保护。

（二）各层次红拳习练者的现状

目前陕西的大部分人还是知道、了解红拳的。红拳文化部门、传承人、传习所、武术管理部门等对红拳文化了解程度比较多，而晨练的市民对红拳文化了解较少，晨练的市民主要的目的是锻炼身体，大多数晨练市民不会主动去了解红拳文化，只有加大对晨练市民红拳文化知识的宣传，才能使他们更好地了解红拳。

目前学习陕西红拳的主要动机是学习红拳技术、技能，从而达到强身健体、增加知识、防身自卫、提高自身修养的目的，但对于弘扬红拳非物质文化遗产的认识还不够。大多数人学习红拳技能技术是为了锻炼身体、增进健康、防身自卫，而学习红拳来弘扬红拳文化的人不是太多，因此，要加大红拳的宣传力度，突出红拳的优势特点，让更多的人了解红拳，吸引更多的人来练习红拳，

如今陕西红拳练习者年龄偏大者居多，陕西红拳青少年人才不足，需要加大青少年传承人的培养，对红拳传承人要进行定期培训，经过培训合格才能给予传承人的称号，谨防出现传承人后续不足或断层的现象。

陕西红拳高学历的传承人、练习者较少，习练者受教育程度不高。为了使红拳非物质文化遗产得到更好的保护传承，应侧重培养年轻的红拳传承人，把老一辈拳师的红拳技能技术、文化精髓传承下来，重视年轻红拳传承人的文化知识的培养，力争从质量上将年轻的红拳传承人培养成合格的红拳非物质文化保护传承人。

（三）陕西红拳传承方式与途径的现状

陕西红拳的传承历来都是比较保守的：如今陕西红拳已迈出开放的步伐，登上武林大会。

如今陕西红拳的传承方式主要是当地民间老拳师和群众自发组织练习占的比例较大，当地传习所集体教授也还不错。

现有的红拳传习所传授方式还是以传统传授模式为主，还需与现代社会的发展要求相适应，可适当加强现代化的科技方法作为传统传授方式的补充。

大多数红拳习练者还是喜欢徒手套路，徒手套路不需要器材、不需要花费金钱买器械、比较容易上手。可以和其他红拳爱好者随时交流，不受地方、和器械的限制。说明大多数人学习红拳的目的只是锻炼健身，对练形式的减少也在无形中使红拳实战技击的攻防意识逐渐消退，这也使得红拳的传承面临只有形没有意的问题，对红拳真正意义上的保护就显的缺失。

目前人们练习的红拳种类主要有：小红拳、红拳、大红拳、陕西炮拳、关西红拳等。而小红拳是练习人数最多的。小红拳的普及程度比其他的拳类要好，其他红拳拳类要充分利用各自的优势和特点来吸引练习者，使其更好的保护传承下来。

大多数红拳练习者是在红拳传习所里和自发有组织的在露天广场、公园等地方练习。因为这些地方都有民间红拳老拳师和红拳传承人练习，他们在这些地方起到了带头的作用，他们能够为红拳学习者在技能技术和红拳文化上提供帮助，所以大多红拳学习者愿意到这些地方练习红拳。因此，红拳有关部门要制定有效的培训制度，定期的到这些地方进行传授红拳技术技能

和红拳文化，也要定期的组织红拳表演队到这些地方进行红拳展演，既能宣传红拳文化，又能培养红拳传承人。

大部分红拳练习者还是有固定的练习场所，只有少数人没有固定的练习场所。因此，需要建设固定的红拳练习场所，以供红拳练习者进行练习和交流。有利于红拳技能技术、红拳文化的保护传承。

基于上述现状，国家及当地政府需要加快红拳传习所的建设，加大红拳传承人的保护，加快红拳进校园的节奏，通过宣传加大有关部门和政府的支持与资金的投入。

目前，大多数人都是通过向老师傅请教以及和其他红拳爱好者进行交流的传统交流形式来学习红拳的，由于习练者年龄的原因，习练者大都还是喜欢采用传统的交流方式。陕西红拳在保护传承上取得了不错的成绩，然红拳的交流途径还是较传统。而红拳传习所周边的红拳练习者可以去传习所进行交流探讨，离红拳传习所较远的人群能够去传习所进行交流探讨的很少，他们大多数人会选择向当地红拳老拳师请教或者和其他的红拳爱好者进行交流。现在的网络发展迅速，红拳也要跟上时代的发展，适时的多录制红拳视频、汇总红拳文化精髓、红拳拳谱、开设红拳网络课程和建立红拳交流网站，以方便红拳练习者进行交流和学术探讨。

目前陕西红拳的开展取得不错的成绩，特别是西安市莲湖区全国武术之乡已将红拳推进校园，在中小学校大力推进学习红拳的热潮，这有力地促进了红拳的传承和发展，为红拳文化继承增加了新鲜血液。

（四）陕西红拳保护传承理论研究

现在有大部分练习者习练采用的红拳著作都流传下来，如戚继光《纪效新书·拳经捷要篇》清代《清稗类钞·技勇类》，宋代《武经总要》《武学七经》等，同时也有采用近几年撰写的红拳著作，如杨宝生的《中国红拳》《红拳探讨》《红拳雀地龙势法释义》等，还有一部分练习者没有采用红拳著作。因此，如今较多的红拳著作都是前人撰写的，近几年相关红拳的著作不多，还需加大此方面的鼓励，因而如要加大红拳文化的传承，还需增加对红拳理论体系的研究。近年来红拳著作陆续出版。

二、陕西红拳目前面临的困境

（一）陕西红拳的文化空间面临挤压

“文化空间”是当前学术研究中频繁使用的重要关键词之一。它主要来源于法国都市理论研究专家亨利·列斐伏尔（Henri Lefebvre）等人有关“空间”的理论。列斐伏尔认为空间是通过人类主体的有意识的活动而产生的。联合国教科文组织对“文化空间”的定义给出了以下三种解释：第一种定义为一个集中举行流行和传统文化活动的场所，也可定义为一段通常定期举行特定活动的时间。第二种是指某个民间传统文化活动集中的地区，或某种特定的文化事件所选的时间。第三种被解释成为“具有特殊价值的非物质文化遗产的集中表现，一个集中举行民间传统文化活动的场所”。

王晓同志强调“非物质文化遗产是一种‘文化空间’，并且是一种与文化表现形式有关的‘文化空间’”；认为“保护民族传统体育，重中之重在于保护生它养它的文化母体——文化空

间。”2005 年 7 月在“中国非物质文化遗产保护·苏州论坛”上，文化部部长孙家正近两个小时的脱稿发言中谈道：“我们正在一锹一锹埋葬自己的文化”；“我们的祖先远比我们更有创造力”；“断层和失根的文化可能使我们游荡的灵魂难以找到精神的家园”。

从民俗学、文化学的角度看，一个民族的节日风俗既是展示该民族文化的橱窗，同时也是该民族文化内在特质、深层内涵的外化和总汇。随着城市化的不断发展，原来在宗教号召下的民族传统体育节日等现象正在发生着改变，人们正逐步摆脱以前的相对单一的血缘至亲圈子，而走向了广阔的以地缘和业缘为主的社会关系之中，人们的思想意识体系产生了改变。随着城市化的进程，人们的生活节奏也在加快，社会分工逐渐细化，原有的那种乡村民族传统体育节日已很难生存。如其中仍然发挥至关重要作用的实用性、尊祖性、审美性等已受到城市化进程的强烈制约。陕西红拳，这个曾经在三秦大地上广泛传播的优秀拳种也受到城市化进程的强烈冲击，原来的那种每逢节日一些男女老少齐聚一起耍拳弄棒的场面已不复存在，取而代之的是一些青少年对跆拳道、空手道等西方体育项目的喜爱和追随。近些年来，一些陕西武术界的有识之士极力呼吁保护陕西红拳，尽管陕西红拳在近期被选入中央电视台的“武林大会”节目，并得到了很好的宣传效果。同时相关部门在近些年来举办了很多次关于陕西红拳的一些交流活动，以尽可能地维持原有的那种文化空间。同时在政府的大力支持下，陕西红拳从近些年来做了不少挖掘、保护、抢救方面的工作，但仍不能全面系统地予以总结、规范，至今还有很多难以解决的问题。但陕西红拳的保护与发展仍然需要政府的大力支持和社会各界人士的广泛关注。

（二）陕西红拳保护仍然存在着诸多问题

1. 现代社会对陕西红拳的“祛魅”

在科技发展和文明昌盛的时代，面临现代化语境对传统文化的解构或者说“祛魅”，历史悠久而又经过近千年文化积淀的陕西红拳也在无休止的“祛魅”浪潮中展现了自己的真实的面目。有人认为，20 世纪 30 年代中央国术馆的国考打破了传统武术的神话，现代散打的科学化训练和竞赛模式是陕西红拳无法与之比拟的。陕西红拳是中国军事格斗技艺的演绎，而在西方公平体育竞赛规则面前表现出了极大的不适，还有陕西红拳与现代散打的训练目标和手段乃至对抗方式都有着明显的不同，是不能简单地把两者放在一个平台上去进行孰优孰劣的评判的。文化的东西往往是历史的，如果用现代的思维和读写方式对之进行“祛魅”，那么就人为地割裂了历史的传递，不断擦除其积累的“痕迹”，使古老的历史和厚重的文化积淀在现代人陌生的解读之下显出苍老与尴尬。

2. 保护意识的缺乏

近年来国家对非物质文化遗产抢救工作进行了一定程度的宣传，但是对全民而言，其保护理念还远远没有普及。由于国家非物质文化遗产保护法尚未出台，大多地区也没有相应的地方法规，因此，具有很高文化价值的陕西红拳这项非物质文化遗产项目不能依法得到保护。根据我们的调查发现，在城市和一些陕西红拳开展比较好的地区，除了有一些少数年迈老拳师在习练红拳，而且伴随着社会的快速发展，人们生活压力逐渐增大，陕西红拳在社会阶层中尤其是主流阶层中并不是很受重视，甚至很多人已经淡忘。年轻人在追逐西方新鲜感官文化的同时也对我们的民族文化显示了空前的漠视，更谈不上去学习陕西红拳。我们还注意到，广大群众对陕西红拳的推广并不是十分看重，大都认为这是祖辈们传下来的不会断绝的。但许多震撼我们的事实已说明，目前一些掌握红拳古老拳法、技击要领的老拳师，因年事已高不再收徒，有的则已谢世。而一些拳谱、拳诀也随着老拳师的离去而失传。

3. 保护力度不够

对抢救保护非物质文化遗产政府虽有一定投入，但这些投入对于浩如烟海的保护对象来说，相对于消亡的速度而言，仍是杯水车薪。在陕西红拳的保护过程中，虽然陕西红拳已被列入陕西省非物质文化遗产保护名录，但是我们应该看到在保护中仍然存在着诸多问题。例如，(1)必需的经费得不到保证，致使大量的普查、记录、整理、宣传及其重点抢救保护工作无法有效开展。(2) 保护制度目前还不是很完善。虽然近年来，陕西红拳也在积极申报国家级非物质文化遗产，同时在相关部门的组织下成立了陕西红拳文化研究会，旨在为陕西红拳的保护和发展创造一个良好的氛围，但陕西红拳的保护仍然存在着诸多问题，这些都需要政府的积极支持及广大民众的高度关注。

(三) 陕西红拳传承模式具有很大的局限

作为具有浓厚文化底蕴的陕西红拳，长期以来被视为中国社会的市井文化，处于亚文化状态，其传播范围以生活在社会底层的社会成员为主，在其漫长的传播过程中，较少运用其他传播和继承方式来开展。陕西红拳的传承方式最主要的特点就是师徒制。师徒制并不是封建糟粕，它在旧时的社会背景下恰好是民间文化最适宜的一种传承方式，带有东方文化的感性和责任。“师徒传承是历史上传统武术延绵不绝的主要生命形式。”“由师父和徒弟结合而成的传习双方，共同构成了中国传统武术的主要传承载体。”口传身授、耳提面命式的传授和继承一直是最为主要的方式。由于武术传播有范围小、师承脉络鲜明、技术传播为主等特点，故陕西红拳一般都采用面对面、手把手的传授方式。这种方式注重实践，在实践中传授，在实践中继承。传播者往往传授的是自己的现有技术和直接经验，再加上自己亲眼所见、亲耳所闻的有关陕西红拳的知识和信息。继承者直接从传授者那里接受教育，从机械地“跟着练”发展到简单地模仿和熟练地掌握。学习过程沿用师傅带徒弟，父传子的方式。

正因如此，在陕西红拳的长期传播过程中，尽管其内容丰富，但仍没有形成像中国其他拳种一样形成大一统体系，流传下来的拳谱和要诀，大多只能有活着的人携带，这些都随着继承人的存在而存在，逝去而消失。而且，陕西红拳的拳师大都在农村，它的传播对象都是相对单一的血缘至亲圈子，这些都局限了陕西红拳的传播，影响了陕西红拳的发展。

第八章　非物质文化遗产视域下四川传统武术的现代化发展——以峨眉武术为例

峨眉武术是四川传统武术的代表。峨眉山市范围内的峨眉武术，它属于峨眉武术的一个主要分支，也是峨眉武术重要的传承和传播地区。峨眉山市因地临峨眉山麓而得名，是连接四川成都市与攀西地区的政治、经济、文化中心枢纽。峨眉山市一直是旅游开放城市在川西南有着重要的地位，是全国文化体育先进市、全国武术之乡。

峨眉武术传承至今，已经有了3 000多年的历史，在全球多元化文化的冲击下，各种地域性文化逐渐衰退，非物质文化遗产的发展受到了极大的限制，峨眉武术也是如此. 新时期，在西方文化及信息技术的冲击下，峨眉武术发展难以形成规模。峨眉武术的传承方法一直只注重口传身授、代师收徒、正统单传，而忽视了发展的重要性，加上峨眉武术门规严格，民间秘传时间久远，导致有很多拳法还鲜为人知。峨眉武术对峨眉山市僧人有着很大的影响，但在“文革”期间却遭到严重破坏。由于峨眉山市僧人崇尚和平、平安，僧人习武也随之减少，武技高的僧人更是凤毛麟角，再加上没有武艺高僧教授技艺，宗教政策也不能较好地落实等原因，在一定程度上造成了大量的峨眉武术流失于民间，使其不能很好地挖掘和保护。

峨眉武术在改革开放后迅速发展，但在武术人才培养、宣传推广和经费投入等方面上力度不足。目前，许多峨眉派的功法、拳术以及套路也随着一些老拳师的离世而失传，峨眉武术拳种面临严重濒危状态，迫切需要保护和传承。

近年来，伴随着国家非物质文化遗产保护工作的实施，大批民间优秀的传统工艺、民俗体育和节庆等活动被列入了国家非物资文化遗产目录，得到了有效的保护和发展。武术作为我国民族传统体育活动内容和形式，由于自身特有的传统性、民族性和文化性，使其纳入了国家非物质文化遗产保护的范畴。2006和2008年，一批具有深远影响的地域武术（少林功夫、武当武术、峨眉武术）被列入国家非物质文化遗产目录。作为历史上具有重要地位的地域武术列入非物质文化遗产目录是有积极意义的，它显证了国家对于武术事业的重视和保护，同时也彰显了中国武术的强劲生命力。然而，作为一种身体技术文化形式的地域武术，在形式上与非物质文化遗产保护的结合，并非就能完全起到预期的作用。因此，在国家非物质文化遗产保护工作实施的有利背景下，在特有的非物质文化遗产语境下探讨峨眉地域武术的发展具有一定的理论参考价值。

第一节　非物质文化遗产视域下峨眉武术的起源与演进过程

一、峨眉武术的起源说

现代流传的对于四川省峨眉武术起源最有代表性的说法有四种：一是春秋战国时代的白猿

长老，即司徒玄空；二是南北朝淡然法师；三是隋朝少林僧云昙；四是南宋峨眉山临济宗白云禅师。五是南宋“白眉道人德源长老”。

第一种关于峨眉武术起源于春秋战国的说法最早出现在《四川武术大全》（1989）一书“通臂拳源流”的记载中：春秋战国时由白猿公所创（姓白，名士口）字衣三，道号动灵子，即：四川峨眉山的司徒玄空。（司徒玄空年迈时人称白猿道人，在峨眉山授徒甚众）。在民间辗转流传中，逐渐形成了通背猿猴，白猿通臂等拳术套路。但仅从峨眉山地域佛教起源的史料文献和学者研究成果来看，这种说法是不成立的，从以下史料可以证明。

《峨眉山县志》（1991）“宗教篇”记载：现有于四川最早佛教史料的文字记载则是起于东晋。南朝·梁，慧皎《高僧传》载，晋代高僧慧远之弟慧持和尚欲观瞻峨眉，振锡岷岫，乃以晋隆安三年（399 年）辞远入蜀，受到蜀地刺史毛璩的热情接待，不久上峨眉山，择地建庵（址在今万年寺，塑供普贤之像，取名普贤寺。是为山上第一座比较正规的庙宇）。《中国佛教寺院大观》称：“有史可查的峨眉佛教始于东晋隆安年间，净土宗创始人之一慧持大师前来传播，创建了全山第一座寺庙普贤寺（今万年寺）。”

另外有关峨眉山佛教起源还有“蒲公采药说”。

明代，胡世安（1593—1663）著《译峨籁》卷六“宗镜记”记载：“汉氏永平中，癸亥（公元 63 年）六月一日，有蒲公采药于云窝，见一鹿，异之，追至绝顶无踪，乃见威光焕赫，紫雾腾涌，联络交辉成光明网。骇然曰：此瑞稀有，非天上耶！径摊贩西来千岁和尚告之。”答曰：此是普贤祥瑞，于末法中守护如来，相教现相于此，化利一切众生。清代，蒋超《峨眉山志》卷二“诸经发明”中援引了上述文字，并在见一鹿后增加了“足迹如莲花”五字，再加上“蒲归乃建普光殿，安愿王像”。又在“寺观”一章中说：“光相寺在大峨峰顶，相传汉明帝时建，名普光殿”，从而形成了完整的蒲公开山说，此后相互援引，以成众论。民国，许止静辑《峨眉山志》卷二，对峨眉山普贤祥瑞起源也采用曹学佺撰《蜀中广记》的说法。民国印光法师《重修峨眉山志流通序》云“旧志（指蒋超）所载，殊多讹谬”。

西汉时期的峨眉山，还是“夷獠蛰居之地，山中荆榛遍布，野兽放逐其间，未可得而游也”（见清顺治年间翰林院修撰蒋超所著《峨眉山志》）。同时，峨眉山至今尚未有汉代佛教文物出土。

从以上有关峨眉佛教起源的研究资料和史料文献资料可以证明：在东晋以前，没有任何有关峨眉山佛教的文字记载，公元 63 年宝掌和尚未来峨眉山，峨眉山佛教志称“宝掌和尚南北朝时期来中国，梁武帝延入内庭”，与南北朝肖衍崇信佛教的史实是吻合的，达摩也是南北朝时期来中国的。而明代开始的峨眉山志中的蒲公见鹿问宝掌之事也不正确。1985 年中国佛教协会出版的《法苑丛谈》认为：相传在古代，蒲公入山采药，得见普贤祥瑞，其实是宋人的附会。也对蒲公的传说持否定意见。因此，在东晋之前，没有峨眉山佛教的存在，也没有峨眉山僧人这个载体，峨眉武术也没有存在的可能。峨眉武术起源于春秋战国时期的白猿祖师的说法是毫无根据的。

峨眉武术史学研究学者周良伟在“史学视野中的峨眉武术史研究”一文，习云太在《中国武术史》（1985）一书，龚鹏程在《武艺丛谈》（2009）一书，韩宝轩在“武田熙《通背拳法》一书的讹传”一文（《精武》200708）和在“真实的通臂拳历史源流”（《精武》200804）两文中，王亚慧在“试论峨眉武术的起源及对‘白猿起源说’的质疑”一文中都认为：峨眉武术

"白猿起源说"是一种典型的、人为的编造、嫁接和附会，是对峨眉山地域武术起源的有意地误读。

第二种关于峨眉武术起源的称峨眉山佛教最早的武僧是南北朝时期的淡然法师说法来源于《峨眉山志》(1997) 和《峨眉山佛教志》(2001)，书中记载：峨眉山最早的武僧是南北朝时期的淡然法师（公元 491—618)，俗姓林，号时茂。原为东魏孝静帝廷下武将，封镇南将军，因与高欢之子高澄不睦，避祸到泽州析成山问月庵出家，法名太空，号淡然。后到南朝，梁武帝封为妙相寺副主持，普真卫法禅师，因与住持钟守静不和，晚年辗转到峨眉山中峰寺修住，并扩建中峰寺。淡然法师最早的出处为明人方汝浩撰武侠历史小说《禅真逸史》一书，又名《残梁外史》《妙相寺全传》，写的是南北朝时的事。《禅真逸史》其作者年代为明代，距南北朝相差九百年，作为一部历史演义小说，书中人物及故事演绎成分较大，可信度不高。南宋范成大"峨眉山游记"游历了中峰寺，如果有淡然法师真实的存在过的痕迹，书中绝对不会只字不提。可见，现在淡然法师在中峰寺的塑像极有可能是在宋代之后，明代小说出现之前的事情。因此，将南北朝时期的淡然法师作为峨眉武术第一人，其真实性存疑，我们认为是明代左右后人演绎的结果。

第三种峨眉武术起源说称：隋末少林寺僧云昙开创了峨眉山僧门武术。此种说法最早来自于《四川武术大全》(1989) 中关于峨眉武术僧门起源的介绍："僧门一共有七支，第一支在唐以前，少林寺一高僧（据说是僧云昙）云游至四川峨眉山，传少林拳法及功法于该地。后峨眉僧人以此拳法为根基，结合当地人的特点和技艺，形成了自己独特的风格，由于此拳是僧人所传，故称'僧门'。"此种起源说只是 20 世纪 80 年代全国武术挖掘整理时的口述历史，没有考证史料，一是认为唐之前就只是隋朝，二是将"据说是僧云昙"改成了"少林僧云昙"，从此当成正史流传至今，此种说法是明显没有事实依据。纵观《四川武术大全》一书，武术起源多源于拳师的口述历史，其真实性无法考证。

第四种峨眉武术起源于南宋说法来自于周潜川所著的《峨眉十二桩释密》(1959) 序中所述内容：一、南宋末年峨眉山白云禅师由道入释，兼研习密宗，并精于岐黄之术，集医、释、道和武功之精华于一炉，寓内功导引按跷术、点穴、布气、针灸于十二桩功法之中，并融汇了医疗、养生、开发智能和技击为一体，创峨眉十二桩功法，迄今有 800 年历史。二、自己习得此功法的起源：1939 年白云禅师患大病，经名医多人医治无效，后经峨眉山高僧永严法师医治病愈。遂投师永严法师，学习峨眉十二桩密传功法及佛教医术精要，并获赠"镇健居士"法号。后《四川武术大全》《四川省志体育志》、《峨眉山志》《峨眉县志》等所有涉及峨眉武术起源的书籍和文章均以此说法为依据。

我们认为，周潜川称永严法师是峨眉派养生功法峨眉十二桩第十一代传承人，那么我们推测，从南宋建炎元年（公元 1127 年）至 1939 年之间的八百多年间，以平均一代传承人年龄相差为三十岁，到民国时的永严法师时至少应当有二十七代传承人，如果只有周潜川说的十一代，那两代传承人的年龄差距就是八十多岁，在古代人平均寿命很低的背景下，显然文中的传承年代与传承辈数是相互矛盾，那么峨眉十二桩这个武术内容也是无法传承下来的。台湾学者龚鹏程在其"峨眉武术探秘"一文中曾明确指出：白云禅师创编"峨眉十二桩"之事"属于近时潮流，绝不起于南宋"，周良伟在《史学视野中的峨眉武术研究》一文中也认同这种观点。习练峨眉十二桩的武术学者曾庆宗也认为："峨眉十二庄气功源出南宋末年峨眉山金顶寺白云禅师所创。至于白云禅师怎么传承峨眉十二庄到永严法师，今已不可考。”

第五种峨眉武术起源于南宋峨眉山僧人德源长老说法来源于《峨眉山志》记载：南宋时期，又有峨眉山僧人德源长老集僧道武术之精华，结合自己的练功体会，模仿山中猿猴动作，编出一套猴拳，并著有《峨眉拳术》一书。德源长老眉毛带白，人称白眉道人，猴拳又称为“白眉拳”，流传至今。此种说法来源于《乾隆南巡记》《圣朝鼎盛万年青》《万年青奇才新传》，作者不详。是目前发现的最早的版本，刊印于光绪十九年（1893），是迄今的第一次明确写出福建南少林派的正式出版物。（张剑峰《问道》，第一章梁旭辉“江湖逸闻录”），此书中记载了“火烧南少林寺”的传说，南少林有五个绝世高手，其中白眉道长为峨眉派掌门。另有佛山作家“我是山人”，（本名陈劲，原籍广东新会，世居佛山，是叶问宗师的街坊），抗战胜利后开始以《圣朝鼎盛万年青》为蓝本，以“我是山人”为笔名写技击小说，在撰写《洪熙官大闹峨眉山》中开篇就有“正当派冯道德与峨眉山白眉道长勾结清兵，破灭福建九莲山少林寺”的故事。

综上所述，在没有任何历史文献史料作证的情况下，仅凭挖掘整理时的拳师口述历史或者民间的传说故事来认定峨眉武术的起源显然是不正确的。以上五种关于峨眉武术的起源的说法也是没有科学依据的。

笔者认为：非物质文化背景下的峨眉武术起源于峨眉山地域道家养生功法。原因有二：一是峨眉山是先有道教再有佛教。在佛教传入峨眉山之前，就有方士、仙家、隐者在峨眉山修道、隐居。道教吸收了古代巫术、方士、神仙家的观点，主张清静无为、养生修炼、长生成仙，因此，道家与道教导引术最有可能成为峨眉山地域武术的最初内容。二是现存最早的、并有文字记载流传下来的峨眉武术内容——峨眉十二桩的创编者白云禅师原本是峨眉山一道士，峨眉十二桩是依据道家《黄庭内外景经》《太上清静经》与《阴符经》创造发挥的，其以《黄庭内外景经》为练功的纲目指南，动作名称及技术内容明显有道教养生功法的特点。另外记载峨眉山武术最早的诗是明代抗倭寇名将唐顺之（1507—1560 年，江苏武进人）在《荆川先生文集》中有一首《峨眉道人拳歌》中有“道人更自出新奇，乃是深山白猿授”，因习练武术的目的与峨眉山佛教教义相去甚远，因此我们认为此拳歌中所描写的也是道家的武术内容。

二、峨眉武术演进过程

（一）起源阶段

在东晋至唐代这样一个历史阶段，峨眉山佛教一直处于最初的发展阶段，当时峨眉山还存在过一段时间的佛道同存。翻阅现有的史料，发现在东晋到明末这么长一段时间的记录，关于峨眉山佛教与僧人的文字记录并不多。只有部分文献记录了关于峨眉山的游记类的文章以及关于描述寺庙的部分信息，关于峨眉山僧人习武方面的记录基本上没有。从晋代到元代的这么长的一个阶段都可以将峨眉武术认为是没有史料记载的最初始的发展阶段。在这个过程中，峨眉山由最初的道教转变成为佛教，道人转变成为僧人，这样一个特殊的转变对后期峨眉武术有着一定的影响。

（二）鼎盛阶段

翻阅相关的历史资料，关于峨眉山佛教人习武的记载最早是在明代，在《荆川先生文集》中，有这样一段描述，“浮屠善幻多技能，少林拳法世罕有。道人更自出新奇，乃是深山白猿授。忽然竖发一顿足，崖石迸裂惊砂走。百折连腰尽无骨，一撒通身皆是手。余奇未竟已收场，鼻息无声神气守。”这些史料记载均可以反映出当时峨眉山僧人的习武情况。另外，根据其他史料记载，明代时期是峨眉山佛教发展的鼎盛时期，原有存在的佛道同存的现象基本上已经消失，佛教逐渐发展起来。在《峨眉山佛教志》中记录了匾囤进入峨眉学习武术的史料。另外一个值得一提的就是明末清初武术家吴殳著写的《手臂录》中，就描述了关于峨眉山僧人武术中的重要内容，峨眉枪法。文章中这样描述：“西蜀峨眉山普恩禅师，祖家白眉，遇异人授以枪法，立机空室，练习二载，一旦悟彻，遂造神化遍游四方，莫屯驾并。”根据峨眉山县志的记载，在明代的万历年间，峨眉山的常住僧人达到 1 700 人，从这项数据上可以说明这个时候已经达到了峨眉山佛教发展的鼎盛时期。当时的峨眉山几乎达到了每一座山就有一座庙的状态，据史料记载明末时期峨眉山的寺庙一共有 111 个，这个数量是峨眉山寺庙在南宋时期的 5 倍以上。

到了明末清初，当时整个局势动荡，影响到了峨眉山佛教的发展。但是这种失稳现象在清代初期的湖广大移民、社会稳定后逐渐消失。清代康熙皇帝对峨眉山佛教给予了一定的支持，这一点对峨眉山佛教的发展有着重要意义。清代有关峨眉武术的记录主要来自《四川武术大全》《峨眉拳谱》。

进入到民国时期，这个阶段是我国社会动荡最严重的时期，但是确实峨眉武术发展以及普及最佳的时期。当时的孙中山先生提出了鼓励全民练武的号召。后面的抗战时期，由于峨眉山属于巴蜀之地，受到战争的影响并不明显。在 1935 年蒋介石曾经在峨眉山开办过国民党军官训练团。种种资料表明在民国时期，峨眉武术不仅得到了一个良好的发展，在全国的一个知名度以及影响力正在逐渐形成。

（三）低调阶段

在 1951 年峨眉山开始禁止一切佛事活动，将重心转移到劳动生产。当时那个时期佛教被认为是封建迷信而受到了一定程度的压制。特别是到了“文革”时期，不仅是佛教活动被限制，另外峨眉山的寺院以及僧人的个人财产都受到查抄，佛教场所受到了严重破坏，峨眉山关于所有的武术以及其他都进入到一个历史低谷阶段。在当时的那个政治环境、社会环境都不利于峨眉武术文化的发展，在这个阶段关于峨眉武术方面的信息基本上不多。

（四）再次繁荣阶段

随着《神秘的大佛》的开拍，并由著名的电影明星刘晓庆主演，让峨眉武术再次回到人们的视野当中。在 1982 年，峨眉山的僧人人数逐渐开始增多。但是受到当时社会经济的影响，国家的管理，峨眉山僧人并没有大幅度增多。当时的社会环境使得峨眉山将重点放在了佛教文化的传播以及武术的传承方面。

第二节　非物质文化遗产视域下峨眉武术的相关理论解读

一、峨眉武术相关概念的界定

（一）峨眉山市

本章研究的是峨眉山市地区的峨眉武术，应对峨眉山市的地理位置和地理环境有所了解。峨眉山位于四川省的西南部，作为一个县级市，隶属乐山市。峨眉山市距乐山市中心30公里，距离成都市区154公里；地理坐标的中心位置是，东经103°29′，北纬29°36′。峨眉山面积有300多平方公里，是大峨山、二峨山、三峨山的总称，最高峰万佛顶的海拔为3 099米。峨眉山层峦叠嶂，地域广阔，峰回路转，树木茂盛，猴嬉蝶舞，景色宜人，是国家级旅游名胜风景区。

峨眉山市地处四川盆地西南边缘，全市辖有12个镇，6个乡，辖区面积1 170.56平方公里，总人口43万。峨眉山市的命名是由地临峨眉山簏而来，是连接四川成都与攀西地区政治、经济、文化的中心枢纽。峨眉山市是一个旅游开放城市，在川西南具有重要地位，是全国文化体育先进市、全国武术之乡。

（二）峨眉山

峨眉武术与峨眉山有着密切的关系。峨眉山不仅是峨眉武术的发源地，还与政府目前认可的峨眉武术主要传承人都有着千丝万缕的联系。对于峨眉武术来说，没有峨眉山就没有峨眉武术。所以，研究峨眉武术就必须了解峨眉山。

早在春秋战国时期，峨眉山就很著名。“峨眉”这个词，最早发现在西周时期，晋代常璩在《华阳国志·蜀志》中记载古蜀国国王杜宇的国土就包括了峨眉（今四川峨眉山市境内）地区。对于为什么称它“峨眉”，有不同的理论说法：有说峨眉山是由于“山高水秀”而得名，也有说是峨眉山是因位于在大渡河边，大渡河在古代被称为“涐水”，故称“涐眉山”；峨眉山只是一座山，因此再由“涐湄”变成了“峨眉”，这种说法是近代文人赵熙之所述。峨眉山从春秋战国以来，已有两千多年的历史，历有“峨眉天下秀”之称。“峨眉”二字，也恰到好处地刻画了峨眉山外形壮观、多彩多姿的内在特点。

峨眉山位于峨眉山市，四川省境内，面积154平方千米，海拔3 099米最高峰为万佛顶景区。陡峭的地势，秀丽的风景，有着“秀甲天下”的美名。峨眉山沿途有很多猴群，常常结队向游人讨要食物，是峨眉山一大特色，这也印证了峨眉通臂拳主要是模仿峨眉山猴群而来的拳种。

（三）巴蜀武术

峨眉武术属于巴蜀武术的一部分，峨眉武术自然也与巴蜀武术存在着千丝万缕的关系。在先秦时期，巴蜀是当时地区和地方的权力机关，也就是现在重庆和四川一带，东部为巴国（重庆），西部为蜀国（四川成都等市）。古老的巴蜀大地诞生了巴蜀武术，巴蜀武术是极具代表的地域性武术，是传统体育与地域文化相结合的产物。巴蜀地区是一个典型的移民区，“秦汉大移

民”和“湖广填四川”对巴蜀武术的发展具有重要的历史意义。巴蜀地区有奇特的地理结构，且有天下秀丽的峨眉山和道教圣地青城山生存和发展在其中，这也使巴蜀武术在人们心目中产生更大的神秘感，以致人们对巴蜀武术更感兴趣。

巴蜀武术拳种的主要特色是带有浓郁的地域文化，目前巴蜀武术拳种内容繁多，其中挖掘、整理源流有序、拳理清晰的就有67种之多，它不仅包括当地武术，也包含许多客家武术。巴蜀武术拳种无论是本地还是客家武术在长期的历史发展中都带有明显的地域性技法特点。近代巴蜀武术地区已出现如火龙拳代表人物钟润生及师兄弟、名震川东的“余家父子”“武医妙手”郑怀贤、国术传播者王树田、“一代猴王”肖应鹏以及武术史学家习云太等都是巴蜀地区的武术精英，更为巴蜀武术的历史发展做出了巨大贡献。

（四）峨眉武术

在2007年国家级非物质文化遗产名录申报材料《峨眉武术》中对峨眉武术的概念进行了界定：峨眉武术是指产生起源于四川峨眉山并广泛流传在整个四川乃至整个西南地区武术的总称。因此，在非物质文化遗产背景下的峨眉武术的核心即是峨眉山地域武术，新时期的“峨眉武术”与“巴蜀武术”在概念上已不具有同一性。峨眉武术发展到目前为止，有近三千年的历史，已成为四川武术的代名词，门派众多，拳种套路也有近千种。各种技艺中最具独特风格的有：“峨眉拳”“峨眉散手”“峨眉刺”“峨眉扣手”“峨眉功法”等。峨眉武术是以巴蜀文化为理论基础，以内外兼修、术道并重为运动特色，在巴蜀流传悠久、根基深厚、源流有序并具有浓厚巴蜀地域风格的武术技术体系。

峨眉武术是一种传统体育项目，不仅重视内气修炼还注重形体结合。其技术特点地域性较强，主要是小、快、灵、重；技击特点为走边划圈，走动含暗腿，掌握招式变化、步法活、动作敏捷，身体灵敏、劲力脆沉。峨眉武术善于使用手法，提倡使用脚手打、近身时运用肘法、贴身时运用摔跌、粘手就靠擒拿制敌，而在内功练习上，峨眉内功主要通过锻炼呼吸、导引、发声、吐气等形成体内功力的核心，进而释放出强大的爆发力。

自古以来峨眉武术就以其自身独有的风格在中华武林矗立着，流传至今。峨眉武术和武当派、少林派比较，三大门派有很大的共同之处。本质上，“内外兼修，体用皆备”的练武原则都是峨眉、少林、武当三派所遵循的，可是三大门派在实践操作上，又是各显秋色，特别是在“长短”“内外”和“刚柔”这些方面更是各有所长。

“少林为外功，武当为内功，各有精微造诣。”一代爱国武术家万籁声在他的《武术汇宗》中这样写道。很多武术界基本都承认：以外家拳著称的少林武术多以长手和攻架见长；以内家拳术著称的武当功夫多以短手和以动制静并以呼吸见长；峨眉武术的特点是追求达到静功和动功的结合，追求长短的结合，刚与柔、内与外的结合，它恰好鉴于少林与武当两者之间。峨眉武术的动功有十二桩：“大、小、幽、冥、天、地、之、心、龙、鹤、风、云”。静功有：“重捶功、虎步功、悬囊功、指穴功、缩地功、涅槃功等”。在这六大功中，以“指穴功”——“三十六式天罡指穴法”最有代表，既可以防卫制敌，又可以按揉治病。峨眉武术有着很强的实战技击性，独特的功法，练习中把人的肌体的阴阳与动静、刚柔相融合，坚持练习可以强身健体。而且它的体系繁多，有着“一树开五花，五花八叶扶”的美称，“五花八门”一词也是由此得来。“五花”是指峨眉武术在巴蜀不同地区的五个武术流派：成都地区的黄陵派、川东地区的青牛派和点易派、川西地区的青城派、川北地区的铁佛派，各门派都各有所长。“八门”是指峨眉武术中“僧、岳、赵、杜、洪、化、字、会”八大门派。这些门派交织成峨眉武术的脉络体系，他们共同地支撑着峨眉武术。峨眉武术不但以“功力拳、神力拳、铁臂金刚拳、火龙拳、余门拳、五虎拳、峨眉十二桩、三十六闭手等名拳和32个小拳著称于天下，而且以奇功异彩的稀有拳术闻名四海，其中有跛子拳、蟹拳、牛角拳、追魂拳、七步方脚拳等”。峨眉武术的内涵和外延在非物质文化遗产背景下都发生了相当大的变化，对峨眉武术及其文化的内涵概念进行更深更全面的定义是研究当代峨眉武术文化传承的首要任务。

二、峨眉武术的技击思想

（一）浓厚的攻防搏击意识

四川人自古以来生活在地处“西僻之壤”的四川盆地，气候特殊、地形复杂，巴蜀民众勤劳勇敢，尚武善斗，素以灵巧著称。因此，凡练峨眉派拳术必须带着深厚的攻防搏击意识（即带有强烈的敌情观念），做到与假设之敌进行模拟拼搏，精神高度集中，神思敏捷，身灵步活，拳脚生风，击法变换于瞬间，做到“有形打形，无形打影。”峨眉派拳术技艺的深厚意识，是拳师们在长期的习武实践中产生的。是拳师们在大脑这种高级组织的特殊物质的机能，练峨眉派拳术技艺十分强调胆壮、气足、力雄、法准、机巧。

（二）地域性拳术的特殊属性

中华武术源远流长，在发展过程中，由于种种原因而形成了众多的技术流派，峨眉派拳术技艺，除具有中华武术的普遍性之外，还具有手法细密、一法多变、掌指兼用、身灵步活、拳脚生风、刚柔相济、内外兼修等特点。这些特点，就是峨眉派拳术技艺的特殊属性。在峨眉派拳术技艺的发展过程中，拳师们不断地吸取各技艺流派技击精华，充分发挥四川人机智灵巧、顽强勇斗的精神，打法则以偏侧滚进、单边攻防、以巧制化、以小制大等特点，从而使其技艺不断创新、不断发展。这种在继承中华武术固有的攻防技击性和运动形式的基础上，充分发挥四川人拳术技艺独特打法、使之扬长避短，从而使峨眉派拳术技艺既有中华武术的普遍属性，又具有四川地方拳术的特殊属性，主要表现为以下几个方面。

1. 刚柔相济

“刚与柔”这对矛盾在峨眉派拳术技艺中尤为重要，所求之刚，是指肌肉收放速度力量的外露，是拳风之外象，需具有阳刚之健美，所求之柔是指四肢、体躯的肌腹、关节腱膜的最大牵张、各主要关节活动面最大幅度地伸转或多轴性运动。刚与柔的关系在峨眉派拳术谱中多有论述。“刚与柔”的相互变化与合理的使用，是演练好峨眉派拳术技艺的一大劲力法则。

2. 快慢结合

快慢结合是峨眉派拳术技艺中运动节奏的具体表现，快与慢要相互依托，互为其根，有慢才有快，有快才有慢。多数峨眉派拳术讲究“慢拉架子快打拳。”慢讲究以快打慢、以快制快、慢中待发、快慢相兼的技击原则，强调快与慢的正确处理是快而不乱，慢而不散，以快为主，在快中求准，快中求稳，快中求活动，快中求美，快速有力，快慢相兼。强调快，应防止“一快遮百丑”的思想以及“慢中求细活”的做法。

3. 动静结合

“动极而求静，静极而生动，动中有静，静中有动”被认为是峨眉派拳术技艺发展的内在原理之一。动是峨眉派拳术技艺的基本动态，这种动态包含着踢、打、摔、拿、劈、刺、抡、砸多种击法以及身躯拧旋折叠、吞吐浮沉、俯仰屈伸；步法的腾挪闪展、进退变换；表现于内的动则是气血的流畅、精神的集中、神思的敏捷、判断的准确，反应的及时。

4. 虚实结合

虚实结合是峨眉派拳术法善用的一大原则。四川人体质轻灵，本力不如北方人雄厚，在散打时，常采用“避实击虚”，以巧制胜。强调攻出时要开之以虚，诱敌深入，伺机反攻，防守时要合之以实，使敌无懈可击。峨眉派拳术技艺讲究虚中有实，实中有虚，虚虚实实，令人莫测。在拳艺中则表现为重心偏侧以利步势之变换，其脚就有左虚右实或右虚左实之分；其手法因常以单边攻中带防、防中含攻，攻守兼备，故称之为实，防之谓虚，以实击虚，一击必中，一触即分，用虚化实，虚而引之，使敌进击之力失去攻击点。拳谱云：“实打实，拼蛮劲，虚打虚，空稀稀，实打虚，伤骨筋，虚化实，省气力。”因此，练拳较技，必明虚实，拳艺方能更精进。

5. 高低结合

“高与低”这对矛盾反映在拳艺中是指动作结构上的变化要有高有低之变化。因此，峨眉派拳术路中，就有高桩与矮桩之分；有满手与短手之别；身法上有伸张放大与收缩紧小之异。拳谱讲：“高打矮，长手宰，矮打高，往下掏，不高不矮拳脚招。”又云：“来得高，用手挑，来得矮，用手宰，不高不矮用手排。”峨眉派拳术演练风格上多有高低起伏、扭旋折叠、俯仰伸屈等变化。因此，有“龙行虎步，鸡身猴形、五掌七掌、鹏尽凤腾”之说。

6. 轻重有度

“轻与重”之矛盾表现在峨眉派拳术技艺，是以形喻势的又一体现。拳谱云：“强打蜻蜓点水”样的轻灵巧打，“弱打似猛虎扑食”样沉重勇猛。讲究轻如蜻蜓点水，重如铁锤击石。击拳以气摧力，快而有力，发腿似野马飞蹄，掌指点穴似离弦之箭，疾步似燕子穿云，势沉如高山巨鼎，窜蹦似猿猴攀枝，静沉似龙盘虎踞。故峨眉派拳术技艺一招一式重如铁，一法一式轻如叶。轻为突出重，重为轻之根，轻重缓急，使演练拳艺更趋技艺的悠扬旋律。以上所述“刚与柔，快与慢、动与静、虚与实、高与低、轻与重”等矛盾，均在拳艺中有综合性的表现，从而使峨眉派拳术技艺更富有科学性、技击性。

三、峨眉武术的体系

（一）峨眉武术拳术体系

目前，四川拳术有近400多种，其中，属产生于本地的峨眉拳术有200多种。这些拳术的共同点：巧打严防，内外兼修，扁则圆滑，直进疾退，讲究拳礼，体用结合。

在已发现的峨眉派拳术中，按照各个拳种的技术内容、击法特色、运动形式、拳艺风格、体育锻炼价值等原则，可分为峨眉高桩拳（约60余种）、峨眉矮桩拳（约70余种）、峨眉客架拳（百余种）、峨眉法象拳（约20种）四大类。

1. 峨眉高桩拳

这一类拳术：拳架高，步势活，击法严密，手脚敏捷，掌指并用。主要击法有盘、破、标、铲、腾、挪、闪、擅、吞、吐、浮、沉。强调使用“五峰”（头峰、肩峰、臀峰、肘峰和膝峰）、“六肘”（顶肘、砸肘、架肘、盘肘、坐肘和压肘）和“十二闪手”。表现出“一撒通身皆是手”的特点，故有“高桩长手”之说。搏击散打时，讲究“擒拿封闭、挨肩挤靠，护裆锁脚”和“远打、近抓、挨肩撞”“遇刚柔化，逢强躲滑”，切忌硬拼死打。

主要拳路有：拗桩连环、惊捶、峨眉八法、阴阳八卦掌、七步云脚、黄林小手、绿林短打、绿林宰手、绿林峰、绿林连成、惊拳、峨眉六合拳、红扣六肘、单凤、双凤、抖桩、点斗、撬桩、盘破、正桩、扣桩、六合云手、白眉、虎爪、蹲桩、四平、挨盘、走盘、绿林七捶、九捶、十八手、侠拳、捆手、移步双控、伏虎拳、方门南拳、子午拳、峨眉六肘、窜子手、贴身靠、八卦南拳、峨眉拳、游成、峨眉南拳、峨眉山桩等。

2. 峨眉矮桩拳

峨眉矮桩拳，拳架低矮，步势沉稳，拳平短快，掌指结合，肘膝并用，腿法低猛，攻防一体，单边防护，扁侧滚进。是“拳不及身指及穴”的独特拳术。主要击法有“缠、提、搂、抱、抽、撞、扣、戳、云、拦、砸、挂”。讲究：“慢拉架子快打拳，刚柔缓爆急为先，出手专攻下三路，拳变指来钩带翻”。搏击散打时，一般以云手扰乱对手视线，有“不画圆，不成拳，敌人手来无法拦”说法。因此，“行拳偏侧进，伸手短打封，巴裹缠擒拿，脆快带回钩，借力须还力，断手防中攻”。矮桩拳讲究“八宜、四到、四不败”。“八宜”是：头宜正、眼宜明、手宜快、身宜紧、心宜巧、脚宜蹬、桩宜矮、步宜旋；“四到”是眼到不昏、手到不乱、脚到不跌、心到不慌；“四不败”是露肘桩步败，腰偏四路空，身歪脚必乱，脚虚拳势松。峨眉矮桩拳讲究身法的“吞、吐、浮、沉、缩、团、裹、紧、绵、软、大、小”的交错变化，突出“闪、展、伏、缩、圆、滑、奇、巧”风格。

主要拳路有独臂拳、平桩、宛掌、金刚、问津、地功、峨眉剑手、偏桩、滚桩、总桩、八门、六连、猫儿、二路、八角、肘桩、半桩、跌桩、追魂拳、梅花肘、六角桩、小连桩、小地盘、缠腿、缠桩、夹马、十二缠丝、十八难、十二软手、遁龙桩、连掌、花剑桩、蹲笼桩、拐子、探花、五官、霸王捶、七星、得胜捶、四水归池、十字红拳、小联桩、三十六闭手、新分对、老分对、游塘、溜丝等。

3. 峨眉客架拳

峨眉客架拳，是外来拳术关西路拳、关东路拳、少林拳、江西拳、湖北拳、湖南拳、福建拳、广东南拳等的总称。这些客家拳术在四川流传中，在保留原拳路主要特点的基础上，融入四川拳术技艺并改造成具有四川地方拳术风格的“僧门、岳门、赵门、杜门、洪门、化门、字门、会门、苏门、罗门、陈门、鱼门、余门”等。

峨眉客架拳，动作明快，刚中寓柔，动中有静，快慢相兼，拳架清晰，姿态优美。既有外家拳法技击精华，又有内家拳法之功力。已与目前全国流行的少林拳、洪源、查拳、弹腿、形意拳、八卦拳、通臂拳、各式太极拳、南拳等不一样，因此，峨眉客架拳形成了“手法细腻，架势开展，腿柔而快，劲发长猛”的共同特点。峨眉客架拳击法有“盘、破、砍、宰、穿、绕、撩、挂”。要求一法多变，一掌多用；步法灵活，蹿蹦跳跃，腾挪闪展，起伏转折，均须轻、快、稳、巧；身法讲究俯仰屈伸，拧旋折叠，柔中有刚，自然巧妙。

主要拳路有洪门手、大洪拳、小洪拳、二路红拳、燕青红拳；连城、连鹏、追风、过风、躲风、夺风、出门、积玉捶、三星、四门、五虎、六合、七星、八卦捶、九连环、十字捶；大

连成、小连成、大练步、小练步、大连环、小连环、背腿连环、双勾连环、连环一字掌、十二连掌、连成翻桩、横步连环掌、烈马、过五关、四马投唐、单鞭捶、一马三箭、霸王卸甲、猛虎出林、五虎下西川、雪花盖顶、小功力拳、判官脱靴、奇门拳、黑虎拳、白虎拳、大八仙、太平拳、神拳、花打四门、鹿通、戟战、阴火、翻车；梅花掌、前梅花、后梅花、梅花肘、花棍拳、燕青拳、连臂捶、形工拳、四门头部、小神拳、二十八宿会昆阳、单凤朝阳、地躺拳；岳拳、岳氏短打、岳氏连拳、满架葡萄、南山撤坳、制化十三法、解铃、扣绳、之字功、无字功、六合八法、火焰烧山、工字连成吊桩、自然拳、峨眉岳家拳、毒蛇吐信、百练拳、白兰童子上山、白兰童子下山、车转捶、万拳归宗、余门一字捶、过江拳、各部联合拳、五虎单边手、南钐、祥花拳、飘带连成、封侯挂印、拗桩连掌、九步拳、三门捶、猛虎觅食、羊马提桩、连八腿、斗方连成、太祖红拳等。

4. 峨眉法象拳

法者技击方法也，象者形态也。峨眉法象拳是取形练击，形中藏击，击寓形中，法象结合的象形拳种。这类拳术具有动作奇巧、形态逼真、惟妙惟肖、奇趣横生、劲发快柔、风格独特等特点。

主要拳路有螃蟹拳、龙拳、鹰鹤拳、长鹰拳、子拳、虎啸拳、鸭形拳、蛇拳、乌龙拳、鹰醉拳、白猿二十四式、醉拳、罗汉拳、猫爪拳、鹞子拳、猴拳、虎豹拳、燕子抄水、醉八仙、跛子拳、黄鳝拳、牛角拳等。

峨眉法象拳风格大异于全国流行的猴拳、醉拳、蛇拳、鹰爪拳、罗汉拳等。以蛇拳为例：少林蛇拳练形，体柔掌快，步活身灵，形态逼真，其姿态宛若一青蛇斗雀。而峨眉蛇拳，讲究外练手眼身，内练意气心，其风格是身要擅、手划圆、步绕行、柔腰晃肩、动中发力。

（二）峨眉武术器械体系

1. 峨眉枪

“峨眉枪法”之说，始于明人吴殳著《峨眉枪法》一篇，而且还记有吴殳为峨眉枪法所作的“序”。序言说：“……壬寅，鹿城盛辛戋延祭为子帅，具友关门朱熊占，弓马精绝，而枪法得之和真如，真如亲爱之峨眉老僧。余与谈论，意气投合，因近数敬（注敬严系吴没师父）严所教，以询异同，而向所忘失者，顿还旧观，焕若神明焉！既追得之，不忍复弃，因作《枪法元神空中鸟迹图及说》一篇、《枪法圆机说》二篇，以发展明敬严、真如之近论……”“敬严这师为刘德长，不言德长所自出，然敬严常云，德长初本少林僧，枪未精造，复遍天下，而后技绝。夫日遍游天下，安知不得之峨眉乎……百年之外，生闲愈见疏微矣，惟峨眉师弟相传，……是以余枪本得之敬业，而辄名曰峨眉枪法”。据著名武术史学家唐豪在其《中国武艺图籍考》中说：“峨眉枪法系峨眉僧普恩传，海阳程式真如撰，太仓吴殳辑，计有治心、治身、宜静、宜动、攻守、审视形势、戒谨、倒手、扎法、破械诸、身手法等到十一篇；另总要一篇，系洞庭翁慧生补作，载吴殳《手臂录》附卷。”从上述引文中，可以清楚地看到，峨眉枪法历史悠久，传自峨眉僧，唯峨眉师弟相传，其枪法是峨眉派枪术中最著名的，除峨梅花枪、左把枪、断门枪、四门枪、马家枪、锁喉枪、子午枪、二郎枪、奇门枪、太平枪、连环枪、五虎擒羊枪、双头枪等。各路枪术各具自己的风格、特点。

但共同的特色是：“出枪如放箭，回抽一条线，枪如缠腰索，拦拿横锁缠，力扎滚豆功，长短须兼用，点绷飞旋如潜友戏水，扎劈午花似猛虎穿林。”四川武林人物李毅立、任刚、彭项等均能认真继承上述枪术特点并在此基础上予以发扬光大，使各自所练枪术成为全国一流水平，表现出功架优美、劲力饱满、步活身灵、枪路纵横、变化多端，点、劈、绷、扎、抡、扫、绞、缠、舞花各种击法组成了许多难新技术，使“枪似游龙扎一点，舞动生花妙无穷”。其枪术风格在异少要枪法，因而能在全国和亚洲武术竞技中，取得金牌，为弘扬峨眉枪法做出了贡献。

2. 峨眉剑

长期以来，峨眉剑术广传于民间，据初步调查，至今仍流行的套路有峨眉剑术一、二路、巴式剑术、战国剑法、玄门剑术、柳叶剑术、龙星剑术、白猿剑术、子午剑术、紫刚剑术、梅花剑术、青风剑术、青龙剑术、蟠龙剑术、子云剑术、二龙剑术、混元剑术、白鹤剑术、仙鹤剑术、促林剑术、判剑、刺虎剑、醉剑、奇门十三剑等。

峨眉派剑术，因其使用方法不完全相同，则分为单用剑（包括反手剑、双手剑、左手剑、正握剑等）、双剑（带穗和不带穗等）、大剑（长度超过四市尺）、短剑（一市尺以内、形同匕首）等。因此，各种形态样式剑术演练风格相差很大，但是，在刺、劈、削、绞、撩、挂、云、穿、抹、斩等基本剑法的使用上，大体类同。过去有人把剑击之法统称为“格、击、洗、刺”，看来欠妥，因剑身细长、双刃，故竖劈锋刃可用，横击则易弯折，而“格、击”于剑法缺乏威力，所以仍应以刺、撩、点、挂、削、绞为主。峨眉剑术，继承了古剑术的运动形式、内容和特点，发展了剑击的风格并形成了新的剑艺，如蟠龙剑剑路活发、动作飘洒、剑姿优美、击法细腻、节奏明快，给人以艺术美的享受；又如子午剑起似闪电、穿云如风雷、绞刺如放箭、挥剑似流云，故多吞吐浮沉，其势“剑似游龙飞凤，动则奇妙无穷”；又如龙星剑，佩剑袍（即剑穗）、舞动生风、好似流星超月，浮沉轻灵更像碧波寒彻；而醉剑则是醉形醉态脚飘然、败势催力藏惊险、醉势之中摧击法、虚实变幻人难测、剑法奇特自然。总之，现代峨眉剑术不同于古老的峨眉剑法，是在继承的基础上有所发展。对于峨眉剑术为何经久不衰，有待深入研究。

3. 峨眉刀

华东武术运动员蔡龙云曾以“峨眉刀”参加 1953 年全国民族形式体育表演及竞赛大会，夺得优秀奖，使峨眉刀术誉满武林。自此，峨眉刀术风行一时。在峨眉刀术的传播发展地四川，更是到处刀路丛生、刀艺争雄。各种风格的刀术互相斗绝，其中，夜行刀、反手滚战刀、余门刀、禅林刀、红毛桃刀、步下刀、青风刀、蟠龙刀、八步龙形刀、罗汉刀、追风刀、白鹤单刀等较为完善。主要刀法为劈、扎、缠、裹。因风格不同，刀法的表现不尽相同，有的以反手握刀运用撩、挂、云、穿、劈、扎各种刀法形成独特的风格；有的则用大劈大砍使勇猛剽悍；有的使用小抹小削刀花相视，风格则表现出轻灵柔顺。真是各有所长。

单刀刀法所劈、扎、抡、扫、缠头、裹脑、挂、撩、云、斩和刀花为主，其运动特点是：“单刀看配手，缠头须藏肘，风驰电掣快，勇猛狠如虎，刀劈一条线，翻转穿云钻，破雾法难见。”峨眉刀法在演练技巧和难新技术方面有独到之处。如夜行刀以轻柔活变为其艺风，动作柔中寓刚，绥中有快，高低结合，突出在天黑的夜间通过观、听、摸、杀，使进攻刀当凌厉，防卫密不透风，故夜行也颇具四川地方拳械风味，在全国武术观摩比赛大会上，受到武林同仁的一致好评。四川武术运动员李殿芳在继承传统刀法精华的基础上，发展了一些难新刀法，并以高超的单刀技艺，夺取过全国武术比赛冠军，对峨眉派刀术的弘扬发展起到了积极的促进作用。

峨眉派刀术，除单刀外，还有双刀、春秋大刀、荷叶刀、鬼头大砍刀、牛角尖刀、解腕刀等。各种刀有各自的使用特点。以双刀为例，其特点是：双刀看步走、防腿须护手，缠头要裹

胯、劈撩连成串，若遇混战时、滚堂加天旋，贴身抡与砍、刀花竞争艳。其风格不同一般。

4. 峨眉棍

棍是最简单、最原始的生产工具和战斗武器，也是峨眉派武术中主要器械之一。据《吕览》记载："宾人（古代川北地区民众）好武，善使铁棍。"后，"刘邦作汉中王时，募其人（指宾人）充士卒而定三秦"（引自《风俗通》）。可见早在两千年前，四川棍法已经用于军事战斗之中。（"宾人好武，善使铁棍"的历史记载则远比唐代才驰名天下的少林寺棍法早一千来年），至明代，"巴子拳棍"与少林棍、青田棍齐名了，而"白眉棍"也诸史册、这证明峨眉派棍术历史悠久。清代以来，峨眉派棍术有了发展，棍术套路较多，已知的有："巴子拳棍""白眉棍""四门棍""风火棍""余家左手棍""赵门单头棍""李家大杖""黄荆棍""蟠龙棍""烟云棍""七星棍""青风棍""青龙棍"以及"白猿棍""猴棍""醉棍"等。其中，峨眉派棍术在全国武术比赛中，棍风朴实、刚暴有力、多次取得好成绩。猴棍自1950年以来，在西南地区和全国一直享有盛誉，猴拳王肖应鹏在继承四川传统猴棍的基础上，大胆创新，编演出一套风格别致、妙趣横生的猴棍，在全国武术竞赛中，多次获得金牌，肖应鹏所教学生熊长贵更是青出于蓝而胜于蓝，他在猴棍的难新技术上，有新的突破，因而能在第五届全运会上，用精湛的技艺，压倒群雄，夺得冠军。

峨眉棍术，总的特点是：其势劈似泰山压顶，戳棍如万箭穿心，大抡犹如大蟒翻身，扫如秋风扫落叶，舞动风弛电击，其劲打一大片，似翻江倒海、如饿虎扑羊，快如流星赶月，急中有巧，刚而不僵，活而不乱，招式独特，故能成为中华武术之精粹。

四、峨眉武术的传承

（一）传承途径

传统武术的传承途径大体可以分为四种：一是群体传承，二是师徒传承，三是社会传承，四是学校传承。峨眉武术传承途径主要以师徒制传承和武校传承为主。

1. 师徒传承

我国是一个长期处于封建社会的国家，深受封建宗法观念的影响，重视血缘关系，注重家庭和家族的凝聚力。峨眉武术属于传统武术，传统武术的传承基本都是以师徒制传承途径来进行传播和推广。传统武术是在严格的择徒、拜师仪式、口传身授延续其拳种、风格特点、文化及其思想的，峨眉武术仪式亦是如此。在笔者采访本文的研究对象得知，在几位传承人拜通永大师为师时，拜师仪式较为复杂。传统文化传承中经常谈到"师徒如父子，一日为师，终身为父"，很好地描述了师徒之间的关系。徒弟是通过一对一的口传心授、身体示范及观念影响等形式来传承。师父不仅手把手地教授技术、技击动作，还在技艺教授过程中通过对徒弟的训诲、开导及言传身教等方式把传统武术文化的思想及道德规范传输给徒弟。

2. 武校传承

目前，不仅是峨眉武术传承环境出现了危机，其他传统武术都遇到此困境。在这种危机下，利用学校资源来进行传承是一个明智的选择，学校传承有利于挖掘和培养优秀的传承人。现今，峨眉武术传承人在峨眉山市创办了两所针对传承发展的武术学校。一所是已逝世的汪键先生所创办的大佛文武学校，另一所是沈贵华先生所创办的峨眉文武学校，这将对峨眉武术宣传、保护、传承及发展产生巨大的促进作用。峨眉山市峨眉武术文体局还要求创编峨眉武术操，使峨眉武术操进入峨眉山市中小学体育课时中，虽然效果不太明显，但却可以看出峨眉武术正在朝着传承道路发展，是对非遗背景下峨眉武术保护最好的支持。

（二）弟子戒律

俗话说："无规矩不成方圆"。在我们生活中处处都要受到规则的约束，在峨眉武术中师父收徒也不例外。峨眉武术弟子必须遵守的门规资料主要来自峨眉武术研究会。

"峨眉武术弟子应知"：一、峨眉弟子应自愿加入，他人不得强求。二、峨眉弟子收徒须具峨眉派掌门人认可资格，否则不能算是峨眉弟子。三、峨眉弟子可以主动离开师门，但一生都不能再练习和使用峨眉武术，不能再称自己是峨眉弟子。四、峨眉弟子违反峨眉武术戒律应该受到师父处罚，拒绝接受处罚或严重违反戒律的弟子，将逐出师门，一生不能练习和使用峨眉武术，不能再称自己是峨眉弟子，且不得再回到峨眉武术门派，违反国家法律法规的峨眉武术弟子将由国家司法机关依法处置。

"峨眉武术弟子戒律"：一、拥护中国共产党，热爱祖国。二、遵守国家现行的法律法规。三、热爱峨眉派，不能做出损害峨眉派利益与形象的行为。四、不得依靠所学武功欺凌弱小。五、不调戏妇女、冲撞长辈、欺凌幼小、酗酒闹事。六、不能与同门进行斗殴。七、师弟、师妹应尊敬师兄、师姐；师兄、师姐应照顾师弟、师妹。

通过上述得知，峨眉武术门规严明，不强迫他人习练，不违背社会道德，遵守和维护中国武术武德、礼仪要求。

（三）拜师收徒仪式

中华民族是一个古老的民族，很多文化一直在延续。对于很多技艺传承来说，收徒仪式都是一件至关重要的事情。有谚语曰："一日为师，终身为父"，徒弟把师父看作自己的父亲，师父把徒弟看作自己的子女。徒弟是传承师父技艺的重要载体之一，收徒时都应严肃认真地对待。因此，在拜师程序上更是马虎不得。在峨眉武术研究会处得到一份峨眉武术拜师收徒仪式的书面说明，其主要来自峨眉武术研究会的挖掘和整理所得。

峨眉武术有较为复杂的拜师收徒程序，峨眉武术弟子共分为三级：初入山门、广众弟子、入室弟子。三级弟子相互团结，入室弟子不得歧视初入山门和广众弟子，初入山门和广众弟子也应尊敬入室弟子。峨眉武术弟子分为三级，所以拜师收徒也分为三种：

第一种是初入山门拜师仪式。并不是你想成为峨眉弟子，就可以直接请求师父收为徒弟的。如果你想成为峨眉弟子，应先写下拜帖，不限字数，只需要说明为何要成为峨眉弟子便可。但只是为了争强好斗、欺负别人而学武的人不可收入峨眉武术门下。当然，更不是任何人都可以被师父收为门下，想成为峨眉弟子，还应该先找好引见的人和保荐的人，而且引见师和保荐师都必须是峨眉派入室弟子以上身份者，如果是不认识的新手，可以请峨眉派掌门人指派。初来的新人可以穿普通的衣物，师父要求身穿唐装，还需选择吉日开香堂拜师。想入门的新人在引见师带领下进入香堂，保荐师向师父介绍其情况。唱礼师读峨眉武术源流及弟子戒律，并指导新人行跪地三叩拜师礼，再由想入门的新人自己阅读拜师贴后，向师父敬茶。师父饮茶后，鼓励新弟子，到此拜师礼完成，新人则成为峨眉武术的初入山门弟子。

第二种是广众弟子拜师仪式。初入山门弟子在学习三个月后，经过代师传艺的师兄、师姐对其考察合格后再向师父报告，才能成为广众弟子。广众弟子是初入山门的弟子经过考验后晋升的弟子，也是三级弟子中拜师仪式最为简单的仪式。广众弟子拜师过程只需要在代师传艺的师兄、师姐的带领下，向师父行跪地三叩拜师礼，敬茶就可以，不用开香堂拜师行礼。

第三种是入室弟子拜师仪式。根据广众弟子的天赋、才智和对峨眉武术做出的贡献，可以随时成为入室弟子，入室弟子可以终身跟随师父。入室弟子必须经掌门人认定是学武有成、德才兼备后，才有收为入室弟子的资格。入室弟子是整个门派中最高级别的弟子，在仪式上也甚是复杂。但与初入山门的弟子拜师仪式有点相似，主要是重新写拜师贴，不能用初入山门时的帖子，应自请位高望重引见师、保荐师各一人，选择吉日开香堂，对师父与新弟子的着装要求是身穿大红唐装，师徒二人须准备好互赠礼物，礼物无论贵贱，只代表心意。

拜师收徒是一个极为严肃的事情，所以在峨眉武术拜师收徒仪式中也明确其禁忌事件：一、不得嬉笑喧哗。二、不得窃窃私语。三、任何人不得左顾右盼、心不在焉。四、师父、新手在拜师仪式的前一天必须沐浴，不能佩戴任何首饰。五、在拜师仪式过程中任何人不得接或打电话或做其他小动作，更不能寻找借口而离开。六、除了特别准许观看仪式的人外，其他任何没被邀请的人都不能参与仪式。

现在收徒也没有以前那样严谨了，徒弟进入师门没有拜师仪式，直接进入师门学艺，但拜师仪式也是存在的。也许是峨眉武术弟子相对比较少，为了传承、发展在选其弟子时就没有那么严格了，但收徒仪式也属于峨眉武术传承的范畴，这种传统的文化不应消失。

（四）相关机构对峨眉武术传承的影响

据了解，峨眉武术研究会、峨眉武术联合总会、峨眉武术院、峨眉武术研部、峨眉山王树田武学研究会等十几家有关峨眉武术的机构都是由峨眉山市民政局和峨眉山市文体局所批准的。其中很多机构主要是进行武术教学和文化交流，属于典型的民间社会组织，但在峨眉武术的传承、传播以及宣传上都能产生一定的影响。

峨眉武术联合总会是以大佛禅寺为基地的，笔者走访峨眉武术联合总会时也见到了大佛禅寺的金碧辉煌，不愧是中国佛教圣地之一。很多来寺庙祈福和参观的人也能进入峨眉武术研究会和峨眉武术联合总会了解峨眉武术相关内容，以便峨眉武术在此能够得到更大的宣传、推广和发展。

第三节　非物质文化遗产视域下峨眉武术传承的现状与困境

一、非遗背景下峨眉武术传承人的现状

（一）传承人基本情况

峨眉武术作为国家非物质文化遗产，为了更好地推广和宣传峨眉武术文化，乐山市和峨眉山市已认定了数十位峨眉武术代表性传承人。

为了塑造峨眉武术品牌，峨眉山市政府所推出的“峨眉七雄”官方品牌也为峨眉武术的发展起到了一定作用。峨眉武术传承人张林、李保明等人成功入选，所入选传承人先后代表峨眉

武术在深圳文博会、重庆“全国武术之乡比赛”以及第五届世界传统武术锦标赛等武术赛事中取得优异成绩，为峨眉武术增光添彩。

峨眉武术传承人都是市级传承人以上，年龄状况均在45岁以上，传承人都为男性，说明学习峨眉武术的女性人数较少，这对峨眉武术在社会群体上的推广将产生一些困境，却也能推翻人们对峨眉武术为女性所建立其门派的观念。传承人习武时间都长达30年以上，主要以习练传统武术为主，在学习和传承过程较少涉及竞技武术。峨眉武术传承人基本出身农村，在文化水平上有较大的差异，这在峨眉武术理论研究上有着很大的限制性。经济收入状况方面对传承人来讲是很重要的，自身温饱问题不能解决何以去谈传承呢？峨眉武术传承人的收入都很低，平均每个家庭月收入低于3 500元。从职业状况来看，大多数传承人都已下岗或退休，在峨眉山市建立峨眉武术相关机构之后，传承人自愿进入相关岗位进行峨眉武术传承。

（二）传承人传承情况

作为传承人，应自愿担起对其传承项目的责任和义务。峨眉武术传承人自愿推广、传承峨眉武术，对峨眉武术传承上起着决定性的作用。在峨眉山市地区的峨眉武术传承人受到峨眉山市人民的尊敬，并为峨眉山旅游景区发挥着巨大的商业价值，为地方经济的发展做出了巨大的贡献。虽然峨眉武术发展较慢，但传承人对峨眉武术的传承前景都充满着希望和期待。

目前峨眉武术传承人对峨眉山市地区的峨眉武术传承与发展寄予很高的厚望，也愿意付出最大努力和贡献。峨眉武术传承人收徒人数较少且在传习过程中均无固定场所，在传承中必须对此引起重视。

（三）传承人对外交流

非物质文化遗产的传承需要传承人的宣传才能使其得到继承和发展。对外交流是传承文化的一个重要宣传方式。

目前就传承人所得成绩来看，其效果较佳。不过，峨眉山市政府在传承人对外交流过程中并未投入一定的经费，对传承人的扶持不够。传承人在参加各种比赛及表演时大部分都是自费，只有市政府组建代表队参加时才能享有经费出资的待遇，但对传承人所取得的成绩没有给予财务上的回报。由此可见，峨眉山市政府对峨眉武术传承发展没有引起重视，资金得不到保障，传承也得不到效果。

二、峨眉武术发展现状及传承困境

（一）峨眉武术发展现状

峨眉武术产生于四川峨眉山，在改革开放后得到大规模的传播，但其发展与少林、武当相比，似乎显得有些害羞。有愧于“中国武术三大门派”的称号，甚至面临失传的境地。幸运的是，近年来峨眉武术弟子也深刻地意识到了这一点，采取了各种措施，发展和弘扬峨眉武术。如峨眉武术经国务院批准为2008年第二批国家级非物质文化遗产名录后，国家、省、市、县等政府部门在峨眉武术的挖掘、整理、保护与开发以及务实有效的保护工作上取得了良好的效果。从峨眉武术列为非物质文化遗产以来，传承人的认定也逐步确定，传习人也逐渐增加，有力地

推动了峨眉武术非物质文化遗产的保护和发展。在各政府的努力下，峨眉山市于2007年、2009年、2011年、2013年成功举办了四届中国·四川（国际）峨眉武术节，加强了对峨眉山市的峨眉武术的宣传，也为保护和发展峨眉武术奠定了坚实的基础。

（二）峨眉武术传承困境

峨眉武术传承与发展现已面临着巨大的困境，主要表现为以下五点：

1. 传承人青黄不接，技术流失严重

有些峨眉武术的传承人讲道："峨眉武术成为非物质文化遗产，提升了峨眉武术的位置，从另一个角度其实就是走向了衰弱。为什么要保护它，主要是练的人太少了。现在随着时代的变化，练武术能不能生存、生活，出路在哪？练武术进入学校的概率很小，年轻人要生活，要吃饭，他会去练武吗，会去传承吗？再说，娃娃要读书，读完书出来，你这个武术有生存潜力吗？你这个武术练会要你去武术表演下，你能拿到钱吗，无外乎我退休了，现在政府给我们3000多我才有饭吃。我只是爱好到它（武术）了，几十年了，我能不能够把它传承下去呢，就在我，我有这个责任和义务"。因此，笔者认为峨眉武术非物质文化遗产传承人的人数是有限的，而在2013年8月峨眉武术的领军人物汪键又不幸逝世，加上80后、90后的年轻人对传统思想和传统文化认识逐渐模糊，对传统武术的概念更是不了解。2013年第四届中国·四川（国际）峨眉武术节传统武术比赛中，比赛拳种、门派数量较少，在技术技能上也只有老拳师的技艺才可称为真正的传统武术；从参赛者的年龄来看，主要是40岁以上的民间老拳师和18岁以下的小孩子，20岁至40岁的参赛者最少，这就说明了峨眉武术传承出现了很大的问题，这种中间断层现象正是现在传承的最大困境。

2. 峨眉武术没有进入峨眉山市的学校体育教学

峨眉武术地域性强，是巴蜀文化的重要部分。笔者认为峨眉山市人民应该担起对这一文化的传承和推广的责任，再者，峨眉武术的拳种和功法是南北拳术功法精华的集合，具有相当高的价值。虽在2004年峨眉山市有将峨眉武术操引进学校，但由于所编的峨眉武术操的动作太笼统，并没有突出峨眉武术的技术风格，针对性不强。因此，峨眉武术操在学校实施操作以来，其效果并不明显。

3. 产业规模与产业进程不对称

2010年财政收入报告显示，峨眉武术的产值为6 000万元，在整个峨眉山市GDP中，占1‰，与少林派、武当派相比较，峨眉武术的产业规模严重落后．目前，峨眉武术市场发展框架已有雏形，但整体上规模相对较小，密度欠集中．峨眉山市虽然开设了专门的武术管理机构及武术馆校，但是在校学生比较少，并且在校学生的生源地大多是本地，对外传播还比较少，峨眉武术发展缺少对外交流，层次结构也不够清晰，从而影响其发展。此外，具有品牌影响力的武术表演比较少，推出的《功夫峨眉》大型表演由于内容过于单一，吸引力有限，在表演形式上，发展空间也极其有限．总而言之，当前峨眉武术产业规模与地方经济发展进程很不相称，这就为峨眉武术发展造成很大的影响，地方经济也需要依托特色文化产业走出一条相互依赖并相互促进的新路来。

4. 产业资源分散

当前的峨眉武术产业，其经营单位虽然比较多，但是在经营过程中存在产业资源分散、资源浪费严重、产业形式单一等问题. 在世界舞台中，峨眉武术虽然有一定的声誉，但是有很多峨眉武术企业经营机构还停留在小作坊式经营模式上，峨眉武术企业经营主体提供的产品、服务都无法满足消费者需求，这就对整个峨眉产业的综合效益造成很大影响. 峨眉武术起源于峨眉山，但是在峨眉山市本地，习武之人还不到全市总人口的3%，由于习练峨眉武术的人群基数较小，经营峨眉武术产业的企业只是进行最基本的峨眉武术服装、器械、出版物的生产和印刷，使得峨眉武术资源开发严重不足，整个峨眉武术产业处于混乱、各自为战的状态，相关行业之间没有形成一个完整的产业链，这就严重制约了峨眉武术产业化进程。

5. 政策法规保障不足

峨眉武术相关企业属于地方产业，政府对峨眉武术理应给予较大的支持，从而为峨眉武术产业的健康发展提供良好契机。但就当前情况而言，当地政府部门对峨眉武术产业的重视力度还不够，缺乏对峨眉武术产业的可持续发展进行深入思考，也没有为峨眉武术产业提供相应的保障。峨眉武术产业发展所需的经费不足，非物质文化遗产的传承和推广是需要经费来支撑的，但政府本身在支持力度上就不够更不用谈资金的投入了。在走访时了解到传承人在与对外交流时都是自费，峨眉武术的传承也很难维持；峨眉武术产业发展的场地欠缺。目前大多数峨眉武术传承人在教授徒弟习练峨眉武术时都是无固定场地的，这就在组织上造成不良的影响，也会使习练者产生厌烦心理，从而对峨眉武术的习练失去兴趣；峨眉武术产业发展理论的研究较匮乏。随着峨眉武术被列为非物质文化遗产之后，社会各界对峨眉武术的理论研究也相应多了起来，但社会对峨眉武术的关注度仍不高，专注研究峨眉武术的相关专家和学者也不多，基础研究较为零散，层次不高。而峨眉武术传承人因文化程度差异较大，在峨眉武术的研究上存在着很大的限制性。这些因素使得很多爱好武术者无法进行良好的交流、切磋，此外还存在峨眉武术传承人日常生活不能得到很好的保障、传承人合法权益保护不够、峨眉武术资源开发不足等现象，严重制约了峨眉武术文化资源的传播与普及。

第九章 非物质文化遗产视域下湖南传统武术的现代化发展——以梅山武术为例

梅山武术是湖南武术史库中一个重要的传统拳种，也是中华武术拳械中的一项重要内容。据史料记载，梅山武术之名源起于湖南中部的“梅山”地区，古代，梅山地区是指如今的益阳、娄底、湘潭、常德、怀化、邵阳一带，居民以苗族、瑶族和百越等为主的少数民族。现在的梅山位于湖南中部，以安化、新化县为中心，新化县古称“岩邑”，属梅山地域，“广谷深渊，高岩峻壁，绳桥栈道，猿揉上下”说明了当地的地理环境恶劣和居民为求生存与自然抗争的景象。正是在峒民长期与环境、野兽的生存斗争中梅山武术得到了不断发展，至今主要集中在“武术之乡”——湖南新化。

梅山武术是中华民族传统武术的重要组成部分之一，经过了几千年的发展，逐步发展成了具有浓厚地域特色和拥有繁多的套路且层次不一，难易有序，拳术、器械、功法完备、技击训练体系也逐渐完备的武术流派。梅山武术的发展史是梅山人与环境和人不断抗争，披荆斩棘，充满血泪的奋斗史，也是崇尚武艺、重信诺、锄强扶弱、扶危济贫的侠义精神的最好体现与传承，是梅山人引以傲的文化瑰宝。20 世纪 70—80 年代，全国习武热潮掀起，国家也高度重视，成立了武术辅导站、武协分会等大大普及了群众武术。然而，在进入 90 年代中后期，我国深入开展改革开放，经济复苏，信息化发展迅速，一改以往封闭的民间村落状态，农村娱乐形式也多样化，群众武术热潮渐渐退却，进入低迷期。武术协会、辅导站相继解散，武术馆、拳社也相继“夭折”，梅山武术成了村落空洞文化的代名词，这就严重影响了梅山武术的传播与发展。此外，在地域武术文化兴起及梅山文化研究也逐步深入时，由于受竞技体育和金牌意识的冲击；学术界对梅山武术文化的研究也还处于初步探讨阶段这两方面的影响，梅山武术文化研究并没有得到相应的重视。更让人担心的是民间老拳师的相继去世，学校武术和竞技武术的兴起而梅山地区经济发展相对滞后导致的打工经济使得青壮年的离乡，后继无人，很多梅山武术项目正面临着失传的危机。

为保护和传承中华传统文化，对湖南省最具特色的文化资源、文化项目和文化品牌等进行广泛宣传，湖南省建立了省级非物质文化遗产名录。梅山武术以其独特的文化底蕴位列其中。为进一步弘扬梅山蚩尤文化，目前，新化县文化局正在县非物质文化遗产保护领导小组的领导下，与相关部门密切配合，已全面启动梅山武术申报国家级非物质文化遗产名录工作。鉴于此，为更好地传承和发展梅山武术，本章从非物质文化遗产的角度，探讨了梅山武术的渊源、内涵、传承理论及其发展现状。

第一节　非物质文化遗产视域梅山武术的历史渊源与发展历程

一、梅山武术的历史渊源

梅山武术是当今中国传统武术流派中历史最为悠久，并能很好地保留古传武术功法与技击精髓的优秀武术流派，它朴实无华、不尚花俏、功技并重、注重实战。梅山武术是中华武术大家庭中重要的一员，是中华民族文化的瑰宝。从炎黄蚩尤时期起源，到宋代开派，再到清末的改良，经历了数千年风雨，这古朴无华的武林奇葩今天又焕发青春，再显其健身防身、育人育德的奇效，必将与中华武术其他流派一样，为人类健康与文明做出贡献。

古梅山，位于湖南省中部，地跨新化、安化、冷水江全境，及新邵、涟源、隆回、溆浦、桃江等县市的部分地域，莽莽苍苍，绵延千里。梅山武术以地为名，发祥于古梅山域内的新化县，其起源可以上溯到远古氏族部落时期，正式形成流派拳种则是宋代末期。

在距今约四千多年的炎黄时期，与黄帝齐名的远古战神蚩尤即出于新化大熊山（古称熊山或大熊山）。当时，居住在中华大地的许多不同的氏族部落，为争夺渔猎之地，不断地进行战争与兼并，传说中的蚩尤好兵善战，作五兵（戈、殳、戟、酋矛、夷矛），带领自己的族人通过不断扩张、兼并，逐步形成了地跨江淮流域的庞大部落集团——九黎部落，古梅山人以实战为主，不尚花哨的武术，便在此时初具雏形，后世梅山武术传人尊蚩尤为始祖即源于此。

随着九黎部落的不断强大，又向北扩张，战胜了先进入中原的炎帝所属共工部落，最后与黄帝“战于逐鹿之野”，蚩尤战败身死，九黎部落逐渐解体。遗族向南回迁，其中一支退至江淮、洞庭一带，组成新的部落集团，史称“三苗”或“有苗”。至禹帝时，三苗最终战败，部族再次分化，其中一支退至峰高林密，可渔可猎，有险可守的古梅山，开始了力抗王权的“化外蛮夷”生活。史称“梅山蛮性剽悍，历不服中土”。

北宋以前，历代王朝为使四方臣服，统一版图，屡屡发兵征伐而不获，而梅山人则更是愈杀愈不服，在征伐与反抗的循环中，练武成了每一个梅山人的生活内容之一。宋吴政尧在《开远桥记》中对当时的梅山描述道“……民居十峒之中，食则燎肉，饮则饮藤，衣制斑斓、言语诛离、出操戈戟，枕居铠弩……”。而宋吴居厚则在其《梅山十绝》中也有“峒里山川多斗绝，腰间刀剑习如神”的感叹！也就是说，在宋朝抚定梅山之前，梅山人仍是以渔猎为主，农业生产尚停留在刀耕火种的原始阶段，恶劣的生存环境与频繁的战争，使梅山人不得不“出操戈戟、枕居铠弩”，正因为这样，人们必须勤练武功才能保证生存，梅山的所有成年人都是猎手与战士，以至于给初到梅山人一种“腰间刀剑习如神”的感觉。这一时期（北宋之前）的梅山武术乃是全山峒民的公产，是一种纯军事化的格杀技能，而练武的组织和领导者就是各峒峒主，传授武功的除了峒主还有族中的勇士与巫师。提起巫师，许多现代人都嗤之以鼻，视其为封建糟粕，却不知“巫文化”的历史远比“封建”要久，源于苗蛮的巫事祭祀文化，对中国的影响极其深远。在古代梅山，巫师主要负责峒中祭祀活动的安排与主持，掌管医药，武功与文史的研究与传承，在峒中的地位不下于峒主，峒中大小事务皆须有其参与，梅山武术中许多功法即为他们所创，如上刀山下火海的“铁牛水”“雪山水”，快速救治创伤的“封刀接骨水”等，在当时都是巫师们的专利，因此，古代梅山的巫师对梅山武术的发展还是起了一定促进作用的，但

也对后世梅山武术的发展带来了一些消极影响，如巫师们故弄玄虚的习惯，为梅山武术蒙上了神秘的面纱，使后世的练习者多走了许多弯路，又如巫师们的垄断保守意识，直接影响了梅山武术的广泛流传，缺少系统的理论著作传世，在中国武术流派中失去了应有的位置等等。

综上所述，最早的梅山武术，起源于渔猎劳动，是梅山人为了生活、生存而与自然争斗的必然结果，成型于人与人的战争。到了宋代，由于多次派兵攻打梅山而不获，至宋神宗熙宁初，朝廷又派章惇为荆湖南北路察访使，负责“开复荆湖南北江蛮和梅山蛮”。章惇力主兵攻，而湖南转运副使蔡煜则建议：“此役不可以兵力亟成”，并上奏朝廷“蛮酋宜以祸福开导，使为士民，授以田，略为贷助，使业其生，建邑置吏，使之有政”，神宗以为然，诏蔡煜、章惇“合谋经制梅山事”。惇欲夺功，先以兵攻梅山，失利，退军沩山密印禅寺，得住持长老颖诠及僧人绍铣入梅山宣讲佛法，并劝谕峒酋，终使梅山峒酋感悟，“解发稽首，率众出降”，自此，梅山纳入大宋版图，在上下梅山分置新化、安化二县，梅山峒民除西迁者外，全都就地安置，朝廷以王化政治使梅山各峒逐步分化，梅山各峒集众练武以抗朝廷的活动正式终止，但尚武的传统和强悍的民风却得以保持，梅山武术亦从全族统一训练的军事格杀型武术转型为自发训练的民间武术，同时，随着与外界交往的逐步加深，朝廷为了推行教化，加强统治，将中原等地的各种文化和民间习俗逐步引入梅山。而在各地流行的“弓箭社”“霸王社”“忠义巡社”等民众结社习武的形式也被相应地引入梅山，这种民间武术结社组织是梅山武术开山立派的前身，而梅山武术正式的开派则与梅山本土宗教“梅山教”有着莫大的关联。

梅山教，是梅山地域土生土长的原传宗教，是原始巫教与瑶传道教的结合体，是介于自然宗教之间的准宗教，所信鬼神之多可称中国之最。而最敬重者则是有梅山教主之称的张五郎。张五郎，在新化史志中没有其人其事的记载，但在梅山教，师公教及梅山武术传人的密传“本经”中有记载，在梅山各地也有各种不同版本的传说故事，既是梅山教和师公教敬奉的祖神，也是梅山武术传人所敬奉的祖神。在南宋末年，金兵南侵，湖南沦陷，新化张虎的黑虎教为旗号，借助梅山宗教形式，集众抗元，与元军奋战达三年之久，虽然最终战败，但其幸存徒众却以黑虎教的名义在民间开枝散叶，并流传至今。张虎也就成了梅山武术流派的创派祖师，被尊为“黑虎公”，其所创办“黑虎教”，也成了梅山武术的代名词，沿用至今。

元代，对男人极为残暴，民间“聚众围猎、弄枪棒习武艺”一概禁绝，梅山武术中一些以家居生产、生活用品为武器的武术技法得以成型，如：板凳、扁担、长烟筒、腰带等成了梅山派武术的一大特色，一些能增强人体强度，提升肢体攻击能力和抗击能力的功夫，以及徒手对兵器的技击方法得到了长足的发展，一些杀伤性强，出手狠辣的实用性招法也在战斗中得到了检验定型。

明朝建立之后，梅山武术进入蓬勃发展时期。梅山武术的传人正式走出大山，其中，有武科及第、为官为将驰骋疆场者，亦有走镖授徒，纵横江湖者，这些人将梅山武术带出了大山，亦带回了其他各派武功的精益，虽然梅山门规森严，保守意识严重，但在中原文化的渗透下，以及门内一些有识之士的努力下，梅山武术还是得到了逐步地充实和发展。

清代，梅山拳师伍再先出山游历，以身手敏捷名传湘楚，李抱一所著《湖湘技击纪闻》载：“伍再先，善轻功，于汉阳码头船上，遇强人，伍耸身一跃，轻如飞燕，转瞬已在桅巅，桅高数丈，巅小不能容足，伍一足侧立大呼，半响始下，众强人大惊云：此而与敌，枉自送死。于是徐徐引去。”伍再先四处游历，寻师访友，足迹遍布大江南北，师友遍及诸多门派。返乡后，深感梅山拳桩步矮窄（桩马与肩同宽，架势亦低）多短打忍劲，少长手快进，守有余而攻不足，便根据自己在各派所见，将古传梅山拳的矮桩短步进行改良，变为长桥大马，俗称“满弓满箭”，沿用至今。民国时期，梅山武术操练、表演、竞技之风盛行新化城乡，民国27年（1938年），成立新化县国术研究所，后改名国术馆，正式招生授武，对梅山武术的推广起了很大的作用。

二、现代梅山武术的发展历程

（一）20世纪70年代初—20世纪90年代初

新化县群众武术活动在20世纪80年代开展得轰轰烈烈。新化县农村群众武术出现了经常化、职业化、阵地化、社会化的发展特征：（1）群众武术表演娱乐活动社会化、经常化。如20世纪70年代初期，鹅塘、孟公经常组织村民进行武术表演。在孟公村，每年春节期间各村就组织拳师和武术爱好者在当地中心小学操场为群众表演武术。每逢春节舞龙时，当地拳师就会组织一班人马，以备“团龙”（村民将龙围住）。（2）村落拳师职业化。当地越来越多的民间拳师把武术作为自己的职业，常年以教武为生。1983—1984年县体委对全县拳师进行技术考核，按照技术等级发放“民间武术传授执照”，规定每两年进行一次技术考核，按技术等级发放相应的武术执照，当时全县共发放“民间武术传授执照”达600多份。（3）村民习武经常化、阵地化。该县大部分村落村民常自发组织习武，学生也常常利用假期到本地梅山武术短期班学艺。孟公村每年举办武术班，每逢假期村干部会组织学生、村民请本地老拳师教武。（4）武术团体组织纷纷成立。1983年，孟公成立了全县第一家“横阳拳社”。随后，全县成立了22家私人拳社、17个乡镇武术辅导站，各武术馆校也纷纷落成，如孟公的梅门武馆、鹅塘的渭南武馆、县城的南北、东方武馆、县武术馆等乡镇武馆通常以教本土武术为主。武术社团组织的成立，满足了当时新化县群众的习武需求。其中最具代表性的是梅山武术第十九代传人晏西征，他对梅山武术的发展发挥了重要作用。迄今为止，毕业学员达60 000多人，其中为公安、部队、武警、体院、各省武术专业队输送人数达5 000余人，武院1993年、2005年两度被评为“全国群众体育先进单位”。晏西征本人也被评为“中华武林百杰”“全国群众体育先进个人”“梅山武术大师”等，曾受到了胡锦涛主席的亲切接见，并多次率团出国访问、表演、讲学，被美国世界武术联盟总会、世界中医联合会、亚裔联盟总会、华裔华人联合会四社团授予“最高武术贡献金牌奖”。总之，20世纪80年代，梅山武术总体呈现群众热情高、参与面广、形式多样，本土特色浓厚等特点。

（二）20世纪90年代中后期的梅山武术

20世纪90年代中后期开始，随着改革开放的深入，当地农村群众武术热潮没有保持相应的发展，相反，逐渐进入低迷期。梅山武术作为当地的本土体育是20世纪80年代当地村落组织的文化代言。进入20世纪90年代后梅山武术却成了村落空洞文化的代名词。20世纪80年代成立武术协会、拳社、武术馆站在20世纪90年代后相继解散、“夭折”，这次以教梅山武术为主的社团组织的解散很大程度上影响着当地梅山武术的传播。此后农村老拳师相继作古，而中年拳师则以其他方式去谋生生存，很少在当地村落办武术班教梅山武术。更多村民以抓经济为主，常

年奔波，放松了对体育活动的需求，很少自发组织起习武、学武。一年一度的春节舞龙习俗虽然存在，但缺少了娱乐味道，20 世纪 90 年代后期，孟公村的拳节文体活动更多的是以歌舞为主，乡镇干部很少再组织农村武术表演活动，而小孩大多选择桌球、纸牌、电游、电视、网吧等城镇文化活动项目，很少参加本土武术活动。与乡村武术的没落形成鲜明对比的是，县城几家武馆的兴起，但是，我们必须看到，仅有一两家武馆的兴盛来代表梅山武术的发展，是远远不够的。

三、梅山武术的发展（以东方武术院为例）

新中国成立后，梅山武术成为“增强人民体质”的传统体育项目而得到发展。各地每逢春节，舞龙耍狮，进行武术表演，深受群众欢迎。20 世纪 70 年代，城乡兴起练武热，比较活跃的有横阳、城关、燎原、炉观、游家、琅塘、白溪、洋溪等区镇。1972 年春节，县体委邀请横阳、鹅塘等地的武术代表队至县城表演，观众数万人。时年，县确定鹅塘、横阳、燎原为武术活动重点。1974 年，县委在鹅塘乡召开武术工作现场会。鹅塘的武术，融汇少林、峨眉、大成、大红、虎拳、猴拳、蛇拳、梅山拳等多种套路，可谓集南北武术之大成。10 月，由王在德率领的刘保国、陈汉华、陈华芝等 12 名武术队员赴省参加武术表演赛，获优胜奖。之后，县体委两次派员去长沙、成都等地学习武术理论和武术基本功，引进国家正规的武术竞赛套路。学校体育亦将武术列入正规课程。1975 年 10 月，鹅塘乡被评为全国群众体育先进单位，应邀参观在北京举行的第三届全国运动会。1978 年 8 月，江苏、江西省体委来该乡观摩，县委宣传部、乡党委组织 100 人对打，300 人刀术、500 人棍术、1 000 人拳术表演，受到高度赞扬。20 世纪 80 年代初，县体校武术教练刘正和创编梅山武术新套路得到行家好评。1981 年 5 月 24 日—28 日，全国武术观摩表演赛在沈阳市举行，刘飞舟获表演优胜奖；次年 9 月 17 日—24 日，省第五届运动会武术赛在湘乡市召开，刘飞舟、晏红卫、罗子荣等 8 人集体基本功表演以布局严谨、画面多变、造型优美获金牌。

1983 年 2 月新化县成立武术协会、武术馆，武协由新化县副县长康必太任主席，卿雪娥、周先典、谢云浩、吴秋涛任副主席，晏晓榕任秘书长，会员 30 人；武馆由体委主任吴秋涛兼任馆长，刘正和任副馆长兼总教练，陈关林任秘书长，吴贺氢、袁雄任教练。来自全国各地学习武术理论、拳术、器械、散打、拳击、摔跤及柔道等多方面知识的学员达 1 200 余人。之后，游家、白溪、炉观、洋溪等区成立了武协分会，鹅塘、横阳、燎原、太阳、太平等乡成立了武术辅导站，分会分长、辅导站站长由区乡党政主要领导兼任。3 月，本县成立武术挖掘整理小组，县宣传部长卿雪娥兼任组长。整理小组 8 月起，历时 2 年，调查 14 个区镇，访问拳师 150 人，大家消除门户之见，纷纷献艺，召开座谈会 48 次，观看武术表演 80 余场，搜集古老兵器 34 件，珍贵武术古籍 14 本，基本查清了梅山武术的源流及演变。新华县被评为“省挖整工作先进单位”，吴秋涛、刘正和、陈益球被评为“省先进个人”。晏西征演练的梅山拳“猛虎下山”和齐眉棍、板凳、铁尺等器械套路均获好评，被选载《湖南武术拳械录》。1984 年元月，本县召开拳师代表会，参会者 300 余人，会议期间，进行了散手表演。是年 6 月，县武协秘书长晏晓榕出席了在承德召开的全国武术挖整工作会议；8 月，拳师陈益球、肖怡清被评为全国优秀武术辅导员；10 月，省人民政府授予新化县“武术之乡”称号。1986 年，全县领证拳师 817 人。1987 年 10 月，陈益球编写的《梅山武术》由湖南科技出版社出版发行。1992 年，新化被国家体委评为

“全国武术之乡”。

党的十一届三中全会以后，我国全面拨乱反正，改革开放；各行各业一派生机。复兴、发展中华武术的春天已经来临。在还不准私人办武馆的时候，为弘扬中华武术，晏西征于1982年率先创办了“兴武拳社”，这是全国第一家私人武馆的前身，1986年改称“东方武术馆”。在东方武术馆的带动下，新华县拳社如雨后春笋，纷纷产生，教武、学武蔚然成风。1992年东方武术馆改称“东方武术院”，提倡“学武先学德，练功必练忍”，并制订了《馆规十不准》：1. 为国为民，健身防身，勤学苦练，不准放松。2. 尊师爱友，敬老亲贤，不准野蛮粗俗，唯我独尊。3. 饮食有节，吃喝均匀，不准暴饮暴食，自伤其身。4. 贵在守志，蓄精养神，不准随心所欲，女色男风。5. 忍辱负重，礼让谦恭，不准轻易动气，与人相争。6. 坚持正义，济危扶贫，不准欺善怕恶，丧失良心。7. 遵纪守法，精神文明，不准赌博偷盗，作恶行凶。8. 收徒谨慎，久察其行，不准尽显技术，乱传于人。9. 发展传统武术，振奋民族精神，不准萎靡不振，损我中华雄风。10. 凡我弟子，谨守此约，不准违反，否则除名。丰富了梅山武术的文化内容。为保护梅山武术原始的功法特点和传统套路，使其原形不致丧失，东方武院学生一直以梅山拳作为人人必学的院拳。每逢大型开幕式和文艺晚会表演，必以梅山拳展示于广大观众面前。院长晏西征出国讲学，也必传授梅山武术，同时用梅山武术战胜挑战者。

经多年来努力，积累的成绩，东方武术学院于1993年被国家评为“全国群众体育先进单位”。院长晏西征应邀出席第七届全运会开幕式，受到江泽民总书记的亲切接见。1995年12月，晏西征被评为中国当代“中华武林百杰”。时任国家体委主任的伍绍祖接见了晏西征，并与其合影，还欣然为东方武术院题写了院名。1998年8月，晏西征应邀赴京参加《武林风范》录像带的拍摄（此录像带由中国武协组织国内各门派名师与“武林百杰”当选者拍摄，向国内外发行，并作为永久性历史资料保存），表演了八卦掌、梅山拳、棍、板凳、铁尺套路。为梅山武术向国内外传播做出了贡献。

为响应国家体委提出的“将武术走进中小学课堂”的号召，东方武术院与新化北渡学校联合开办东方武校分校，与新化工职、新化十中联合开办武职高中班。同时，在海南琼海、广西鹿寨、湖南长沙与望城开办了分馆（校）。1992年8月，省体委成立湖南省武术馆，东方武术院院长晏西征被选任省武术馆首任馆长。东方武院还有不少外籍学员前来学武，香港施恩利、澳门廖腾达、意大利刘光贵、美国史密斯、日本胜吕崇史、内藤真次等都在东方武院学习过。90年代，晏西征为首成立了梅山武术研究会，并亲自担任会长。晏西征写的《对梅山武术的探讨》《浅谈绝招》《武林传统经验防身》及《开展武道研究之风，迎接中国人的世纪》等论文相继在全国武术论文竞赛中获奖，并发表于《武林》《中华武术》《搏击》等杂志，晏西征的“梅山拳械套路”，连载于美国英文版《中国武术》杂志。晏西征还喜爱传统诗词，晏西征的武术论文与诗词收入《东方风采》《晏西征诗文》等书，广为流传，使梅山武术进一步融入了梅山文化。晏西征本人除了多次受国家体委、中国武术协会表彰外，并于2001年晏西征被美国华裔华人联合会、亚裔联盟总会等四大权威社团授予“国际武术杰出贡献金牌奖”。

2003年，9月20日，中央电视台新闻频道、体育频道、湖南电视台卫星频道、体育频道、旅游卫视、韩国国家电视台围棋频道等六大国内外传媒，全球同步直播着一次盛会——2003“南方长城”中韩围棋邀请赛，这是一次以大地为棋盘，由世界顶尖级的围棋高手——中国的常昊（九段）与韩国的曹薰铉（九段）对弈，东方武术院的361名学员身着黑白二色服装，人为

棋子地为盘，用中华武术来演绎世界围棋文化。这不仅是围棋的一次创新，也是武术的一次有意义的尝试。将静态抽象的行棋，转化为动态直观的演武，这是一个极佳的创意。

东方武院多次参赛，成绩突出：1992 年，全国第二届农民运动会在湖北孝感举行，晏西征的学生罗建兵以刀术参赛，欧红石以枪术参赛，双双荣获金奖。同年 12 月，中国武协在海南举行首届全国武术馆校武术暨散打擂台赛，东方武院获 5 金 4 银及两项共计团体总分第一。1996 年 12 月刘剑获韩国国际拳王争霸赛 75 公斤级金牌。1998 年 10 月谢杰获全国八运会散打赛 75 公斤级金牌。2000 年 12 月第三届“全国武术之乡”武术比赛，晏西征以八卦掌参赛获传统拳术项目金奖；2003 年 8 月第四届“全国武术之乡”武术比赛，晏西征以梅山板凳拳参赛获传统器械项目金奖。2004 年 10 月 18 日至 24 日东方武院武术队代表湖南省参加第五届全国农民运动会的武术项目比赛，一举夺得一金二银三铜的好成绩。建院 24 年，东方武院在国内外赛事中，共获金牌 768 枚，金杯 66 座。为国家、为社会培养武术精英 3 万余名。

东方武院还经常举办中老年人太极拳、太极剑、梅山金刚气功等训练班，至今已办班 22 期。在东方武院的倡导和资助下，1996 年成立县木兰拳协会。1997 年东方武院独家承办了娄底地区 97 全民健身节“东方杯”木兰拳（剑）比赛，新化县代表队获特等奖。1991 年 12 月 22 日，国家体委群体司郝怀木、阎树文、吴恒洁等率领九省省体委群体处长视察了东方武院，观看了 2 000 余名学生的武术表演，给予了很高评价。1994 年晏西征被县政府授予“武林贤师”称号。1996 年东方武术院又被国家体委评为“全国先进武院”，被省体委评为“甲级武院”。2000 年 11 月第四届全国武术工作会议，晏西征当选为中国武术协会委员。2003 年 6 月晏西征被国家体委评为“全国优秀社会体育指导员”，并当选为第四届湖南省武术协会副主席。2004 年 9 月，晏西征当选为娄底市体育总会副主席。2005 年春，晏西征发起成立“梅山传统武术协会”，会员达 1 000 余人，晏西征亲自任教传授梅山拳术与器械，为保护稀有拳种，继承传统武术，发展群众体育运动做出了新的贡献。2005 年 10 月，东方武术院再次被国家体育总局评为“全国群众体育先进单位”，晏西征被评为“全国群众体育先进个人”，应邀参加了第十届全运会开幕式，受到了胡锦涛主席的亲切接见并合影留念。2005 年 11 月第五届全国武术工作会议，晏西征再次当选为全国武术协会委员。2006 年，中央电视台拍摄了晏西征的“梅山拳”，在《走遍中国》栏目专题播放 30 分钟。接着，人民体育音像出版社，又拍摄晏西征的“梅山拳”系列教学带光碟 18 本，向国内外发行，并作为永久性历史资料保存。晏西征为梅山武术和梅山人争得了名誉和地位，有力地推动了梅山武术的传播和发展。

第二节　非物质文化遗产视域下梅山武术传承的基本理论

一、梅山武术的基本内涵

（一）梅山武术的基本内涵

1. 蚩尤及梅山文化

蚩尤是中华民族历史上的杰出人物，是与黄帝、炎帝同时代的部落首领、民族领袖。炎黄二帝为我们所熟知，我们以炎黄子孙自居，炎帝因为种五谷，制耒耜，织麻为布，改善了人民生活，被称为中华农耕文化始祖。黄帝为中华织造文化的始祖，凡宫室器用、衣服、货币之制，皆始于此。而蚩尤有作五兵、创刑法之说，有“兵主”之称应该称之为中华武术文化的始祖。

蚩尤故里到底地属何处，一直是个争论不休的问题。在晏西征先生撰写的《蚩尤故里与梅山武术》一文中认真分析了目前学者认为可能是蚩尤故里的地方，如河南新郑、河北的涿鹿，湖南的新化、安化等，结合所引用最具权威的资料——《史记·五帝本纪》，认为蚩尤的故乡应在楚地湖南大熊山。持同样观点的还有德圣辉大师，他分析认为：皇帝与蚩尤‘战于涿鹿之野’，战败退回南蛮之地，一个‘退’字的措辞，说明回到的是原来的地方，即蚩尤的生息之地九黎部落——《“蚩尤故里”研究初探》。

由于蚩尤故里地处湖南西部的崇山峻岭之间，地理位置偏僻，尽管公元1072年开梅设新、安二县，有汉民搬迁至此，但这里独特的民俗、民风仍然未完全被汉文化所同化。至今仍影响到长江流域10多个省区，苗、瑶、汉、侗、畲等10多个兄弟民族，并且伴随海外移民，传播到东南亚和欧美等地。蚩尤作为梅山人的祖先，一直被当地所敬仰和传诵，直至最后演变成“神”。对后世产生了较大的影响，时至今日已形成了梅山文化，主要包括以下3个方面：

(1) 民间宗教信仰。蚩尤被尊为“兵主”，对蚩尤的这种礼遇，一直延续到宋代第二位皇帝赵光义（梅山峒区正好是在宋神宗时代归化）。其后蚩尤逐渐被异化为贪虐、叛逆的形象，他的“兵主”神职演变成了“猖兵之主”张五郎。随后，张五郎被广泛传诵，并形成了古梅山地区普遍信奉的“梅山教”的启教神。该教具有系统的神、符、演、会和教义。但梅山教没有固定的拜教仪式，也没有固定的神像供奉，所以它不是一种现代意义上的宗教。它更接近于一种原始的、朴素的祖先崇拜，是以巫师为主干，以各行各业工匠艺人为经纬组成的传承具有浓厚巫术色彩的生存技能的体现。

(2) 生活习俗。蚩尤对梅山文化中生活习俗方面的影响，除了生产习俗（渔猎）外，在峒民们的婚嫁、丧葬、治病、驱魔等方面也均有体现。例如，在过去，许多户人家曾将张五郎雕像敬奉于神龛上，逢年过节，进山巡猎之前，都要祭祀一番，且此习俗至今不变。梅山人有着区别于黄河流域的习俗，这些奇怪而又独特的风俗是其他地区不曾见的。

(3) 文化载体。蚩尤是上古“九黎”之君、“兵主”之神，系当代西南苗、瑶、畲、壮、侗等众多兄弟民族的共祖，与炎黄并列，号称中华人文三祖。蚩尤还是苗族的保护神，至今，在苗族的民俗中仍有许多崇拜蚩尤的重要活动。这些在苗族历史发展中顽强保留下来的地方民族文化传统，特别是古老的巫文化和一些古老的神话传说、史诗、歌谣和民间艺术等，可谓是中华文化遗产大观园里的朵朵鲜花。目前，新化已被国家有关机构授予了“蚩尤故里”的称号。境内的大熊山具有丰富独特的自然资源和深厚的文化内涵，被学术界公认中华始祖之蚩尤的出生地。同时，随着人们对非物质文化遗产的认识和重视，一些热心于此项工作的文化工作者，不辞劳苦、深入民间，发掘、整理了一些蚩尤神话、传说的书籍、画册等。蚩尤神话传说成了维系民族团结与民族认同的特殊纽带和重要载体。

2. 梅山武术的概念界定

“梅山武术”一词是在年对梅山武术的挖掘和整理中提出来的，而“梅山武功”一词是在陈益球拳师出版的《梅山武功》一书中开始提出的，在之前，对当地武术的称呼没有个统一的名称。“梅山武功”一名的由来，主要是因地名“梅山”而得。新化，“古梅山地区”的核心组成部分，直到宋朝，才纳入了在历代王朝的版图，并置新化、安化两县。梅山人民历来“不奉诏

令，不服王法”，历代王朝把他们称为“蛮人”，如春秋战国时称为“荆蛮”，汉代时称为“长沙蛮”，唐宋时称为“梅山峒蛮”等。历代王朝意欲征服这块圣土，但都没能实现，直至宋朝宋神宗熙宁（1072 年）对梅山人民采取安抚政策，才得以收复梅山地区。常年的抗战和抵御自然威胁，形成了别具一格的攻防动作，进而随时代的发展，逐渐演变成了“梅山武功”。

梅山武术属南派风格，但又区别于其他的拳种，其技击方式具有鲜明的地域性，无论是徒手套路还是器械套路，无不体现梅山武术源于生活化，凝聚着先人们的智慧。在远古时期，梅山地区人少而兽众，加上地势险恶，峰峦起伏，山高林密的自然环境，使得梅山武术重桩功，少跳跃，具有“拳打卧牛之地”的特点，从而不受场地、器材、年龄、性别的影响。另外，梅山武术很多的徒手套路体现着梅山人生活的原始形态，如白虎拳、黑虎拳、单边钓鱼拳、仙人指路等，在具体的动作上，更折射出梅山武术徒手套路的生活化，如古树盘根、饿虎扑食、燕子抄水、犀牛望月等；在梅山武术的器械中，平时劳动做作的生产工具，通过先人的智慧，成了攻防兼备的梅山器械套路，比如梅山居民信手拈来的板凳、烟斗、铁尺、耙、鱼叉等都成了梅山人民防身自卫和攻击的器械，并慢慢形成了系统的格斗动作和方法。

3. 梅山武术的精神风貌

梅山武术是梅山文化的一个重要形态，是在长期的生产实践和社会实践中，积千年原始宗教、狩猎、农耕及族群生活习俗沉淀，并在原始宗教活动及军事战争的熏陶下得到了长足发展，形成了勇毅、悍直、霸蛮、屡败屡战、不屈不挠的文化个性和精神意志，积极进取、敢为天下先、问鼎中原、争雄天下、安邦救国、舍我其谁的壮志豪情等精神风貌。

首先，梅山武术套路古朴，承载的传承文化功能十分明显。因为梅山独特的地域环境使得梅山先祖们在深山密林里生活，面对的都是凶禽猛兽，稍有不慎付出的就是生命的代价，使得梅山武术习练者养成了直率而又讨厌被欺骗的个性，套路动作也是凶猛、简单实用甚至一招制敌。这种个性反映出梅山武术的朴实与务实精神。

其次，当地险恶的地理环境，加上长期与统治者和周边民族的战争，造就了他们强悍、勇猛、好斗的个性特征，虽然后来一部分古梅山人被汉化，一部分迁出，但当地梅山蛮勇猛、好斗的习性一直被延续下来。当地村落善打、好斗、“蛮横”的民风，就是以梅山武术为载体，通过村民营造的习武氛围而沿袭下来的。至今，无论是村民的个性特征，还是村落“蛮横”的民风，都能在梅山武功套路演练和技击对抗中体现出来。所以呈现出，他们性情急躁，一语不合即责骂相侵，甚至动武。但如遇外辱却又尽弃前嫌，拔刀相助。反映出梅山人秉承蚩尤遗风，体现敢爱敢恨，不怕牺牲，又能精诚团结的精神风貌。

最后，梅山武术延续的风格对湖湘士子影响很大，因为生活方式作为一种文化模式，积淀于民族的文化心理之中，具有极强的生命力和稳定、坚韧的结构形态，世代传承。当经过长期的习练，培养了他们勤奋、刻苦、果敢、顽强、虚心好学、勇于进取的良好习性和意志品德，体现了安邦救国、舍我其谁的壮志豪情等精神风貌。在中国近现代史的曾国藩的湘军、谭嗣同、蔡锷、黄兴等人，都是当地杰出的代表人物。

4. 梅山武术练习内容

历史悠久的梅山武术，自远古时期起源，几经跨世纪的升华，已具有完整的功法，技击训练体系和不同层次的拳术器械套路，其内容从大的方面来讲，可以分成功、理、术、法四大类。

（1）功

梅山武术的功法练习主要分为桩功、硬功、软功。民间流传着“先练功，再学打”的说法，功法是克敌制胜的保证，也是衡量练武者水平高低的重要指标。

桩功是梅山功法的基础，是梅山武术最为重要的训练方法，俗语有“四十天打，三十天夜柱”之说，可见桩功的重要性。梅山桩功分为坐桩、箭桩、钉桩三种桩功，其中，训练时又以坐桩为主。桩功练习的目的是：通过练形，配合练气，达到练劲。所谓“练形”指通过桩功练习掌握正确的形体姿势，使全身上下成为一个整体；“练气”则是指人主动控制呼吸，将呼入之气转换为自身的内气，从而达到养身、健身的功效。梅山武功的练气之法，主要是采用桩功的中坚练法，也是许多硬功，软功的基本练法，包括养气、行气两步；“练劲”之法亦是梅山武功的动功，由练形的不动，到练气的暗动，再到练劲的明动。这要求练习者能把劲与功紧密结合。

梅山硬功是取外壮之法，增加机体的强度和硬度，从而抗击抗打。使人体在格斗中用于进攻的部位能最大限度地强化硬化，达到增强破坏的效果。可分为铁臂功、铁腿功、神力抓功等。

梅山软功是指格斗中隐性条件，包括攻防间距、时机、出手角度等。梅山软功包括眼功、耳功、轻身术、药功、神打、符水等，其中眼功、耳功、轻身术主要是刺激人体感觉系统，对人体关节、韧带以及反应等进行训练，从而提高个体反应力、平衡力和敏捷性等，而药功、神打、符水是梅山人秘而不宣的守山绝技，主要是通过药物和巫术符咒进行攻击和防御。

（2）理

理，是理念的归纳、整理、论述，有伦理、功理、术理、法理等，是在梅山武术训练与运用中所应遵守的道德规范的表述，及使用武力时的约束；也是对功法、技术、打法的原理与规律的总结，以及原则性和具体实施性的理论指导。

伦理，是梅山武术练习者所应遵循的道德规范，武术是一种特殊的技术，用于正道能健身防身，维护社会的安定，一旦不能理智地运用，武术也就成了为非作歹的助力。因此，梅山武术的道德规范就起到了一个极为重要的引导与约束作用，使学武者通过武术伦理教育，养成正确的武德观，从而使所学练的梅山武术能利己利人。

功理，是梅山武术功法训练的理论依据，对功法训练起到指导性的作用，从而使梅山武术的练习者能通过功法理论了解每一种功法的原理，作用及训练要求，从而保证功法训练的实施。

术理，是梅山武术的技术理论，是梅山武术技术的规律性总结和原理推论，记录着梅山武术历代传人对武术技术的传承，为我们学习梅山武术技术提供了理论上的依据。

法理，是梅山武术技击的训练与使用方法的原则性理论归纳，以及梅山武术历代传人在实战中的经验总结。

（3）法

法是指梅山武术中的技击方法，以徒手技击为主，持械技击为辅，是梅山武术中极为重要的内容之一。

在过去，梅山武术技击法曾是梅山武术训练的终极目标，是克敌制胜的重要手段，历代传人对其视若生命，有“法不传六耳”之说。随着历史的发展，时代的进步，武术的社会功用逐渐从克敌制胜向强身健体倾斜，梅山技击法在梅山武术内容中所占的比重也逐步有所减轻，今天的梅山技击法已成了以徒手技击为主要内容的格斗训练与使用方法，包括有技击原理的分析探讨，打法原则，技击招式的训练与应用等。

（4）术

术是指梅山武术的技术，有单式和套路两大类。

单式：包括基本功与单操手，是一些基本性和独立性的技术动作，主要用于培养武术意识，掌握基本运动规律，提高运动能力。有基本的手形、手法、步型、步法、身法、腿法、擒拿法、摔跌法、能使练习者的身体各部得到较为全面的锻炼，为进一步学习梅山武术的各种技法打下基础。

套路：是以种单式动作为素材，根据攻守进退，动静疾徐的运动规律连贯而成的组合性技术动作，有徒手的拳术套路。使用各种兵器的器械套路、二人或二人以上进行攻防模拟演练的对练套路。

拳术套路：梅山拳术套路现今流传于世者共有86路，其名称为：梅山拳、工字桩、小工字桩、梅花拳、丁字桩、一路边势、二路边势、田字桩、一路一字桩、二路一字桩、中字桩、抄桩、六步桩、大红桩、小红桩、三门桩、四门桩、大龙桩、飞桩、斗手、一路猛虎下山、二路猛虎下山，新六步、白鹤拳、七步赶、八步追、祖师拳、小排手、大排手、大练、小练、一路九点飞、二路九点飞、八虎、十字桩、三步归、满堂红、一点红、二点红、七星拳、六合拳、豹拳、白虎拳、黑虎拳、五虎下西川、黑虎守山、猛虎坐堂、黄狗恋窝、烈马回头、半边吊猪、猿猴摘果、月里掰桃、单劈单砍、双砍双抛、仙人撒网、双合拳、双合印、三陈拳、五马破曹、五雷破阵、朝天三炷香、十八手、十八肘、三十六手、一百零八手、四十八手、六合散手、单边钓鱼、八门拳、六步斩手、十杀手、三意拳、双龙出洞、仙人指路、梅城拳、梅花掌、梅山掌、大梅花、小梅花、四点灰、一路梅花、二路梅花、三路梅花、四路梅花。

器械套路：梅山器械套路有短器械、长器械、软器械、双器械。

短器械有：单刀：梅山刀、七星刀、四门刀、六合刀、一字刀、追风刀、梅花刀、梅城刀、栏阳刀；单剑：梅山剑、七星剑、四门剑、一字剑、蛇形剑、财神剑、梅城剑。

长器械有：齐眉棍：梅山棍、四门棍、一字棍、田字棍、赶鸭棍、扫堂棍、双头棍、梅花棍、屋檐滴水棍、白马献蹄棍、公鸡啄米棍、五马破曹棍、老子撑伞棍、避风躲雨棍、烂草缠麻棍、乌龟脱壳棍、老子扫地棍、双龙出洞棍、黄牯练泥棍、深山牛摆尾棍、金龙游四门棍；耙：梅山耙、大耙、四门耙、一字耙、滚耙、飞耙、花耙、斗虎耙、栏阳耙、七星耙、九齿钉耙；大刀：四门刀、青龙刀、关王刀、栏阳大刀、王爷大刀、梅花大刀；梭镖：二合梭镖、梅山梭镖、四门梭镖、斗虎梭镖、迎风梭镖；方天画戟。

软器械有：绳鞭、单流星、双流星、绳镖、花柱、腰带、梅花软鞭、双神鞭。

双器械有：铁尺：梅山尺、梅宿尺、虎尺、四十八总尺、三十六连环尺、四门尺、六合尺、七星尺、二十四合尺；双锏：赵公锏、龙凤锏、梅山锏、护身锏、四门锏、六合锏；双刀：插花双刀、七星双刀、护手双刀、护身双刀、柳叶双刀、梅花双刀、扫堂双刀、栏阳双刀、另有梅花铜锤、梅山板斧、七星双剑等。其他器械有：板凳：梅山凳、一字凳、四门凳、六合凳、四字凳、九打九冲梅花凳及长烟筒、穿山角、单匕首、双匕首等。

对练套路：梅山对练套路有徒手对练套路：斗梅山、四门对八门、边桩对八虎。器械对练套路：铁尺进棍、板凳进棍、对劈刀、套棍。

5. 梅山武术的特点

中华武术博大精深，流派众多，每一个拳种，流派即有着相同的共性，又有多各自不同的特点，如“南拳北腿”即说的是北方的武术流派大多擅长用腿，而南方的武术流派大多擅长用拳。属于南拳系的梅山拳除了具有步稳势烈发劲刚猛，少腿法多手法的南拳系共性之外，还有古朴无华，技击性强、内外合一，适应性强的独特风格。

（1）古朴无华、不尚花哨。梅山武术虽然套路繁多，但所有套路大多短少精悍、结构紧凑、动作古朴无华、简洁实用，各种套路从始至终皆无翻滚和腾空动作，亦无虚招花架，以此而有别于其他武术拳种流派。

（2）注重攻防，强调技击。早期的梅山武术作为一种军事化格杀技术，与梅山的频繁战争紧密相连，他的技击性是不容置疑的，在战斗中，主要目的是杀伤、制服对方。追求的是最为有效的格杀方法，从而战胜对方，这些杀敌技术仍然在后世所传的梅山武术中得到保全。到今天，武术已成了一项体育运动。梅山武术当然也不能例外，民国时有一武术前辈说“古之武以杀人，今之武以育人”这是对武术的最好评价，今天的梅山武术虽然也不离其“育人”本质，但在技术上仍然不失其攻防技击的特性，所有套路也都由攻防技击动作组成，每一个套路都有几式独特的攻防招法，招招式式非攻即防。

（3）具有内外合一，神形兼备的整体观念。所谓“内”指的是心、神、意、气等心智活动和气息运行，所谓“外”指的是手眼身步等形体活动，梅山武术“内外合一，神形兼备”的特点主要通过其功法、技法来体现，有“内练精神气，外练筋骨皮”之说，另外，在其套路演练时，也要求内在的精气神与外部的形体动作紧密配合，做到眼随手走，心动形随，同时，梅山武术由于攻防技击性强，杀伤性大，对传人的武德修养要求甚严，有“学打兜倒”（梅山方言，意为学了武术不能轻易动手）之说，使内在的品德修养和外在的武功修炼相结合。

（4）具有广泛的适应性。梅山武术动作简朴，发劲可刚可柔，可以适应于不同年龄段的人群，年轻力壮者在练习时，可以刚劲为主，体现其刚性美，年老力弱者在练习时则可以偏重于柔劲和技法以达到健身养身的目的。同时，梅山武术对场地器材的要求不高，“有拳打卧牛之地”的说法，即可在公园场馆等宽广之地集体组织练习，也可在家中阳台上，斗室中单独练习，不论时间长短，白天黑夜都可以进行练习。

6. 练习梅山武术的作用

（1）能强身健体，防身自卫。学练梅山武术不仅能使形体得到锻炼，而且能使整个身心也得到全面的锻炼，外强筋骨、壮体魄，内理脏腑、通经脉、调精神。尤其是一些功法、套路都强调要调息行气进行意念配合，因此对调节人体内部平衡、调养气血、改善人体机能，增强体质有极大的作用。而梅山武术注重攻防技击的特性，可以使练习者掌握各种攻防格斗技术，若进行系统的、持久的锻炼，就能增长功力、抗击抗打，掌握完整的梅山技击术，克敌制胜，起到防身自卫的效果。

（2）能磨炼意志，培养品德。“要练武，莫怕苦；想练功，别放松”，练习梅山武术对意志，品质的考验是多方面的，首先便是能“忍”，忍受初练时的肢体疼痛，忍受练功时的枯燥寂寞，持之以恒，精益求精。“冬练三九，夏练三伏”，同时在练武的过程中遇强不怯，失败了总结经验，再图进击，自能养成刻苦耐劳，砥砺精进，勇敢无畏，坚韧不屈的战斗精神，培养出勤奋、刻苦、果断、顽强、虚心好学、勇于进取的良好习性和意志品质，如果将这种习性、品德带入自己的工作和生活中，就能得到练武的另一种收获。

梅山武术提倡“尚武崇德”，把武德列为习武教武的先决条件，提倡尊师爱友，讲礼守信，

见义勇为，这些人生的道德修养与激烈的攻防格斗技术相结合，构成梅山武术的武德观，不仅能很好地陶冶个人情操，也有益于当今和谐社会的建设。

(3) 能增益人生，以武会友。梅山武术内容丰富，是极佳的群众性运动项目，是人们切磋技艺，交流思想，增进友谊的良好手段，同时，梅山武术的观赏价值可以自娱娱人，并通过各种表演、比赛，展示自己的锻炼成果，开拓自己的友谊面，现在世界上已有越来越多的国家和地区，对梅山武术越来越了解和喜爱，梅山武术的练习者一样可将梅山武术作为交流工具，与国外的武术爱好者进行交流，让世界了解梅山武术，了解梅山传人，达到增进友谊、促进和平的作用。

二、梅山武术的传承理论

(一) 梅山武术的传承价值

传习千年的梅山武术是中华民族文化艺术的重要组成部分，始终伴随着蚩尤后裔的生存、繁衍与发展。梅山武术产生于农耕文明，农村是其重要的生存土壤，随着农耕文明的逐步解体及梅山地区民间老拳师的相继去世，梅山武术的生态环境已被严重破坏，其在官方和民间都遇到了前所未有的发展危机。

武术传承是一种“活文化”，必须由人去延续，传承人是保护的重点，传承的本质是文化的延续。对于梅山武术来说，梅山武术是一种原生态文化，梅山武术是梅山地区人们在原生态的自然环境中形成并具有浓郁梅山地域特点的文化表现形态，包括三个层面的内容：第一层面为物，即文化成果的物化形态，如物态化的棍、铁尺等，这是承载梅山武术文化遗产的基础，第二层面为文化活动过程，表现为时间和空间的有机结合，包括仪式、禁忌、传说等，这是梅山武术发展、流传的保障，第三层面是文化精神，即物质对象中所凝结并显现出来的深邃、崇高的精神价值，这是梅山武术传承的根本内涵。因此梅山武术的保护，其本质是文化的传承，即世代相传，传承人消除，原生态的梅山武术文化遗产也就不复存在。研究梅山武术的历史传承可以弘扬梅山武术，可以继承优秀的民族传统文化，在全国范围内传播梅山地区优秀体育文化。

(二) 梅山武术的传承人物

1. 远古时代传承人研究

早在远古时期，梅山地域便有我们的先人栖息，梅山武术也就在远古先人与大自然的斗争中开始萌芽。人们在狩猎的过程中，“观其禽技，仿其兽姿”，创造了原始的格斗技能。随着蚩尤部族的兴起，梅山人为争夺渔猎之地，与其他部族发生了矛盾与战争。作为梅山王者的蚩尤，凭借自己的智慧与勇武，创造了戈、殳、戟、酋矛、夷矛（作五兵）等战斗兵器，并在每次战斗前后所举行的巫事祭祀武舞中，将那些在以往战斗和狩猎中运用得比较成功的一拳一脚、一击一刺逐步溶入其中分离出来，并带领族人进行着反复的模仿与练习，使其从生产技能成为独立的战斗技能，形成了原始的梅山武术，梅山教、师公教和梅山武术传人共同敬奉的祖神，就是蚩尤和张五郎。到了北宋神宗熙宁五年（公元 1072 年），蔡煜、章惇开梅山至新化、安化两县之后，历代封建统治者均有意往这里移民，梅山地区逐渐成为汉、苗、瑶、土家等多民族杂居之地，从此民族矛盾非常突出，为了争夺土地和其他资源宗族械斗常常发生。每一个宗族都

有自己的武术队，这样大大地促进了梅山武术的发展，宋代以后形成一个独立的门派。其典型的人物是赵天祥，所以有一说就是梅山武术由其所创。

2. 清代传承人研究

拳师辈出，当时在王爷山一带最为著名的是刘应朴、萧老四、发转子。刘应朴是王爷山田荡垣人，擅长梅山南拳。萧老四是王爷山逆坝凼人，擅长铁钗，发转子是王爷山大石夏屋场人，擅长齐眉棍，被当地人誉为“朴少爷的拳、萧老四的钗、发转子的棍”。

3. 近代传承人研究

《湖南湘技纪闻》记载，新化武师伍再明（王爷山人）为显其能，相室中一桌，其木系坚木，铺置地面，并五指插之，洞木及土。此举足可以见得伍再明的劲力之大。新化人伍再先（王爷山人），号称命再先，此人武功高强，有人在他吃饭时，突发一流星，被他用筷子挟住。著名武师刘祖朴，从小随父习练梅山武功，不但功力大，而且能识风辨器。刘绍祖系王爷山人，身手敏捷，个子高大，因排行老七，人称绍老七，拜当地名师刘春山，练就一身好武功，高余丈的练武楼，可飞身上下，一箩筐谷物，用一手托起，一手一拳，便可把谷物从丈余外打进仓里。民国时期，新化县举行过三次大比武：民国 21 年，县首届国术比赛，王爷山拳师廖满山获得第一名；民国 24 年，第二届县国术比赛，王爷山拳师曾斌获得第一名，民国 27 年，第三届县国术比赛，王爷山拳师陈渭南获得第一名。

总结清朝、近代以来梅山武功的主要历史传承人有：刘应朴、萧老四、发转子、伍再明、伍再先、刘祖朴、刘春山、刘华妙、邱先财、杨三恒、游世命、刘绍贤、杨交禹、廖满山、曾斌、陈渭南、游本恒等。

4. 当代传承人研究

一条是以正宗的梅山拳传世的本地拳家，一条是吸收了外来拳种求发展的本地拳家。

本地拳家：代表人物是陈福球、晏西征、刘柏坚。王爷山拳师陈福球曾在 20 世纪 70 年代以犁脚进和转手封打败过当地许多拳师，其犁脚进和转手封被当地人称为绝技。他曾在当地横阳山广为授徒，为传承梅山武功做出了较大贡献。晏西征以诡异灵巧的拳法惊世。晏西征先生的三角步加封手，乃梅山武术之精华，现已传播很多年，桃李满天下了。晏西征先生还著书立说，挖掘整理散落于民间的梅山稀有拳种，比如凳拳、桌拳等，对梅山武术的贡献，很独特，他除了自身的修炼，还耗费半生用来传播梅山武术，不分南北，不论中外，这就是真正的武学精神。刘柏坚是梅山拳中以实战立世的人物，他把梅山武术在实战中的功用发扬光大，几十年来，以武会友，几乎没有败绩。他现已年过花甲，依旧身法灵活，爆发力十分强，举手投足间，便达到制敌之目的，却又从不伤人，他一生致力于民间，扎根本土，甘于寂寞，颇具武学大家风范。总之，梅山传统武术的发展，以上这三位拳家穷其一生心血，不计名利，使传统梅山武术没有失去真意，说他们是梅山武术代表人物，不为过。

吸收外来拳种的拳家：代表人物是：杨开道、曾迎新、廖育雄。杨开道长于查拳，十路弹腿等长拳类武术，将北腿引进新化，他是第一人。他的腿功深厚，放长击远，变化多端，为梅山武术中腿功之翘楚。同时，他在手法上，主要继承了梅山武术的精要。杨开道老先生在世时，他快如闪电的手法，令人防不胜防，一些平常的梅山拳法，被他运用起来，非同凡响。尤其是那种防中带打的手法，简短、快速，杀伤力大。至今，民间还流传着他的杨氏拳法。

曾迎新先生是梅山武术体系中把现代散打与传统拳法熔于一炉的武术家。他年轻时在军营

干过特种兵，对擒拿散打了然于胸。回到地方后，又刻苦学习了梅山武术中的虎拳和梅花拳。在多年的实践中，自然而然将现代散打融入了梅山武学。他认为现代散打虽猛，但缺乏武术的内功来做根基。他以梅山拳的桩功、内功为基础，以现代散打为体用，练拳相兼，长短相济。独创一门新的武学——搏拳道。他的搏拳道，极受青少年欢迎，既修炼身心，又克敌制胜，实乃一门可以广为流传的现代梅山新拳法。搏拳道中的虎爪加侧踹腿，上封面门，下踹要害，十分了得。如今，搏拳道爱好者已达数千人。

廖育雄先生在梅山武术中是值得重书一笔的人物。他能文能武，1987 年，他的武术论文在国家体委主办的武术研讨会上荣获一等奖。他师从武当名宿王丙生，修炼形意拳和武当弹指神功，造化颇深。廖育雄先生在此基础上，又对梅山武功颇有研究。他把形意拳的十二形加以提炼，与梅山拳的套路结合，使其更加古朴实战。他的半步萌拳，就借鉴了梅山拳中的寸劲，倍具杀伤力。他的龙形，吸收了梅山拳中的舞花手，更加多变。廖育雄先生还继承了梅山武术中的道德修养，谦恭、宽容、侠义。他从不伤人，点到为止，人缘极好，是武林中的仁者。

梅山武术发展到今天，传承人的作用是至关重要的，我们大多只能从文献资料中一睹他们的风采，找出现在散落在民间的传承人才是重点，才是梅山武术得以延续的关键。

（三）梅山武术的传承方式

1. 梅山式术的口传与身授特征

口传与身授可分解为师傅的口头讲解和以身示范。古时候，由于重文轻武的观念盛行，因而梅山武术练习者文化水平有限，导致流传技术文字记载并不多，梅山武术口传身授的传承特点得以形成。前者传授技术，通过老师仔细地筑基、固本、授技、讲道，打下坚实的基础。口传的内容包括动作的要领和心法等。师傅通过对习武经验的总结，总结出言简意赅的谚语，如："九打九金刚，十打十金刚""上打雪花盖顶，下打雷火烧天""双来力转手，阴阳转手扒""外练筋骨皮，内练一口气""步不稳则拳乱，步不快则拳慢""不怕千招会，就怕一招熟""百看不如一练，百练不如一专""单刀看手，双刀看走"和"拳不离手，曲不离口"等。还有一些人们感到神秘莫测的"铁牛水""雪山水""化骨水"等练功方法也是靠口传的方式传承。

梅山武术的口传身授在古代运用得最为广泛，到现代，由于融入了更多的科技元素，如音频和视频的运用，学习者可以根据影像中的动作模仿学习，但是显然没有师傅手把手示范来得有用。

由于梅山武术的民间拳师靠一两门绝学养家糊口，所以其传承具有一定的保守性。为了防止徒弟的反叛，师父通常会"留一手"，直到临终时才会传给徒弟。一旦师傅年老力衰，口传的全面性，身授的执行能力上定会大打折扣，导致一门武学失传的危险性大增。

2. 梅山武术的心授

梅山武术的心授主要是指在练习梅山武术的过程中，一招一式注重的是外在的套路格架，练的是外在的形，练习者通过勤奋习练一般都能熟练掌握，梅山武术注重的是凌厉的攻击对抗，通过外在的形的练习，能是习练者参悟部分实战技击要领，但这些要领主要是通过习练者在反复的实战过程中"悟"出来的，往往需要师父单独喂招，通过心授才能掌握。

3. 梅山武术的图与文相互结合的传播

梅山武术的先辈拳师大多生活在社会最底层，因此受教育的机会有限，总体文化素质有限，甚至有的目不识丁。为了传承的需要，习武者另辟蹊径将各门拳法的拳势要领、技术动作标准、拳路的用法要义等汇编成武术歌诀，以手工抄写成册，就是所谓的拳谱。拳谱记录了拳势名称、用法，一句到两句为一势，句子一般为五言或七言。梅山拳谱中记载："冲拳为三角，挑拳似牛角；相对紧逼前，掌法似刀镰；好打前后打，左右开弓打两边，对方来得凶，我即把肘冲；急来滚子，闭上斜行；九斩九金刚，十斩十金刚，上用打，下用穿，上打雪花盖顶，乌云罩地，雷火烧天，下打古树拔根，席地而扫，连根而拔……"梅山武术依靠口传身授，绵延流传至今，拳谱功莫大焉。

从古代流传下来的拳谱典籍有：古图谱《梅山拳谱》，民间收藏的《梅山神打》《梅山药功》等线装古本。

（四）梅山武术的传承途径

1. 群体传承

群体传承在梅山武术中，指一大群社会成员共同参加的传承形式，使梅山武术在传习、继承的原本基础上有所增益、发展和创新。群体的参加是群体传承的显著特征之一，展示这个群体共有的文化背景，有益于彼此间的文化认同感的增强。梅山人的先辈在创造梅山武术文化进程中，按照文化发展的结构规律，从日常实践中不断提炼与提升，从而最终形成具有特殊意义的完整的梅山武术。

此外，梅山武术中存在的一些如禁忌、风俗、礼仪等，也是群体传承的结果，它们对社会成员同样具有很强的约束和规范力。

2. 家族传承

家长制是家族传承最典型的特征，由于重视血缘关系和对祖先的崇拜，家庭成员的责任和义务除了尊卑长幼嫡庶等宗法伦理的关系外，还有一个重要的责任就是对先人留下的遗产的继承和保护，其中包括前辈所掌握的技艺的承传，例如武术。

家族传承是人类对知识和经验占有的一种方式，知识和经验的传承仅限于在具有亲属关系的群体内部进行，代代相传、秘而不宣。目前这种传承方式在武术中依然存在。武术的家族传承强调的是武术技艺在家族内部成员之间的传授与承继，家族中的长辈担当传授者的角色，子孙从长辈那里承继武艺，秉承家风。武术的传者与承者之间以血缘为纽带。

我国传统武术大部分都是采用家族传承。我认为，从狭义上讲武术的家族传承是指同姓氏长辈将武术的技艺传给下一代。但从广义上讲应既包括有"准血缘关系"，又包括"类血缘关系"的师徒关系。据伍胜勇先生介绍，梅山武术也是通过谱系传承，在20世纪80年代以前主要以师徒传承（广义的家族传承）为主，如梅山武术第17代掌门游石命将其毕生所学传授给了其孙游本恒（"准血缘关系"）；游本恒将梅山武术传给了晏西征（"类血缘关系"）等。但其传承均以祠堂为中心，以地域为界限，盘踞一个家族式的民间师徒传承为主。

3. 师徒传承

师徒传承是武术能够得到延续的主要形式。在传统的传承观点中，其实际是以类似血缘关系为基础，以此形成的与"父"同构的师和与"儿"同构的徒，即所谓的模拟家庭结构的"血亲传统遗风"，习惯上所称呼的"师父"和"徒儿"在这个结构中，师父处于核心位置，类似一家之主，不仅具有一定的地位，也肩负着相应的责任。有学者指出："中国古代这些传统思想能

够得到传承，氏族家法和血亲传统起到了关键性的作用”。

师徒传承是对家族传承的拟制和拓展，是用类似亲属的关系，以及将家庭的结构与制度在师徒传承中得到组织与运行，而实际上内部成员之间绝大部分可能没有直接的血缘关系。在这个模拟的家庭中，开山鼻祖（俗称祖师爷）是他们的创始人，是家长，有着不可撼动的地位，通常是崇拜和祭拜的对象。其底下的传人依据入门的顺序，为师兄弟或师徒关系。这个大家庭（或称组织）需要所有人的努力来维持或维护，使之能够保护自己的生命安全，并获得社会的广泛认同和一定的声誉，以此拓展这个家庭或组织的规模。在这种传承方式中，师傅在教学上严格要求，精益求精，学生的专业技能都比较强。此外，师傅不光传授技术技能，更重武德和品德的修养。梅山武术就是主要依靠这种师徒传承，使其发扬光大。

历史上梅山武术高手辈出，有史记载的为数不少，他们主要通过师徒传承将梅山武术传承至今，有着独特的收徒仪式和严格的门规。代表人物有符天赐、李天华、赵天梓（被称为梅山洞主、也是梅山武术的创始人）、张虎、伍再先、杨三恒、刘春山、游石命、游本恒、刘绍贤、陈渭南、晏西征等。

（1）拜师仪式。首先需要介绍人。介绍人又称“引师”，介绍人一般情况下有三种：一是直系亲属，如“父兄”；一是模拟直系亲属，如师兄弟；第三则是亲戚朋友。

拜师者在拜师前首先要递拜师帖，或者称“投师约”和拜师礼，为三块三毛三（或三十三块三，或三百三十三，或三千三百三），拜师帖一般是朱红色，长七八寸，宽四五寸，成折叠形，所以称为“帖折子”。师父接下拜师帖，就意味着师徒关系的确立。然而事情并没有结束，徒弟还要进行拜师礼。拜师礼相当复杂、隆重，一般情况下在师父家里举行。举行拜师礼时要叩拜师祖的灵位。而叩拜前要则需要在祖师的灵位前烧香与焚烧纸钱，之后在师父的带领下，按辈分排列，依次跪在祖师灵位前叩拜，之后再拜师父和师娘，直到此时才算完成了拜师仪式。拜师仪式之后，才在真正意义上意味着拜师者正式成为某拳种的传承者，就要遵循“一日为师，终身为父”的规矩。就要把师父与父亲放在同等的地位来尊重和侍奉。每次逢年过节要送礼物拜访师父以示孝敬。据梅山武功传人曾光辉介绍：春节和中秋节是必过节日，这时候徒弟必须带礼物到师父家里拜访、问安；且当师父和师娘的生日时，徒弟要替二老操办酒席庆贺；师父去世，参加葬礼、送师父上山、清明节要去陵墓前祭拜是徒弟必须要尽的本分。

（2）梅山武术的门规。梅山武术同其他传统武术一样，重视武德的修持。习武先习德是武术界普遍认同的基本准则。梅山武术中对坐位、坐姿等均有讲究。

4. 学校（武馆）传承

梅山武术的学校传承主要是针对青少年技艺教育的一种传承形式。新中国成立后，新化地方武校大放异彩，有县办武术馆、私办武校，有在外开场授徒的拳师。最有名的是1982年晏西征先生创办的东方文武学院和八十年代邹寿福创办的南北文武学校。新化东方武术院被评为“全国群众体育先进单位”，在武术教育方面积累了丰厚的经验，我们可以从其武馆规模略窥一二：1. 为国为民、防身健身，2. 尊师爱友、敬老亲贤，3. 坚持正义、济卫扶贫，4. 忍辱负重、礼让谦恭，5. 发展传统武术、振奋民族精神。新化东方武术院把传统梅山武功和现代竞技武术套路编排方式结合起来，编成了风格独特的武术剧——《梅山魂》，展示了古时梅山先民在恶劣的自然环境下研习武术，上山打猎、下水摸鱼、抵御外辱的自强精神，得到一致好评。

（五）梅山武术的传承组织

在武术源远流长的发展过程中，民间武术团体组织在一定程度上发挥了相当积极的推动作用。对梅山武术而言，能够延续至今，除了与其独特的师徒传承有密切关系外，组织传承在梅山武术中也占有不可或缺的一席之地。

宋朝之后，梅山与外界的交往逐步加深，梅山得到了一定的发展。随后，随着元朝的南下入侵，以武功名传梅山又兼修道法的张虎发起成立了黑虎教，起兵抗元，直到公元 1281 年，张虎战败身死，幸存的徒众散入民间，仍以望虎教的名义继续抗元，并尊张虎为梅山创派祖师，尊称为“黑虎公”。这些教会不仅在保家卫国中起到了重要的作用，也在梅山武术的传播力方面充当了推手。

新中国成立后，为了保护梅山武术，使其能继续传承和发扬光大，涌现了一批组织、机构和学校，如娄底市梅山武术文化研究院、湖南人文科技学院、梅山文化研究中心、梅山文化研究会、东方文武学院、中国梅山文化学术研讨会及新化梅山传统武术协会等。据伍胜勇先生介绍，在这些组织中，新化梅山传统武术协会和馆校是以晏西征院长为代表的核心组织，是以梅山武术的推广为主要目标。

新化梅山传统武术协会由梅山武术大师晏西征先生于 2005 年 8 月提出倡议，同年 11 月 16 日正式组建成立。协会选举产生了新化县梅山传统武术协会首届委员会，由晏西征先生出任会长兼总教练，毛岳松先生出任常务副会长，同时选举产生了 8 名副会长，12 名常务委员，30 名委员；并建立了协会办公室、组织联络部、宣传部、培训部、竞赛部、财务基金部和文艺部 1 室 6 部的组织机构。本着就近训练的原则，将所有的会员按照地域划分为 11 个分会/练习小组，每天早晚集中训练，使别人更多地了解梅山武术，使其和群众走得更近。协会成立以来，晏西征先生除亲自授课外，还委派其数位得意门生分赴各分会和练习小组进行授课。同时毛岳松先生也在百忙之中抽空走进教学前线。特别是在民俗和节日时，协会还会集中组织活动，晏西征和毛岳松等老一辈武术家均亲自上阵，承担武术和文艺表演，大大地调动了会员们的积极性，也促进了学员间更深层次的交流。

1982 年，晏西征先生率先创办了新中国成立以来湖南省第一家私人武术馆——兴武拳社，及随后在孟公成立的“横阳拳社”。随后，为了加大梅山武术的保护力度，晏西征先生创办了东方文武学院，对梅山武术的保护和发展起到了至关重要的作用。迄今为止，毕业学员达 60 000 多人，其中为公安、部队、武警、体院、各省武术专业队输送人数达 5 000 余人，东方文武学院在 1993 年、2005 年两度被评为“全国群众体育先进单位”。

（六）梅山武术的传承困境

中国是以家族血缘关系为纽带组建的社会，传统武术传承中的封闭保守性与中国的家族制度有着内在的联系，具有血缘化倾向。因此，这种以血缘为纽带维系的家族传承，导致了一旦后继无人，这门技艺乃至绝招就有失传的危险。此外，不管是家族传承还是师徒传承，为了保守本门派的秘籍，均讲究口传身教，很少留下文字资料，这也限制了武术的传承。

和其他传统武术一样，宗法传承同样也影响着梅山武术的传承和发展。有以下几个方面的明显弊端：

1. 脆弱性

武术传承中以血缘关系维系的家族传承和类血缘关系的师徒传承都属于宗法制。梅山武术在其宗法传承的特定历史环境中由于传授者过多考虑传内不传外以及保持其拳种的神秘性，所传授的对象也非常有限，有些拳种甚至仅考虑单传，以至于梅山武术只在古梅山地域内流传。虽然在技艺上的千锤百炼、精益求精能形成独特内容和风格，但这种传承表现出明显的脆弱性，首先，单传对其传承的风险过大。如果传人的责任心不足或唯一的继承人还未将其传给下一代就发生不测时，会造成传承的断裂，从而使其面临失传的危险。其次，某一拳种仅传授给某一个或几个人，虽然对内形成了强烈的凝聚力，对外则形成强烈的排外性。加之民间拳师授徒之严，不是得意门生，难以得到真传，这就造成了传人少的脆弱性状况，以至于其最后不能大面积传播，甚至失传。

2. 缺乏有效的保护

在宗法传承的过程中，受时代发展的限制，缺乏影像记录技术，传统的梅山武术没有最直观、最真实的记录流传。同时，大多民间拳师受文化水平限制又缺乏很好的表达能力，不能成文，能够流传开来的拳谱和秘籍也很稀少。授徒多以“言传身教”为主，“留一手”的思想弊端使得有些拳师来不及授徒以真传就去世，该拳种/技艺由此失传。因此，有文字记载的梅山武术拳种/技艺为数不多。这不仅不利于后人的学习，还不利于中国文化的流传。如果能将其详细记载下来，形成教材等文字及影像资料，对其传播将有百利而无一害。

3. 改革开放和竞技武术的冲击

到现代，梅山武术再度受到重创。随着我国的改革和对外开放，继承前人精髓的中年拳师出外谋生，很少在当地兴办武术班传授梅山武术。更多村民以抓经济为主，常年奔波，很少自发组织习武、学武活动。而年幼的小孩们更宁愿选择网吧、电游、电视等娱乐活动项目，几乎很少有小孩参加和习练本土武术。最后，新中国成立后竞技套路的出现以及20世纪80年代末散打擂台赛的推广，标志着武术正式迈进了竞技体育的行列。但随着竞技武术的发展，把民间的武术传统隔离并排挤开来，而与武术的真义相去甚远。更多的是将其当作赚钱的工具，所以越来越多的人看重的是其经济价值。

梅山武术是一个包含套路种类、理论体系、技法运用、练习口诀、习练方法、礼节仪式和传承制度等大量信息的体系。目前，其保护、普及与发扬得益于在梅山地区以晏西征为核心代表的一批民间力量。但师生传承也有其弊端，往往是一个师傅带着一帮徒弟，很难保证或把握每个徒弟的学习进度，同时剔除了梅山武术中的攻防之精髓和功法练习（据伍胜勇介绍），面临向“操”化转变的危险。

失去民间广大操习者的口传身教，师生传承的模式和内容只会越来越僵化，从某种程度上来讲如果长期进行师徒传承，可能会使梅山武术最终变形和变味，很难对其进行完善保护。同时，也可能存在挖掘和保护不力以及投入财力的限制导致其中的很多地域性稀有拳种濒临灭绝和失传，这将是对梅山文化的抹杀，也是“文化强市”“旅游立市”的一大损失。此外，因部分民众对武术强身健体功能认识不足、民众思想观念改变与经济发展的不和谐、本土武术及武术产业发展的环境受到威胁、国家武术的发展政策重心的偏离、本土文化自身发展的滞后以及学校武术教育的欠缺、其他运动项目的冲击、群众武术运动的经费投入不足，是群众武术在20世纪90年代后逐渐淡化的主要原因。所以说梅山武术的传承和发展任重道远，如果没有政府的大力扶持、社会各界的积极参与、新闻媒体的大力宣传，光靠晏西征先生一己之力，是远远不够的。

第三节　非物质文化遗产视域下梅山武术的发展现状分析

作为传统武术拳种，梅山武术在传承体系上具有较强的宗法血缘色彩。随着经济社会的转型，更多的人走出农村，进城务工，使得学习梅山武术的人急剧减少。为了能使梅山武术的普及化和大众化，由传统的宗法传承转变成师生传承不愧为传承模式的创新。

一、梅山武术的传播现状

（一）传播媒介

传播媒介是指介于传播者和受传者之间，用以负载、传递、延伸、扩大特定符号的物质实体。人（传承人、教练、老师等）在梅山武术传播中的作用在本文中分别在师徒传承和师徒传承中作了重点介绍。书籍/专刊等在本文中的“梅山武术的研究现状”中作了重点介绍。此处仅讨论报纸、广播、电视、网络等媒体。

据新化县体育局某副局长介绍，目前该县梅山武术的传播主要有以下途径。

1. 媒体、网站

电视、网站等媒体在传播实效上具有极大的优势，是扩大梅山武术影响的最佳平台。晏西征、梅山武术协会及体育局等相关个人和组织在这方面积极努力，促成了 2006 年 5 月中央电视台录制《走遍中国》栏目录制了梅山武术；2009 年 8 月，娄底市电视台录制梅山武术；中央十台《梅山武术传承专访》节目及湖南卫视专访等，起到了一定的效果。

2. 书籍/专刊

书籍、报纸和专刊等具有收藏的优点，为了使梅山武术能够以文字的形式进行传播，相关个人和组织从 2007—2010 年，组织了 4 次中小学体育教师梅山武术的技能培训，并将梅山武术列入了当地中小学乡土教材中。此外，也积极发表了梅山武术相关的研究成果及发行了专刊——《搏击》杂志。

然而，通过对其受众的调查发现，较多的人是通过参与梅山武术相关活动才了解梅山武术的，这说明梅山武术目前的传播现状还不是很理想。在现代化的今天，报纸、广播、电视、网络更新最快，梅山武术的传播完全可以借助这些平台进行常态化宣传，加大其宣传力度。例如，报纸的优点在于可以保存、图文并茂、版面大、发行面广、读者多等；电视的优点在于集字、声、像、色于一体、富有极强的感染力，覆盖面广、公众接触率高，带有较强的娱乐性、易于为受众接受等。梅山武术作为一种表演性质的传统武术，这些都是很好的传播载体。所以，其传播还有很大的发展空间。

（二）传播方式

清末至民国初年，梅山武术开始成为学校教育的内容之一，开始一种师生传承新模式。如：1938 年，成立了新化县国术馆，举办了 5 期培训班，共培训 370 名青年，举办 2 次擂台散手赛。

目前，新化县境内的武校和培训机构还没有明确的官方统计数字，但较为有名的有东方武术馆、南北武术馆、安化湘特武术学校和新化县武术训练馆等。时至今日，在梅山武术第 19 代传人晏西征先生的带领下，梅山武术一改往日宗法传承的主要方式，兴办了东方文武学院（原东方武术馆），彻底将梅山武术从传统的家族和师徒传承过渡为师生传承。在该校中，2～3 年学制的学生主要学习梅山武术套路（如梅山拳、板凳、棍和铁尺等）的团体操练、对练和气功等，对梅山武术的保护和传播起到了积极的推进作用。

除此之外，还利用免费表演、商演和参加各类职业比赛等方式扩大梅山武术的影响。如 2009 年东方文武学院利用原练功厅装修成简易梅山武术演武厅。免费为各级领导、嘉宾和国际友人表演，不少美国、日本、韩国等代表前来观摩和学习。晏西征带领的学生在国内外各种武术大赛中荣获奖牌 1 000 多枚。

二、梅山武术参与者现状

（一）参与人群的性别、年龄现状

根据历史资料可知，历来武术练习者以男性为主，女性练习者远少于男性。但是，随着生产力的发展，人们生活水平的提高，职业女性的增加，以前以男性占绝对主导地位的状况也相应发生了变化。而传统武术起源于古时且在人类与环境、同类作斗争中逐渐发展起来的。因此，如今练习梅山武术的作用也应该由练习者以生存为主要目的转换成健身和休闲娱乐。生活在现实世界的人们，为身体健康、愉快生活而练习梅山武术显然是没有性别之分的，即使存在性别的差异性，也不应该有如此之大。事实上，梅山武术发展到今天，也已融合了如少林、武当等流派的武术在内，其内容丰富，总能够找到适合自身的练习内容。因为梅山武功不论是徒手套路还是器械套路，均体现“战胜猛兽，叱咤风云”的英雄本色。讲究“神、气、意”三者有机结合，要求“气沉丹田、心与意合、意与气合、气与力合，刚中有柔、柔中有刚，刚柔相济”“桩固势稳、出手泼辣、发劲凶狠、吐气扬声。”其身法、手法、腿法、步法灵活多变，节奏紧凑，协调一致，勇猛刚烈。梅山武功，套路短小精悍，有拳打卧牛之地的特点，练功不受场地大小和器材及年龄、性别的限制，便于传播和普及。因此，无论男女老少皆可以从中找到适合自己练习的套路。而作为因练习梅山武术誉称武术之乡的新化县，经过改革开放的几十年，这种练习梅山武术的性别差异为何始终没有变化，甚至差距越来越大。这主要有两个原因：一是由于梅山武术练习枯燥乏味，而且动作有僵硬的感觉，不受女性参与者的喜爱；加上自古在传授中就偏重于男性的封建残留思想影响。另外，随着生活水平的提高，健身意识的加强，导致练习梅山功力的人逐渐减少。

梅山武术练习者随着年龄的增长有逐渐减少的趋势，16～20 岁的青少年练习者所占的比例最小，产生这种现象的原因可能有三点：一是我国现阶段教育还是以应试教育为主，这就造成青少年学习压力大没有多余时间去参与练习梅山武术；二是受现代西方体育的影响他们比较喜欢现代西方体育，如篮球、健美操、跆拳道等体育运动项目；三是开放政策以来，经济的快速发展，很多参与人群思想观念改变，社会的日新月异逼迫他们为生活忙碌奔波，巨大的工作压力和繁忙的家庭、社会事务使他们没有时间去参与梅山武术的锻炼。这种青壮年人对梅山武术的疏远和练习群体老龄化的现象十分不利于梅山武术的继承。

(二) 参与人群的文化程度和职业现状

根据我国的社会教育现状，我们把参与梅山武术活动群众的受教育程度划为三个层次：中学及中学以下，高中中专，大学大专，目前，中学及中学以下文化程度的练习者所占的比例最多，高中文化程度的练习者次之，而大学（大专）以上的练习者则最少。由此可知，梅山武术的参与人群数量与参与人群的文化程度成反比，而初中及初中以下文化程度的接近一半比例，而且多表现为小孩与中老年人群，这是因为随着西方体育被引进学校体育，以传统武术作为健身锻炼内容的人数正在逐渐减少，受这种大环境的影响梅山武术在文化程度较高的群体中渐渐地消淡，而在发展缓慢的农村中农民受教育水平相对较低，娱乐方式相对较少，所以仍然有一批喜爱梅山武术的老人在坚持着自己的爱好，其中少年儿童多是在武校或地方武术培训机构学到的梅山武术。但是，我们也应该看到在现代社会经济的快速发展，农民的生活水平逐步的提高，农村人们的观念也在慢慢发生变化，而且在参与群众中大部分都是中老年人，随着时光的脚步他们将慢慢地老去，导致会梅山武术的人越来越少，如果不采取保护措施梅山武术的前景不容乐观。

梅山武术参与者的性别、年龄、文化程度存在明显的差异，而地域环境、经济条件等因素的影响使得梅山武术参与者职业结构出现不均衡。我们把职业类型划分为五类工人、农民、教师、学生、其他。目前，在参与人群中农民最多，这是因为很多当地的拳师都是农民出身，而且世代相传。其次是学生，这主要是以新化东方文武学校的学生以及娄底市湖南人文科技学院的学生为主，娄底市梅山武术研究院为宣传和推广梅山武术，与湖南人文科技学院协作，致使湖南人文科技学院的武术专业学生都参与娄底市梅山武术研究院的梅山武术学习。

(三) 参与时间和练习次数现状

根据相关调查研究发现，目前参加梅山武术练习活动的频率大部分都在每周 3 次以上，并且每次练习的时间较长，大部分练习者的练习时间都在 30 分钟以上，这与梅山武术练习活动的特性有关，虽然梅山武术对练功时间长短没有特殊要求，但是每次练习 30 分钟以上健身效果最佳；人们练习梅山武术的主要选择在早晨和傍晚，并且以早上练习的人数最多，这是因为早上空气新鲜而且环境安静，练习适量的梅山武术可以使人每天精力充沛；晚上练功能调节和化解白天工作后的体力与脑力疲劳。

(四) 活动场地和活动形式现状

目前，在梅山武术练习者在活动场所的选择方面，选择公园广场的最多，其次是家中，这是因为梅山武术对场地要求不高，人们在练习梅山武术大都选择人多或自己独自练习；在练习梅山武术活动形式的调查中，选择与朋友或师徒一起练习的人数超过了一半的比例。这符合梅山武术的传承特点。自古以来，武术的传承基本都是以传习某种技艺为纽带的师徒传承，这种方式是文化艺术类传承的最主要方式。

(五) 梅山地区开展的活动、竞赛

梅山地区自峒蛮时期，峒主对峒民进行军事格斗训练，他们除了打猎，捕鱼等基本的生活

外，其他的空闲时间都是进行习武。宋代招抚后，由于朝廷侵犯加剧，加剧了当地村民习武意识，习武之风盛行。民国21年，新化县举行首届国术比赛，之后，举行了三次国术比赛。在考察中得知：梅山地区武术人才辈出，历来就获得过很多优异成绩，从民国到20世纪末以来，无论是在省内或是国内，梅山武术拳师都获得了优异成绩。在后期的武术比赛中，参赛运动员大多都是出自新化东方文武学校。在2003年8月第四届“全国武术之乡”武术比赛，晏西征以梅山板凳拳获得传统器械金奖；2004年的第五届农民运动会，东方文武学院代表队获得一金两银三铜的好成绩等；

自民国以来，梅山武术相关的机构相继成立，在20世纪70、80年代初，在国家体委的号召和组织下，中国各地相继开展了“武术挖掘和整理”活动，梅山武术相关机构在新化各地如雨后春笋，到处都有。可最终一直延续下来的却只有东方文武学校和南北武术学校。进入21世纪以来，成立的梅山武术相关机构寥寥无几，主要有2006年由东方武术学院院长晏西征任会长，成立的“梅山传统武术协会”；另外就是2011年6月份，以娄底市体育局副体育工作指导员陈益球为院长，成立的梅山武术文化研究院。

2011年6月成立的娄底市梅山武术文化研究院，对梅山武术的挖掘、整理、传承有着十分重要的地位，院长陈益球是新化县孟公村王爷山老拳师，从小学习梅山武术，终身致力于梅山武术的挖掘、整理、推广。娄底市梅山武术研究院也被称为“梅山文化的湘中劲旅”。娄底市梅山武术文化研究院自成立以来，就不断参加各种活动，宣传和推广着梅山武术。娄底市梅山武术研究院在短短的两年多的时间了，却参加了不少的活动组织。年已70的老拳师陈益球在梅山武术文化的宣传推广做了不懈的努力，这无疑对梅山武术的发展是至关重要的。但同时，我们也得清楚的认识，单纯地依靠某一个或几个组织或单位来宣传和推广梅山武术，那是远远不够的，应该发挥一个“全国武术之乡”应有的职责和义务，鼓励梅山武术活动组织和研究机构的成立。

2008年全县在东方文武学院成功举办了全县中小学梅山武术比赛。比赛分为高中、初中、小学三个组。男女运动员共达200多人。通过这样的比赛，大大促进了梅山武术在青少年中广泛开展，也提高了各级各类学校对梅山武术走进课堂的认识。2013年，据新化县教育局李志成介绍，将在新化县内各中小学，推广学习新编梅山武术套路，保证至少每周一个课时的学习，以及每年定期举办一次中小学梅山武术比赛。这无疑对梅山武术的发展是极具实效性的。调查可知，每年新化县都有对梅山武术的资金投入，新化县每年对梅山武术项目投入都有所不同，但基本是不低于15 000元的投入，尤其近些年，对梅山武术项目的投入基本超过25 000元，2009年对梅山武术的项目投入最大，投资主要用于省比赛开支和协会活动组织。新化县每年都对梅山武术项目进行投入，这对梅山武术的发展而言是积极的，但投资的范围仅限于省比赛开支和协会组织活动，对学校、传承人、梅山武术其他的相关机构的扶持却没有，因而实施的效果并不明显，梅山武术在学校的发展还是不堪一击，梅山武术继承人还是逐渐地减少而且趋向老龄化。

2006年由东方武术学院院长晏西征任会长，成立了“梅山传统武术协会”，对梅山武术进行全面的挖掘，整理。调查可知，梅山武术协会现有会员1000多人，但在所有的会员里面并非全都是参与过梅山武术练习，甚至有的基本是没练过梅山武术，他们当中容纳了各种拳术派别的会员，如太极拳，少林拳等。而作为湘中梅山武术的劲旅娄底市梅山武术文化研究院，如今的会员有不同年龄层次的，上到七八十岁的老人，下到五六岁的小孩，现有会员100多人，但由于，娄底市梅山武术研究院存在场地问题，至今没有一个真正的训练场地，所以以娄星广场为练习场地，很多会员进进出出，尤其是一些学生，娄底市梅山武术研究院依托娄底市湖南人文科技学院，把学院武术专业学生作为宣传和推广梅山武术的主力军，但学生都是练习一两年就毕业了，加上学生学校事务，真正参与梅山武术锻炼的时间不多。

如今梅山武术参与人主要是以新化传统梅山武术协会和娄底市梅山武术研究院为主，还有新化部分学校和民间的老拳师。早在20世纪80、90年代，那时流传“不会梅山功，枉为新化人”，新化各个地方的人基本上都会一招半式，进入21世纪以来，梅山武术的参与者大大减少。而且继承梅山武术的机构单位也是有限的。这不得不令我们所担忧。

三、梅山武术理论的研究现状

目前已形成了梅山文化的研究格局。2000年，在湖南新化发现了“蚩尤屋场”碑刻之后，陈子艾教授（北师大文学院）与李新吾主席（冷水江市文学艺术界联合会）合作以发现该碑刻地为中心向四周展开地毯式的调查，形成了一份以第一手资料为主要内容的长篇报告，即《古梅山峒区域是蚩尤部族的世居地之一——湘中山地蚩尤信仰民俗调查（一）》。3年之后，北京师范大学进一步和法国远东学院合作，在梅山峒区开展了以“湘中宗教与乡土社会”为主题的调研。以陈子艾教授和李新吾主席为代表的学者在第四届和第五届中国梅山文化学术研讨会上，推出孟公和韩王两个蚩尤形象及其文化传承的和正在汉化的主体族群，即“梅山苏氏”与梅山文化等学术观点。

虽然，最近包括湖南人文科技学院学报、搏击武印文踪等杂志出版了梅山武术专辑，但其研究和探讨依旧没有在学术界得到普遍关注，研究梅山文化的机构主要包括冷水江市“梅山蚩尤文化研究中心”、湖南人文科技学院“梅山文化研究所”、新化县“梅山文化研究会”及“中国梅山文化学术研讨会”等，但现有的研究报道仅见对其历史记述和原理阐释等方面。值得一提的是，1995—2009年，连续成功举办了中国梅山文化学术研讨会，取得了一定的成果，但关于梅山武术等体育文化的研究较为少见。例如，第五届研讨会中，国内外学者80余人参加了该会，形成了50万余字的专题报告以及论文。遗憾的是，没有一篇和梅山武术相关，这不得不令我们深思。

第十章　非物质文化遗产视域下浙江传统武术的现代化发展——以杭州船拳为例

杭州船拳是集地方武术套路、十八般武艺、民俗体育项目（滚灯）等内容于一体，在地方灯会、吉庆、祠庙祭祀、庙会及武术活动中，以船为单位进行的武术竞技和表演，并在当地形成的一种长期传承并得到大家认可的、有组织的武术活动形式。形成了包括多种功法、拳术和器械的活动内容及训练方式，既与中华武术的其他拳种有着共性的地方，又表现出明显的区域文化特色，在社会上具有广泛的群众基础。船拳的产生和发展离不开历史文化背景的影响，他们之间存在着一种互补性和历史的不可替代性，船拳的产生、发展与个人及社会的需求有着紧密联系，地理环境、文化需求、内在需要以及个人偏好等因素都在影响着船拳的传承与发展。杭州船拳在其不断的发展过程中，与湖州、嘉兴等地船拳因地理环境、风俗习惯等内容的相似而产生了共鸣，江南短打充实了其技法内容，同时，杭州船拳还融合了当地流传的十八般武艺及其他民俗体育项目，并形成了独特的演练方式。本章以非物质文化遗产的保护为视野，对杭州船拳的历史概貌、文化表现、内容体系、活动特点以及保护现状等内容的理论探索，旨在为杭州船拳非物质文化遗产保护提供一定的理论依据。

第一节　非物质文化遗产视域下杭州船拳的历史概貌及其文化表现

一、相关概念的释义

（一）船拳释义

船拳在20世纪80年代初的武术挖掘整理工作中虽然取得了阶段性成果，但到底什么是船拳，一直是一个悬而未决的问题。直至目前为止也未出现一个较为统一的看法。这一问题的出现无非是由于史料缺乏，以及对各个地域船拳的理解程度不同而造成的。研究者往往会根据自己的需要对船拳做出不同解释，从而导致了一种“盲人摸象”的局面产生，使人们只认识到一个区域内的船拳，从而导致了什么是船拳久无定论。目前，仅称船拳为“我国江南一支独特的拳种”的说法显然并不完整；而称“船拳是一种近似南拳的拳种”又显得概念十分地模糊；另外，如《武术大全》中将船拳界定为“在船上演练的拳术或器械”，也显得较为偏颇。

对于船拳的认识我们首先得从其共同点着手，找出共性之后再根据不同的需要进行分类。研究船拳首先要了解船拳产生的地域是在江南水乡，其中船是其传承和演练的重要场所，其套路的演练形式往往受到了场地的限制，一般会选取架势短小精干的套路才能在船只上进行演练。

因此，船拳是在江南水乡文化背景下，吸收了江浙地区南派拳术的技击动作，并在船这个特殊场所展开的徒手和持械等内容的运动技术体系。另外，船拳与当地民俗活动的互通，向世人展现了一个武术文化的空间，承载着历史悠久的传统文化，是传统文化活的载体。

（二）杭州船拳界定

不同地域产生的船拳是一棵主干上生出的新枝，在历史的舞台上呼吸着属于自己的新鲜空气，在属于自己的空间里传承繁衍。本章中所涉及的杭州船拳是指主要分布在杭州市西湖和余杭等地，约定俗成、定期定时举行的在船上演练武术套路、功法、器械等内容的活动形式。杭州船拳并非简简单单的一个地方拳种，而是在杭州地区大的历史文化背景下形成的一个具有杭州特色的武术展示和传承的文化空间，它包括武术观念的转变，对武术场所的创新，活动形式的广泛等内容，这正是一种武术发展理念质的飞跃。由此可见，杭州船拳是集地方武术套路、十八般武艺、民俗体育项目（滚灯）等内容于一体，在地方灯会、吉庆、祠庙祭祀、庙会及武术活动中，以船为单位进行的武术竞技和表演，并在当地形成一种长期传承并得到大家认可的、有组织的武术活动形式。

二、杭州船拳的历史概貌

（一）船拳源起探析

自船拳研究之初，其起源始终是较难解决的问题之一，对其确切的起源时间、地点等问题都始终有待研究与解决。关于船拳的形成，普遍的观点认为与古代船上练兵习武有着密切的关系，而且，较为明确地指出与明朝抗倭名将戚继光训练水军有直接联系，另外，民间镖局镖师在南北水路交流中，对船拳的形成也有一定的促进作用。

1. 船拳与吴越水军

《浙江省武术拳械录》记载“吴兴的‘水戏’，即源于‘越王勾践习水战’，发动当地群众在船上练武，随着历史的发展，逐渐演变成船拳。”但纵观武术的发展趋势，到了宋代武术体系才基本形成，除了对抗性的角抵、手搏之外，套子武艺在宋代之后才有了较大的发展，中国古代武术的基本格局才基本建立。即使起源于“越王勾践习水战”的说法是正确的，我们是可以看出最初的形成还是以军事武艺为主，与后来形成的船拳套路应当有着本质的区别，因此我们只能看出水戏与船拳是在相同的地理环境中孕育而生的，之间存在着一种不可言喻的关系，但是以此来断定船拳与水戏以及“水战”三者之间的关系，还需其他方面的实证研究才可以完成。

2. 船拳与镖局

《浙江武术拳械录》里面提及了船拳的起源与镖局水上运镖有极大的关系。据光绪《盛湖志补》中记述在清道光年间太湖流域曾出现的一种以“保镖”为生的“枪船”，“枪船者，始只太湖滨北舍港一带有之，以枪击鸟为生，其眼力最准。”后来由于社会形势的变化，“（道光）二十九年，苏嘉松湖大水，饥民抢掠富室，乡村寄赀城市，途恐劫，则雇枪船保护。此民间雇用枪船之始。”由此可见，枪船在太湖流域其实承担起了水上镖局的责任，而且后来还一度受到官府的推崇，如“咸丰三年，粤匪窜金陵，居民迁徙，已有反为所劫者。迨浙江设防于平望，招募枪船百余于莺脰湖，暇日立标中流，演水操，飞凫迅疾，发枪命中，官给赏以励之……久之，

浙防募台勇往上海助剿，枪船裁撤，黄旗招摇，散处各村。”但是由于后来“官之下乡，之催粮差，之解征拘犯，无不用枪船为卫。值苏州有广棍之扰，吴江有粮匪之集，大王庙有抗粮之案，湖州有拒捕之变，兵勇梢，始以枪船佐之。实无能为役，保赌抢掠是其所长。”显然枪船已经走到末路，清政府在同治年间对枪船进行治理，随着“蒋益澧又将各地枪船首领，如桐乡之施尚崇，即施麻子；平湖之王英美，即王四相；石门之周上林，即周三；仁和之大麻子林圣贵，即林毛头等拿获，枭首示众。”“枪船”也就慢慢地消失在人们的视野之中。

另有资料证实，在长江流域的各大镖局，水上运镖的时候会挂出镖旗，“这种镖旗代表一个镖行，上书‘xx镖局’，还绣有总镖头的威名，雄壮威武，使水路上海盗惯偷望而生畏”。如南京南捕厅的甘家镖局，是“江南大侠”甘凤池后人所开设，在运输途中凡插有“江宁镖局甘”五个大字的船旗，盗匪就不敢前来骚扰。

虽然上述并不能证实枪船或镖船与船拳有着直接的关系，但是从镖局发展的历史形态上看，当时人们所利用的热兵器并不占主要优势，往往武术在其保镖过程中占有主要地位，特别是水路镖使用的正是船上功夫。承担保镖任务的镖师更是身怀绝技，各种拳术、器械要样样精通，同时还要熟悉不同作战方式，水战就是其中一种。由此可见当时“枪船者”和镖局中熟悉水路的镖师应该是在江浙一带熟悉船上的作战和身怀绝技的一批武者。虽然后来由于历史的原因枪船逐渐消失以及镖局也渐渐的没落，但是由于其“散落各村”的原因，使其拥有着广泛的群众基础，因此，船上的武功势必有所保留，世代相承。

3. 船拳与抗倭

各地船拳的起源说法虽各有差别，但较为统一的时间还是都指向了明代，例如，浙东南地区的船拳起源于明朝抗倭，戚继光抗倭时训练的水军练习的就是船拳；在温州流传的“五鸡拳”本身就被称之为船拳。另外，在众多的研究中，均确定其起源的时间在明嘉靖年间，原因同样与抗倭有关。据传，湖州船拳起源与明代陆炳有关，“其时，该县双林镇在京都任锦衣卫的陆炳告老还乡，他颇具爱国思想，与民族英雄戚继光交往深厚，回乡后在百姓中大力宣传戚继光抗倭的英勇事迹，他重视船拳的开展鼓动群众在农船上打拳练武。保卫生产，保卫家乡，使民间船拳活动得到进一步发展。”不管船拳是由于人们直接参与到抗倭活动，还是宣扬抗倭的事迹激起江南人民的练武之情，我们不难看出船拳的形成与明代抗倭有着较为密切的联系，这或许是我们了解真实船拳起源的一个较为重要的突破口。

（二）杭州船拳源起推断

杭州船拳起源于何时，在西溪和余杭两地存在各自的说法。如，西溪地区船拳起源于清朝初期俗称“小梁山”的徐家横，三位明末清初修行的法师成了关于西溪船拳起源最早的代表人物；又如，孟家湾拳船则始于170多年前的村民孟天庆，他为了正民风，而创办的孟家湾拳船。仔细推敲在杭州所获取的资料因缺乏史料的记载显得有些单薄，我们并不能直接获取船拳的准确的起源时间，但据沈庆漾介绍最晚在清朝，杭州船拳就已经十分的盛行。

另外，我们还可以通过不同地域的船拳的起源时间和活动形式的对比来进行一个横向推断。船拳是江南浓郁的“船”文化的组成部分，明朝温璜《勤嶽记》中就有对船拳活动的资料记载：“去（南）浔十里为震泽乡，乡枕具区（太湖），为湖为澳为漾为荡为墩，村落散处，皆习水善舟，好气斗。入西境之第一山为东嶽庙，每岁清明日举觐嶽礼……村各具船，船自成队，对各别以旗。……中间一道仅容两舟，各队飞梭往来，皆精心揣量，毫末不犯……或风日清美，怒气不张，则各队献技。技不一人，叉棍把（耙）槊。一队献技，各队静观。次弄篙，篙长三四丈，弄如短槊，盘旋往来，去人面不远，而人不目瞬。弄毕，直之。”其中“技不一人，叉棍把（耙）槊”的记载是目前发现的最早对船拳演练记述资料。可见在杭嘉湖一带的船拳明朝时就已经十分的繁盛。技法之高超程度可见一斑，又见其当时的演练形式是“一队献技，各队静观”，明显的带有一种表演竞技的味道，为了增加船拳表演的可看度，各式兵器以及船篙技艺已经到了登峰造极的阶段，充分显示了船拳技艺的成熟，以至于人们观看精彩表演时目不暇接。唯物主义辩证法告诉我们新事物的产生是合乎事物发展规律的，且具有强大的生命力和远大前途，特别是“传统体育一旦被创造出来后，它既可以被创造这一传统体育的民众所传承、享用，也可以被其他领域、其他民族、其他群体的民众所传承和享用”，船拳的产生同样遵循了事物发展规律，因此，介于当时社会群体的需求，船拳理所当然地成了众多民众或地域纷纷效仿的事物。此时，船拳强大的生命力成了船拳不断发展的活力所在。在此我们可以推断，由于《勤嶽记》中记载的船拳技术已经十分高超，且组织形式已成规模，因此浙北地区的船拳起源的时间最晚在明代，而杭州船拳的起源时间即使略晚于《勤嶽记》中所描述的船拳，其起源于明末清初的说法也变得十分可信。

（三）杭州船拳形成的历史环境分析

“环境会通过它们的发生并借助它们的作用来告诉我们它们是些什么”，船拳的产生和发展当然也离不开历史环境的影响，他们之间存在着一种互补性和历史的不可替代性，船拳的产生是与个人及社会的需求有着紧密的联系，地理环境、文化需求、内在需要以及个人偏好等因素都在影响着船拳的产生与发展。

1. 水乡泽国的地理环境

“武术拳种的丰富、流派众多，与武术传播的自然环境可以说有着直接的关系”。我国江南地区江河湖泊众多，密如蛛网的河湖港汊使得江南素有“水乡泽国”之称，杭州水居江流海潮交汇之所，是钱塘江流域的天然吐纳港，陆介两浙之间，是自北徂南的天然渡口，其地理位置极利于城市的发展，且世界上最长的人工运河——京杭大运河和以大涌潮闻名的钱塘江穿城而过。“西溪之胜，独在于水”的西溪湿地更是被称为“杭州之肾”，西溪约70%的面积为河港、池塘、湖漾、沼泽等水域，正所谓“一曲溪流一曲烟”，整个西溪湿地六条河流纵横交汇，其间分布着众多的港汊和鱼鳞状鱼塘，形成了西溪独特的湿地景致。此地是杭州以水为主的一代表区域，其所处之地是蒹葭深处、曲水弯环、河滨交错，到了无舟不达的地步，介于此种地理环境，从而形成了众多与水、与船有关的民俗活动，且以杭州地区历史悠久的舟船文化，为船拳的产生和发展奠定了一个摇篮似的母体条件。

在京杭运河最南端的余杭镇，由上塘河、备塘河与大运河构成了发达的水运系统，余杭的漕粮、贡茶、钱江的木材、浙东的黄酒等物品都可以沿河北上直抵北京，且沿途经过嘉兴、江苏、上海等地，且杭州东北部属浙北平原，江河纵横，湖泊密布，物产丰富，并与当时秀州、绍兴府、湖州、严州等地连接。余杭大运河横贯全区，流经塘栖、仁和、崇贤、良渚、余杭等镇。运河东线流入桐乡，中线流入德清新市，西线流入德清城关。水网密集的余杭，被由东向西的大运河串联了起来，使得这里的水系特别的发达。运河的开通，催生出了大批的靠运河为

生的船民，众多的船民生活在船上，同时也形成了一系列的与船有关的民俗活动，船拳也位列其中。

2. 历史悠久的舟船文化

朱惠勇指出“作为我国水上交通工具的船舶，为推动人类文明发展做出了很大的贡献”。《越书·记地传》记载了越人具有“水行而山处，以船为车，以楫为马，往若飘风，去则难从”的特点，其舟船文化由来已久，大量的史料均记载了吴越地区造船、水师与航海的内容。《梦粱录》卷十二“湖船”一节记载了“百花、十样锦、七宝、戗金、金狮子、何船、劣马儿、罗船、金胜、黄船、董船、刘船”等，且“其名甚多，姑言一二”。至清代厉鹗所著的《湖船录》更是把西湖繁盛的船文化刻画得淋漓尽致，其中介绍了西湖中拥有船只的种类就达 90 种，特别是其中记载的小脚船“专载贾客妓女，荒鼓板，烧香婆嫂，扑青器，唱耍令缠曲，及投壶、打弹、百艺等。”另《梦粱录·百戏技艺》中记载：“百戏踢弄家，每年名堂郊祀年份，丽云门宣赦时，用此等人，立金鸡竿，承应上竿抢金鸡。兼之百戏，能打筋斗、踢拳、踏跷、上索、打交辊、脱索、索上担水、索上走装鬼神、舞判官、斫刀、蛮牌、过刀门、过圈子等”。其中一些项目就是与武术相结合的，如打筋斗、踢拳、斫刀、蛮牌等。丰富的舟船文化衍生出了众多的水上项目，以至水上项目在杭州乃至整个江南是较为普遍的一种活动形式。另外《武林旧事》记载：“每岁京尹出浙江亭教阅水军，艨艟数百，分列两岸，既而奔腾分合五阵之势，并有乘骑弄旗，标枪舞刀于水面者，如履平地。”这里虽然是古代校阅水军的场面，但是已经看到了在船只上“标枪舞刀”的场面出现，而且教阅水兵与当时一系列的民俗活动如钱塘江“弄潮”是相互交叉进行的，因此我们不难看到在此之后形成的船拳存在着古时水上练兵的影子。

3. 丰富多彩的水上体育项目

两宋时期水上体育项目得到了充分的发展，宋太祖赵匡胤就十分重视水军的训练，曾“观习水战者二十有八”次。宋太祖还曾下诏引金河水筑“金明池”，大练水军。但是随着时间的推移，《宋史·礼志》中记载“水战，南方之事也，今其地已定，不复施用，时习之，示不忘武功耳”，后来金明池也被作为了水上娱乐的场所。又如宋太宗“幸金明池观水嬉”，“命为竞渡之戏，掷银瓯于波间，令人泅波取之”等。周密《武林旧事》卷三提到当时皇帝游湖用的是“大龙船”，后面有百官随从，“各乘大舫，无虑数百”，而且由于当时朝廷“乐于民同，凡游观买卖，皆无禁忌”于是“画楫轻舫，旁舞如织”西湖也就热闹非凡，其中被称为“赶趁人”的各色艺人更是“耳目不暇接焉”。其中涉及的项目就有“吹弹、舞拍、杂剧、杂扮、撮弄、胜花、泥丸、鼓板、投壶、花弹、蹴鞠、分茶、弄水、踏混木、拨盆、杂艺、散耍、讴唱、息器、教水族飞禽、水傀儡、鬻水道术、烟火、起轮、走线、流星、水爆、风筝”等。伴随着繁盛的舟船文化的发展，杭州丰富的民俗活动中的水上体育项目也随之产生并经久不衰，其中龙舟、竞渡、水上杂技、弄潮儿等体育项目开展得十分丰富，此类项目的产生与发展无疑为杭州船拳走向的民俗化起到了充分的促进作用。据《蕙风词话》记载“有打拳船者，船头鸣金击鼓，驾双橹，疾如飞，健儿四人，肩荷柏木扁担二，一人赤足立扁担上，手钢叉飞舞作种种姿势，抵月盛桥，桥上行人亟左右避，而其人手中叉，即托手从桥上飞去，船即由桥洞穿过，而桥上之叉落下，仍入船上舞叉者手中，间不容发，两岸喝彩声如雷，船上金鼓鞺鞳，益自鸣其得意。此所谓南方之强，弄潮儿之旗，打拳船之叉，恃巧而不恃力者也。”由此可见整个江南水上体育项目之间存在着密切的联系，弄潮与船拳成了江南一带展现“南方之强”的代表之作。

4. “朴刀杆棒”下市民化武术的发展与促进

宋朝之后随着政治体系的完备，中国历史呈现出多外来侵扰，少内部政变的状况，而此后市民城镇得到发展，商业也变得极其繁荣。宋代开始严禁民间私造、私藏兵器，宋太祖立国之初就宣布兵器之禁，但“在百姓不准带刀的制度下，民间习武和打斗的主要器械便是杆棒。杆棒为木质，其长等身，径可及握，虽无金属利刃，然亦可习武和防身。”另外“朴刀原为务农器械”，“其刀身形制当接近今南方山区农民随身携带的砍柴刀。”可见农具改装成武器的习惯在此已形成，在宋元时期武术非常清晰的展现出了市民化的趋势，尤其是宋时城市的繁荣，商业区出现了大量的前代所没有的固定的游艺场所瓦子勾拦。在那里“做场相扑”“使棒做场”的人比比皆是。一些外地来的“路乞人”，虽“不入勾拦”，但也在要闹宽阔之处做场，谓之“打野呵”。这实际上为民间武艺的表演、交流提供了良好的场所。使武艺变成了大庭广众之中的欣赏对象。而宋以前，武艺的表演一般是在皇室贵族府第举行，民间逢重大节日，有时也有公开表演，但大部分是走江湖式的街头流动表演。正是“勾拦瓦舍”的武艺表现形式的出现民间武艺得到了广泛流传。

《宋史·兵志》卷六载：“兵出民间，虽云古法，然古者八百家，才出甲士三人，步卒七十二人，闲民甚多，三时务农，一时讲武，不妨稼穑”。特别是在农村形成了以村为单位的结社，虽然其开设的目的、范围和程度不同，但这类结社组织的习武有着明显的技击特色，与军事武艺有着密切的关系，可以说农村武艺结社组织的出现，在推动我国民间武术的广泛发展发挥了很大的作用。另外，宋代以后小说《梦粱录·小说讲经史》中，更常常是离不开朴刀、杆棒等打斗离奇的情节。

历史上“朴刀杆棒”与宝剑匕首是截然不同的，其身值以及使用者有天壤之别，另外宋代朝廷对于兵器管制特别严格的是那些精巧锋利和杀伤力较大的。而朴刀杆棒，一来比较粗陋，人们日常生活中又不可少；二来它们不是骑在马上作战的兵器，而是步行打斗用的，杀伤力小，《武经》所记载，因此对百姓拥有这些兵器采取睁一只眼，闭一只眼的态度，时禁时放，缺少一贯之制。宋代之后“朴刀杆棒”成了当时武术发展的主流发展趋势的代名词，武术深深扎根于民间，不管是出现的练武组织“社”，还是商业的繁荣促进的艺人习武等，正呈现出了武术的一个市民化趋势。

由此可见，在民间武艺蓬勃发展的基础上，农村开始出现了以乡社为基础的民间武艺组织。百姓自相团结，以乡为社，既务农又习武的现象十分普遍。乡社武术组织的出现，进一步推动了民间武艺的发展。杭州船拳最大的特点就是以村社或者家族为单位的形式外出表演，产生并发展于民间，其承载更是一种民间的俗文化，这无疑是受到了宋以后武术向市民化发展趋势的影响和促进。

5. 关键人物的推动

由于杭州城市的繁盛，武术在杭州也得到了前所未有的迅速发展。季建成在《浙江南拳》中提到的由于交通高度发达，又是游览胜地，更是切磋武艺的好地方，故该地区的南拳受内外、南北、武当、五台、少林、峨眉等派的直接影响，而区别于其他地区，受某人、某派、某地的传授自成体系。

资料证实，船拳的形成又与古代船上练兵习武不无关系。明朝戚继光抗倭军队和清朝军队的水兵，平时都是在船上操拳练武，由此形成民俗，再加之一些关键人物对其英雄事迹的宣传，

在船上习武的提倡与督促，在南北水道交流中，在船上押镖走货等形式的需求，也同样促进了船拳的产生。

在明代不仅东南沿海地区受到倭寇的侵扰，而且杭州同样在其侵扰的范围之内，“嘉靖三十四年（1555）正月，倭寇自乍浦攻海宁，进陷崇德，转掠塘栖。五月，又南趋海盐，攻袁花，掠长安、临平至余杭，遂逼杭州。东自江口至西兴坝，西自留下至北新关，周围四十余里，烧毁一空，钱塘门外韶庆寺也被烧毁。提学副使阮鄂和佥事王询竭力抵抗，倭寇始退。”另如，提出御近海、固海岸、严城守的海防战略理论和绘制沿海地图的《筹海图编》卷五中就有浙江杭嘉湖一带关于防御倭寇的事宜，可见当时倭寇已经对杭州地区构成了威胁，而类似于明代大臣陆炳告老还乡后发动当地群众在农船上练拳习武使得船拳广为流传的说辞，则变得十分的可信。

杭州一带，不同地方关于船拳的兴起和传承不尽相同，多因出现较为突出的组织与传承者而武风盛行，并以防身自卫、教化民风为创始动机。据传西溪地区在清朝初期俗称“小梁山”的徐家横，有杨道士、张大仙、海宗三位法师，为了不暴露身份，带发隐居在西溪的庵庙，经常在一起谈经说道，空闲时练练拳脚，后来年轻人跟着其三人学习武艺才使得西溪一带群众习武之风大振，最终为西溪船拳的产生奠定武术基础，并最终得到长远的发展；又如孟家湾拳船始于170多年前，其原因是因为当地一些世家子弟沉迷于赌博，孟天庆为了教化民风而创办了孟家湾拳船，以吸引年轻人来参加习武活动；然而在仁和一带的船拳据朱友山老人回忆，仁和船拳朱家塘船拳最为著名，起于清道光年间其曾祖父“朱癞痢”，后传武功于其孙朱阿如，之后在村中收徒习武，兴办朱家塘船拳，可见船拳在杭州地区流传广泛、历史悠久。

不难看出关键人物或者是派别的影响对船拳的形成和发展有着极其重要的作用。杭州船拳传承过程中关键人物的出现，正说明了船拳悠久的历史和坚实的群众基础以及承载的厚重历史文化。

（四）杭州船拳的称谓

各地船拳的称谓因开展形式的不同而不同，如《归安县志》记载“清明前后日，乡村以农船驾四橹，上设彩棚、旗帜，列各种器械，互相技勇诸艺，谓之哨船”；《乌青镇志》记载“河港中更有竞渡者，袈划船，挑四橹，抢刀斗勇，名达拔船”；在上海则称船拳为“快船”。在杭州对船拳的称谓也有所不同，西溪地区人们称之为“打船拳”或“擂台船”，由于其活动形式吸收了众多的民俗活动在船上表演，因此当地人还喜欢称船拳为“拳船”，为的是更加突出船上的民俗文化；而在塘栖镇船拳则被称之为“鞘舫船”，这则是因为两条农船并排绑在一起，上铺木板，用排鞘鞘牢的缘故而得名；另外还称船拳为“赤胳膊打拳头”，这是因当地的船拳表演者有赤裸上身登船表演的习惯而来；在仁和船拳又被称之为“亮舫”，但是不管船拳的称谓如何，总体来看与杭州邻近的内陆地区船拳的活动样式和内容还是较为一致的。

（五）杭州船拳的历史区域分布

杭州船拳的分布主要集中在具有湿地和运河的地区，目前杭州船拳主要分布在西湖区和余杭两片区域之内。西湖区目前的代表区域为西溪湿地的整个范围之内，主要是以2006年12月杭州市公布了首批市级非物质文化遗产名录，位列名录99项，10个大类之中的“蒋村船拳”为主，另外据调查，五郎桥、周家村、徐家横、石塘角、桑园蒋、义家埭、俞家门原先各有一只船拳队伍，但是这些地方的船拳队伍随着历史的演变，已消失在人们忙碌的生活节奏中；另一部分主要分布在余杭区东部、北部靠近湖州地区有着广泛湿地资源和运河分布范围之内，如余杭良渚、仁和、崇贤、塘栖等地，目前还有船拳的传人在世，这是继“蒋村船拳”被列为杭州市级非物质文化遗产后，2007年，杭州市非物质文化遗产普查过程中实施遵循“四不漏”原则，采取村镇报线索，文化站调查项目，区县整理文本等一系列措施后才被世人再次认识，总体来说分布在西湖和余杭两个地区的船拳拥有着较为扎实的群众基础。

（六）杭州船拳的传承方式

杭州船拳的学习拜师是首要任务，调查中据沈德玉介绍，船拳的学习首先是要拜自己家中的长辈，如祖父、父亲、叔伯等，这些习武者一般会称自己的功夫为“家传”；有的则拜本村或者是在外聘请的武师为师，这种情况一般会称之为“师传”，例如，目前西溪地区所传船拳是由本地人蒋友财传授；余杭崇贤的船拳传人曹财根就是在新中国成立前拜莫阿云为师，师傅当时授徒的宗旨就是“强身健体，保一方平安”，徒弟在答应师傅“不打架，不闹事”之后，师傅认为前来学习船拳的人又是可造之才，才能够跟着师傅习练船拳。

杭州船拳的拜师大多会举行简单的拜师仪式，此时师傅会对弟子说一些勉励与告诫的话语，如，习武是为了强身健体，而非争强好胜等。弟子在学习过程中注重武德，逢年过节还有拿礼物孝敬师傅的习俗。调查发现杭州船拳多有外聘武师教拳的习惯，这点与《巴溪志》中“聘拳师习武艺”的形式大致相同，这样的形式往往是为了外出表演时保证本村的船拳表演更加丰富精彩，由本村的老拳师或者外聘武师组织本村船拳习练者，在闲暇时间进行演练展示。实际上是一种对外表演前的排练，让船拳在庙会神诞节日上的表演变得井然有序，以赢得更多的喝彩，同时表现本村本埠强大的实力。

此种传承方式显然并没有像一些大的武术门派那样，拥有着十分严格的传承模式。船拳传承方式呈现出的是以家族、村落为单位的一种社会性传承和师徒传承的混合性传承特点。正是因为这样的传承方式使得杭州船拳一方面能够广泛吸收各种武术套路和民俗体育活动在船上表演，扩大了对外传播的范围，形成了船拳与各种武术及民俗体育活动的融摄取补，大大增添了船拳的生命力；但另一方面却导致杭州船拳在其传承过程中技艺发展方向不明确，传播效果不理想的状况出现，并且易受到社会环境的冲击，当社会环境发生急剧变化时，船拳的传承群体很难给自己重新定位，因此就出现20世纪50年代在．“独山万人大会把拳船的表演在陆地戏台上演示后，至今没有活动过”的情况发生。

（七）杭州船拳的历史活动空间

杭州庙会文化十分的丰富，通过调查发现与船拳有着直接关系的庙会就超过十个，其分布特点多为拳船能够直接到达的地区。庙会作为一种以宗教信仰为基础，集文化娱乐，商品贸易于一体的群众性集体活动。特别是江南一带“经济的繁荣带来了市镇建设及庙会文化的繁荣”，而且，“江南庙会得到强化的则是其娱神娱人的大众消闲娱乐色彩”。每当庙会，各地船拳云集庙会之上，既进行表演，又是在进行比拼，庙会给船拳提供了广阔的活动空间，同时船拳表演又使得庙会变得更加精彩纷呈。

杭州各地的庙会活动本身多是为庆祝神的节日而举行的活动，庙会上的活动带有十分浓厚

的娱乐气氛。因此人称“庙会活动变成了一个带有综合性质的民间文艺大熔炉。”旧时人们为了一日三餐而忙于田间劳作，沉重的经济负担和落后的生产条件，往往压抑了他们享乐的天性和锻炼身体的机会，而本地的人们正是利用练习船拳这样一个难得的契机，为他们本身争取一次文化娱乐的权利。庙会上船拳的表演，一方面体现了人们对神诞节日上鬼神的虔诚、崇仰和敬重；另一方面也显示了人们自身的一种强身健体的文化需求。最终在庙会上的船拳表演实际上也起到了“各为娱神，实为娱人；各为驱鬼逐祟，实为自己开心”的作用。精彩纷呈的庙会活动实际上是为当地缺乏娱乐健身活动的人们寻求了一个享受文化娱乐和健身的活动空间。杭州船拳则承担起了在庙会期间娱神、娱人的双重作用，因此庙会文化的繁荣无疑促进了船拳最初的蓬勃开展，为船拳提供了活动空间。

三、杭州船拳的文化表现形式

（一）杭州船拳的展示方式

杭州船拳主要是以村埠、家族为单位组织外出表演，杭州西溪、余杭两地的拳船都有一定的陈设，陈设的多少、好坏与出船村落或家族的经济情况有着密切的关系。杭州船拳演练所使用的拳船多为两条农船并列而成，两船用跳板连接成一整体，用两搭或四稽为动力前进，船头连接的跳板长度一般在 3 到 5 米长，30 到 50 厘米宽，5 到 10 厘米厚，铺成台面，台面的大小也可由当地的拳师设计，据传大的场地可达到 40 平方米左右，小的场地 9～10 平方米左右，少则容纳数十人，多则百人聚集在船上行事，一般以船只能够顺利通过河道为主，跳板的两端用排销钉固定，也可使用木棍或竹篾等类似的固定工具。

船的后舱一般扎有小牌楼，上插彩旗，船上还要竖一旗杆，上挂牙边标旗，在西溪一般写“xx 船拳”如“王家桥船拳”“深潭口船拳”，在仁和镇也会写作“xx 国术团”。旗下摆有“太师椅”，只有自家拳船上武功最好且威望最高的“把作”方可入座。“把作”的主要职责是组织安排船上武师如何进行表演，最终获得胜利，因此“把作”的地位非常重要，在整个船拳表演过程中既是军师又是表演的主力队员之一。“太师椅”两旁还设有“晓将”手持竹篙或立或坐，以防止行船搁浅。

船舱还挂有显示自家船拳威望的对联，如“拳打南山猛虎，脚踢北海蛟龙”等类似的话语，以壮雄威。两侧摆放兵器架，以“十八件兵器”为主，船舱部位坐有鼓乐手，操持五种乐器在拳师们进行船拳演练时根据套路的不同进行吹打奏乐，以助声威。

据沈庆生讲述，因为船拳的表演是为了表现家族兴望，人才辈出，在古代对强盗土匪等恶人是有很好的震慑作用，因此当时几乎每村都组建了船拳队伍。总之，“惟因此亭无一物，坐观万景得天全”，充分印证了杭州船拳对中国传统文化“不出户，不出园，交自然，悟宇宙，体四时”的江南特色。

（二）杭州船拳的文化祈求

杭州船拳庞大的演出队伍，各式的兵器与拳船上华丽的摆设，无疑给人们一种富丽堂皇的感觉。拳船的置办和外出表演则需要较大的开支。关于杭州船拳的组织演出，其资金主要来源于以下几个方面，一、富户的出资；二、群众集资；三、祠庙资产；四、免费义演。耗费巨资的节庆活动尽显豪华，为当地平添了富丽堂皇的色彩，也是当地雄厚的经济实力的一种展现形式。人们对庙会类活动有着“不惜挥金钱”的态度决定了与赛会同时进行的船拳表演，会得到人们的各种资助。当地城镇的富庶成了人们在祈求丰收的幌子下，尽情狂欢，一掷千金在所不惜的坚实后盾。例如，据曹财根介绍，余杭船拳 1950 年在独山召开万人大会的时候进行的表演，就是由于当地士绅出资 20 担大米，余杭山后路船拳才得以复出。

当然，杭州人乃至江南一带的人们之所以会这样做，也并不是完全的平白无故的浪费钱财，“因为这些活动中蕴藏着平常难以得到的文化情趣，蕴藏着一种平时热切追求和向往的精神快感，它们是人们心甘情愿用大量的钱财来换得。因此，对于这些规模盛大，费用甚高的活动，人们才会表现出如此之高的热情，才会慷慨大方的解囊出资，积极投入。甚至为了举行这些活动而花钱，本身也具有一种特有的精神乐趣。因为花钱是一种炫耀，一种夸示，一种向他人表现自己财力充沛，丰裕富民的方式和手段”。另外传统的娱乐往往是为了摆脱日常生活中的疲劳、厌烦和困境才进行的活动，习练船拳既可以娱乐身心，又可以锻炼身体，正是这种为了追求娱乐享受和锻炼身体的需求，而不惜花费大量钱财，以满足杭州船拳能够积极参与到各处庙会进行表演提供条件。

船拳的表演形式和内容具有一定的“有序性”“季节性”，也正是这类特性强化了人们对船拳活动的期待心理——在特定的形式和条件下进行表演，船拳形成了较为固定的规矩，因此会有一大批的人在准备、在期待。也正是这种准备和期待的心理才使得船拳的表演变得隆重起来，特别是在“娱神”类庙会上的表演，体现的是人们对历史文化的追求。

四、杭州船拳的文化价值

（一）杭州船拳的历史人文价值

“民族传统体育的历史价值主要体现在它所蕴含着丰富的历史文化价值。”虽然我们目前还很难梳理清楚杭州船拳形成之初的本意所在，也很难找出确切的证据说明最初的倡导者或者组织者是哪位，但是杭州船拳顽强地传承了下来，并在杭州地区不断地发展着，这已说明船拳自身所具备的强大生命力和历史价值。杭州船拳在一定的历史条件下产生并传承下来，作为历史的产物，必然存在着历史的烙印，反应的是当时的历史背景和社会状况。因此，杭州船拳间接地反映着与船拳的产生有关的历史，并体现着当时杭州物质生产、生活方式、思想观念和风俗习惯等方面的内容，且由于船拳口传身授的特点，在一定程度上弥补了文献记载的不足，让人们能够更全面、更直观地了解杭州的历史文化。

杭州丰富多彩、光怪陆离的民间信仰无疑是值得关注的，“之所以值得关注，是因为它反映了市镇及其四乡所形成的共同体的内在凝聚力——他们的共同信仰、共同节庆与共同欢乐，反映了这个共同体最为本真的一面——下层民众代代相传的宗教生活、精神生活与文化生活。”在一些历史资料中我们可以看出，所谓的祭祀朝拜，实质上演化成了民众的娱乐，从塘栖镇的船拳起源于“塘栖古老的清明上超山进香拜庙会中的水上武术表演项目”也可以体现出杭州船拳成了民间信仰与娱乐的一种完美结合的产物，民间信仰之所以长期延续，并有如此大的吸引力，其中的奥秘就在于娱乐与宗教产生了互生互补的作用。另外，船拳的表演既增添了宗教活动的丰富性，而且在宗教信仰的掩盖下找到了适合自己的生活空间，为武者展现自身价值提供了一个平台，这也就解释了为什么江南民间信仰与带有宗教色彩的节庆活动，在地域共同体中具有一定的地位与作用。

正如文化部周和平副部长强调的，非物质文化遗产“是人类伟大文明的捷径和全人类的共同财富，是文化多样性的生动展示，是人类文化整体内涵与意义的重要组成部分。一个民族的非物质文化遗产，往往蕴涵着该民族传统文化的最深根源，保留着形成该民族文化身份的原生态，以及该民族特有的思维方式、心理结构和审美观点等”。作为非物质文化遗产一部分的杭州船拳何尝不是如此，船拳在非物质文化遗产视野下的价值还体现在其传承过程中呈现出的稀缺性，正是稀缺性的存在导致了船拳当代的价值远远大于其产生和发展的初期的价值，而且，其承载的是中华民族所特有的文化价值，是活的文化载体。

（二）杭州船拳的教化价值

“人类除了生存需要的满足以外，还有另外一种文化，就是娱乐活动。如果说生存活动是人与自然的对抗，那么，娱乐活动就是人与自然的亲和。”而且“传统的娱乐活动所表达的就是人与自然所赖以生存的自然环境之间的亲和关系”船拳的套路和拳谱中，为了能够更清晰准确地将套路描述出来，创拳者使用了多种修辞方法对拳谱进行了编纂和命名。其中较为广泛地运用了宗教神话、历史故事和各种动物形象等方面的内容。从其活动形式和套路的演练中我们不难看出杭州船拳的习练者对宗教和英雄人物崇拜的痕迹。

杭州船拳套路中大量的招式动作均与古代的历史故事有关，如“船拳五虎拳”“武松独臂拳”“燕青拳”“杨家金枪拳”以及十八般兵器中的“大劈锁”等，例如，“船拳五虎拳”就是借《三国演义》中“五虎将”之名立拳。另外“杨家金枪拳”的创编则融入了“杨家将”的历史故事，其拳谱中记载为：“大郎困打普天堂，二郎观音起妙手，三郎起腿似胡蜂，四郎刀开华山堂，五郎削发用挑刀，六郎边关擒上将，七郎直掣最难挡，焦赞先行出手快，孟良勇夫劲难挡，老令公撞死李陵碑”等内容。可见此套路清晰明了地描述杨家将的历史故事，而且其拳决还具有一定的节奏感，因此有些武者在演练套路时还会喊出拳谱，让岸上的人们知道每个动作的含义，因此对演练者的“精、气、神”要求非常高，一套拳的演练过程同时也是一个历史故事的描述过程，这对船拳演练的意境要求也非常高，因此，在其对外表演的过程中形成了“拳不离手、谱不离口”的演练形式。在长期的演练过程中，杭州船拳以其独特演练特点，宣传了历史典故的产生缘由、所具备的精忠报国的精神和当时所特有的人物特点，形成了套路的编者、演练者以及观众三者之间的共鸣。对人们了解历史，船拳的武德建设以及教化民风等方面有着积极的作用。

（三）杭州船拳的养生价值

胡小明在2001年就提出了“新世纪体育的走向是健康和娱乐”。武术要在新世纪中能够适应社会的要求就应当注意发挥其健康和娱乐的功能。武术的练习本身强调的就是内外兼修，“练有形者（外）为无形（内）之佐，培无形者为有形之辅。”船拳中的手法、步法、身法的配合演练，加上各种动作的变化，几乎带动了全身系统的运动，船拳由于场地的限制，腰胯始终在其运动过程中占据了主要地位，在演练过程中腰胯的转动，对下肢动作的要求极其严格，平时的锻炼有效地增强、增大了腿部力量；对腰部的动作要求，可以有效地起到对腰肾的固摄作用；

另外，呼吸与动作的相互配合，要求“气沉而不脱格”“以气催力”“一气呵成”等，这对呼吸系统有很大的锻炼和促进作用，对呼吸系统的锻炼保障了全身血氧的供给，而且还能增强胸负压，促进了肺部的气体交换，吸入了更多的氧气，同时会排出更多的二氧化碳，促使血液不断更新。同时，还能够按摩全身脏器，特别是通过上下肢的动作变换，对全身的骨骼、关节都有着良好的锻炼作用，其中转身动作可以有助于对整个身体的活动，带动体内肠胃的蠕动，改善肠胃的血液循环，使体内的食物更加顺利的消化和吸收。船拳对于人体的神经系统、内分泌系统、循环系统、呼吸系统、消化系统、运动系统等均有良好的锻炼作用。船拳习练者在长期坚持练习中，完成了对自身的改造，具有极高的养生价值，使体质朝着形态和机能统一、身心统一的方向发展。

（四）杭州船拳的技击价值

判断人们是否喜欢习练船拳，首先要看其价值是否符合了当时人们的内在需求。杭州船拳的技击效果是吸引人们在防卫自身的内在需要下进行习练的先决条件。

杭州船拳的技击性不容小视，由于人们长时间的对上下肢基本功的练习，以及对船这个特殊场地的适应，人们总结出了一系列的技击法则，手法上要求快、狠、准，多用指法、肘法增加打击力度，以及上下肢要协调配合，在攻击对方的时候多是上下肢间发为主，上肢攻击完之后，下肢会马上做出反应，或上步、退步，或是运用震脚、小踹退等动作攻击对方的下盘，避免“下盘不稳则上身晃荡”的情况出现，并追求整体发力技击概念。在调查过程中发现，由于注重下盘功夫，在流传的船拳故事中“跳沉”“蹲断”等字眼出现的频率较高，在西溪就有“蹲断”拦船铁索的武林高手“洪娘子”的故事。杭州的船拳除了讲究下盘功夫稳健，又要求脚步轻灵，据西溪武术协会现任会长李红苗介绍，西溪地区曾经有武师可在浮于水面的芦苇席上打完一套拳术而不会沉入水中，虽然此种技艺早已失传，我们仍不难看出当地船拳有着高超技艺存在的痕迹。

在西溪地区蒋阿毛演练的一套“枪拳”，技击动作明显，以上肢动作为主，配合各种步法，完成对人体要害部位的攻击，其套路由“一指插喉”“二龙戏珠”“三指取肋”的动作组成，“单峰贯耳”“退步震脚砸肘”“转身双峰贯耳”等技击含义明显另外还有一系列针对此套路训练的基本功和实战过程中进攻、防守战术变化。

五、杭州船拳与其他南方拳种的关系

（一）杭州船拳与江南短打形同姐妹

1. 江南短打充实了船拳的技法内容

“江南短打，放松自然，力求发劲顺快，虽出步平稳亦要直进出，其上飞下杀之手法在其理收其效的道理”“民国”十八年（1929）徐哲东《国技论略》一书谈道：“今世通语，谓长江一带拳术，架式小而势紧促者为南拳，亦曰南派。”从地理位置上看，徐哲东所论述的南派指的是长江以南的广阔地区，且具备了“南重拳，尚短手，……凡流行于长江及珠江流域一带的拳术，架势短小而紧凑，谓之南宗”。因此所流传的南派拳术多应该具备“架式小而势紧促”的特点。

徐哲东在其《国技论略》中还记载了江南短打：“短打者，则在江南一带，江南一带之拳术有四家，许氏，即许云南，祖长手，有上飞，无下杀，用开足直立八字步，操手为对操对打。”其中四家短打的手法多被称为“操手”，对练多被称之为“对操、对打”，这点与江浙一带船拳的手法名称相吻合。另外，八字步、丁字步在船拳的演练中也同样有所体现，在杭州船上特别是在河道中行驶的小船上，人们习练船拳必定受到船头面积的影响。因此，在杭州船拳套路中多采用四平步，便于原地步型转换，灵活应对突发情况。

江南短打是南派拳术极具代表性又十分普遍的拳种，船拳又在江南这片土地上繁衍。有资料也将船拳列入江南短打的范围之内，因此说船拳与江南短打有着较为密切的关系，无可厚非，江南短打的形成和发展充实了船拳的技法内容。

2. 二者皆有共同的演练特征

和安华在《江南短打》一文中指出江南短打的几种类型有：一、原地动作式；二、刚柔式；三、立地用腿式；四、擒拿跌跤式。其中原地动作式的特点是在2平方米到8平方米的空地即可练习，所谓“拳打卧牛之地”，甚至只要一张方桌大的地方，即可练到“八法俱全”，是适合在室内、店堂内、水田中、水河船头用的短打技法。另外，关于船上武术也可使用腿法，“此类‘短打腿法’，多做里合、外摆或转身一摆踢，朝天蹬地，弹踢、蹬腿、打腿等。手腿间发，几式后，一蹬再发的拳术，能适应舰船上练用”，并能做到“可随舰船的晃动而动作”，其作用是“立地用腿可以突击对方，或干扰对方，然后用打法取胜。”据《杭州市志》记载：“杭州原无自创的拳种门派，流传的大多来自外地，总体尚南拳，拳势多以上肢、肘为主，膝为辅，脚少肥短，需地不广，俗称‘拳打卧地虎’。”此特点的出现，使得杭州武术明显的呈现出了短打的特征，也表明了杭州武术能够适应于八仙桌大小船头的演练需要。另外，江南短打“技法有：一、上手、中手、勾手、飏手、上飞下杀、携还携打等；二、步型以高弓步、八岁马步或与肩同宽马步、钓马步、莲枝步、小踢步等；三、出步平稳而直进去。以小跳步，转身回打，或下势上挑的技法为主的步法。四、肘的用法是上下棒压，左右盘旋；五、打法则七分手回护遮拦，翻打劈打，或上飞下杀，或下擒下掇。出手明快简练，以及一手辅助一手立掌作砍、削、戳者，正是江南短打的写真。其器械除了常用的武术器械外，还有日常劳动、生活用具，如，板凳、冲担、铁头担柱、叉耙等，这些器械的技击方法，动作少而实用，多则十几手，少则五六手，无跳跃，左右进退在一二步之间，有着地方的练法可几人并列或前后成队，由锣鼓节制。同时一击一刺。”其中描述的种种特征无疑可以在船上使用，特别是“无跳跃，左右进退在一二步之间”的特点，同样适用于船头演练武术的需求。

江南短打对江南地区的特殊环境有着极高的适应性，“拳打卧牛之地”的特点更使得各种短打套路能够在弄堂、田间、船头演练。由于场地的限制，二者显现出了较为相似的演练特点，都能在较为窄小的环境中，满足自身发展的需求，为江南地区形成丰富武术文化奠定了扎实的基础。

（二）杭州船拳与浙北地区船拳本属同宗

1. 地理环境的相似性带来文化交流

自古江南就有“邻近的若干市镇之间互补性的交往是非常密切的，除了商品的交流，还有人员的交流和文化交流”的习惯，而且其中杭州为“水陆要冲”，是“中外之走集，而百货所辏会”之地，宋室南渡后，成为首都，“市镇繁饶，颇闻宇内”，进入明朝以后，虽然不再是都城，但是其城市的发展还是其他地域无法比拟的，各类人员和文化的交流仍然是源源不断。另据百度资料显示杭嘉湖平原一带“水网稠密，河网密度平均 12.7 千方米/平方千米，为中国之冠。”三个地区地理环境基本相同，又由于交通的便利，各地星罗棋布的市镇也并不孤立，它们相互依存，相互联系，建立了错综复杂的水上网络体系，用于沟通各个层次，互通有无。

因此，船拳一旦在某个地域形成，将会快速的以此地为基准点成辐射状传播出去，杭州船拳的形成正是人员流动和文化交流的产物。

2. 风俗习惯的相似性产生共鸣

江南地区的生产、贸易、消费习惯、风俗礼仪、岁时节日、文化娱乐、民间信仰等方面都有着出奇的相似性，特别是较为相近的两个地区，文化娱乐方面的游艺活动具备极为相似的活动特点。邻近地域的船拳均会出现于各种大型的节庆、祭祀、庙会活动之中，而且船拳的样式也大致相同，各个船拳队伍或“击鼓鸣钲，飞叉掷剑”，或“又以小船二、三十，两橹六浆，船头一人弄军器或他技，杂以金鼓”，如苏州《巴溪志》记载“乡农于七月聘拳师习武艺，使用刀枪剑戟，掷石锁，飞钢叉，艺成乃登船会赛。船沿结彩绸，船头打浆，船尾拨木棹，船身容载数十人。中舱平铺，赛数者立其上，旁坐为击大小锣、小拔三乐器，生颇优雅。至日游行市河，多则数十艘，亦有尚武之意。”从中不难看出各地船拳无论样式还是基本的活动形式是有着一定的相似之处，其中只是表演的时间与时日的长短有所区别，但较为集中的时间为清明节前后一至三天不等，这点只是随各地风俗习惯的不同而有差异。据《里子语》描述湖州船拳“寒食节，乡村以农船架四橹，上设彩亭旗帜，列各种器械，互较技勇诸艺，胃之哨船。”的表现形式与杭州船拳最为相似。可见众多风俗习惯的相似性，决定了船拳的表演是与节庆、庙会、祭祀等风俗习惯产生一种互利共生的关系。

3. 套路相似决定了浙北船拳本是“同根”

目前在杭嘉湖一带流传的船拳武术套路非常相似，如，“四门拳”“五虎拳”“武松拳”“燕青拳”等套路仍在浙北各地均有流传。另外，浙北地区船拳套路的来源也较为一致，如，湖州地区流传的“罗汉拳”“大洪拳”“六合拳”等套路，往往是对原有套路进行一定的改编之后而形成船拳套路，其中较明显的“大开门”的套路就被改编成“小开门”在船上演练。套路的改编过程中，丰富了套路上肢动作，减少了踢腿跳跃等动作，在船拳上进行演练和传播，其中“五虎拳”经过改编之后形成了“船拳五虎拳”，既保留了原有特点，又适应了船上演练的需求。

浙北地区包括苏州地区的船拳主张整劲的发放，强调整体的协调与配合，注重“寸劲”。在要求身体的各个部位都要发出整劲的特征中，也不难看到杭州船拳神形合一、躲闪灵活、动作刚健、步法轻盈的习练要求与特点。

（三）杭州船拳与浙东南船拳貌合神离

1. 地理环境存在差异

从地理位置上看，浙东南如舟山、温州等地靠近大海，本地人以出海作业为主，海上风浪之大是内陆河流湖泊无法比拟的，由于地理环境的差异，在东南沿海一带所形成的船拳，对下盘的要求更加严格。浙东南地区的船拳，如温州船拳，多吸收了隶属南少林拳系的拳术，例如，改弄堂拳、象形拳为船拳，采用其灵活多变，稳马硬桥的特点。特别浙东一带的洪拳有“马步扎实，稳扎稳打，手法刚劲有力，有斩钉截铁之功力”，只有做到马步扎实，下盘稳如泰山，才

能适应海上的风浪。另外，由于浙东南是沿海地区，因此船拳名称多以与海有关的事或物来命名，如“哪吒闹海”“大浪碰头”“双龙入海”等。因此，可见地理环境的不同导致了沿海地区的船拳与内陆水域的船拳呈现出了两种截然不同的风格特点。

2. 历史背景有所不同

除了地理环境的不同，浙东南船拳形成的历史原因与杭州船拳的形成有着较大的差别，在“明末清初，社会动荡，倭寇、海盗横行。为对付倭寇入侵和海盗侵犯，舟山不少渔民加入了青、红帮会组织，并用长期形成的舟山船拳来对付倭寇和海盗。”可见沿海地区产生的船拳是以抵御外来侵略为主，特别是戚继光在抗倭过程中运用的各种船上作战技术与方法，都是浙东南船拳的历史渊源所在。因此，浙东南流传的船拳具有“刚劲猛健，动作朴实，花招和跳跃动作不多，套路精短。强调以意领气，以气催力，要求‘腰催臂、臂催肘、肘催手’，做到‘落马先提肛，出拳必送肩’，强调快、硬、‘无坚不破、唯快不破、唯硬不破’”的力求速战速决的实战性特点。正是由于这些出于实战需求的存在，一些能够适用于船只上习练的套路，被当地的习武者引入到船上抵御外敌的侵略，在后世不断地进行改进与发展之后，最终形成了在船上习练的船拳套路。

由于浙东南地区船拳的形成之初主要是为了抵御外来侵略，因此更注重实战，而且除了武术的基本技法以外还存在较多的军事作战技法。

3. 演练特点和形式的不同

由于浙东南船拳产生的历史原因和地理环境的不同，因此其表现形式与杭州的船拳有着较大的区别。首先，杭州船拳表演和竞技的特点在浙东南船拳里面较为少见；另外，杭州船拳一些民俗活动的引入也与其有较大不同。杭州船拳自产生之初便有锣鼓伴奏，吸引众多观众观看，表演到精彩之处还能博得掌声与喝彩，但浙东南船拳由于在海上作业的特点决定了其演练很难得到观众的欣赏。因此，两地船拳的习练者在历史发展的长河中产生截然不同的价值取向。杭州船拳随着历史的演变，拥有了“娱神、娱人”的竞技表演特性，而浙东南船拳在其产生之初所具有的抵御外敌，防身保命的特点似乎没有改变，这就决定了其演练特点和组织形式与杭州船拳有着本质的不同。

浙东南船拳由于地理环境的不同以及当时形成的历史背景的差异，形成套路演练重桩功，技法击敌凶且重实战的训练特点。虽然其少跳跃，短小精悍，有刚有柔，步稳手快，手法多，腿法少的特点还是与杭州的船拳有着不少的相似之处，但是其套路多吸收了南少林一派的武术，这与杭州所流传的船拳在源流与技法特点上也有着较大区别。另外，两地船拳在活动形式上有着明显的不同，虽都是船拳，但两者仍存在着较大的差异。

总的来说，杭州船拳在自身技术特点上，兼容了江南短打的特点，与浙江以北如湖州、嘉兴等地船拳表现形式和套路特点有着较大的相似之处，但由于杭州的内陆环境与浙江东南沿海不同，以及两地流传的船拳价值取向的差异，因此，杭州船拳与浙东南沿海的船拳存在着较大区别。

第二节 非物质文化遗产视域下杭州船拳内容体系与活动特点

一、杭州船拳基本功

由于多数传承人年事已高，许多船拳习练方法被搁置，目前船拳仍旧存在较为严格的基本功法，船拳基本功的习练结合了武者对生活感悟、对武术的体味，是船拳习练者多年经验的积累。

（一）上肢基本功

船拳习练场地的狭小决定了其套路上肢动作较多，所以对上肢力量的练习显得非常重要。西溪船拳传承人蒋阿毛介绍“插沙功”，此法在练功之初用木桶盛满大米，双手交替向大米中插入，每次练习以双手“红、肿、痛”为度，待双手能够轻松插入大米之后，大米则换成黄沙，以此法常年练习，最终可以使手指硬如钢针、手臂力量大增。另外，也有天天用双臂“擂树”的练习方法，练习者在树干上包上黄纸，每天用两臂的不同部位交替击打树干，久而久之双臂坚硬如铁，在与人交手过程中首先利用双臂破解对方进攻再争取进攻对方的机会。

（二）下肢基本功

由于船在河道行进过程中难免颠簸，因此为了能在船头站稳则需要非常扎实的下盘功夫。练习下肢基本功多以基本步型为主，如，四平步、长三步、丁字步等，结合平常在船上生活体验和长时间的练习便能在船上练拳犹如平地。练习腿功多与上肢练习同时进行，如，用木桶在井中提水，练习者多会在井上搭一木架，并加一滑轮和一根粗绳，用双臂缠绳将水拉出水井。因此，日常的生活体验往往会成为习武者基本功训练方法。据仁和老人朱友山介绍，下肢基本功的长期训练，会产生如仁和船拳的创始人“朱癞痢”一样，只要站在门槛上一运功，八个小伙子都推不动的扎实下盘功夫。另外，在船拳的习练者中还流传着能否运用腿上功夫将浮在水面上的两艘农船合并在一起的方法，来检验船拳习练者下肢基本功是否扎实。

（三）腰部基本功

“练腰”是船拳练习的基本功之一，拳谚讲“练拳不练腰，终须艺不高”。练好腰功，要不断地练习弯腰、拧腰、甩腰等动作，才能使得身体上下肢体灵活，在船移动的时候，要身随船动，脚下生根，步法轻灵，要求“腰似车轮转”，“气由丹田吐，力从腰腿发”的目的，并在拧腰转身的过程中完成防守与技击的动作。如，在杭州船拳套路中的“转身削打”“翻身消打”“蛤蟆伸腰”“沉腰”等动作均是以腰部发力为主，套路演练的过程中多要求以腰为轴，又如耙、叉等兵器转动耙头、叉头的动作，最终是需通过腰部转动和瞬间发力才能很好地完成。

二、杭州船拳基本技法

（一）基本手形、手法

杭州船拳的手形由拳、掌、指、勾等基本动作组成。其中拳法包括单直拳、双直拳、下抄拳、下弹拳、冲天拳、单挑拳、双挑拳、分开一字拳、单双蟹壳拳等。对拳的要求是："握拳打出，手掌向下，手背向上，是为阳拳，既利打出，又易收进，且便弯曲，以挡敌人，反是为之阴拳，其拳弊至大，吾人不可用之。再若出拳时，肩肘腕三力，同时并用，是谓蛮拳，收进既迟，又伤脏腑，有害无益，故吾人当纯用阳拳，遮面莫大之弊。"

杭州船拳套路中的起势手法叫"拱手"也叫"请手"，其套路动作均以拱手起势，拱手收势。而在西溪地区沈庆漾与笔者所讲述的"空心拳"，实质上就是当地船拳套路中所使用的"蟹壳拳"，此拳法要求手心空出一定的空间，四指并拢卷曲无名指与小拇指向手心方向握死，而中指和食指向指根握死，运用的时候往往以中指和食指的指关节攻击敌人要害部位，《南拳入门》记载了蟹壳拳在实战中的运用方法，"敌人扫我足部，那时用右手，或左手，向他头上一蟹壳拳（手心向上），他受了痛苦即刻昏倒。"

从船拳的各种技法的运用可以看出，船拳的上肢动作较多，进攻招式和破解的方法同时习练，在运用的过程中多是见招拆招，各种手法随机运用。如，具有代表性的"双挑拳"是在敌人掐住我方喉咙的时候，双手绞住对方的手腕，用力向下折，使对方跪地以制服敌人。这与形意拳横拳劲中的"二架梁"运用大致相同；另外，在太极拳中也有相同的招式"十字手"，只要架叉住对方的拳头，随后全身运劲，逆时针一绞，立刻就可以把敌人的拳头腕骨手臂绞住，破解对方的进攻。

（二）基本步型、步法

1. 基本步型

杭州船拳由于习练场地的原因对步型的要求十分严格，步型是船拳练习中的十分重要的基本功，只有练好腿上功夫才能在船上演练各种套路和器械。其中较为常见的几种步型为：

（1）四平步：其动作由立正姿势开始，"两足开立，宽与肩齐，足尖不可外张。膝面置正，与足尖成垂直形，两股殆平。"四平步与我们常见的南拳中四平马步有一定的差别，其双脚的距离与肩同宽，较当前武术教学中"三脚半"的距离要小得多，其下蹲的难度较大，对腿部力量要求也随之增加，通过长时间的练习最终可以达到"聚上体之重于腰，集全身之力于足，胸宜挺直，腰腹宜下向，而胫骨与胫足所成二角，均宜近七八十度之锐角，此法行之既久，下部之力，可以骤增数倍"的效果。

（2）寒鸡步：又名闭裆步、虚步，"寒鸡步者，以其若寒鸡，故名。其前足微伸，后足屈立，以任全体之重。两足之距，不过尺，两膝之离不过数寸间耳，足指前向，而面部胸腹之方向，或随之，或稍斜，要以运用而异，至夫要宜稳重，上体宜微向前倾，此为定例。此法练习不易，而应用最为适宜，其防御攻击二力俱富，深究拳术者，不可不加之意也。"

（3）长三步：又名长山步，"长山步者。以前足微曲，后足向后伸直，腰要稳重，腹宜半向，上体宜微向前倾，此乃攻击敌人最有力之步位也。但下部亦有空疏之虞。"

（4）丁字步：又名提跨步，“提跨步者，以一足屈立，一足提跨，宛如丁字，身系半向，腹宜下向，腰与上体之势。”

2. 基本步法

拳谚讲“动看法、静看型”。“步法为行拳之根本，步法不究，则根本先错，而欲求拳法之精美。必不可得，故首及步法。”为了适应在狭小的船面上进行拳术的演练，船拳的套路形成了各种步型通过转腰、拧腰、转换重心的方法进行变换步法的特点。如，以立正式开始，两足向外依次以脚尖、脚跟向外翻转“一尺二寸”，身体下蹲就为四平步；然后身体右转，重心落在左脚上，左足微曲，脚尖用力踏紧船（地）面，为寒鸡步；身体继续右转，双腿形成交叉，就为绞丝步。通过原地腿部屈伸，寒鸡步还可以转换为弓箭步；弓箭步又可变成长三步；长三步又可变为丁字步，其主要形式如下：

（1）弓马转换：此步型转换，主要是通过腰胯的拧转进行弓步、马步的转换，两脚距离没有太大变化，转换后仍能发力，另外，转换的过程中还要求两足着地轻灵，不可僵硬，步型的转换变化才能迅速灵活。

（2）绞花步变换：又名三角步，“以两足交互而步成三角形，乃练习足力之一重要步法也。”此步法为了适应在船头上进行脚步的变换，在套路习练过程中，分为上步绞花变换与跳绞花步变换。其运动路线是，双足开立，右脚向左前方上步，脚尖外撇，左脚在右脚落地站稳之后，以右脚为轴向右前方上步，身体顺势转体，这也就形成了以三角或四角的移动路线，其空间要求较小，移动幅度又较弓马步变换大，在套路中需要较大幅度或难度的脚步动作转化时，往往选择此种步法的变换。

（3）丁步横走：丁步以单脚承重为主，其运用之便在于重心转换较快，其运用多在身体的横向变动，横走时多与盖步、叉步等步型共同完成，此法便于在极其狭窄的船舱、船头进行移动时运用，在移动过程中配合身法、手法可进行躲避攻击与进行主动进攻敌人。

三、杭州船拳代表性拳术

杭州船拳在长期的演练过程中，根据其自身的特点，兼收各派武功之长，又自成一脉，其套路尤为丰富多彩。杭州船拳同样具有“民间练武形式的衍化”“上古社会乐舞的衍化”“历史故事的编纂”等几个主要方面的历史来源。另外，在余杭地区船拳还形成了一定的派别，如余杭曾经就有一只船拳队伍称“北太极派”，虽不见其中有太极拳的流传，但是可以体现各路船拳队伍在其长期演练过程中形成了丰富多彩的套路和独特的演练风格。

在杭州地区目前所流传的船拳套路非常丰富，在西溪地区就有花拳、飞熊拳、小生拳、黑虎拳、武松拳、醉拳、八仙拳等，余杭地区还流传着燕青拳、罗汉拳、梅花拳、地煞拳等，另外还有“刚劲有力，形神合一”的五虎拳。五虎拳是借三国时期关羽、张飞、赵云、马超、黄忠五虎将之名而命名的套路，由“关云长手提青龙刀”“张翼德手执丈八矛”“赵子龙挥舞梅花枪”“马超金枪镇平阳”“黄忠手持金光刀”五节动作组成，且其演练套路中多“跨虎”“翻身打虎”等动作，其形神合一的特点被表现得酣畅淋漓，且实用价值较高；另外还有“气势雄浑，步稳势烈”的伏虎拳；“出招有力，躲闪灵活”的杨家金枪拳；以及“进则带攻，攻中有守”的六步拳和“以短打为主，易学实用，占地少，易推广”的黄莺下山拳等。在西溪地区曾经还有蒋友财传授的猴拳，但目前已经失传。

杭州船拳在其技术风格上兼收南北拳种文化表现形式，形成了南北兼容的特点，其套路不仅具有下盘稳固、短小精干、气势浑厚的南派特点，而且一些套路具备了动作长直、长手较多的南拳北打、舒展大方的展示特点。另外，在其丰富的套路内容中可见到杭州船拳的表演不仅是武术的体现形式，同时又有一定的教化功能。

四、杭州船拳的主要器械及其技法特点

（一）十八般武艺

杭州地区的船拳所使用的十八般兵器均是由硬木雕刻而成，例如，最具代表性的“关刀”，其刀身镂空雕刻，并在刀身上刻有庙社名称。十八般兵器的演练也以“请手”为起势动作，又称为“起势切手甩”。目前“五常十八般武艺”已经单独申请为杭州市非物质文化遗产项目，但是在杭州特别是在西溪地区，“十八般武艺”是当地船拳武术器械演练的重要组成部分。

杭州船拳的传统刀法朴素实用，作为船拳表演开场的“大刀开四门”更是气势雄伟，动作潇洒。其中“蔡阳刀”“龙凤刀”更具有威力，是保存最为完整的套路，其技法有磨刀、擦刀、看刀、上马刀、下刀、刺喉刀、削脚、挺刀、铡刀、拖刀、守腰、跳刀等，套路演练中多由刺、拖、扎、斩、劈等动作组合而成；木质“双锏”也是左右开弓，其动作朴素实用，技击动作明显；特色十足的“大劈锁”，相传是“方腊起义”时将士所使用的砍马腿的武器，其中抗锁行进、上推锁、横拉锁等动作展现的是当时战场上将士作战的情景；另外“文耙”“武耙”也是较具特色的器械，其中有顺耙、上耙、刺喉耙、挺耙、躲耙、铡耙、跳耙、踢耙等动作组成。其中在耙类的器械演练我们也不难看出其技击性，其演练的过程中多会有停顿发力以及旋转耙头的动作，例如，最具代表性的动作“绞丝落地”。关于这一点有关专家对木耙的此种技法进行了详细讲解，当敌人举刀向我方砍来的时候，用木耙去迎击，当木耙的耙齿架住刀身时，顺势以腰发力，旋转耙头，将敌人手中的刀进行缴获，并将其制服。

据浙江省涉外武术教练员傅信阳说，这一技法是为了专门对付倭刀的劈砍而设计的，从这点不难看出，武者运用自己的聪明才智将农具等改编成兵器，演化为军事思想与战略战术的表现形式，具有非常重要的时代意义和军事价值，也同样能看到杭州船拳与江南一带武术相似的文化表现。

（二）钢叉

飞钢叉、掷石锁等技艺在杭嘉湖以及江苏一带的船拳中均有记述。苏州《巴溪志》记载“又有拳船赛技。乡农于七月聘拳师习武艺，使用刀枪剑戟，掷石锁，飞钢叉，艺成乃登船会赛。”钢叉在西溪一带也叫“响铃”，是由于钢叉叉头和叉柄连接处放置两钢片，舞动时铮铮有声而得名，钢叉的练习主要以抡、盘、飞、掷、打击、接抢等几种技法为主，其中飞钢叉过桥被视为船拳绝技，主要体现的是钢叉技艺的惊险性和娱乐性。

另据资料记载“叉之由来，较各种兵器为后，宋元以前，初不见诸战阵，或为汉时蛮人，皆以此为利器”，可见叉是南方人常用的兵器，但“至飞叉之法，宋代以前，迄无所闻”，又“考南宋偏安，以杭州为帝都，政治重心南移，虽国势不及北宋，发展文教，安抚近藩，整治边疆民族，颇具绩效。顾南蛮逐渐同化，知识交流，蛮人用叉，始传入宋军。”关于视飞钢叉为绝

技是有原因的，“飞叉之法虽寥寥数路，就表面言之，至为简易，不知叉与别种兵器之使用法，实完全不同。盖普通器械，主力恒集与手腕，能举其器，即不患不能抡舞，即软器如棉绳索之类，就可以双手紧握而旋舞之。远射之器如箭弩之类，能引其弓，自能发矢，能上其弦，即能发弩，且力正确，自能中的，且发而不收，较为略易。惟叉即介于长短兵器之间，其法又出于软硬兵器之外，完全不用手握，惟仗两臂之搓擦，使之旋转，再用肘掌之力，使之扑敌。一叉即发，尤须用灵敏之法而抢接之，再变化手法而攻御，是诚非易事也。”钢叉虽同样为普通的农具改造而来，但是在船拳套路中占有重要的地位，可见其习练难度之大是其他器械无法比拟的。

（三）船篙

在船拳的发展过程中，船篙的演练较为多见，《勤獄记》中关于“篙长三四丈，弄如短槊，盘旋往来，去人面不远，而人不目瞬”的记载成了对船篙演练的经典描述，也证实了船篙的表演方式与枪、槊技艺较为相似。另外清《南浔镇志》中“姚田快船成队到震泽岳庙前，取道市中，皆舞兵器及篙”的记载证明船篙是在其他武术器械表演以外单独列为一种技艺的。关于浙江枪术，何安华在其《浙江枪技》一文中讲到浙江枪法“适用于马、步、水三战”，其中“枪法又可为原地练法，减步练法，如‘江南短打式’，这样枪法用之舡（船）上，仍同其功。”可见浙江的枪技本身在步法上进行一定的改变就可适应船上使用，船篙的演练方法在上文中也不难看出是选用了枪的演练方式。在此我们可以试想船拳之所以能够吸收众多的武术套路，是否只需采用“减步练法”，一些套路和器械便可在船头得到应用。

另外，在杭嘉湖一带的内陆船虽“摇橹船”居多，但据资料显示在这些地区的船拳除了套路、兵器以外，船篙的演练也尤为重要和突出。船篙除了撑船与固定船只的功能以外，还把船篙作为一种独特的武术表演器械。究其原因，这点还可以与温州的船拳所使用的“丈二棒”进行比较。据传，丈二棒本身就是船上的撑篙，在明朝，戚继光组织抗倭的过程中，用船篙进行远攻，采用隔船用船篙为武器以长击短，给予了使用倭刀的日本人沉重的打击。如果船拳确实是由于陆炳告老还乡推广戚继光抗倭事迹才盛行的，那么船篙的演练有可能是对温州“丈二棒”技法的一个学习与发展，但是要深究两者之间的联系，还需从技法上进行深入的比较研究。

（四）板凳

板凳虽然是平常生活用品，却被吸收到杭州船拳之中。据传，朱家塘船拳的创始人“朱癞痢”所练习的板凳功十几个强人不能近身，而据沈庆漾介绍“西溪板凳拳”源于以前杭州松木场一带的茶馆，“在市镇的运转过程中，茶馆尤其值得注意，因为它不仅是一个饮茶聊天的处所，而且兼具信息、娱乐、赌博的多种功能，是市镇社会的一个小小缩影。因为这个缘故，市镇上茶馆之多是其他行业无法比拟的。”另外“俗遇不平事，则往茶肆争论曲直，以凭旁人听断，理屈者则令出茶钱以为罚，谓之吃讲茶。”使得茶馆有着一定的特殊权威，成了一个是非的仲裁中心，因此各村落凡遇纠纷，当地也就形成了去茶馆解决的习惯，茶馆其实多为鱼龙混杂之地，难免会有争端之事发生，久而久之便形成了以板凳为武器的拳术套路。

在南派的武术套路中板凳拳较为常见，且有着较高的评价，称板凳“以平常御用之物品，忽变为风云叱咤、咄咄逼人之利器，气势豪迈，力量雄厚者。此何物耶？曰板凳是也。凳以板为之。视之一死物也，然用之有术，则其功用足与刀、枪、棍相匹敌而有余。”西溪船拳上所使

用的板凳多选桑树、杨树等较为轻巧的木材制成，以便于施展削、点、拦、鞭、冲、罩、架、掷、翻（舞花）等各种动作。

杭州船拳上练习的板凳拳以钱王观潮（坐凳请手）为起势，套路中包括“翻身握凳”“弓步推凳”“翻身转凳”“金鸡盘头”等动作组成。其动作节奏紧密，上下肢相互配合，脚步以原地步型变换为主，并加以原地转身动作，使套路看似大开大合，实质上其退守动作却十分注重下盘稳固，在套路的演练过程中更为注重步法的变换及身体与凳之间的协调配合。充分显示了，武谚中“动求法，静求型”的演练特点。

第三节 非物质文化遗产视域下杭州船拳的保护现状

一、理论专著缺乏

武术与中国文化的交融较集中、鲜明、直接地显现在武术的理论基础中。因此，研究武术理论基础有利于弘扬中国文化和民族精神，而且更有助于我们从全方位、从本质上、从深层次上理解武术的真谛，并对武术现存理论、技术、方法、竞赛等的发展带来更深远的影响。然而在长期的武术发展历程中，武术理论的形成和研究往往落后于武术的实践，这点杭州船拳表现得尤为突出。在长期的发展过程中，充斥于各拳种中的传统思维的武术理论，并未在杭州船拳中体现出来，如许多拳种包含的“天人合一”等类似的中国哲学思想在杭州船拳中也未明确提出。杭州船拳武术理论的缺乏是由船拳自身套路发展的庞杂性决定的，也反映出杭州船拳传承过程中理论体系构建的不足。

武术书籍是传承武术文化的重要途径。古代的武术理论能够流传至今，武术书籍的贡献是最大的。虽然我们在一些武术专著里面可以看到杭州船拳的影子，总体来看与船拳有直接关系的武术书籍几乎为零。一些相关研究与报道只见于在长篇的相关研究下简短的文字介绍或报道。当前的有关论著仍然缺乏对船拳的深入认识，更缺乏理论性较强的经典性论著。

二、传承方式不完善

如果船拳广泛吸收其他拳种的特性决定了船拳套路的丰富多彩，那么由于拳术的庞杂性则决定了杭州船拳传承方式的不统一。

目前在西溪地区所流传的船拳，传承群体并未得到充足的发展，例如，在确定其传承人方面，杭州船拳就有着不小的软肋，目前蒋村船拳的传承人为沈庆漾先生，但沈庆漾先生并非船拳习练者，其主要的功绩在于对西溪地区船拳和龙舟盛会方面的保护与研究，只能说他是杭州船拳的研究者或组织者，其对船拳传承与保护的深度和精纯度可想而知。然而，船拳传承的好坏与有没有好的组织者有很大的关系。例如，余杭良渚孟家湾船拳、龙旋村船拳的起源都是跟某人组织发动有关，其习练船拳的形式可以是自己教习，也可以在外地聘请武师。据康烈华介绍本地船拳的停滞均是在新中国成立后因为没了组织者，其传承和表演也就戛然而止，浩浩荡荡的船拳表演就没了生存空间，这点不由得我们不去深入的思考。

目前西溪地区已经成立了武术协会，虽然协会致力于对西溪地区的武术进行挖掘和保护，并结合自身的特点设立了教学点和服务站。武术协会尚属起步阶段，其内部的组织构成不完善，到目前为止还未出现能够把握船拳传承和发展方向且具有现代保护意识的人员。

关于杭州船拳如何传承，需要根据当地船拳自身的特点而定，到底是严格的师徒传承制度还是由有声望的族人组织传授船拳，这点还需结合当地船拳发展的历史需求才能做出最佳的选择，以保证当地船拳的传承。

三、技术体系时代性不强

杭州船拳虽是以表演竞赛为主，多为节日里增添娱乐气氛而准备，但船拳习练者若想达到较高的技术水平就必须按部就班地进行基本功训练，这与练习的刻苦程度和时间长短成正比关系。因此，要达到较高的技击水平，就需要长时间且刻苦的练习，同时又与习练者丰富的船上生活体验有一定关系，而这些已经不符合现代化快节奏的要求。

不同的历史时期，船拳价值的衡量标准也不同，在社会动乱，外来侵扰不断的年代，技击防卫可能是船拳最为重要价值所在；在人们娱乐项目较少，以及节日、庙会上的娱乐需求，船拳的竞赛、娱乐是当时船拳重要的生存动力。但随着时代和环境的变化，武术不再将攻防动作视为杀敌护身的招数，人们练习的目的也不是降服敌人，而是为了强身、防身、修身，此时它的技击性得不到发挥，如果不能发掘新的价值来替代，该拳种就失去了它本身的价值，它的存在必然会受到威胁。杭州船拳是历史的经历者，由形成到兴盛再到衰落，其内在价值在被人们不断地挖掘，也被历史不断的改写，随着社会的发展，人们精神生活的日益增长和需求，陈旧的船拳技术体系已不再适应社会的发展节奏。因此，只有在深刻的了解当前人们的社会需求，特别是在休闲娱乐需要的基础上对船拳技术体系的合理调整，使船拳的练习符合时代需要，才能在不断发展的社会中找到立足之处，否则，即使依靠在非物质文化遗产这棵大树下也很难茁壮成长。

四、生存环境不断变化

通常，非物质文化遗产都是在一定的地域产生的，与该环境息息相关，该地域独特的自然生态环境、文化传统、宗教、信仰、生产生活水平，以及日常生活习惯、习俗都从各个方面据有了其特点和传承。既典型地代表了该地域的特色，是该地域的产物，也与该地域息息相关；离开了该地域，便失去了其赖以存在的土壤和条件，也就谈不上保护、传承和发展。环境的改变对杭州船拳有着至关重要的影响作用。江南独特的水文化孕育了杭州船拳，但随着当代中国现代化进程中工业文明的发展和文化全球化的趋势，船拳的传承环境产生了骤变。“自然环境对武术的传播活动起着促进和制约的作用。克服自然环境中的不利因素，利用自然环境的不同进行针对性传播，是武术工作者的权利和义务。”由于自然环境的不同而产生的“南拳北腿”的区别，以及“南崇武当、北崇少林”的观念，无不体现了自然环境对武术的影响。杭州船拳是在江南交错纵横的河流水道的地理环境中产生和发展的，但目前人们的生活习惯却与水、与船脱离了关系，使得船拳的传承与发展受环境的制约越来越明显。

当前农村城镇化的发展，使得人们已经脱离了世代生活的环境；社会发展节奏的加快，人与人之间虽然接触得越来越频繁，人与人之间却缺乏深层次的情感交流，人们对船拳的认可度也随之降低，虽然众多的船拳套路是由其他武术套路移植或改编而形成的，但是目前人们对船拳反移植到陆上演练的形式在观看和欣赏方面兴趣不高，各个阶层对船拳的保护意识和意愿显

得十分薄弱。

五、保护措施执行不力

自2007年开始，杭州已经出色地完成了非物质文化遗产普查，仅余杭地区就动用了500余名普查人员，排摸线索57 495条，调查项目达5 774项，并在普查的基础上率先与浙江大学合作开发了非物质文化遗产数据库，将普查成果进行数字化管理。但目前为止还没有专门搭建有关船拳的保护平台，品牌意识较为薄弱。特别是由于近年开展的“一镇一品”“一村一品”特色文化活动，滚灯、五常龙舟等项目保护效果明显，而这些与船拳相互交叉的项目却没有有力地带动对船拳的非物质文化遗产保护，反而有抢其风头的趋势，这点在参与者的积极性上就充分地表现了出来。如，身兼龙舟、十八般兵器、船拳技艺于一身的西溪船拳传人蒋阿毛、沈细毛等，他们表现出了更喜欢参与知名度较高、品牌效果更好的项目的意愿。

导致这种情况出现的原因多是由于政府的一些措施存在漏洞，并没有提出对交叉性较大的非物质文化遗产项目如何保护、如何区别对待，只是实施一些常规性的措施，浅尝辄止，而缺乏对非物质文化遗产的传承与保护做出长远的规划，以及充分利用当地资源的保护措施。从而导致了一些非物质文化遗产的效果不显著，一些措施执行力度不够的局面出现。

目前，造成保护措施执行力度不够的另一原因是缺乏实效团队建设和绩效评价体系的构建。杭州船拳习练者已经成为多年离群的孤雁，是否能够重新回到人们的视野中并被人们重新接受，是当前重要的历史性任务。这就需要由政府策划组织，由地方实施建立传承团队，加强对杭州船拳非物质文化遗产保护的力度，让有共同传承任务或传承意愿的人们组建具有共同愿望与目标、共同活动规范与方法以及和谐、相互依赖关系的实效团队，以保证非物质文化遗产保护措施的顺利执行。

第十一章 非物质文化遗产视域下传统武术的立法保护研究

中华武术，举世闻名，然而，传统武术，举步维艰，看似繁荣发展的武术，其实并非真正的武术。真正的中华武术——传统武术，在日益现代化的当今社会正逐步远离人们的视野。传统武术作为中华民族几千年来思想智慧与生产实践的结晶，蕴含着中华民族古老的生命记忆和丰富的文化基因，体现了中华民族独具特色的思维方式、精神价值和文化意识，不仅是一项内容丰富的传统体育运动，也是一项富含传统文化元素的文化现象。现今中外学界对非物质文化遗产的研究涌现出不少的理论成果，我国的《非物质文化遗产保护法（草案）》也正在审查之中，有望近期出台，非物质文化遗产的保护已经引起了越来越多人士的重视。前面已经通过非物质文化遗产的视角分析完各省具有代表性的传统武术的基本理论与发展现状，然而作为我国非物质文化遗产中影响最大的最珍贵的也是最大宗的一种非物质文化遗产——传统武术，却并没有具体的制度进行明确的保护。传统武术，作为一种博大精深的传统体育形式和传统文化形态，有其丰富而独特的形式和内涵，不能仅仅以一种统一的制度加以笼统的规制，还需根据其本身的特殊性制定相应的制度加以调整，从而真正有效的保护这一中华民族具有代表性的非物质文化遗产种类。鉴于实践的迫切需要和法学理论研究的缺乏，为了保护人类文化的多样性和促进人类的可持续发展，传统武术作为非物质文化遗产的一部分，将其保护上升到法律层面，对于民族文化的传承，以及传统武术文化内涵的凝练与提升，将会起到积极作用。本章试图探索非物质文化遗产视角下的中国传统武术保护的权利主体、权利客体、权利内容，结合我国当前经济形势，参考国外先进国家类似的研究工作，分析当前的非物质文化遗产法律保护模式，提出一些概念的新视角，如传承人和权利人、未公开信息和非公开信息、主体确认和客体确认，旨在建立一套基于我国法律实际的能够促进中国传统武术实现健康发展的制度架构，从而希冀有助于丰富中国非物质文化遗产保护理论，完善中国非物质文化遗产法律保护体制，促进中国武术的传承和传播以及中华传统文化的繁荣。

第一节 非物质文化遗产视域下传统武术保护法律要素分析

由法律所调整的传统武术保护关系是传统武术法律保护关系。任何一个具体的法律关系都是由法律关系的主体、客体和内容这三个要素构成。传统武术保护法律关系是基于传统武术保护的法律事实，由法律规范调整而形成的法律权利义务关系，是平等主体之间的法律关系，由权利主体、权利客体、权利内容构成。下面笔者试谈一下传统武术法律保护关系中的三要素。

一、权利主体分析

传统武术法律保护关系中的主体，是指在传统武术保护法律关系中独立享有权利和承担义

务的当事人。依《民法通则》《合同法》及其他法律的规定，自然人、法人、其他组织都可以自己的名义进行民事活动，参与民事法律关系，享受民事权利和承担民事义务。《中华人民共和国非物质文化遗产保护法（草案）》中没有明确规定非物质文化遗产的权利主体，《草案》第30条的规定"公开使用民族民间传统文化表现形式，应当通过适当方式表明其来源民族、群体或者区域"只是说明民间传统文化的来源，没有明确权利主体。

（一）权利主体简介

笔者认为传统武术法律保护关系中的权利主体主要有以下几种：

1. 个人

传统武术的某些拳种有明确创立者的，那么该创立者是权利主体，当创立者过世后，其传承人是权利主体。此处的个人系指自然人，而非法人抑或其他组织形式。有些拳种是某一独立的组织集体创编的，不属于此处的个人范畴。国外和国内的权威文件采纳的都是"个人"这个概念。

2. 集体

传统武术的有些项目是集体智慧的结晶，那么该集体即为权利主体。该集体可能是某个组织或者是某个群体。创立或传承某拳种的群体往往是在一个传统社区里共同生活，他们在共同的生产实践中以集体的智慧逐步的发展形成了某种拳种，群体创立的例如有少林拳法。如果某组织是权利主体，那么该组织负责人可代组织行使权利。如果由某群体集体性创立或主要传承的，那么该群体可推举代表人代为行使权利。传统武术的权利主体可以为集体，类似的非物质文化遗产保护的规定已有立法上的先例，如厄瓜多尔1998年《宪法》第84条承认对社区祖传的知识享有"集体知识产权"，其《知识产权法》（1989年第83号令）第377条对土著和本土社区的集体知识产权建立了专门法保护体系。""委内瑞拉1999年《宪法》第124条规定："确认和保护土著知识、技术和革新的集体知识产权。"

3. 民族

某一传统武术拳种系某民族劳动人民所创，极具其民族特色，该民族亦可作为传统武术的权利主体。某一民族作为传统武术中的权利主体可分为两种情况，一是该拳种流传极为广泛，流传范围不限于其本民族；二是某拳种往往只在该民族流传。当在这两种情况下不宜确定某一人或某一群体或某一区域或某一组织作为权利主体时，该民族应该作为此种传统武术的权利主体。在民族作为权利主体时，该传统武术形式是该民族成员共同创作并拥有的精神文化财富，与该民族的文化权益有关，与该民族的每一个成员的权益也有关，该民族的任何群体、任何成员都有维护本民族传统文化不受侵害的权利，但是需要经过一定程序，不能直接作为权利主体主张权利，而应推举代表人或者由当地文化行政部门或者由相关组织代为行使主体权利。

4. 国家

根据法律的规定，国家也可以成为民事主体。有些情况下，国家也可以成为传统武术的权利主体。国家成为传统武术的权利主体分为三种情况：（1）国家组织创编的。例如，国家体育总局主编的二十四式太极拳。（2）无明确创立者和传承者的。如在1983到1986年间国家体委发掘整理的流传各地的"源流有序，拳理明晰、风格独特、自成体系"的没有明确作者的拳种。（3）前面两种情况之外某些不宜由个人、集体、民族作为权利主体的情形。

（二）权利主体的知识产权角度简析

传统武术的法律保护在知识产权范畴中，传统武术的知识产权主体是著作权人和商标权人。著作权包括狭义的著作权和邻接权，此时著作权的主体包括作者和传播者。邻接权的主体是出版者、表演者、音像制作者、广播电视制作者、广播电视组织，除了表演者，几乎都是法人。表演者不局限于个人，包括演员、演出单位或者其他表演文学、艺术作品的人。根据我国《著作权法》第 11 条规定，如无相反规定，在作品上署名的公民、法人或者其他社会组织为作者。按照我国《著作权法》和《著作权法实施条例》的规定，公民、法人或者其他社会组织可以成为传播者。我国法律将著作权主体的限定为公民、法人、其他社会组织，因此，上文阐述的传统武术的权利主体个人、集体、民族、国家都可以成为著作权的主体，其中民族和国家不能由自己直接行使著作权利，需要有关组织代为主张。根据 2001 年修改的《商标法》第 4 条规定“自然人、法人或者其他组织对其生产、制造、加工、拣选或者经销的商品，需要取得商标专用权的，应当向商标局申请商品商标注册。自然人、法人或者其他组织对其提供的服务项目，需要取得商标专用权的，应当向商标局申请服务商标注册。”根据该条规定，自然人、法人或者其他组织都可以成为注册商标权的主体。商标是商品或服务的标志，产生于经济活动中，民族和国家不是经济活动中的主体，因此，上文中的民族、国家不可以成为商标权的主体，而个人和集体可以。

（三）权利主体的非物质文化遗产权角度简析

知识产权的内容与非物质文化遗产权的性质不同，其权利主体定然有不一致之处。非物质文化遗产权包括传承人的权利、国家的权利。知识产权更多的是体现一种私权，非物质文化遗产权更多的是体现一种公权。传承人的权利主要体现的是一种私权，是指传承人在传承活动中所应当享有的权利。国家的权利体现的是一种公权，是国家对非物质文化遗产的公权干预，目的是维护民族利益和国家利益。民族或国家作为非物质文化遗产权的主体时，当然的享有对非物质文化遗产的所有权、控制权、管理权。个人、集体、民族、国家都可以成为传承人的主体，而国家的权利，其主体只能为民族和国家，具体是由政府代表民族和国家作为权利主体。

二、权利客体分析

传统武术法律保护关系的客体，是传统武术法律保护关系中当事人之间的权利义务所指向的对象，也包括物、行为和智力成果。传统武术法律保护关系中的客体是传统武术保护法律关系的要素，传统武术保护法律关系的主体总是基于一定的对象而确定相互间的权利义务，没有客体，权利义务就会落空。传统武术是一种智力成果，可以适用知识产权制度进行一定程度的调整，但并非所有智力成果都是知识产品，并非所有的智力成果都是知识产权的保护对象，保护传统武术也不仅仅是保护传统武术中的知识产品，传统武术中的知识产品仅仅是传统武术中受保护内容的一部分。传统武术的权利客体可以从两个方面来进行分析，一是知识产权的角度；二是非物质文化遗产权的角度。

（一）知识产权角度

知识产权的客体是知识产品。知识产品是人类在改造自然和社会的实践中，通过支出脑力劳动，依靠知识、智力等要素进行创造性活动，以一定形式表现出来的一种自然科学、社会科学的成就。知识产品包括硬性知识产品和软性知识产品。硬性知识产品是以有形的实物形态出现。软性知识产品的概念与硬性知识产品相对，即以无形的非实物形态出现。传统武术中有明确作者的文字、图画、音像作品以及作品传播过程中产生的成果，便是硬性知识产品。传统武术中各种拳派的套路编排为软性知识产品。

1. 有明确作者的文字、图画、音像作品

有关武术的有明确作者的拳谱、图谱、口诀、理论、教材、传说、神话、录音、录像、小说、影视等作品自产生之日起无论是否发表自动受到著作权法的保护。此时，著作权的客体即为这些作品本身，这些作品即是知识产品，知识产品作者即为著作权人。

2. 传统武术各种拳派的套路编排

由于历史和环境的原因，中华大地有众多的武术流派，例如目前流传于陕西宝鸡的珍稀拳种指东拳，系明朝抗倭英雄戚继光在战争中汲取各家拳法精华所创，其演练套路有治体法、养青功、水上漂、松华山、五合连环掌、短梢子、长梢子、地滚对练等，风格特点是上盘手多，中盘腿多，下盘滚多。对于这种遵循一定运动规律把各个各具特色的技击动作创造性的连接排列起来的编排也应当受到法律的保护。从现行著作权法来看，《著作权法》第三条第三款规定的著作权客体是“音乐、戏剧、曲艺、舞蹈、杂技艺术作品”，并无传统武术套路，但是由于传统武术的套路与舞蹈有一些的共同的法律特征，尤其是现代社会中的传统武术套路，那么，传统武术的套路其实是可以参照舞蹈这种艺术形式作为著作权的权利客体进行保护的，建议著作权法第三条第三款增设“传统武术套路”一词。

2005年保利公司推出舞台功夫剧《寺院内外》，由于其自创的功夫表演《膳食功》《扫帚功》《十八罗汉》遭遇了盗版，保利公司便将这三个表演套路进行了著作权登记，功夫表演能被批准通过著作权登记，这说明在实践中，传统武术套路可以以著作权的途径进行保护。

3. 作品传播过程中产生的成果

武术作品在传播过程产生的劳动成果，包括与武术相关的出版成果、表演成果、录制成果以及广播电视成果，这些作为邻接权的权利客体，依法由邻接权的权利主体即作品传播者行使。

4. 武术商标

武术商标是商标注册人在经济活动中对与传统武术有密切联系的名称、动作进行注册的商标。例如，一些拳法名称、门派名称、武林著名人士的名字、著名动作名称或外形等这些就可以成为注册商标的对象。这些武术商标通常用作武术产品名称或武术产品生产商、武术服务组织的商号、标志或者是作为武术管理组织的名号。武术商标自动受到商标法的保护。

（二）非物质文化遗产权的角度

知识产权对传统武术的保护是指保护传统武术表现形式和内容的物质载体。而作为非物质文化遗产的传统武术表现形式和内容没有体现为物质载体时，则不应受知识产权法保护，而应受其他法律调整。前文提到的有明确作者的文字、图画、音像作品以及传统武术各种拳派的套路编排、作品传播过程中产生的成果、武术商标这四种客体皆为传统武术表现形式和内容的物质载体。下面提高的几种客体类型系知识产权不能调整到的内容，应以非物质文化遗产权进行调整。

1. 传统武术的器械和服装

传统武术器械主要由古代兵器演化而来，包括朴刀、枪、剑、锏、鞭、锤、梢子棍、峨眉刺等，传统武术器械体现了丰富的文化元素，有重要的人文价值，有一部分具备文物保护条件的传统武术器械和服装可以依据《文物法》进行保护。对此，国务院文化行政部门可以组织制定国家级非物质文化遗产实物资料等级标准和出入境标准，其中经文物部门认定为文物的，适用文物保护法律法规的有关规定。某些不具备《文物法》保护条件的传统武术器械、服装，则可以从非物质文化遗产的角度进行文化意义上的保护，如器械方面的苗族尖刀、彝族短体插刀和波长剑，服饰方面的头饰、对襟衣、灯笼裤、绑腿、长布袜等。

2. 与武术有关的礼节仪式

传统武术文化中存在许多礼节与活动仪式，如拜师礼、抱拳礼、抱刀礼、持剑礼等，深受儒家、佛家、道家的影响，渗透着丰富的传统文化思想，这些礼节和仪式也应作为非物质文化遗产来进行保护。

3. 单个的技术动作

传统武术里面每一个的单个技术动作都具有相应的攻防性质，具有很强的技击性，这一点不同于套路。套路虽然是单个的攻防动作衔接的集合，但是由于套路以一个整体的形式存在，其技击训练的本来目的在现代社会中明显弱化，武术套路的发展倾向于艺术性、观赏性和娱乐性。传统武术里的单个技术动作在当今社会中已然失去了其本有的极强实用性，作为专利法客体的保护已无可能，作为著作权法客体来保护的话则既无现行法律依据，也无法理依据。由于传统武术一直是在传承中发展，后人并无实质创新，最初的创立者已然作古，那么对于这些蕴涵丰富人文内涵和实战价值的单个技术动作显然不能用专利权法来保护了，我们可以考虑从非物质文化遗产权的角度来进行保护。在这里的保护并非限制，而是要以保持原味的方式进行保护。

4. 关键性技术动作

传统武术中的一些关键性技术动作决定着习练者是否能够真正掌握该门拳种的一些重要技法。这些关键的技术动作直接决定习练者所作动作对本人身体的影响和对实战的另一方的技击效果，其与前文提到的单个技术动作的区别就在于是否关键。

5. 战术

战术是指攻防的方法和理念。在传统武术的技击中，方法体现的是一种技巧，技巧相对比较容易理解和掌握，没有什么思想内容。传统武术里，理念往往以心法的形式存在，对于技击双方的胜败起着关键性的作用。如指东拳技击心法中讲究的“其大无外，其小无内”。而理念在这里又可分为两个部分，一是直接的技击理念，二是间接的技击理念。直接的技击理念，其内容的直接目的和根本目的就是更加有效的攻防。间接的技击理念，其直接目的是修身养性，其根本目的就是参悟万物而感悟生活、享受生活，其思想性、哲学性更为明显，更多的是体现为一种思想、一种文化、一种精神。例如，思想方面体现有“中”“和”，文化方面体现有“兼容并蓄”“礼”“让”，精神方面体现有“昂扬不屈”“自立”“自强”，传统武术中蕴含了很丰富的这样的间接技击理念，这甚至是跟其他体育运动相区别的最为重要的地方。间接的技击理念本质上是一种参悟人生、参悟宇宙万物的一种思想，但是其附带的作用却可以产生极为惊人的技击效果。

6. 训练方法

传统武术中的各种拳派都有着自己的训练体系，有些训练方法是共通的，而有些训练方法却是某些拳种独有的。无论是共通的还是独有的，都多少存在着一些未公开的训练方法，之所以未公开，是因为这些训练方法对于习练者的习练效果有着重大的影响。

7. 医疗、养生等方面的技术

在传统武术中，不仅蕴涵着丰富的技击内容，也蕴涵着深厚的医疗和养生知识。这些有关医疗和养生的技术和手段，不仅在过去的年代起了很重要的作用，在科技高度发达的现代社会也依然有着有效的实用价值。

以上七种客体中，前面三种都已经处于公众领域，后面四种客体都存在着未公开信息。此时，类似的且容易混淆的另一个概念是“未公开”，在此首先需要界定一下“非公开”与“未公开”的概念，从而区别开来。“未公开”是指还没有公开，其意思并不是不可以公开，只是还没有公开而已。“非公开”是指不能公开。“未公开”外延大于“非公开”，“未公开信息”包括“非公开信息”。传统武术存在着大量的未公开信息，包括拳谱、口诀、功法、心法等。这些传统武术的未公开信息应当被区别对待，一种是很重要的但不是相当重要的未公开信息，可以进入商业领域，或者进入社会领域，进入商业领域的未公开信息可以根据其情况进行区分对待，一部分视为非公开信息，一部分视为公开信息，视为非公开信息的作为商业秘密来保护，自动受到《反不正当竞争法》《公司法》《刑法》的调整。另外一种是传统武术中相当重要的未公开信息，这部分未公开信息应视为非公开信息，从非物质文化遗产保护的角度进行保护，如果其中的内容属于国家秘密的，应当按照国家保密法律、法规规定的程序确定密级、保密期限、知悉范围，并采取相应的保密措施。是否“相当重要”应以是否会危害国家安全或损害社会利益为标准，当然在当今非冷兵器时代，这样的标准自然是会定得很高。

对于这四类未公开信息有关部门可以对其进行进一步的界定，看看哪些种类属于非公开信息，哪些属于虽然现在未公开或者是认为不该公开但实质上可以公开的信息。对传统武术进行保护，目的并不是限制其在很小的范围内发展，正好相反，而是为了促进其在更广的范围里繁衍，传统武术中有大量的信息内容可以公开，公开了的部分也足以促进传统武术在世界上的推广，非公开的仅仅是传统武术中的很小的一部分内容。由于传统武术的特殊性，在这里的“公开”指的不是泄露信息，而是指教会了对方，因为传统武术的未公开信息即使泄露出去，后来知晓之人若无人指导也无从学会，必须得有人口传心授才可。有些不宜公开的内容，也并非不是所有内容都不可公开，可以只公开一部分以促进传统武术的发展。

三、权利内容分析

传统武术法律保护关系的内容，是权利主体之间在传统武术法律保护关系中享有的经国家法律确认的权利和义务。民事法律关系以民事权利与民事义务为内容，若仅有主体、客体而没有主体之间的权利义务，就构不成民事法律关系。

对于传统武术里面不能以知识产权保护的一些客体，还需从非知识产权的角度进行分析，但这个角度的分析并不局限于从非物质文化遗产权的角度，许多人从非知识产权的角度考虑到的往往是非物质文化遗产的角度，这确实是一种重要途径，是传统武术保护的第二种途径，事实上，在现有的法律规范中存在着一些规定可以对传统武术保护中的某一部分法律关系进行调整，比如文物法、刑法、公司法、合同法、反不正当竞争法等。对于从非物质文化遗产权角度进行保护的法律关系，应当明确的是法律着重保护的是非物质文化遗产的有效传承和发展，而不是经济利益。至于不是非物质文化遗产权保护的第三个途径，如反不正当竞争法之类，这里立足的既要维护权利主体的经济利益，例如保护作为商业秘密中的未公开信息，也要维护社会的秩序和保护国家财产，例如，保护国家文物。概而言之，笔者认为，对传统武术文化遗产进行保护的途径有三大类，即知识产权保护、非物质文化遗产权保护、前面两者之外的其他法律规范的保护。本章探讨的知识产权保护、非物质文化遗产权保护这两种途径系两种各自呈规律性的可以形成独立系统的保护模式，第三种途径的责任承担在这两种法律模式的适用中，自然会在这两种模式的架构里有责任分配的指引。

传统武术法律保护关系的内容，是传统武术法律保护关系的主体所享有的权利和负担的义务，下面笔者试从权利内容的方面进行分析。

（一）知识产权的角度

传统武术的法律保护关系从知识产权角度来看，其权利内容包括著作权、商标权两个方面。

1. 著作权方面

（1）从权利的性质来看，著作权包括了权利主体的人身权和财产权。著作人身权是指作者通过创作作品而依法享有获得名誉和维护作品完整性的权利，包括发表权、署名权、修改权与保护作品完整权。由于传统武术是在历史中产生，创立者已然作古，从现今的时间维度来看，传统武术的发表权主要是体现在后人在传统武术方面的文字或音像作品上。署名权是表明作者身份，在作品上署名的权利，这个权利自作品诞生之日起即已产生，后人不得侵犯前辈创始人的署名权。修改权和保护作品完整权由著作权人依法行使。著作财产权是指作者及传播者通过某种形式使用作品，从而依法获得经济报酬的权利，包括使用权、许可使用权、转让权、获得报酬权。值得一提的是，有的学者将传统武术中的一些套路动作进行整理绘图后出版，该行为人享有该作品的发表权，但是应当指明创立者和原始材料的提供人、表演人，并且应当支付该拳种的权利主体一定的费用。

（2）根据权利主体的不同以及权利来源的不同，著作权可分为作者权和邻接权。著作作者权是作者基于其创造的作品而享有的人身权和财产权。作品作者享有的人身权和财产权如前一段所述，只是前文中的著作财产权包含了邻接权，内容有交叉之处。邻接权，即著作传播者权，是作品传播者基于其传播活动和传播成果所享有的财产权利。与传统武术有关的作品创作出来后，传播者在传播作品中有创造性的劳动，这种劳动也应当受到法律的保护。在我国《著作权法》中，邻接权包括出版者权、表演者权、录制者权和广播电视组织权。邻接权与著作权的关系密切，从某种角度上来看，是独立于著作权之外的一种权利，故学界把与邻接权属于独立关系的著作权称之为狭义的著作权，而把邻接权与狭义的邻接权这两者统称为广义的著作权。

2. 商标权方面

商标是由文字、字母、图形、数字、三维标志、颜色组合或者上述要素的组合构成，用以

区别商品和服务不同来源的商业性标志。商标权是指商标注册人依法支配其注册商标，享有其注册商标的权利并禁止他人侵害其合法相关权益的权利，包括商标注册人对其注册商标的排他使用权、收益权、处分权、续展权和禁止他人侵害的权利。传统武术中许多的拳法名称、门派名称、武林著名人士的名字、著名动作名字或外形以其鲜明的特色、良好的声誉拥有很高的商标价值，比如一些著名拳法有太极拳、咏春拳，著名门派有少林派、武当派，著名武林人士有霍元甲、黄飞鸿，著名动作名称有白鹤亮翅、苏秦背剑、叶底藏花、仙人指路等。但是多年来在全国各地尤其是一些武术之乡，假冒名拳、名派、名人进行非真实宣传内容的传统武术教学现象非常普遍，既破坏了、歪曲了传统武术的形象，也直接损害了传统武术传承的链条。例如在少林寺所在地区附近以及全国很多地区存在着大量的假冒少林寺或少林拳法之名进行虚假传授、表演的现象。1994 年河南就曾有一家厂家捷足先登申请了“少林火腿肠”这一商标，据几年前中国商标专利事务所对五大洲 11 个国家和地区的抽样查询显示，除中国香港外，其他国家和地区都在抢注“少林”或“少林寺”商标，一共发现 117 项，其中以日本的有关少林寺的注册商标最多，有“少林”“少林寺”“少林寺拳法”等 272 项相关商标，国内也有 54 个“少林”商标正在使用，行业涉及汽车、家具、五金、食品、医药等，以至于真正的少林寺僧人走出山门走出国门都不能使用“少林寺”，因为已经被人抢注。出于维护少林寺、佛教界的荣誉的考虑，少林寺便在 1997 年成立了河南少林寺实业有限公司，从而以一个明确的合法主体开展传统武术的维权行动。由于商标权采取申请在先原则，即以提出商标注册申请日期的先后来决定商标权的归属。那么，对于这种商标侵权问题，第一，相关具有潜在被侵权威胁的权利主体应当树立立体保护观念，及时地将相关的名称、文字、图形申请注册成商标。第二，扩大商标的申请范围，申请范围不应限制在一种类别上。第三，如果已被人抢注，那么对被抢注的商标尚未被注册的领域继续进行注册，并积极开展商标维权的横向沟通与纵向联合，通过各种方法对国内已经注册的商标进行收回。

（二）非物质文化遗产权的角度

非物质文化遗产保护关系中的权利主体主张的权利分为两个方面，一是权利主体主张其自身的权益，二是权利主体主张客体的一些权利，例如，下面要提到的署名权。在非物质文化遗产权的保护层面上，其目的主要体现为对国家利益的维护和对精神权利的保护两个方面。非物质文化遗产权包括精神权、财产权。非物质文化遗产权的权利主体主张的精神权利有署名权、保持传统武术文化完整权和传承权三种，其享有的财产权包括许可使用权、受资助权、收益权。

1. 署名权

即在使用传统武术的某项内容或表现形式时，使用者应当表明该项传统武术的内容或表现形式来源于哪个民族、群体或者区域。必须要说明的是，此处指的所署之名并非权利主体之名，而是署权利客体之名或者权利客体来源地之名。这一点与知识产权法里的署名不一样。类似的权利之争在实践中出现过，如 2002 年的《乌苏里船歌》纠纷案。

2. 完整权

保持传统武术文化完整权，即保持传统武术的表现形式和文化内涵不受歪曲和篡改。此处的署名权和保持传统武术完整权虽然跟知识产权中的相应名称是类似的，内容甚至也差不多，但其实是不同范畴里的两种概念，同名并不同质。首先，此处的署名权和保持传统武术完整权是建立在公权的基础上，系一种公权，而知识产权是一种私权；其次，此处的署名权和保持传统武术完整权的目的是为了保持传统文化的正宗传承和完整传承，而非像在知识产权里那样的保护是为了保护私人的权益，故目的也不一样。

3. 传承权

代表性传承人享有权利的同时，也要承担一定的义务。传承既是传承人的权利，也是传承人的义务。传承权的内容要求：一是要培养新的传承人，二是完整的保存所掌握的技艺及有关的原始资料等，三是依法开展传承和展示传统武术的活动。传承人的习练和使用便是一种传承。传承权的实施并不以财产利益为内容，也不以谋取财产利益为目的，体现的是一种文化意义上的延续和保护，因此是一种精神权利。

4. 许可使用权

许可使用权，即权利主体允许或禁止他人对传统武术有关表现形式和内容进行使用或者营利性使用的权利。

5. 受资助权

代表性传承人开展传承活动如果有经济困难，可以向县级以上地方人民政府申请资助。受资助权的正当性来源于维系传统文化正宗而完整的传承需要，而传统文化的传承受益的是整个民族，故作为民族的代表，政府自然是最重要的支持力量，政府应当提供传承的实际行动者以必要的经费。

6. 收益权

传统武术中的权利主体在一定条件下也享有一定的财产权利。凡以营利为目的，在本民族、群体、传统社区以外使用传统武术表现形式的或直接利用传统武术文化内涵的，须经权利主体或者法律规定的行政主管部门许可，并支付一定的使用费用。如果使用者非以营利为目的，可以不经过权利主体许可而使用，使用者须向权利主体支付费用。当权利主体为个人时，其相关收益自由支配。当权利主体为某群体或者为某民族时，使用者依靠传统武术内容、形式的演绎而获利的，如果能够确定使用的传统武术拳种源自于某个具体的群体或者具体的民族，那么获取利益者所获利益的一部分应当属于这个群体或者这个民族，收取的费用由专门的机构用于传承、保护和弘扬传统武术文化。如果不能确定使用的传统武术拳种源自于某个具体的群体或者具体的民族，那么获取利益者所获利益的一部分应上缴于国家。目前，《宁夏非物质文化遗产保护条例》在第 29 条第 3 款已有对非物质文化遗产权利主体收益权的明确规定。

第二节　非物质文化遗产视域下传统武术的法律保护模式分析

一、法律保护传统武术的必要性分析

（一）保护我国优秀传统文化的必然要求

传统武术是中华民族的优秀传统文化的智慧结晶。它作为一种文化，通过肢体的动作来表达各民族、各地域人们的意识、思想和情感等，展现广大民众的精神风貌。传统武术既有稳定的精神和物质文化，也有在历史环境的变迁中不断丰富呈现出的多姿多彩的表现形式，在传统

武术的传承过程中，渐渐发展民族民间体育，不断地绽放出绚丽的花朵，孕育出丰硕的果实，突出地再现了民族特色、民族心理和民族意识。传统武术是民族个性、民族审美的体现，具有凝聚民族精神的重要作用，是维系民族存在发展的生命动力，精神依托。

（二）符合国际非物质文化遗产保护趋势

非物质文化遗产是被各社群、团体，有时为个人视为其文化遗产的各种实践、表演、知识和技能及其有关的工具、实物、工艺品和文化空间。各社群不断使这种代代相传的非物质文化遗产得到创新，同时获得认同感和历史感，从而促进文化多样性。

非物质文化遗产保护问题因屡屡发生的知识产权剽窃事件引发普遍关注，知识产权剽窃行为多发生于发达国家和发展中国家之间，主要表现为发达国家利用技术优势，不正当获取并研究发展中国家的非物质文化遗产资源，然后将研究成果申请专利等知识产权权利，从而获得独占使用权的行为。

对于发展中国家而言，在此过程中不仅得不到经济利益，甚至有可能会被剥夺文化受尊重的权利。随着经济全球化趋势和科技的发展，知识产权保护规则正面临深刻的变革。为了对抗发达国家在知识产权方面的明显优势，发展中国家提出了保护传统知识和民间文艺等非物质文化遗产的正当主张，要求对非物质文化遗产资源的利用满足主权国家及其权利人知情同意并实现利益分享的条件。总之，为回应广大发展中国家利益的诉求，保护传统知识持有者、利益相关者和广大公众的正当权益，有关国际组织也就此开展了一系列研究和磋商工作。因为传统武术属于我国的非物质文化遗产，所以保护传统武术传承符合现代国际对于非物质文化遗产保护的趋势。

（三）为合理开发传统武术资源提供保障

传统武术内涵丰富，不仅传递着文化特征，同时也是音乐、戏剧、电影、广播、电视等产业发展取之不尽的题材资源，已经形成了独立的产业。例如，少林功夫这一传统武术项目资源，依靠少林寺作为旅游项目开发，取得了令人瞩目的经济效益，文化旅游经济成为当今世界旅游业的重要组成部分。

在世界范围内，许多地方利用非物质文化遗产这种资源，进行有效合理开发，已经形成了独立的产业体系，例如文化旅游业以文化资源的独特性和丰富性吸引游客，取得令人瞩目的经济效益，成为当今世界旅游业的重要组成部分。

现代社会中，我们必须转换思路，传统武术传承必须走向这一途径，才能实现传统武术的可持续发展，当然这当中会涉及很多问题，如合理开发的规制，利益的分配，纠纷的解决等问题。所以必须构建好一套传统武术传承保障制度。

综上所述，我国必须用法律加以保护传统武术。加强各民族文化的挖掘和保护，重视文物和非物质文化遗产保护。在目前，越来越多的传统武术进入国家、省、市、区四级的非物质文化遗产保护名录的背景下，社会各界越来越重视对传统武术传承与保护。

我国目前必须制定出一部切实可行的传统武术传承领域的规范性文件。我国《非物质文化遗产法》将具有多样性和复杂性的与非物质文化遗产相关的所有内容均纳入到这一立法中，但是传统武术乃至所有非物质文化遗产资源具有多样性的特点，能否对传统武术进行完备的保护，这是值得商榷的问题。

二、传统武术法律保护模式的选择

目前，传统武术的法律保护模式有以下两种：第一，私法意义上的民事保护制度。民事保护中主要是用知识产权保护传统武术的传承与发展，这属于一般保护的内容。第二，公法意义上的行政保护制度。如我国已经出台的《非物质文化遗产法》和其他的一些非物质文化遗产保护法律法规，因为传统武术符合非物质文化遗产权保护客体的一部分，必然受其上位立法的保护，这属于特殊保护的内容。可是两者在保护传统武术上都有着一定的局限。

(一) 民事保护制度的局限。

传统武术如果用知识产权保护，会存在一定情形的主体不确定性。著作权保护的基础是作品为确定的人所创作，权利人是确定的作者或者集体，否则沦为所谓的“孤儿作品”；而传统武术中有的创作者常常会身份不明，是无名的或者归属于一个民族或一个区域群众集体创作，因而当属于这一群体所有，群体中的任何人都可主张权利，但任何人又无权单独享有权利，这是矛盾的。主体不确定性必然会造成传统武术知识产权的主体的权利义务无可归依。再者著作权保护的特点是作者对作品享有的排他权有时间性限制。通常知识产权都是根据知识对社会的贡献和对可得收益预期回报速度而赋予权利主体一定的保护期间。可是传统武术具有历史延续性，经过长时间积累而历史悠久，并处于不断发展演变过程中，对它的商业开发或其他利用又难以预期，因而传统武术难以适应著作权保护期限的要求。所以并非所有的传统武术都适用知识产权保护。

(二) 行政保护制度的局限。

行政保护的最重要的误区是对所有的传统武术都加以保护。不加区分的保护势必会造成国家公共资源的浪费。随着社会的发展，我国传统武术中有的如少林功夫，它自身的发展伴随着可观商业的开发利润，使得它得以较好的传承与保护，避免濒危的情况。对于这样的传统武术，应该较少的行政介入与干预，而是应将重点定位于更多的资源用来保护濒危的传统武术种类。由于这些濒危的传统武术种类得不到社会的关注，难以纳入国家及地方规定的非物质文化遗产代表性项目名录体系，也就难以获得社会和国家的帮助，乃至渐渐消亡，不利于我国传统武术的传承与保护，不符合非物质文化遗产的保护理念。

由此可见，传统武术类非物质文化遗产保护涉及的社会利益关系相当复杂，具有公益性和私益性的双重属性。这就决定了在保护传统武术的法制实践中，一定要兼顾私权模式与公权模式双重保护的统一。如我国《非物质文化遗产法》没有对保密性的非物质文化遗产的传承与传播进行特别规定来予以保护，只是单方面的强调非物质文化遗产传承人的义务，这将不利于其传承与保护。没有把非物质文化遗产保护与其他私法保护衔接起来。我们必须克服现有的法律对于传统武术保护的局限，并提供一些完善建议。法律制度要考虑到各方面利益的平衡，包括公共利益与各传统武术利益相关人的平衡，以达到抢救与保存、合理的开发与利用的保护目的。

第三节　非物质文化遗产视域下传统武术保护的制度架构分析

一、可借鉴的立法经验

中外立法实践中针对非物质文化遗产进行专门性立法的情况很少，目前在国外做得比较好的是韩国和日本，在中国有部分省市也走在了非物质文化遗产立法进程的前面。代表性的立法有我国政府制定的《传统工艺美术保护条例》、江苏省人大常委会通过的《江苏省非物质文化遗产保护条例》、日本政府制定的《文化财保护法》。

（一）借鉴《传统工艺美术保护条例》的立法经验

1997 年 5 月 20 日国务院颁布实施了《传统工艺美术保护条例》（以下简称《条例》），拉开了用法律手段保护非物质文化遗产的序幕。有了这样的先例，在传统武术的立法保护体例上，可以采用相类似的方法，制定《传统武术保护条例》，以单行条例的方式对传统武术进行保护。

（1）确定密级。该《条例》明确规定："对其工艺技术秘密确定密级，依法实施保密；"第十八条："从事传统工艺美术产品制作的人员，应当遵守国家有关法律、法规的规定，不得泄露在制作传统工艺美术产品过程中知悉的技术秘密和其他商业秘密。"

（2）资助研究。第十六条规定："国家鼓励地方各级人民政府根据本地区实际情况，采取必要措施，发掘和抢救传统工艺美术技艺，征集传统工艺美术精品，培养传统工艺美术技艺人才，资助传统工艺美术科学研究。"

（3）限制出口。《条例》规定："珍品禁止出口。珍品出国展览必须经国务院负责传统工艺美术保护工作的部门会同国务院有关部门批准。"

（4）必要扶持。第十七条："对于制作经济效益不高、艺术价值很高并且面临失传的工艺美术品种的企业，各级人民政府应当采取必要措施，给予扶持和帮助。"

（5）奖励制度。第十九条："国家对在继承、保护、发展传统工艺美术事业中做出突出贡献的单位和个人，给予奖励。"

（6）惩治制度。第二十条："违反本条例规定，有下列行为之一的，由有关部门依照有关法律、行政法规的规定，给予行政处分或者行政处罚；构成犯罪的，依法追究刑事责任。"

（二）借鉴《江苏省非物质文化遗产保护条例》的立法经验

（1）分级保护，提供资助。第十一条："建立本省地方非物质文化遗产代表作名录体系，实行分级保护。对经过科学认定列入名录的非物质文化遗产项目，根据所属级别由同级人民政府制定具体、科学的保护措施，明确保护的责任主体，对其代表性传承人和代表性传承单位，有计划地提供资助，鼓励和支持其开展传承活动。"

（2）明确代表性传承人的权利和义务。

（3）杰出传承人可享受政府津贴。《条例》规定：具有代表性或者做出重要贡献的传承人和传承单位，由省人民政府文化行政部门报省人民政府核准，授予杰出传承人和优秀传承单位称号。获得杰出传承人称号的传承人可以享受地方政府津贴。

（4）有条件的确定密级。

（5）预算资金，专款专用。

（6）导致“遗产”灭失要受罚。按照《条例》规定，对列入濒危名单的非物质文化遗产代表作，由于县级以上地方人民政府未采取科学、有效的抢救性保护措施，导致灭失的，对直接负责的主管人员和其他直接责任人员，依法给予行政处分。

（三）借鉴日本《文化财保护法》的立法经验

在日语中，非物质文化遗产被称为“无形文化财”。1890 年 10 月，日本明治政府遵照皇室旨意，模仿法国的艺术院制度，制定了《帝室技艺员制度》来奖励艺术作品创作。二战后，日本政府在废除了 1929 年 3 月制定的《国宝保存法》和 1933 年制定的《重要美术品保护法》的基础上，于 1950 年 5 月 30 日重新制定了《文化财保护法》，并不断修改完善，最新的一次修改是在 2004 年 6 月 9 日。《文化财保护法》是一部综合的文化遗产保护法，其中包括“无形文化财”“有形文化财”“重要文化景观”“埋藏文化财”“民俗文化财”“传统建造物群保存地区”“史迹名胜天然纪念物”等项目。日本的无形文化财是指“演剧、音乐、工艺技术以及其他的无形文化的产出品，对国家来说在历史上或是在艺术上具有较高价值的东西”，具体的就是指歌舞伎、能乐、文乐等，以及艺能（音乐技能）、陶艺和染织等工艺技术。该法规定对被指定的无形文化财进行保存和记录，对传承者进行培养等支出的经费由公费负担一部分，并在此基础上建立起保护“重要无形文化财技能保持者”制度，即“人间国宝”制度。被指定为“重要无形文化财”的对象，主要是指无形的“技巧”或“手艺”。对拥有这些重要无形文化财技能的个人或团体，国家对其认定为“人间国宝”。

《文化财保护法》规定，在全国范围内不定期地选拔认定重要无形文化财技能保持者半个世纪以来，至今已诞生了 360 位“人间国宝”，日本文化厅为鼓励他们不断提高技艺和悉心培养传承者，对这些“人间国宝”每年支付 200 万日元（约 14 万人民币）的特别扶助金，文化厅也对技能保持者所属团体或技能保持团体培养传承的事业进行资金补贴。除日本政府的有关法令外，日本各地方自治体，即县、市、町、村各级政府，也根据日本政府的《文化财保护法》，先后制定了《指定无形文化财的技艺保持者及保持团体的认定基准》法案。另外，日本政府每年会公布重要无形文化财的“指定件数”和保持者的“认定数”。无形文化财被分为“演艺部门”和“工艺技术部门”两大类，每一类又细分为具体的无形文化财的“指定件数”和具体的无形文化财的技能“保持者数”两项，使政府能准确地掌握无形文化财的综合保护情况。由于政府的重视和相关法律的制定，对其非物质文化遗产的保护起到了重要作用，使日本传统文化的保存处于良好的状态。

二、法律规制的基本原则

在现有法律对传统武术的保护基本呈现空白的情况下，相应法律保护模式构建的思考是必不可少的，无论是采取何种法律模式，无论是法律如何具体规定，在对传统武术的保护中应当包涵一些具有普适性和指导性的基本价值，遵循一定的基础性和本源性的基本原则，这样对法的创制和对法律的实施都具有重要的意义。

（一）科学性原则

传统武术无论是技术内容还是文化内容都是博大精深，唯有专业人员的参与和指导才能对传统武术起到有效的保护，不同的文化形态需要不同的专业人士，精深的文化形态需要具有精深专业的知识人员科学性的保护。无论是对濒危拳种的抢救，还是对现有拳种的整理研究，无论是对活态形式的扶持振兴，还是对具体制度的制定和实施，几乎在保护工作的每一个环节，都离不开相应专业人员参与和指导。没有专业人员的参与，传统武术的保护工作仅仅只是国家意志和政府行为，而不会产生实际的有效操作机制，不会形成正确的方案可供决策层决策，从而不会真正地促进传统武术的发展，相反甚至还会损害传统武术的保护工作。

（二）整体性原则

传统武术中的各种拳法都是在中华传统文化沃土上逐步成长起来的，积累了非常多样化的丰富形式和内容，各种拳法作为传统武术这个整体的表现形式，具有一些共通性的文化现象，每一种拳法又都与传承地区的区域文化有着密切的关联，因此对传统武术的保护应当是全方位的、多层次的，既要对单纯的传统武术的某个拳种进行保护，也要对传统武术这一个文化现象的整体进行保护，既要保护传统武术本身，也要保护传统武术与传承地区区域文化密切联系的产物。整体性原则，概而言之，一是技术整体，二是文化整体。既要保护传统武术中整体的技术性内容，也要保护传统武术中整体性的文化内容，同时也要保护技术性与文化性这一大整体的内容。我们不能把传统武术中个别的技术形式和文化形式从他的生存空间中割裂开来保护，只有具备整体性意识，进行整体性保护，才能够足以保护多样性的民族非物质文化形态，才能够促使传统武术在其发展的结构环境中具有自我传承的能力。

（三）人本性原则

人本性原则，即是建立在尊重人的主体性以及人的发展可持续性基础上的原则。人本性原则体现在两个方面，一是传承中的人本性原则，二是传承后的有益于社会的原则。传统武术作为一种流动的文化形态，能否发展关键在于人的传承。人是传统武术存在的物质载体，法律规制的方向应当是能够促进传承人的出现与发展，发掘与培养传承人应当要形成相应的意识和机制。另外，选择什么样的传承人，如何培养传承人，如何促进传承人持续有效的传承应当是以能否促进传承人队伍的不间断延续以及能否促进社会进步这两个要求为标准。如果法律的规制并没有使传统武术的传承人队伍持续的延续，不能使社会的文化生态良性的发展，那么法律的规制是无效的，社会运作的成本也大大浪费了。

（四）同等保护原则

在齐爱民教授的最新著作《知识产权法总论》一书中，齐爱民教授认为“同一类型的知识财产中，不同种类的知识财产应同等保护。”“知识产权法中的专利、作品、商标、商业秘密和非物质文化遗产同等保护”。同理，作为非物质文化遗产一部分的传统武术应当与其他种类的非物质文化遗产形式享受同等保护的权利，并不能因其鲜明的特色而排除同等保护的权利。再者，对于传统武术中的各家拳法，无论名气大小，无论普及范围宽窄，无论套路多少，只要被确认为传统武术的保护拳种，就必须享有同等保护的权利，如此下来才能真正地促进传统武术的传承和发展，究其原因有三，首先，各家拳法本身需要交流，只有在交流中才能共同进步，所以我们应当鼓励拳种多样性的存在；其次，只有持续传承和持续发展种类繁多的拳法这一朵朵武林奇葩，才能呈现出传统武术大花园的整体繁华和整体气象，从而可以使得作为传统武术的整体带动作为某一拳种的局部进一步发展，进而作为局部的传统武术也可以推动作为整体的传统文化的发展；再者，无论普及范围宽窄，都有其自身进一步保护传承的侧重点和必要性。普及范围窄的需要重在挖掘、抢救，然后考虑进一步普及，普及范围广的需要重在维护、保持，即维护传承秩序，保持完整内容，然后可进一步考虑深入研究。

三、知识产权制度的一般保护

传统武术在知识产权法上的保护包括著作权制度、商标权制度。有人认为专利权制度也应当是传统武术知识产权法保护的一种，笔者认为专利权制度在传统武术领域里不宜适用。根据我国专利法第 2 条的规定，专利法的客体包括发明、实用新型和外观设计三种。传统武术中的客体并不符合这三种中任何一种的条件，尤其是实用新型和外观设计。此处笔者仅谈一下发明。发明分为产品发明、方法发明和改进发明，传统武术作为一种文化形态自然排除其本身有产品发明的可能性。冷兵器时代的远去，使得即使传统武术领域有方法的发明，由于不能产生一定的经济效益或社会效益，也不能在产业化中得到使用，不符合发明的实用性标准，因此，传统武术中也不会产生方法发明。至于改进发明，亦是同理。故传统武术的知识产权保护可采用的知识产权制度是指著作权制度和商标权制度。

（一）著作权制度

以著作权保护有明确作者的传统武术方面的文字、图画、音像作品，这是狭义上的著作权保护。广义上的著作权不仅包括狭义上的著作权，还包括邻接权。

1. 狭义上的著作权保护

（1）主体。创作传统武术作品的公民、组织和群体是作者。因发生继承、赠予、遗赠、受让等法律事实而取得著作财产权的人作为继受人享受著作权主体权利。继受著作权人只能成为著作财产权的继受主体，不能成为著作人身权的继受主体，这一点是统一用知识产权来保护非物质文化遗产的不足之处，因为，非物质文化遗产中的部分人身权利需要在继受后由传承人行使。另外狭义著作权的主体还有演绎作品的著作权人、合作作品的著作权人、汇编作品的著作权人、影视作品的著作权人、职务作品的著作权人、委托作品的著作权人。

（2）客体。传统武术中的保护客体得到著作权保护，需要具备两个构成要件，一是独创性，二是可复制性。①独创性。独创性是传统武术作品成为著作权客体的首要条件。该作品必须是作者独立构思而成，内容或表现形式完全不同于或者是基本上不同于他人已经发表的作品，而不是抄袭、篡改他人的作品。②可复制性。可复制要求作品能够以某种有形的形式复制性。复制形式包括印刷、摄影、绘画、录制等。我国著作权法第三条明确规定了“口述作品”也是著作权保护的客体，而口述作品并不是以有形载体的形式存在（虽然可以以有形载体的形式存在，但这种存在形式并非常态，常态乃是口述的形式），这说明在我国，未被有形载体固定保护的作品，只要能其能够以某种形式复制，那么其就具有可复制性。这一点跟英美法的要求不同，英

美法要求作品必须能够固定在有形载体上保存。符合著作权保护条件的作品，通常都能以某种物质复制形式表现出来。受著作权法保护的作品是作者的思想表现形式，而不是思想本身，因此传统武术的功法、心法，当其仅仅停留在代表性继承人的脑海中时不能成为著作权保护的客体，只有当这些功法、心法以某种客观表现形式体现出来，才能称之为著作权的保护客体。因此，传统武术中有明确作者的文字、图画、音像作品和传统武术各种拳派的套路编排符合著作权保护客体条件。

(3) 内容。著作权的内容分为著作人身权和著作财产权。著作人身权是著作权人基于作品的创作依法享有的以人格利益为内容的权利，包括发表权、署名权、修改权和保护作品完整权。著作财产权是指著作权人依法享有的控制作品的使用并获得财产利益的权利，包括复制权、发行权、表演权、信息网络传播权、改编权、摄制权等等。传统武术中符合著作权法保护的那一部分客体自然的受著作权保护。

(4) 著作权的限制。著作权不仅是要保护私人智力成果财产利益的实现，同时也为了人类文明的共享和传承，对著作权人享有的权利作了一定的限制，比如合理使用制度、法定许可制度和保护期限限制制度。传统武术里的著作人身权中的署名权、修改权和保护作品完整权的保护期不受限制，可以获得永久性的保护。著作财产权上的时间限制，根据世界知识产权组织相关条约，该时限为创作者死后 50 年，但各国国情不同，各国国内法可规定更长的时限。在我国，除了出版者的版式设计权的保护期为自首次出版后的 10 年外，其他著作权的保护期限都是 50 年。这种时间上的限制使得创作者及其继受人能在一段合理的时期内就其作品获得经济上的收益。

2. 邻接权保护

邻接者权也称为作品传播者权，是作品传播者对在作品传播过程中产生的劳动成果依法享有的专有权利。对于狭义著作权的合理使用和保护期限的限制同样适用于对邻接权的限制。传统武术中的邻接权主体多为法人或其他组织，客体是传统武术作品传播过程中产生的成果，包括与传统武术相关的出版成果、表演成果、录制成果以及广播电视成果，传统武术的邻接权中除了表演权外一般不涉及人身权。

3. 著作权侵权行为

传统武术相关活动中，如果活动主体未经相关著作权人的许可，在无法律上的依据的情况下使用他人作品或行使著作权人专有权的应当承担相应的法律责任，法律责任视其情节、危害后果的不同而承担民事责任或综合性的法律责任。著作权的保护对于传统武术作品的权益维护有着的作用，有利于传统武术相关作品的创作和传播，促进中华传统文化的繁荣与发展。

(二) 商标权制度

武术产品名称、武术产品生产商、武术服务组织的商号、标志和或者武术管理组织的名号在申请注册后可获得商标权的保护。商标权的取得分为原始取得和继受取得两种。根据我国商标第 3 条的规定，商标权的原始取得，应按照商标注册程序办理。商标注册人对注册的商标享有专用权，受法律保护。商标权的继受取得按照合同转让和继承注册商标的程序办理。文字、图形、字母、数字、三维标志和色彩组合，以及上述要素的组合等能与他人商品区别开来的可视性标志，均可作为商标的构成要素。传统武术中受商标权保护的客体是在与传统武术有密切联系的名称、动作外形当被作为武术产品名称、武术产品生产商、武术服务组织的商号、标志和或者武术管理组织的名号时被申请注册后的商标。与传统武术密切相关的名称、动作外形符合我国商标法规定的商标构成要素，因为传统武术中的名称和动作外形深深根植于本民族文化底蕴之中，具有鲜明的民族特色和较强的区别性。以商标的使用者为标准进行分类，商标可以分为四类，即商品商标、服务商标、集体商标和证明商标。商品商标是使用于各种商品之上，用来区别不同生产者和经营者的商标。服务商标是使用于服务项目，用来区别服务提供者的商标。例如，嵩山少林寺武僧团的出国表演实质上就是在向国外提供一种武术服务产品，而作为少林寺派出去的表演团队，他们当然的享有少林寺武术专有表演服务的主体权利，嵩山少林寺已经对“少林”申请了注册商标，也当然地享有对“少林”作为一种服务商标时的权利。集体商标是指“以团体、协会或者其他组织名义注册，供该组织成员在商事活动中使用，以表明使用者在该组织中的成员资格的标志”。传统武术拳种丰富，支派众多，套路繁杂，可能具备合法资格的商标注册人不止某个人或某个拳种或某个支派，为了更好地利用传统武术商标，使其发挥更大的作用，同时也为了防止传统武术领域中出现“假冒伪劣”“欺世盗名”的情况，在传统武术中可以考虑申请注册集体商标。集体商标权主体人中的组织在界定其内部成员时，应以是否与本区域或本群体的传统武术发展有着密切联系为标准，或者即使联系不密切，但该使用者在被授予使用资格后能够符合规定的做到促进该项传统武术活动的开展并不会损害该集体商标的整体形象。同时，集体商标权主体组织也可以规范其内部已然被授予资格的成员合法开展传统武术传承或活动的行为。在申请集体商标的情况下，被申请的传统武术名称或动作外形应当是比较集中于某一地区或某一群体。如果被申请的传统武术名称或动作不是集中于某一地区或某一群体，而是比较分散或者是大范围的存在，那么在这种情况下就应当申请注册证明商标。证明商标是由对某种商品或者服务具有监督能力的组织所控制，而由该组织以外的单位或者个人使用于其商品或者服务，用于证明该商品或者服务的原产地、原料、制造方法、质量或者其他特定品质的标志。

证明商标的注册主体是对该商品或服务有鉴定和监督能力的组织。在中国，传统武术的专业性及权威性组织无疑是我国的武术行政管理部门以及各门类协会。我国的武术管理体制实行的是“管理中心、武术研究院、武术协会三合一”的模式，作为武术管理部门或专业团体的国家体育总局武术运动管理中心、国家体育总局武术研究院和中国武术协会等组织可以作为传统武术证明商标的注册主体，然后他们在根据实际需要可以再进一步授权符合条件的武术组织、武林人士等主体使用。通过证明商标权的行使，可以保证传统武术在普及和传承过程中的正统性和完整性，促进传统武术的健康可持续发展。比如申请“少林”的证明商标，那么就可以防止其他的非正宗少林功夫假借少林功夫的名义欺骗传统武术习练者骗取、损害他人合法财产权益。

四、非物质文化遗产权制度的特殊保护

在商品经济的大潮中，作为人们喜闻乐见的传统体育形式，传统武术也正在商业化的浪潮中踏步前行，传统武术市场运行机制已经启动，但是还没有形成一套完整的体系，与日益火爆的中国几大球市场相比，我们国粹的商业化进程远远比不上西方的“舶来品”。传统武术要实现持久性的发展壮大，在进行法律规制的同时也要在某些领域走产业化的道路。武术的产业化就

是采用一定的经济手段，通过市场机制的运作在市场的资源配置中使一个公益性体育变成一个文化产业。目前，传统武术的商业化进程还比较缓慢，经济开发力度不够，武术市场管理体系不太健全，在市场经济全球化的21世纪，需要迅速健全与社会主义市场经济相适应的武术市场机制。市场经济是法治经济，在传统武术产业化、商业化的过程中，对于法律的规制提出了更高的要求，对于传统武术的规范，不仅需要知识产权法方面的必要约束，也需要从其他方面以一个更宏观的视角进行思考。

对传统武术进行非物质文化遗产权的保护，笔者建议制定传统武术保护条例。对于非物质文化遗产的保护立法目前已有非物质文化遗产保护法的草案，自1998年以来，国家有关部门在国内外立法调研的基础上，组织起草了《民族民间传统文化保护法》（草案），为借鉴联合国《保护非物质文化遗产公约》和《伊斯坦布尔宣言》的基本精神，法律草案名称已改名为《非物质文化遗产保护法》。目前，该草案正在进行进一步的修改完善，但是该草案规制的内容并不具体，侧重于宏观保护，且针对的是所有非物质文化遗产，对传统武术的针对性规制尚不够明确。李明德教授认为："遗传资源和狭义的传统知识（例如传统医药）等，由于其特殊性，可以考虑另外单独立法或制定法规保护。"同理，传统武术因为其自身具有鲜明的特色，也应当考虑单独制定法规进行调整，因此，建议国务院制定《传统武术保护条例》。在条例中应当规定以下制度：第一，国家对传统武术予以保护和扶植的义务；第二，对传统武术的确认及登记制度；第三，传承人权利义务制度；第四，对传统武术的使用管理制度，包括合理使用制度、法定许可使用制度、确定密级制度、商业利用制度；第五，对传承做出突出贡献者的奖励制度；第六，责任制度；第七，有关群体的个人义务；第八，设立"传统武术文化遗产日"等。下面笔者仅就其中的三个主要方面进行探讨：①传统武术的确认及登记制度；②传承人权利义务制度；③传统武术的使用管理制度。

（一）传统武术的确认及登记制度

1. 确认制度

对传统武术的权利确认可以参照非物质文化遗产的相关确认理论，世界知识产权组织在《为保护传统知识的特殊体制的要素》中提供了两种选择，即一种是无论传统知识处于什么样的形式或状态，均应赋予权利，而无须登记；另外一种是依靠一国政府机构编辑登记的传统知识资料来确定权利。我国政府是部分采纳了第二种方式，笔者建议在权利赋予上采纳第一种，在权利确认和保护上采纳第二种。

张文显教授认为"财产权利的承认是有效利用自然资源的前提。"不仅是财权权利，身份的承认也是有效利用资源和财产的前提。对传统武术的确认，应当分为主体确认制度和客体确认制度。主体确认即要确定传统武术的传承人和权利人。在此，传承人并不同于权利人。传统武术的传承人是传承技艺的个人或群体。传承人可分为一般传承人和代表性传承人。一般传承人指完整的或者部分的掌握拳种技艺的传承主体。代表性传承人是指掌握了现存的所有技艺的，经由政府确认的传承主体。代表性传承人非经法定程序确认，不得对抗善意第三人。传统武术的权利人是指享有传统武术传承活动中以及其他与传统武术密切相关活动中的合法权益的主体。传承人在传承活动中当然的享有传承的权利，但并不当然的享有传承活动中的所有合法权利，以及其他与传统武术密切相关的所有活动的合法权利，而权利人当然的享有传承活动中的所有合法权益，以及与传统武术密切相关活动的所有合法权益。一般而言，传承人即权利人。但是特殊情况下，比如当无法确定传承人或代表性传承人的时候即由国家或当地有关行政机关或者有关管理组织担当权利人身份。《保护非物质文化遗产公约》中指出：“承认各群体，尤其是土著群体，各团体，有时是个人在非物质文化遗产的创作、保护、保养和创新方面发挥着重要作用，从而为丰富文化多样性和人类的创造性做出贡献”。因此，“人”的因素是传统武术文化遗产传承的关键因素，“人的集合体”即群体和社区也在传统武术文化遗产的传承中起着不可替代的作用。传承人的确认和延续直接关系到传统武术的繁荣发展。在主体确认与客体确认过程中必须要形成机制，定期考核，予以登记，必要情况下还应进行奖励。传承主体要求其传承身份的确认系基于其传承人身份请求权，传承人身份请求权系传承人人身权的一种，详见后文相关阐述。

传统武术的权利人可以分为个人、集体、民族、国家四个层次。

(1) 个人。传统武术的形成与发展是千百年来劳动人民智慧与实践逐步积累的结果，他们往往在历史上经由某一个人或者某一些人整过系统的整理而逐步定型。在当今社会，作为传统武术创立者的权利主体不复存在，但是作为传统武术各家拳派的传承人是可以界定的。一方面政府应当号召传统武术的传承人前往有关政府行政部门进行代表人申请和登记，另一方面，作为代表性传承人的习练者也应当主动向有关政府行政部门申请登记。

(2) 集体。有些传统武术正宗的流传不是局限于某一个人或某一些人，而是在某一群体或某一区域都在传承，因而无法确定具体的传承人，这种情况下，应当以该群体中的代表性习练者或者该区域中相关组织作为代表性传承人享有相应的传统武术保护法律关系中的权利承担相应的法律义务。该群体或区域中的人们因为与该传统武术中的拳种有着密切的联系，知晓该拳种的特定内容，当然的作为权利主体，而该群体或区域之外的人由于不知晓且与该拳种并无密切关联，所以并无权利主体资格。《保护非物质文化遗产公约》也明确表示了要“尊重有关群体、团体和个人的非物质文化遗产”。

(3) 民族。确定某一民族作为代表性传承人分为两种情况，一是某一传统武术拳种流传极为广泛，不宜确定某一人、某一群体、某一区域或某一组织作为传承人主体；二是某一传统武术系某少数民族极具特色的拳种，只在该民族广泛流传的传统武术形式。

(4) 国家。从私法的角度来看，国家可以成为非物质文化遗产权的权利主体。一些无法确定具体传承人主体的传统武术文化形式，比如礼仪、养生方法、服装，像这些文化形式体现着国家的传统文化内涵，并不是某一人或某一群体所创造，而是由劳动人民在长时间的社会实践积累而成，其传承主体应为为国家，并由国家鼓励扶持有关人员开展传承活动，而传承人的主体首先应当是国家，传承的权利由国家享有，传承的义务由国家来承担。一国范围内不同地域的传统武术形式丰富多样，对于在特定行政区域范围内的，由不特定的大多数居民传承的传统武术文化遗产，其传承人主体应为地方行政机关，当然，最终传承的具体活动要由政府落实到某一个人身上。

至于传承人的确定，即以是否完整掌握了某项传统武术拳种的技艺为准。另外，还存在着第二种标准——是否濒临灭绝，即当某种拳种濒临灭绝时，即使习练此拳种之人并未完整掌握该项拳种技艺，但由于并无其他人掌握此拳种的更完整技艺，那么此人也应当被认定为传承人。现今由于种种原因，尤其是受以前世代单传、秘传、慎传的传统习俗的影响，许多民间拳种的

许多技艺已经失传甚多，有些拳种已经完全失传，有些拳种习练之人已经非常少，甚至只有几人，例如在二十多年前国家开展传统武术挖掘整理工作时挖掘出来的陕西珍贵拳种指东拳，当时也就只有苏太和老师傅一个人会。一些特色拳种的消失，无疑是民族文化宝库里的重大损失，因此，确定传承人，维系传承，促进发展，具有重大意义。

2. 登记制度

本质上，非物质文化遗产形态从诞生之日起就天然的享有被传承以及被合法保护的权利，这是由非物质文化遗产的性质和内容决定的。从非物质文化遗产形态的性质来看，其自身性质的地位确认了其作为非物质文化遗产的存在，只是，在面对人类这一社会实践主体时，非物质文化遗产应当经过人类形式上的确认，即登记，从而促进其真正融入人类社会的传承和保护中。权利的存在是前提，权利的确认是必然，也是本质上不得不为的，权利的登记是确认权利的手段，只有在履行登记手续后才在法律上被正式予以确认。传统武术文化遗产亦是如此。

登记制度的内容包括传统武术文化遗产的申报、认定、登记注册三部分。此处的确认对象是传统武术文化遗产，即客体确认，这与传承人的选拔确认制度不同，它们的确认对象不同。对传统武术文化遗产应当鼓励相关主体主动的申报，也可以根据具体的情况由传统武术管理部门确认，坚持申请确认与主动确认并行原则。对于认证过程，笔者认为应当采取标准化的认证，即由武术专家、民俗专家、社会学家和法律专家组成传统武术认证小组，根据以下三个标准全面分析申请项目：(1) 是否具有传统武术保护所要求的文化价值、历史价值、体育价值等；(2) 是否具有作为非物质文化遗产的珍稀性、传承性和活遗产性等特征；(3) 有无保护的必要性。由于传统武术文化遗产关系到广大武术爱好者的利益和社区文化、中华传统文化的传承，对于传统武术的拳种项目是否需要登记必须持慎重态度。在登记之前必须由专门委员会组织相关专家进行论证，然后向社会公示。向社会公示的目的有二：一是加强监督；二是通过公示让社会公众进一步了解传统武术的内容与形式。通过专家评审后申请人便可以到相关部门申请登记注册。对确认为《传统武术保护条例》保护对象的传统武术拳种，应当制定传统武术保护项目名录，对于该名录下的传统武术，传承人和其他人不得扭曲其内容和形式。

(二) 传承人的权利义务制度

1. 传承人的权利

由于继受著作权人只能成为著作财产权的继受主体，不能成为著作人身权的继受主体，那么非物质文化遗产传承中的人身权关系则不能由知识产权理论来解释，而应在非知识产权的范畴内进行讨论，这样子就可以弥补用知识产权来解释非物质文化遗产保护的不圆满之处。在非物质文化遗产的保护中，传承人的人身权必须得到保障，但这绝不是著作权里的著作人身权，而系非物质文化遗产权保护理论中另外的一种权利，我们可以称之为传承权。传承权也可以分为人身权和财产权。传承人身权是指与人身有密切联系的或与人身不可分离的没有直接财产内容的权利。传承人身权是我国公民或组织或群体的人身关系在传统武术非物质文化遗产法律保护关系上的体现和反映。传承人身权不直接具有财产内容，不可以金钱来衡量其价值，与著作人身权所不同的是，传承人身权具有可让与性，只是这种可让与性必须符合法定条件，即受让人系合法的传承人的次传承人。传承人身权受到侵害时主要以非财产的方式予以救济，但不排除财产的方式。

传承人人身权包括人格权和身份权两类。传承人人格权是指传承主体所固有的，以人格利益为客体的，维护其独立人格所必备的权利。传承人身份权是指传承人基于其特定身份而产生的，由该传承主体所专有的，为维护其特定身份关系所必需的权利。其中传承人格权包括姓名权、名称权、肖像权、名誉权等具体权利以及人格尊严等一般权利，传承身份权主要是指荣誉权。传承人基于其身份而享有身份权请求权，即传承主体在其身份权的圆满状态受到妨害或者有妨害之虞时，得向加害人或者人民法院请求加害人为一定行为或者不为一定行为，以恢复身份权的圆满状态或者防止妨害的权利。明确传承人身份请求权是基于身份权的绝对性和对身份利益的支配力而产生的保护性请求权。传承人身份请求权从目的的角度可以划分为确立身份请求权、停止妨害请求权、排除妨害请求权、违反身份权相对效力而产生的请求权，传承人身份请求权不适用诉讼时效。传承人身份请求权的行使要件包括有妨害事实、妨害事实具有违法性以及妨害事实与妨害结果具有因果关系。其中，违法性包括违反法律规定和违反公序良俗。

传承人财产权，是指基于传承人的身份以及开展传承活动，依法获得经济报酬，直接体现财产利益的权利。传承人财产权作为一种财产权可以以金钱计算其价值，具有可让与性。传承人财产权受到侵害时直接以财产方式予以救济。传承人财产权可划分为四类：（1）许可使用权，即传承人或权利人决定是否进行披露、由谁使用以及是否进行商业开发的权利；（2）受资助权，即传承人在传承活动中尤其是经济困难之时享有接受政府专门款项资助的权利；（3）收益权，即传承人开展展示活动、传承活动以及许可他人使用、许可他人商业开发而获得利益的权利。传承人财产权构成了非物质文化遗产权中的财产权利的主体部分。

2. 传承人的义务

在此，传承人的义务包括法律义务和社会义务。传承人的法律义务是指传承人依据法律规定必须做出一定行为或不得做出一定行为，如培养传承人。传承人的社会义务是指传承人基于传承人的身份应对社会承担的责任，也包括作为一定行为或不做出一定行为，例如积极开展传统武术的展示活动。在传承人的法律义务中，做出一定行为系传承人的积极义务，例如完整保存技艺。不做出一定行为系传承人的消极义务，例如，不得破坏传统武术形象。传承人的法律义务同基于道德、宗教教义或其他社会规范产生的义务不同，它是根据国家的法律规范产生，并以国家强制力作为后盾保障其履行。传承人违反法律义务必须承担法律责任，比如民事责任、行政责任，甚至刑事责任。传承人违反其作为传承人的社会义务虽不受法律制裁，但是应受道德的谴责，情节较为严重影响较为恶劣的，可承担相关管理组织的处罚。

（三）传统武术的使用管理制度

在我国中央层次有专门的国家体育总局武术运动管理中心，在地方有专门的体育局开展体育工作，但在地方没有具体管理传统武术工作的专门机构，建议在地方体育局里设立专门的传统武术管理机构，这也是中国作为《保护非物质文化遗产公约》缔约国，响应《公约》号召的需要，即努力做到“指定或建立一个或数个主管保护其领土上的非物质文化遗产的机构；”另外，相应的社会组织，如各级武术协会，也应在传统武术的传承和传统武术活动的管理中发挥积极作用。在管理活动中，有关行政机关为引导，专门的社会组织为主导。在有专门的传统武术管理机构的前提下，便可以具体地操作关于传统武术作为非物质文化遗产保护的一系列制度。这一系列传统武术的使用管理制度包括合理使用制度、法定许可使用制度、确定密级制度、商

业利用制度。合理使用制度和法定使用制度本是知识产权法中的概念，但是在非物质文化遗产保护的范畴里也可以采用相关的理念对传统武术的发展进行保护。

1. 合理使用制度

传统武术在当今社会的生命力不是在于其本来的极强的技击性，而在于其有效的健身性和养生性。因此，对于传统武术中的一些进入公众领域范畴的许多技术动作、功法以及训练方法等，无论是政府还是传承人都应当大力提倡。习练传统武术的人越多，对于传统武术的传承越是有帮助，越是能够促进传统武术的持续发展。

2. 法定许可使用制度

传统武术领域里面涉及法定许可制度的主要是存在于传统武术中的一些关于文化习俗的内容以及传统武术中文化元素的内容。比如传统武术中的一些典型的动作或名称，如果权利主体之外的人以商业的目的进行使用，他们可以不经过权利主体的许可，但是必须支付相应的费用。

3. 确定密级制度

我们知道，对非物质文化遗产进行保护的目的是为了其更好的传承，而不是限制其传承的范围。对于传统武术，国家对其发展的提倡和保护也是基于保存中华民族的原生态文化基因的缘故。就像有些传统的手工艺一样，传统武术作为一种珍贵的文化遗产，既具有普世性的值得向全世界推广的技术内容和技术形式，也具有一些不宜向传统群体以外之人推广的技击技术、技击理念和医疗养生方法。值得全世界推广的传统武术内容毕竟是占大多数，这并不会影响传统武术的生命力和在全世界的推广。确定传统武术的密级可分为两个方面，一是界定是否为国家秘密，二是界定是否为商业秘密。界定为国家秘密的内容应当受《保密法》调整，界定为商业秘密的内容受《反不正当竞争法》调整。关系到国家安全或者社会公共利益的应界定为国家机密。能为权利人带来经济利益，且权利人采取了保密措施的应界定为商业秘密。在市场经济条件下，传统武术也在商业化的道路上发展迅速，期间必然会涉及商业利益和商业竞争，那么传统武术中的商业秘密也会是一个不得不考虑的问题。鉴于传统武术内容的博大精深，对于哪些内容应当确定为国家机密受到保密法的保护，主管部门可以会同传承人进行论证，然后登记。对于登记在册的属于保密范畴的传统武术内容，传承人负有保密义务。有人会认为，传统武术既然被大家公认为“来源于中国，却属于世界”，因而不应当对传统武术确定密级。事实上，是否应当确定密级，应以是否会危害国家安全或者损害社会公共利益为准。在冷兵器时代，对于传统武术的一部分内容进行设密那是必须的。那时候，决定政治集团的胜败，军事集团的力量占据着很重要的地位，而军事集团的实力又跟武术的实力即武力具有很密切的关系。在当今社会的军事领域，已经完全被高科技武器所占据，但是毕竟还有近身肉搏的可能，若不然各个国家的军队里为什么一直都有近身搏斗的训练，另外在公安领域，传统武术的实战技术依然发挥着重要的作用，毕竟很多场合是限制直接使用现代化武器的。由于传统武术技法的丰富性和多层次性，因此，对于传统武术的那部分需要设立密级的内容，可以考虑分几种不同的密级从而进行不同程度的保护。不设密级的部分在大力推广的过程中走科学的市场化道路，实行有偿的传统武术相关产业服务。作为非物质文化遗产的传统武术是人类文明的瑰宝，应当向全社会推广并且需要全社会的共同努力，但是其合法主体的合法权利应当得到尊重，符合商业秘密保护条件的受反不正当竞争法的调整。联合国教科文组织制定的《保护非物质文化遗产公约》中的第一条即明确说明我们应当“尊重有关群体、团体和个人的非物质文化遗产”我们要推广并不代表不保护，我们要普及，并不代表不尊重，更不代表一定是要“无偿使用”。

4. 商业利用制度

对传统武术的保护绝不是让传统武术在封闭的环境里闭关自守，置其本可促进民生的这一方面作用而不顾。总的来讲，在社会主义市场经济的宏观环境里，传统武术应大胆的与市场接轨，加速传统武术自身资源的开发。具体的来讲，一是政府有关部门应鼓励和引导社会企事业单位和个人参与传统武术的市场开发，投资传统武术产业，积极引导传统武术消费，发展有偿的传统武术服务，健全传统武术市场中介组织，拓宽传统武术的就业门路，促使传统武术发展的资金来源多源化。二是有关部门可以试行建立传统武术发展基金，推行传统武术奖券、传统武术彩票等，积极探索传统武术职业化道路等。当然，不得破坏传统武术形象。传承人的法律义务同基于道德、宗教教义或其他社会规范产生的义务不同，它是根据国家的法律规范产生，并以国家强制力作为后盾保障其履行。传承人违反法律义务必须承担法律责任，比如民事责任、行政责任，甚至刑事责任。传承人违反其作为传承人的社会义务虽不受法律制裁，但是应受道德的谴责，情节较为严重影响较为恶劣的，可承担相关管理组织的处罚。

第十二章　非物质文化遗产视域下传统武术现代化发展的策略研究

第一节　非物质文化遗产视域下传统武术发展的影响因素分析

当前，传统武术的发展正在走进问题时代，传统武术的传统是一个不断变化中的传统，自然这个传统处在不断变化中的传统武术，就不可能是永远不变的。时代在变，传统在变，现代社会中的传统自然也必须发生变化。传统武术在现代社会发生变化是必然的，但是，其在现代社会所发生的变化却并不是盲目的，而是人们在发现问题的基础上促成的。要解决问题的最根本的途径，就是在坚定不移地坚持科学发展观的基础上，广泛运用社会学、文化学、哲学等理论，在历史发展过程中发现问题产生的社会背景、文化因素、自身因素，寻找解决问题的方法和策略，从而推动传统武术的发展。

一、影响传统武术发展的自身因素

（一）传统武术理论研究不足

马克思主义认识论指出，没有理论指导的实践是盲目的实践。武术学科的建立依赖于扎实的基础理论建设，然而，长期的历史原因造成了武术理论落后于实践的现实。传统武术理论研究不足，是制约传统武术发展的一个非常关键的自身因素。

每门学科都有相对独立的知识体系，任何一门学科的发展都必须有健全的理论体系指导。西方体育之所以在短短的百多年发展成全球体育，这就是它有着坚实的科学基础，遵循着人体的生长发育特点，形成了扎实的理论体系。由于传统武术长期在“以家族为本位、以血缘为纽带的宗法等级关系”中流传，各流派都沿用“口传身授”的方法，以苦修技艺为终身、以传承技艺为己任，给人们留下的带有文字性的记载太少而造成传统武术自身理论体系匮乏。加强传统武术基础、技术、应用等方面的理论研究显得尤为重要。1979 年原国家体委发布了《关于挖掘整理武术遗产的通知》，于 1983—1986 年在全国范围内开展了挖掘整理武术遗产工作，其成果在河北承德、北京分别展出，计武术文献 482 册，古兵器 392 件，初步整理出 129 个拳种的文字资料和 394.5 小时的技术录像，以及多达 651 万字的地区性《拳械录》和《武术史志》等，而近二十年来传统武术理论的研究却寥寥无几。另外，在长期的发展中，传统武术形成了许多自身的理论，存在着一些因陈腐与虚妄而被称之为“糟粕”的尘埃，比如说，不讲科学，甚至故弄玄虚，掺杂迷信色彩的东西，传统武术理论不关注学理的分析，它讲究个人对它的心领神会，也就是说在概念和要言之后，直接就是个人的感觉体悟，缺乏中间层的理论阐释，这就需要我们对它的理论进行分析与总结。

（二）传统武术内容和项目复杂多样且项目的功理整理不够全面

根据1983—1986年全国武术挖掘整理的结果确认，具有“源流有序、拳理清晰、风格独特、自成体系”的传统武术拳种就有129种，并且每个拳种都有自身的器械体系。这些拳种流派在从无到有到壮大不断地发展，以至最终较为系统地形成了一套完备的体系，它包括拳理哲学思想，拳术动作风格特点，劲力要求，攻防技击方法，功法等。如此庞大的项目体系，涵盖的内容复杂多样，各拳种的拳理以及传授的内容也就各不相同。在拳理方面，如太极拳以太极阴阳变化为拳理；八卦掌以《周易》之八卦变化为拳理；形意拳则“六合为法，五行十二形为拳”以及五行相生相克为拳理。在套路风格特点方面；如劈挂拳风格特点是猛劈硬挂，速进攻快，横拦斜击，闪进巧取，大开大合，快如鹞子穿林，行如大鹏展翅，势如巨浪翻滚；劲力上则讲究劈挂劲、翻滚劲、辘轳劲、开合劲等；技法上讲究滚、勒、斩、卸……十六字技法。八极拳风格特点是挨傍挤靠，劈砸抖迎，顶抱弹踢，拆疆挂缠；劲力上讲究沉坠劲，十字劲，缠丝劲；技法上讲究六大开，八大招。还有模仿动物姿态的各种象形拳，如机灵活泼的猴拳，气势威猛的虎拳；有“形醉意不醉”的醉拳等。仅从表面上看，是传统武术技术得到发展，并呈现出千姿百态的发展势头，但正是这些教学模式、技术内容各不相同的传统武术，不利于形成中国传统武术强有力的品牌形象，从而给中国传统武术的普及发展带来一定的影响。从目前情况看，对传统武术挖掘、整理的目的不能只限于拳种的数量，更重要的是对每一拳种的功理及作用的归纳与整理，对每一拳种所蕴含的哲理、技击含义，尤其是对健身祛疾的作用详细地阐明。这样才较为容易地迎合现代人“花钱买健康”的时尚心理。

（三）民间传统武术拳师知识水平不高且教学方法、手段陈旧

在古代封建社会，文武分途，练武者往往忽略对文化知识的学习，被文人们轻蔑为“一介武夫”。新中国成立后，我国实行的教育制度，使青少年把考上大学作为唯一的出路，在高考指挥棒的魔力引导下，饱受书海之苦的莘莘学子很难有精力学传统武术了，只有那些上不起学或学不好文化课的学生才去学习传统武术，因而造成了民间传承传统武术的拳师知识水平不高的现象。从对查拳故乡冠县、陈氏太极拳发源地温县陈家沟的35名拳师的调查结果发现：大部分拳师知识水平不高，年龄在45岁以上的拳师一般只有小学文化，45岁以下的大多在体校、武馆学习过，接受的也只是初中教育，有大学学历的拳师很少。所以，这些拳师的教学方法大都是上一辈传下来的，他们只知道照方抓药，没有创新，缺乏理论指导，不能借鉴和引进先进的技术与科学设施，陈旧的训练指导思想及方法手段沿袭至今，得不到改进和发展。师傅带一个或者几个徒弟手把手教学是主要方法，单调、机械、乏味，教学效果不佳；教学程序上，基本按功法、套路、拆手、递手（喂手）、散手、攻防实战一成不变。这种传承上的重技术轻理论、重师传轻创新、教学方法单一的状况和现代多媒体、网络、电视、录像等全方位多种形式的教学及社会化大生产下的大规模教育和跨国连锁教育相比，反差很大，很大程度上制约了传统武术的发展。

另外，受传统守旧思想的影响，有些传统拳师在传授拳术时，故意夸大传统武术的神秘性，过分夸大传统拳功力增长、技术完善需要的时间，特别是基本功的练习，一个动作要练好多天，

一种桩法要站几个月甚至几年，让学生觉得可望而不可即；只教技术，不讲用法，不给学生“拆招”“喂手”，讲理论含糊其辞，知道也不说透，讲究让学生自己悟，这些，不仅限制了传统武术传习的人群，也挫伤了学习者的积极性。

（四）传统武术门派众多，不利于被世人接受

我国地域广阔，人口众多，各地文化、地理、风俗、经济、体格的不同造就了传统武术的众多流派，中国武术如同浩瀚大海，深不可测，门派拳种，枝繁叶茂。在大的流派下面又有不同的支派，如太极拳就是例证。比较流行的就有陈氏、杨氏、吴氏、武氏、孙氏等。杨氏太极拳就是“杨露禅先生在继承陈氏太极拳的基础上，去掉了陈氏的一些发力、震脚、跳跃动作等，强化了太极拳重内、重意、含而不露、后发制人的创拳思想，并创立了舒展柔和的杨氏太极拳。”人民体育出版社 1985 年出版的习云太主编的《中国武术史》，拳种部分有 46 节计 75 种、器械部分有 27 节，可见其众多纷繁。但是，由于流派众多，拳术和器械项目种类庞杂，即使是同一种拳术或器械项目，各门各派的招式差异也很大，使得传统武术难以规范化，这就在形式上加大了传统武术传承的难度。

传统武术中的门派、拳法、拳种，不仅林林总总、五花八门、难以尽数，亦给人以大海汪洋恣肆之感，这就使得武术在走出国门的时候，弊端尽显。武术在国外惯称功夫，如果向他们讲少林拳、八卦掌、太极拳、形意拳、翻子拳、南拳、戳脚、咏春拳……都是武术，他们准会一头雾水，语言上能沟通的还可省些力气，若求助于翻译，对于那些没有接触过武术的译者，不知要费多大口舌才能够说明白“倒撵猴、青龙出水、白蛇吐信、金刚捣碓”这些连中国人都难以理解的拳术称谓，何况武术界内专业的翻译书籍和专业人才又屈指可数，如此在武术中的言传身授的过程中难免出现偏差，影响传统武术的发展。

二、影响传统武术发展的社会因素

（一）传统武术自身生存的社会环境已经发生变化

传统武术是在中国农耕文明背景下形成并发展的，是中国冷兵器时代的民间技击术。进入火器时代后，武术的技击性失去了实践的舞台。当人类迈过 21 世纪的第一个十年后，传统武术自身生存的社会环境已经发生了巨大的改变，传统武术的整体实践场所已不再存在，人们的认识、思想、价值观念也在发生着深刻变化，作为一个相对封闭文化环境的产物的传统武术已经不能很好地适应现代人的生活方式。传统武术发展落后于社会发展，亟须做出新的发展思考。

传统武术的发展与中国传统封闭的自然经济有密切的关系。由于中国传统社会长期处于小农经济的封建社会之中，这种自然经济的形态阻碍了人们之间的交流，使人们的思想状态趋于保守，在不同地区流行的拳种，又由于经济的原因而使其相对独立的发展成为可能。而开放是世界历史发展的必然要求，也是现代社会的基本属性。自中国改革开放以来，中国经济迅猛发展，与世界的交流与信息传递日益发达，宗法及其武术门派的封闭习俗根基不论在城市还是农村都正在被迅速摧毁。武术门派是一个封闭文化环境的产物，那么这个环境一旦开放，类似的产物便会逐渐消失。乔晓光先生有云：“工业文明的迅速发展、全球一体化的大趋势，逐渐形成强势文化对弱势边缘文化的侵蚀，当经济迅猛发展到每个地域后，相应而来的是物质消费方式

和生存观念的急剧改变，导致许多民族的无形文化发生急剧消亡和流变。”近代以来，由于我国在科技、经济等多方面落后于西方发达国家，我们一直在学习西方文明。奥林匹克运动在推动世界各国开展民族的体育运动时，也充当了向全球传播和普及西方体育文化的角色，以期造就一个以西方体育为主的大同世界。对武术的继承，我们采取了削足适履的方法，大力发展了符合西方思维方式的竞技武术，对于原汁原味的传统武术放任自流。而且，现代中国人的生活节奏、生活方式已经发生了巨大变化，人的价值观念、思维方式、行为方式、生活方式等也开始发生变化，练习武术不仅仅是一种身体活动手段，更重要的是，它是一个提高自我修养的过程。但是由于快节奏的现代化社会发展，简单、清晰、快速的体育运动模式已逐渐成主流趋势。而传统武术很难符合现代人的快节奏需求，这也正是传统武术在现代体育发展中所遇到的最大难题。

（二）传统武术竞赛规则不完善

竞赛规则是比赛的保证，是运动技术发展的导向，也是衡量运动技术水平的一根杠杆。近20多年来，由国家体育总局武术协会、各地方政府及武术协会举行过多种类型的武术比赛，由于中国武术之庞杂特性，多以观摩赛、邀请赛、交流赛为主。目前为止，针对传统武术我们至今还没有一个标准的评分规则，竞赛仍在沿用2003年以前的竞技武术套路竞赛规则，包括近年来举行的全国传统武术竞赛、世界传统武术节等赛事中还是使用竞技武术套路的竞赛规则。这势必使传统武术为了迎合竞技武术规则而失去原有的技术风格，而只有作为传统武术项目之一的“功力大赛”现已有了自己较为完备的竞赛规则。因此，随着传统武术竞赛的发展，为了更公正地进行比赛评分，传统武术必须结合中国文化、民族体育特点，各个拳种的演练风格以及发力要求、进行合理、科学地制定自身的竞赛规则，特别是传统武术的套路与搏斗的竞赛规则有待于完善、创新与发展。

（三）学校传统武术教育发展滞后

学校体育是一切体育教育的基础，是弘扬传统武术的重要渠道。早在民国时期，传统武术的普及与发展就纳入我国各级各类的学校中，但现在传统武术在学校的开展情况并不乐观。“学校武术作为武术存活和发展的重要传递方式和场所，从新中国成立以来一直受到国家和政府的高度重视。然而，今天的学校武术正在被形式化的事实所困惑，有教学大纲、有教学内容、有教学计划，但无人教、无兴趣学，强化的武术教学指导纲要和弱化的武术教学实践形成了强烈的反差。”当前学校教育对传统武术的消极影响主要体现在以下几点：

首先，大力发展西方体育。随着经济的发展以及西方文化的入侵，西方的体育文化被我们毫无保留地吸收了过来，从小学到中学，甚至大学，都以开设西方体育项目为时尚，中国的传统武术课门庭冷落；其次，武术教师对传统武术文化的内涵知之甚少。由于缺乏对武术内涵的文化解析，武术教师的技艺传授无法激起学生的兴趣，导致学生对传统武术的淡漠，从而追求更快、更高、更强的西方体育，倡导个性自由，崇尚个人竞争；再次，重竞技轻传统。新中国成立后，由于种种缘由，国家把发展武术的重心放在了竞技武术上，从政策等各方面都给了竞技武术良好的发展空间，使竞技武术得到了飞速发展，不仅各省市以及大部分体育院校都建立了竞技武术专业队，还成为全运会、亚运会正式的比赛项目，而传统武术基本上处于自行发展

状态，步履维艰。这样的环境导致了学校功利性地片面发展竞技武术教育而忽视了传统武术教育。最后，部分学校甚至取消武术课。1956 年教育部把传统武术作为我国的国术列为中小学体育教学大纲，并规定了每学期武术的课时数，小学 6 学时，中学 8 学时，在 1957 年体育院系把武术列入六个必修课程之一，至此，武术教学成为我国大中小学体育教育的内容。但是现实是，当前一些中学取消了武术课，不少学校中武术课名存实亡，一些专门培养武术教学人才的高校连武术专选课也因为选课人数不够而取消其课程。正如北京体育大学徐伟军教授所说："传统武术在中国大学里已经奄奄一息，为了进奥运会而对武术进行的表演性质改造，使武术越来越像体操、跳水，却让武术丧失了技击类运动的本我属性，也让整个武术教学陷入了重演练、轻实用的怪圈。"

（四）民间武馆以发展竞技武术为目标，发展水平参差不齐

20 世纪 80 年代以后，民间武术馆校在全国大量涌现，据统计，现在全国的武术馆校达 13 000 多所。但这些民间武术馆校发展水平不一，最大的武术馆校学生人数超过万人，前去习武者络绎不绝，看起来习武的人多了，传统武术得到了很好的继承。经过调查部分民间武术馆校发现，现实情况并不理想：一是因为在这些武术馆校教练当中，尽管不乏武术高手，但多数教练的文化素质较低，教学中只教其法不教其理的现象存在，不利于传统武术的继承，也谈不上什么发展；二是有的习武者的动机不是继承传统武术，而是为了强身健体或为了以后谋出路。另外，目前的中国官方武术比赛主要有长拳、南拳、太极拳和刀、枪、剑、棍等 7 个项目，而根据我们的武术发展史看，中国历史上的拳法有至少几百种，各种兵器就更是超过千种。光是"十八般兵器"的说法就有近 10 种。刀、枪、剑、棍、斧、钥、钩、叉、镗、鞭、槊、棒、剪、锤、挝、拐子、流星等兵器曾经演绎过多少动人心魄的武林传奇。可是今天，我们的武术馆校虽然有 13 000 多所，但是很多馆校宣扬的依然是院校武术和官方竞技武术，以能进入高等院校学习和在全国武术比赛中获得好成绩作为招生的砝码，传统的武术居然在民间的大量的武术馆校中也逐渐靠边站了。

（五）传统武术在商业化的过程中逐渐变味

随着改革浪潮，传统武术也已进入市场流通。由于我国的传统武术在健身、养生等方面的功能更优于当今世界的"主流"体育项目，具有得天独厚的优势，所以传统武术在改革开放的今天理应具有一定的市场。一些有习武经历但又没有造诣的人，不惜重金寻找武术名师、大师，拜其为师，使之成为某某大师的入室弟子，其目的不是为了在传统武术技艺上有所建树，而是打着某某武术大师弟子、某某门派的几世传人的旗号，到处开馆、办班、办公司等，以求招到更多的学员，达到创造更多经济利益的目的。这些人打着武术名人弟子、传人的幌子，其本身并没有学到很高的技艺，而在社会上传播传统武术，有损传统武术优秀传统的形象。另外，一些作为国家非物质文化遗产保护的传统武术传承人，通过国家的一系列保护政策和宣传，提高了其知名度，从而开发并经营着传统武术市场，成立了多种类型的传统武术公司，从此传统武术成为付费既得的批发商品。同时在市场经济中的商业利益驱动下，这些"名人"忙于经营自己的武术公司，对自身的传统武术技艺难以有时间和精力去追求了，这无疑对传统武术技艺的提高与传承是不利的。

三、影响传统武术发展的文化因素

（一）传统文化中的消极思想制约了传统武术的发展

“武术作为一种源远流长的传统文化，在漫长的历史发展过程中，它与我国古代的政治、军事、文化、经济、宗教、中医、戏剧等有千丝万缕、交融互渗的密切关系，在发展的过程中，它吸取其他文化精华的同时，也不可避免地受各种不良因素的影响。”由于过去武术文化的研究工作较落后于对技艺传承的研究，使得武术文化中的一些消极的因素制约着传统武术在当今社会的发展。

首先，传统武术长期在“以家族为本位，以血缘为纽带的宗法登记关系”中流传，“秘而不传”，“不传外姓人”，即便是有血缘关系也还是“传子不传女，传内不传外”；其次是“不磕头拜师不予真传”的师徒传承方式扎根其中。受封建社会保守思想的影响，各拳种门派都有很严格的门规教条，如严禁本门派弟子学习他派武艺；有的拳种只在家族之间传承等。所以一般人学习传统武术是相当不容易的，有些老拳师不肯轻易将传统武术技艺传授于他人，再加上师傅“留一手”的现象，这就使一些拳种的继承范围越来越小，导致相当一部分优秀传统武术失传，出现了“人去艺绝”的危险境地。虽然，在当今商品社会开放思想的影响下，一些老拳师用自身的传统武术技艺作为商品进行买卖，意思就是习武者花一定数目的价钱学一招或者几个招数。这种等价交换的现象看似传统武术的传承渠道更开放了，只要愿意花钱，一般人都能学到传统武术的精华，其实这无形中更加固了保守的思想，若没有相应的物质价值就不传授一定的技艺，利用自身的传统武术技艺可以获得更多的物质利益，在利益的驱使下显得更狭隘、保守了。所以，在开放社会科学知识迅猛发展的今天，这些保守的思想、严格的门规教条和守旧的传承方式严重地阻碍了传统武术的发展。

（二）西方文化的侵袭使传统武术失去了社会主流地位

众所周知，21世纪是一个西方文化占主流的世纪。随着西方文化的侵袭，传统武术已逐渐失去了社会的主流地位，处于边缘地带。

今天，当我们在享受异域体育文化所带来的丰硕成果的同时，却忽视了民族体育文化被人为压制、忽视的现实。随着篮球、高尔夫球、网球、跆拳道、空手道、剑道等外来体育项目在中国的风靡，许多中国人几乎忘记了，中国还有自己的内涵丰富、博大精深的传统武术。“外来的跆拳道和空手道、剑道等项目以其鲜明的民族文化特征和简单易学的形式受到了广大青少年的喜爱和追随。特别是跆拳道，在短短几年时间就风靡了中国各大城市，成为一种青少年竞相追求的‘时尚’运动，令号称‘博大精深’的中国武术汗颜不已。”西方的体育运动项目大量涌入，占据着学校和社会的主要阵地，对中国传统武术在社会上的开展形成一定的冲击，不断融化着练习传统武术的人群，使以传统武术作为健身锻炼内容的人数逐渐减少。通过调查：在晨练的人群中，中青年人绝大部分选择球类、登山、健美操、跳舞等健身项目，只有一些老年人选择打太极拳；在一些地方的中小学，打篮球踢足球的人随处可见，而练武术的人寥寥无几。

西方文化的侵蚀除了表现在对传统武术的蚕食、排挤，还体现在对传统武术的异化上。传统武术不断地受到西方竞技体育的影响，已经逐渐地失去了自己的本质内涵。西方体育思想在

不断地张扬过程中，不断撕裂着我们民族体育的传统思想，改变着从传承方式、训练方式和方法，到武术文化理念的更新。“一个世纪以来，由于西方教育、科学、体育思想的影响，从20世纪初武术就被‘改良和创新、异化’所鞭策，就被‘游戏化、简单化、规范化’的西方体育原则和控制。回眸一个世纪的武术发展，武术文化中那些赖以生存的‘感悟、修身、自娱’的‘天人合一’的文化思想被逐渐地舍弃，带之而来的是‘锦标和利益’。”追求名利、财富和生活享受成了许多武术人的追求目标，武术中人格的修养、人生境界的提升等至高境界似乎离我们越来越远。同时，在追求竞技的奥林匹克体育文化的影响下，传统武术逐渐走向竞技化的道路，甚至出现了竞技武术逐渐代替传统武术的境地，当前我国中小学武术教学的内容全部是竞技武术，很多中小学生根本不知传统武术为何物，严重制约了传统武术的可持续发展。

（三）当代休闲文化的消极影响

休闲文化已经深深地影响和改变着这个世界，成为现代人类生活的一种重要特征，是人的一种崭新的生活方式、生活态度。虽然当代休闲文化在一定程度上促进了传统武术在现代社会的传播和发展，但是其对传统武术的消极影响也不能忽视。

“美国著名的休闲学家凯普兰（Max Kaplan）曾指出，任何一种特殊的活动都有可能成为休闲的基础；把无意识的社会角色所承担的责任最小化；具有自由的心理感觉；通常具有玩的特征，其范围可从不合理的和无意义的活动到重要的活动之间。因此，休闲是与比人类社会生活的其他氛围更放松的层面相关的实践和空间。”在实践的意义上，休闲通常总是与“自由”“选择”“逃避”和“生活满足”等概念联系在一起。一些历史的、文化的、具有厚重底蕴的东西往往受到人们的排斥。我们可以看到现在的青少年迷恋于街舞和泡吧，还有网络游戏这些简单、快捷的休闲娱乐形式，而对读书、书法、尚武等传统的生活体验方式产生了距离。传统武术不仅是一种技术的体现，更负载着中华民族文化的沉淀，它从理论到实践都是简单的休闲文化无法替代的。然而休闲文化对传统武术的影响和冲击是巨大的，文化娱乐化、历史虚无化、艺术消费化等不良的文化生活方式，正在消解着我们对于武术文化的理解和继承。在传统武术方面要取得一定的成就，是需要付出许多艰辛努力，可以说是一种“苦行僧”式的探索和旅行，才会体会到传统武术“天人合一”“内外兼修”的至高境界。这种学习方式在现代以休闲为主流的文化形态里，是很难为大多数人特别是青少年所接受的，人们更愿意选择那些简单方便的方式来锻炼身体或陶冶性情。紧张的工作闲暇，人们更喜欢打篮球而胜过蹲马步；人们更喜欢自信、青春的体育偶像，而不愿追随身怀绝技的武术高手。而传统武术就成为少数对中国传统文化钟爱有加的人的一种孤单的选择，在休闲娱乐的浮华之外固守着一片传统武术的圣地。

（四）武侠小说和武打影视对传统武术的负面影响

武侠小说以光怪陆离的神秘在百年来一直吸引着人们的目光。民国后，武侠小说可谓风起云涌，几乎占据了小说出版录的大部分。1923年，平江不肖生向恺然的《江湖奇侠传》问世，一版再版，到近代金庸的“飞雪连人射白鹭，笑书神侠倚碧鸳”扩大了武术的影响。武侠电影同样以其固有的内涵和特有的艺术形式吸引着国内外的武术爱好者。从1925年第一部武侠片的问世到20世纪80年代《少林寺》的放映，武侠电影受到了国人的疯狂追捧，掀起全国武术热潮，甚至波及世界。李连杰凭借《致命武器四》踢开好莱坞的大门，成龙的《尖峰时刻》搅得好莱坞天翻地覆。毋庸讳言，这些文学作品和影视对于武术的描绘，迅速地扩大了武术的知名度，尤其是网络等一些传播媒介的普及，让全世界人知道了中国武术。它们对武术运动的宣传和传播无疑起到了推动作用，但是，任何事物都有其两面性，它们所起的负面影响也不可忽视。作为文艺作品的武术影视和武侠小说又无不需要遵循文艺的规律而采用艺术夸张的手法，这样势必与武术的现实本质产生偏差甚至背离。由于过分夸大了武术的作用和功能，“飞檐走壁、隔空打人”的艺术化特技武术表演，使得人们耳目一新，也使得武术在人们心中的形象成了艺术化了的表演武术，对武术带来的视觉享受期望值很高，当看到真正的传统武术表演时，反倒觉得不是武术了，以致人们不能正确的认识武术、了解武术。在对央视“武林大会”评价的调查问卷统计结果来看，绝大多数人认为，“武林大会”在还原真实武林方面有一定的贡献，但其中也有一部分人认为，“武林大会”的观赏性不强，不管什么拳种的比赛两人上台一开始就是搂、抱、摔，没有特别的看点，甚至包括一些武术专业方面的人都有如此看法。可见，武侠小说和武打影视对人们进一步科学地了解传统武术产生了极大的负面影响，世人对于传统武术的误解必然使传统武术的普及和发展雪上加霜。

第二节　非物质文化遗产视域下传统武术发展保护的理论依据

传统武术作为中华民族优秀的传统文化，由于受各方面因素的影响，成为“我们最大宗最珍贵的濒危非物质文化遗产”。我们国家已充分认识到这个现实状况，正逐步将传统武术纳入非物质文化遗产保护的行列，虽然传统武术中有兵器、拳谱等实物，但传统武术更多地指向“非物质文化”，应该列入“非物质文化遗产”的范畴。传统武术作为我国的非物质文化遗产，不论历史原因、现实原因还是保护机制上的原因，传统武术文的流失确是不争的事实，如何保护濒危的传统武术是武术界乃至整个社会的重要课题。面对错综复杂的保护形势，我们有必要加深对相关问题的认识，如保护本质、保护应遵循的原则、保护条件、保护价值等。加深对这些问题的认识，有利于我们形成正确的保护思路。

一、传统武术保护的本质

传统武术作为我们最大宗最珍贵的濒危非物质文化遗产，在我国各个领域甚至全世界都对非物质文化遗产加紧保护之时，必定会引发武术界对濒危的传统武术的高度关注。我们可以预见，传统武术的保护计划即将展开，我们面临的另一个问题是对传统武术保护本质的认识和理解。而认识这个问题则有必要对非物质文化遗产保护的提出背景做以简单的回顾。

1950 年，日本制定《文化财保护法》时，首先触及了非物质文化遗产的保护问题；1961 年，韩国也提出文化财中的无形文化财保护问题，并于 1964 年通过了《文化财保护法》；20 世纪 70 年代，法国和菲律宾等国也加入到非物质文化遗产保护的行列。20 世纪 80 年代以来，越来越多的国家开始重视本国的非物质文化保护。21 世纪初出现的非物质文化遗产保护热潮不仅与国际文化机构的推动有关，也与 20 世纪 70 年代以后兴起的文化守成主义思潮有着密切联系。正是在这种思潮的影响下，我国的武术界在 20 世纪 80 年代才有了轰轰烈烈的挖整工作，之后对传统武术的保护一直没有停止过脚步，在学者、武术主管部门及各级各类传统武术的参与者的共同努力下，传统武术的保护有了一定的理论基础，提高了人们对传统武术的认识，同时取得

了巨大的成就，“少林功夫、武当武术、回族重刀武术、沧州武术、太极拳、邢台梅花拳”等武术项目申遗成功就是这种成果的最好见证。

“文化守成主义由三大块构成，一是文化调和主义，二是新理想主义，三是民族主义”。而民族主义潮流与非物质文化遗产保护在一些国家兴起有着密切的关系，非物质文化遗产保护的先行国家，如日本在战败后被美国托管，韩国、法国、菲律宾等国均在二战期间饱受摧残，这些国家都需要以某种方式证明民族的存在价值和文化的优越之处，当在政治上得不到实现时，文化民族主义成为其首选，其不受政治环境的限制，比较容易实现。非物质文化遗产保护在这些国家的提出与民族主义在文化上的表现应该有着密切的关系。同样，文化调和主义和新理想主义对传统武术的推动作用也不是很大，起重要作用的是民族主义。因为传统武术作为我国民族文化的一部分，一直在中华大地上闪耀着它的光芒。它曾出现过辉煌灿烂的繁盛局面，使我们的民族自豪过、骄傲过，成为民族的审美对象，构成了人们特定的审美心理，标志着一个民族在文化精神上远远超出了其他民族的文化价值，体现出一个民族精神文明的发展高度，并成为后人得以借鉴的财富。这正如程大力先生所言：“传统武术恪守着门派流派、武术内功、武术套路、内外家拳系等特征，承载着传统文化的丰富内涵。”当曾经承担着丰富民族文化的传统武术日益受到西方体育文化冲击之时，一些对传统武术有着深厚感情的有志之士，都希望传统武术能在这千古变局的当代能续写曾经的辉煌，故而对传统武术发展有一种美好的愿望。人们怀着对传统武术热爱的心，在国家体委的领导下，纷纷“清点家底”，对濒危的传统武术进行了挖掘、整理、抢救和保护。进入到20世纪后期以后，全球化的浪潮风起云涌，与此同时，人们开始关注文化本土化的问题，关注人类自已生存的根系，关注不同族群的历史生命记忆和独特的生存象征，开始关注人类文化不同的精神存在，尤其是发展中国家的文化传统存在。文化民族主义强调本民族独特的历史文化传统，以此巩固和发展本民族的凝聚力、向心力，进而以文化认同为基础，保持和扩大本民族的生命力；文化民族主义的这种“防卫性”出于捍卫民族尊严和谋求更高国际地位的民族心理。在这种文化背景下，大力宣扬传统武术的“光辉业绩”和文化上的“优越性”，同时也反对西方强势体育文化的侵袭。

前面已经谈到全球化对传统武术的冲击和影响。在经济交流的同时，体育文化的交流也日益密切，强势体育文化随着经济的交流向外不断的蔓延，对其他国家或民族的体育文化进行渗透和侵蚀，这种文化侵蚀会造成民族体育文化出现断层，使弱势的民族体育文化在强势体育文化之林中失去话语权。有的学者对传统武术保护提出了“关照历史、着眼未来”，笔者十分赞同此提法，历史的前进是建立在前人创造的基础上，对前人创造的优秀的武术文化继承和延续是后人对传统武术的历史和未来所应承担起的一份责任。因此，传统武术的保护是经济发展到一定程度后，对西方体育文化的一次自省和对传统武术文化价值的再发现，是我国传统武术由运动表达方式的竞争走向文化与价值理念竞争，也是弱势传统武术文化争取话语权和非主流文化向西方主流体育文化争取生存空间的“战争”。因此，正如国务院办公厅下发的《关于加强我国非物质文化遗产保护工作的意见》所指出：“加强非物质文化遗产保护，不仅是国家和民族发展的需要，也是国际社会文明对话和人类社会可持续发展的必然要求”。

二、传统武术保护应遵循的原则

（一）以人为本原则

纯真的传统武术，在很大程度上是靠“活体”通过口传心授方式传承的，这与有形的文化遗产相比，其具有独特的存在方式。有形文物是固定的、不可再生的，它可以脱离活形态文化而静态存在，是一种物化的时间记忆，而传统武术却是流动的、发展的，它不能脱离“人”而独立存在，人是传统武术的核心载体。人是文化的创造者和拥有者，在保护“非物质文化遗产”的过程中，始终坚持“以人为本”的原则，无疑是最为重要和最最根本的。这就决定了保护传统武术必须要坚持以人为本。诸如保护和培养武术传承人优先、传统武术的守望者应当受到应有的重视与保护、站在对人类的健康生活是否真正有利的角度实施保护、在保护过程中注意尊重被保护者的精神意志与心灵自由不受侵犯等，除此，从具体的工作层面去看，也要做到“以人为本”。

我们对传统武术的保护，不应将之封闭在某个特定的历史时空中。要尊重传统武术的传承者和习练者在文化保护、文化传承、文化发展中的自由选择意志。不应该也不可能要求他们为了给世界保存一种生存方式，保留一种传统体育文化，而将他们的生活封闭在固定的时空中，使他们成为世界体育文化多样性追求的牺牲品。就这一点来说，传统武术的传承人或习练者与我们之间是平等的。所以，我们在抢救和保护传统武术时，应该充分考虑他们的主体性、现实境遇和要求。我们要善于从传统武术的传承者出发、设身处地为他们着想，遵循以人为本的原则，注意倾听当事者的声音，协调好各个方面的关系，本着为人类文化多样性发展而积极合作，大力宣传保护传统武术的重要意义，真正把传统武术的保护工作落到实处。

（二）科学性原则

科学性是另外一个须臾不能离开的原则。对传统武术有形资源（如传统武术的典籍、套路、器械等）和无形资源（如传统武术习练的心得体会等），我们需要实施不同的保护手段，而且不同的文化形态需要相应的传统武术保护者进行科学的指导。从对濒危形态的抢救，到对消亡形态的搜集整理研究，再到活态形式的扶持振兴与开发利用，几乎保护工作的每一个环节，都离不开传统武术保护者参与和必要的理论知识指导。否则，没有保护者的切实参与和指导，我们的保护工作仅仅凭借着良好的愿望与高涨的热情，极有可能会将传统武术保护工作中形成的国家意志、政府行为、全民觉醒和社会参与，弄成我们曾经犯过的错误如“大炼钢铁”时代一哄而上的“群众性政治运动”。效果只能是事与愿违、南辕北辙。然而，传统武术的保护形势不容乐观。一方面，参与传统武术的群体过少，没有引起专家、学者、相关部门的高度重视，理论知识匮乏，保护的专门人才稀缺；另一方面，对传统武术有着深厚感情的民间拳师的作用没有充分发挥出来。为此，在传统武术的保护过程中，传统武术的保护者，特别是那些学富五车、造诣精深的武术界泰斗与年富力强的学术带头人，应该在整个保护工作中，发挥出文化良知、专业指导和舆论监督的多重作用。而且，他们还应该携手传统武术的当代传承人，凭借其长期以来对传统武术的精深研究以及传承人自身的体会，以科学的态度共同促进传统武术的保护。唯有如此，传统武术的保护工作，才不至于失去“良心”，蒙着“眼睛”，也才能够心明眼亮、

胸有成竹，少走弯路、事半功倍。

（三）整体性原则

传统武术保护的目的是以全方位、多层次和非简化的方式来反映并保存民族体育文化的多样性。这就要求传统武术不能只保护一个个“文化碎片”。把个别文化形式从他的生存空间中割裂保护，并不足以保护内容丰富的传统武术，反而会使一个个“文化碎片”，由于缺乏在结构环境中所具有的自我更新、自我创造能力，而丧失了生命力。比如，保存了某个拳种的图解，并不能替代它的产生原因、历史环境和练拳心得等重要过程的真实全面的记录。总之，既要保护传统武术文化本身，又要保护它的生命之源。

保护传统武术的整体性原则不仅是就空间向度而言也表现在时间向度上。传统武术是流动的、发展的。它不可能脱离传承者而独立存在，它是存在于特定群体生活之中的活的内容，是发展着的传统方式，它很难被强制地凝固保存。我们不应割裂这种武术文化传统与练习者生活方式的关联，把这种文化传统固定在既有时态上，遏制了它在新的生存时空下的新的发展。

三、传统武术保护的条件

传统武术保护的目的是为了延续传统武术的生命，现有的传统武术“记录”保护办法只能治标，不能救本。要实现传统武术的传承保护，延续传统武术的生命和创造力，应该从根本上解决传统武术生存的问题，使传统武术本身具备生存的条件。笔者认为传统武术要继续生存需具备以下条件。

（一）符合可持续发展的战略

人类的共同财富随着时间的推移其价值会更高，可持续性就是要求我们认识到保护世界遗产的连续性，要保护的对象一旦被认识和确定，就应该一直保护到永远。可持续发展的哲学理解是既满足当代人的需要，又不对后代需要的满足构成威胁和危害的发展。所以，传统武术不但要促进当代的发展，更要考虑到传统武术未来的发展，使其步入持续、稳定、健康、良性循环的轨道，以满足后代人对传统武术的需求。我们要通过一系列的手段和措施为传统武术的未来发展创造良好的条件，制定长期的可持续发展的战略。传统武术只有符合可持续发展的要求，才能得到社会的认可和接纳。

（二）具备顺应时代发展的“活态性”

传统武术的发生需要特定的环境和背景，随着环境和时代的改变，传统武术也要有顺应时代改变自身能力，吸收有利自身发展的因素，适应时代和环境的变化。如果传统武术不具有顺应时代的“活态性”，对社会的发展变化置之不理，因循守旧，必然会失去其合理地位，终将被社会所淘汰。当然，传统武术在保持活态性，追求适应性变化时，也要注意保持自身的风格，而不要从一个极端走向另一个极端。

（三）能够唤起传统武术习练者或爱好者情感上的共鸣

传统武术要传承，必须能够被传统武术共同体成员接受，能够引起情感上的共鸣。如果不能引起情感上的共鸣，得不到传统武术共同体、群体和个人的认可，那么传统武术的传承就会出现断层，就会面临生存的危机。

(四) 弘扬传统武术的目的要明确

传统武术的目的指向明确，并且目的指向背后的健身性、健心性能够得到一定程度的实现。传统武术是习武之人修身养性的一种表达，在表达的背后实际隐含着一定健身、健心的目的，传统武术在实践时，健身、健心的目的如果能够实现，传统武术就能得到群体的认同并继续传承，否则，传统武术同样会面临生存的危机。

传统武术保护是一个综合性的命题，对传统武术保护不能单纯强调记忆工程或以人为本，应该对传统武术相联系的各要素作通盘的考虑。在加强传承人培养同时，也要注意与传统武术生存、发展息息相关的其他因素，如传统武术生存所必需的环境的保护，与传统武术相匹配的相关拳械、门派流派的保护，努力营造适合传统武术生存的外部环境。外部环境与加强传承人培养具有同样的战略意义，只有人与环境的和谐匹配才能做到传统武术的“活保护”。

四、传统武术保护的价值

价值对人类是十分重要的，正如德国哲学家李凯尔所说：“我们利用价值来思考世界”，价值是生活的命根，没有价值，我们便不复生活；没有价值，我们便不复意欲和行动，因为他们给我们的意志和行动提供方向。正是因为传统武术对于人类无比珍贵的价值所在，人类就要对传统武术倍加珍惜。传统武术之于中国的价值是无法用数据去估量的，在现代化进程，它又表现出一些新的意义和内涵，体现出更为丰富的价值含量，主要表现在以下几个方面：

(一) 有利于维护文化传统的延续和弘扬民族精神

传统武术蕴含着“中华民族特有的精神价值、思维方式、想象力和文化意识”，这些精神价值、思维方式、想象力和文化意识有助于维护民族、共同体内的历史感和认同感；传统武术蕴含着的民族精神价值对增强民族凝聚力和认同感，对弘扬民族精神具有重大的现实意义。

传统武术的文化传统和传统文化的精神以技艺和套路为载体，代代相传，在维系传统武术文化认同的同时，也延续了民族精神，增强了民族的凝聚力。

这里涉及文化传统和传统文化区别的问题。传统文化和文化传统两词看着相似，有时也被人作为同义词语使用，但是二者在本质上是有很大差别的。对传统文化和文化传统理解是见仁见智的问题，庞朴、朱维铮等学者都对文化传统和传统文化的本质进行了辨析，几位学者都认为文化传统是“活文化”。庞朴先生在《文化传统文化与传统文化》一文中进一步指出：“文化传统是不死的民族魂。它产生于民族的历代生活，成长于民族的重复实践，形成民族的集体意识和集体无意识。简单说来，文化传统就是民族精神。”笔者基本同意此观点，文化传统是活态的，其在民族共同体中产生、传承、延续，文化传统中蕴含着民族精神，民族文化传统的存在是民族存在的标志。国务院办公厅印发的《关于加强我国非物质文化遗产保护工作的意见》指出：“非物质文化遗产所蕴含的中华民族特有的精神价值、思维方式、想象力和文化意识，是维护我国文化身份和文化主权的基本依据。”传统武术正是民族优秀的文化传统，它蕴含着民族精神，体现着民族风貌，其延续和发展是民族精神延续和发展的重要标志。

（二）有利于维护世界体育文化的多样性

从世界范围来看，传统武术为体育的发展提供了多样化的文化选择。传统武术所构成和呈现的意义，原则上说是属于全人类的。只有保存各种特色的民族体育文化，才能保证子孙后代有着多样化的选择，才能保证世界各民族共享体育文化成果，保证我们的后代在体育文化选择上的多元化和丰富化。

传统武术是一定的人群或共同体在特定时期、特定环境下的文化创造。各地的传统武术各具特点，例如，南拳北腿，南拳多用拳，其拳式小巧，步伐稳健，运动范围较小，北腿多用腿，架势大起大落，运动范围大。目前，伴随经济交流的文化交流绝大部分不是一种对等状态，而是西方体育文化的单向流动，加之西方国家推行文化一元化，世代传承的传统武术正面临着消逝的危机。传统武术的保护就是保护优秀的文化创造，延续传统武术文化的生命力，使世界体育文化呈现为多元发展趋势，促进世界体育文化的多样性。只有体育文化的多样性，才使世界变得丰富多彩，才使社会能够和谐发展，稳步前进。

（三）保护传统武术是建设和谐社会的重要内容

构建社会主义和谐社会是 2004 年 9 月召开的党的十六届四中全会上首次提出的，所谓“和谐社会是一个体自主为基础的个体自主与整体和谐有机统一的社会”，其基本特征是民主法治、公平正义、诚信友爱、充满活力、安定有序、人与自然和谐相处。建设和谐社会至少包含三个方面内容：通过发展社会主义社会的生产力来不断增强和谐社会建设的物质基础；通过发展社会主义民主政治来不断加强和谐社会建设的政治保障；通过发展社会主义先进文化来不断巩固和谐社会建设的精神支撑。上述三条可以归纳为政治和谐、经济和谐、文化和谐，文化和谐的内容包括维护各民族体育文化创造，促进各民族的体育文化繁荣。传统武术保护的是武术共同体、团体、个人创造的优秀创造，保护的目的是维护优秀民族体育文化的生命力，进而保护其本身具有的历史、艺术、文化等价值，从而维护世界文化的多样性。和谐社会的文化建设也应是多种文化和谐共存，相互匹配，实现文化的多样化，而不是只有一种文化或少数几种文化，否则是缺乏活力的社会，而不是真正的文化和谐、充满活力的社会。

第三节　非物质文化遗产视域下传统武术现代化发展的思路分析

李泽厚说：文化是一种“积淀”，文化的创造性是人类进步的源泉。在前进的道路上不断注入新鲜的血液。张岱年先生指出民族精神必须具备两个条件：一是有比较广泛的影响，二是能激励人们前进，有促进社会发展的作用。摄取外来文化，从而丰富自己的文化传统，这是文化发展的一个正常途径。人类在进步，社会在发展，传统武术也需要注入新的活力继续为人类所推崇，传统武术是学问，学问不是越古老越好，而是越具科学化越有先进性和生存力。在文化全球化的今天，如何使得传统武术更具魅力的传承发展是我们作为研究者共同面临的问题。作为非物质文化遗产的传统武术虽然在某些方面存在着一些弊端，但正是这些原始的粗糙的历史痕迹让我们发展到了今天的先进社会，也正是有这些铺垫才让我们更加努力的尝试改造、推崇创新，传统武术在发展过程中还是应该根据地域特点来发展特色。例如：居住于山东地区的人可以练习查拳、孙膑拳、螳螂拳；山西的则可以多练形意拳、心意拳；河南以少林拳和太极拳为主要练习部分；河北地区可练习六合拳、八卦掌；河北与鲁西南交界地方的多练梅花拳，通过这些地域特征来传承发展，各显其各自的风格。

一、加强政府的政策向导

长期以来，由于缺少足够的经济支持，许多重要的非物质文化遗产得不到及时地抢救和必要地保护而处于濒临消亡的境地。因此，加大财政投入，广开财源，是非物质文化遗产保护的根本保障。在很多情况下，政府的力量可以说是很具有震慑力的，因为政府在一定程度上起着宏观调控的作用，然后再配上媒体舆论的影响力，在现代社会中占据着重要的位置。于振东在《发展武术社团弘扬传统武术》一文中通过对武术社团自身特点和优势的分析，提出武术社团应站在文化的高度弘扬传统武术；在本质特征上，应牢固的把握传统武术的方向，朝着不偏不倚的健康之路前进；加强对传统武术的社团化管理模式，处理好传统武术与现代化发展速度过快的关系，稳步发展，使其适应现代社会环境。

伴随着影视节目的热火开展，传统武术应加大宣传力度，就像做广告一样，要想使人们知道和重视这个问题和物件，必须通过政府的鼓励、媒体宣传和广告的效力才能达到预期目的。荧幕上的武术是穿插着艺术的东西直接作用于人物本身，注重武术动作的外在表现来传达故事所要表现出来的舞台效果，使人们在影片的情景交融之中随时可以感受到中国武术文化的无穷魅力。所以说传统武术的发展依然离不开政府的驱动力量，社会高速的发展很多疾病也犹如雨后春笋般拔地而起，传统武术中很多有养生保健的功效便可以通过政府的引导和社会舆论的大力宣传而进入人们的生活中，例如，太极拳有很好的健身原理。作为中华民族瑰宝的传统武术有着浓郁的文化特色，但是只有被认同才会被人们所接受，才能体现自身的价值，为一代又一代的传承发展。政府所起的作用就越显清晰，因为我们是法治国家，政府作为为人民服务的机构，在保护非物质文化遗产的工作中起着领头羊的作用。政府通过各种手段进行宣传倡导。当今社会，电影、电视已得到普及，尤其是电视已走进千家万户，它们是最有利的宣传工具，我们知道，很多国家政府的一些重要电视会议和新闻发布会都是通过电视宣传。在影视方面，可以把中国功夫片对武术进行了艺术加工，可以把正义的思想和正统的文化输入进去，使人们在思想中对政府的信任度加深，不过我们也的确看到了政府在很多地方起的作用是很大的。政府定期开办一些具有大众娱乐性质的传统体育活动和传统文化性质的讲座，同时也可以建立一些传统武术功法交流网站，给武术爱好者们提供武术心得的交流平台，让人们对传统武术有更多的了解、喜欢并参与。在社区里也可以通过举办一些比赛活动，让更多的人都参与其中，政府可以发放一些证书之类的给予精神上的鼓励和支持，激励人们参与的积极性。

从人类的历史发展可知，经济基础决定上层建筑，郝海亭认为：对传统体育文化遗产的保护工作，政府部门应该坚持走差别保护的道路；坚持支持和发展民族、地域特色，整体性保护原则。所以必须转换市场机制，促使政府宏观调控的发挥，例如像南拳北腿的说法不无道理，政府可以充分发挥其作用，鼓励发展各自不同的文化特点，发挥地方优势，鼓励人们积极参与这些拳种的学习和交流。王彩平认为政府机构在关键时刻应发挥自身的权利，并出台相关的法律法规对传统武术进行保护；发展要迎合时代发展的需求，迎合大众文化的需求；建立完善的竞赛系统。贾鹏飞也赞同政府应该对传统武术制定相关法律政策进行保护同时政府应出台一些

措施发展地方特色，便于传承和发展。岭南地区的发展市政府可以重点围绕太极拳文化资源多下功夫，在陈家沟修建了太极拳祖祠山门、祖岭南文化，比如像南拳，既具地方特色又便于开展；像河南这个地处中原地带深受嵩山少林和焦作太极的影响，可以以少林拳和太极拳的中原文化为代表来推广，这样的话有利于传统武术的传承和保护。倪依克呼吁文化遗产的保护需要政府的支持，民族传统体育的生存不能完全依赖市场。从太极拳来说，焦作2009年中华太极园广场动工建设，打造养生园等旅游开发项目，向省发改委申报了中华太极园旅游开发项目，启动了“世界非物质文化遗产”的申报工作。利用焦作当地的自身特征，打造出了‘太极故里·山水焦作’旅游资源宣传片在很多电视台陆续的进行宣传，开通了北京至焦作旅游专列、同台湾推广旅游项目合作，共签订7项总投资8.2亿元合作协议，伴随着焦作旅游宣传的逐渐扩大，焦作也成了国内外许多人旅游的好去处，不断增加合作项目。伴随着焦作云台山旅游集团股份有限公司的成立，焦作每两年定期开展中国焦作·国际太极拳交流大赛及高峰论坛会，2009年由原河南省体育局、焦作市人民政府承办的第五届中国焦作·国际太极拳比赛升格为由国家体育总局和河南省人民政府主办，国家武管中心、中国武术协会、河南省体育局和焦作市人民政府承办。从这一届太极拳的举办性质来看，可以看出来，政府在发展过程中所起着不非的作用。

二、加强传统武术的“学”与“术”的并重

武术产生于中国，属于世界，作为珍稀的非物质文化遗产的传统武术蕴含着中华民族特有的思维方式，有独特的想象力和文化意识，承载着中华民族文化生命的历程。自古以来，“重术轻学”的惯性态度阻碍了传统武术理论的发展，倾心于技术固然重要，但是只有把“学”与“术”结合起来才能真正地体现传统武术的精髓所在，因此，必须走科学化发展之路才是明智选择。同时应该把传统武术推广，并置身于东西方体育文化共融，不断寻求平等对话权，改变体育文化和产品的单项传播模式这样一个大背景下思考。东西方文化的交流是全球化的结果和必然，所以必须有种预见性和前瞻性的思维方向，不断更新观念，与时俱进。人类历史是在社会发展的每一个阶段呈现出不同文化历史，农业社会——工业社会——高科技，在这时代递进的历程中，人类文明的发展也是随着全球化发展使其必须走上共存和谐之路。

长期以来，武术和体育一道受到重文轻武思想的影响，在世人眼里缺乏科学的思想与理论。口传身授的传承方式一定程度上制约了它的科学化进程。但作为非物质文化遗产的传统武术，它其中所蕴含的文化内涵，与传统哲学、古代医学、美学、兵法学；阴阳、五行、八卦、释、道、儒等的关系；以及在社会民俗民间怎样表现等，这一切都需要科学的研究和阐述，不能牵强附会。可喜的是，近年来武术学科的发展正处于科学规划与全面建设时期，诸多专家、学者已经开始从宏观上把握学科的发展与体系的建设。武术的科学化进程本身也是个不断创造的过程，是一个动态的过程，是一个动态的系统。唯物辩证法说，理论指导实践，有科学的理论研究才能推动传统武术朝着良性方向稳步发展，近年来许多科研成果应运而生，但还是存在一定问题，传统武术毕竟是过去经过人们的生活实践而获得的，但是社会是不断向前发展着的，需要不断地推陈出新、与时俱进，适应社会的发展，才能被社会所吸收所接受，顺应社会发展的道路才会有蓬勃旺盛的生命力，也只有走科学化道路才能使传统武术更有活力。

所以要求当代武术科研人员研究武术时要有宽广的胸襟、开阔的思路、渊博的知识，站得要高一点、眼光要远一点、信息要多一点。因此，中国武术必须以科学理论为骨架，用科学武

装头脑，走“理论”与“实践”相结合的正确之路，用科学理论知识来指导行动，才能使传统武术发展更加稳固、更加和谐。

三、推动传统武术的产业化发展

黎华说在中国武侠电影的影响下，使现代武术套路更加趋向于舞蹈化、艺术化。改善经营理念，完善市场机制，随着“武林风”“散打王”和一些影视娱乐节目的开发，的确给传统武术注入了新的活力，商业化的发展在现代社会里起着不可估量的作用。只有商业化才能带动人们的积极性，传统武术所处的窘迫境地的确需要走商业化道路，这样的话便于传承。同时也可以在一些旅游景点通过一些传统功法和一些优秀拳种的演练收取门票或出售纪念品为传承者提供一定的物质利益，此外还可以借助于媒体广告、赞助、图书、音响产品等相关部门和项目的开发，以带动武术产业化的进程。

通过相关资料和政府报告所知，登封市政府每年都对少林寺给予了经济支持，自 2003 年以来，政府先后投资 3 亿多元对少林景区核心区进行了大规模的拆迁整治，营造了良好的游览环境。2005 年总投资达 1.8 亿元，用于少林景区的建设。近四年来，政府对嵩山风景和少林景区的投资累计 10 多亿元。由政府投资 1.2 亿元的《禅宗少林》音乐大典，自 2007 年 4 月 26 日正式上演以来，年收入接近 1 亿元，直接利润达 4 000 万元，收益丰厚。可见，经济上的支持推动了少林拳的发展和对外的传播，对少林拳的保护与开发起到了积极的作用。

反过来，少林拳的逐步发展及影响力加大，让旅游业很快地发展，而且带动了登封市的经济、文化发展。经济因素直接影响传统武术项目的保护与开发；而传统武术在很大程度上推动着经济的快速发展。在多层次开发市场的同时，必须遵循“因地制宜，科学文明”的原则，以发展当地流行的传统武术，并以符合场地设施器材条件的武术健身锻炼为主。城市主要以社区体育为主，建立武术辅导站、经营性武术健身俱乐部和机关团体，坚持科学文明、业余、自愿的原则，以普及为主，通过不同层次的开发，促进传统武术活动的经常化，多样化，灵活变通实现传统武术的传播发展。

2010 年新乡市承办了 2010 年全国青少年武术散打锦标赛暨第三届世界青少年武术锦标赛选拔赛，在比赛期间，一定程度上拉动了新乡的经济发展，同时也作为一项旅游资源向全国展示了新乡的人情风貌。市场是灵活性的、多样化的，所以可以针对项目的不同特点合理开发市场，现在媒体宣传和武术旅游项目的火热开展很多不同层次的人参与传统武术，针对不同的人群开展相应的传统武术项目。应该积极引导和开拓武术健身娱乐市场，可根据不同群体和不同地区的健身要求，遵循市场的供需规律，开展武术健身有偿服务，像一些武术俱乐部，生产武术相关的产品，像武术器材用品、武术服饰等。建立一些武术方面的人才市场，培养一部分武术方面的人才，促进人才的流动和使用，引导大众的消费，不断拓宽武术健身消费领域，多层次多方位的满足人们对武术健身娱乐的需求。

四、树立传统武术的文化保护意识

文化是一个社会发展的精神动力，邱丕相教授在《武术文化与教育研究的当代意义》中说：中国武术是中华民族宝贵文化的载体之一，它融合了许多中国传统文化的精髓，文化是任何事物的精华。文化是推动社会发展的动力和方向标，邱丕相和吉灿忠在《对北京奥运会后中国武

术发展的思考》认为：武术是一种身体文化，是一种可以用肢体动作可以诠释中国文化的极具生动的表现形式。因为在传统武术的传承的初期阶段就是把一些动作姿势刻在墙上或是石碑上为后世传承。王辉和张玉红在《文化的中国武术》中说传统武术中包含了很多的文化层面，影射了中国各种文化的林林总总。如果说传播是空间的扩散，那么传承就是时间的延续。中国武术代代相传，经久不衰，体现着中国文化是一种重视学院的绵延文化。

武术文化内涵丰富，博大精深，但由于学校武术教育的缺位，而文化娱乐传媒的大力渲染，导致了许多学生对武术形成很多错误的认识，在学校教育中，应该加强武术技术课和文化课的学习，使学生树立起正确的观念，用科学理论去指导实践，摒弃人们对传统武术中神秘性和不正确的观念。在教学研究方面，要突出中国武术传统文化特色，强化武术的人文素质，强调价值观和精神道德的教育，并培养一批有能力的教师发挥他们的自身优势。竞技武术是一种新的文化现象，是传统与现代相结合的结晶，成为现代体育园林中的重要一枝奇葩，对奥运争光，全民健身，武术产业等方面具有重要的构建作用。竞技武术是传统武术在特定时间的文化产物。是社会发展到一定阶段的产物，适应社会对生活更高层次的要求应运而生的。形成了从传统武术的身体激烈对抗到以健身、艺术观赏等转变，同时也是为了迎合西方竞技体育的侵人，从一部分传统武术中衍生出来。

随着近年来武术的发展环境的转变，它也在“奥运大家庭”中逐渐失去了自己原本的特点，从人类历史的角度来看，文化竞争是一切竞争的根源。伴随着2008年奥运会后的现代武术发展模式，应该本着循序渐进、从长远来看武术的长期发展，使其在全球化环境中找到自己合适的位置，在与世界和谐相处的前提下发展自己本身的特色，坚持科学与传统并进，武术由于文化同步，在不失民族特色的基础上，放眼在“高、难、新、美”的原则下更具自己的本质的优越竞争力来为武术开创更为广阔的可持续发展前景，让传统武术在新时代的环境下散发出另一种独特的幽香。

五、加强对传承主体的保护

从文化人类学的角度看，传承人是“活态性”的因素，也是传承传统武术的主要载体。有人对传统武术的传承提出了“一体两翼”的模式，就是以师徒传承为主体，以大众传媒和学校传播为两翼的这种传承理念，对以后的发展很有实用价值。因为伴随着我国社会的发展，经济的发展，文化环境也随之改变着，东西方文化的交融摩擦，使得文化出现了多元化的局面，传统武术在社会变迁中不断被刷新改版，如何能克服这种情况而保护好传统武术呢？

下面就以太极拳的传承为例，随着社会的发展，传承方式也发生着变化，原来顶礼膜拜的师徒式传承愈来愈趋向于师生式传承，传统的教门行规今非昔比，传承者与被传承者之间的关系也发生了较大的松动。因此几年下来，传统太极拳的技术不似先前规范，其动作在传承中很多动作都有些“走样”，而且随着传承人的谢世使得优秀拳种也随之消失，无形中对传统太极拳来说将是一个消亡的趋势，可能在不久的将来将处于边缘化。对于一个太极拳故里的传承者来说，其历史意义更大，因为这意味着不仅是传统太极拳的失真，更是一个符号的失忆，是对祖先的失忆，更大地说将是民族文化和民族精神的衰亡，所以说保护传承人的重要性事可想而知的。

所以说，必须要注重理论研究，加强对传承人的保护力度，漆春亭在《传统太极拳之保护思路与途径》中探讨了传统太极拳发展保护的必要性，并有针对性地从文化、经济、法律三个方面提出了对传统太极拳保护的对策，对传统武术的保护同样适用。必须避免出现“人亡艺则止”的局面，应该给传承人提供充足的经济条件和生活环境，使其有充足的时间和空间去从事传统武术的传承，再次还要给予相应的荣誉称号，并给予精神上的支持和鼓励。因为他们传承下来的不仅仅是技法，还包括武德、价值、文化内涵、民族精神和文化心理等民族的荣誉。朱舰则认识到传统武术之所以能够传承到今天，主要是靠传统武术特有的活态传承方式。近年来，温县举办了十佳拳师、百名优秀拳师评选活动，推出了一大批太极新人。2007 年 7 月，文化部开展了第一批国家级非物资文化遗产项目代表性传承人的申报和评审工作，对传统武术的保护和传承来说无异于雪中送炭，在这批保护工作中，对 1138 名国家级非物质文化遗产项目代表性传承人的材料分门别类逐项进行审议，最后确定湖北省十堰市的赵剑英为武当武术的传承人、焦作市温县王西安、朱天才两人为陈氏太极拳的代表性传承人等 10 人，顺利入选，成为第一批国家级非物质文化遗产项目的代表性传承人。在 2009 年 5 月，在第三批非物质文化遗产传承项目评选中陈敬宇、陈小旺、陈正雷、释永信等 15 人顺利入选传承人，这些成绩都说明国家对传统武术的重视，同时也说明传统武术的传承人为太极拳的保护和开发的工作中做出了不可磨灭的贡献。

六、传统武术的和谐发展之路

吉灿忠副教授说：要想改良武术文化，继承优秀精华，应坚持科学地扬弃，注重科学性、时代性和文化性。随着社会的发展，“和谐社会”的发展理念逐步深入到社会的每个角落，非物质文化遗产是积累、传承文化并加以创造发展的一种社会文化形态，能够加强人们的思想观念、行为方式，有利于人与社会的和谐、全面、平衡发展，有着重要的和谐价值。从传统武术的发展现状、前景出发，寻求最佳切合点，在对传统武术的传承路径及共生问题的研究过程中，随着研究的逐步深入，很多学者对传统武术的保护和开发提出了更多的疑问，引起了很多值得思考的问题和领域，并且这些理论运用到实践中，达到了意想不到的效果，对传统武术的进一步的传承发展提供了宝贵的意见和建议。任何特定事物的产生都有其特定的地点和环境，民族性总是与武术相伴终生，传统武术是中华民族优秀的富有民族特色的文化，它融汇了哲学、伦理学、兵学、美学等多种传统文化思想和文化观念，各种文化思想交融发展，既有人类体育运动强调健体的特征，又具有东方文明所特有的哲理性、科学性和艺术性。

郭玉成在关于武术传播的整体论与共生论中提出了处理好体育的武术与文化的武术的关系，使竞技武术与传统武术“和谐共生”。费孝通这样说各美其美，美人之美，美美与共，天下大同，可见，这短短的十六字对不同文化的存在予以和平共处及其共生来阐释武术文化之间的关系。王志刚和王岗说武术的价值取向是和谐，其所追求的终极目标仍是和谐，和谐成就了武术特殊的美，构成了武术发展的根基。桑全喜认为中华武术必须抛弃武术中“非此即彼”理念，强化自身建设，遵循“兼容并包，实践检验”的宽容文化发展心态，使其和谐发展。可见和谐共生的关系是何等的密不可分。

综上所述，自古以来从“小家”到“大国”无不渗透着和谐的因子，只有和谐才能让“小家”和“大家”的和谐统一才会进步发展。而“和”也是体现着协调一致、齐心协力之意，孔子讲“以和为贵”；“谐”则有包容、融洽之意，家与家的和睦相处，家与国的团结一致都有一

种和谐的情愫包含在其中。联合国教科文组织曾在《保护非物质文化遗产公约》中着重的提到非物质文化遗产促进文化和社会和谐的价值作用，并且认为，非物质文化遗产是密切人与人之间的关系以及他们之间进行交流和了解的要素。对传统武术挖掘的传承的呼吁，其实也是在培育我们的民族自信心、增强民族自豪感、弘扬民族传统文化的精髓，以便于唤醒和发展中华民族巨大的内在创造潜能来实现民族辉煌灿烂的明天。

参考文献

[1] 虞定海，牛爱军．中国武术传承研究非物质文化遗产视角［M］．北京：人民体育出版社，2010.
[2] 邹珺．民族非物质文化遗产保护与传承［M］．长春：吉林大学出版社，2016.
[3] 张仲谋．非物质文化遗产传承研究［M］．北京：文化艺术出版社，2010.
[4] 王庆丰，何柳泓，李正恩．传统武术文化与健身［M］．北京：中国商务出版社，2010.
[5] 李成银．山东传统武术文化研究［M］．北京：北京体育大学出版社，2009.
[6] 秦清俊．传统武术文化传承与发展研究［M］．长春：吉林人民出版社，2012.
[7] 吕冬生．传统武术的文化内涵与创新发展［M］．长春：吉林大学出版社，2014.
[8] 田惠君．传统武术文化发展与传承研究［M］．长春：吉林人民出版社，2013.
[9] 宫祥辉，刘松．传统武术的文化内涵解析及未来发展体系的构建［M］．北京：新华出版社，2014.
[10] 徐武，黄红胜．探寻民族传统武术文化的传承与现代发展［M］．北京：光明日报出版社，2013.
[11] 延保东，熊亚兵，赵瑾瑜．我国民族传统武术的文化传承及其动作研究［M］．北京：中国时代经济出版社，2013.
[12] 杨文龙．非物质文化遗产视域下衡水传统武术的传承研究［D］．北京：首都体育学院，2014.
[13] 李芬．非物质文化遗产视域下传统武术的现代化发展［D］．新乡：河南师范大学，2011.
[14] 张志成．非物质文化遗产视角下的山东传统武术研究［D］．济南：山东师范大学，2011.
[15] 李宁．中国传统武术可持续发展研究［D］．济南：山东师范大学，2009.
[16] 徐冬园．和谐社会背景下河北省传统武术继承与发展策略研究［D］．石家庄：河北师范大学，2009.
[17] 胡继云．传统武术拳种传承人保护机制研究［D］．开封：河南大学，2010.
[18] 高成强．传统武术流失现状与保护对策的研究［D］．苏州：苏州大学，2008.
[19] 王俊红．非物质文化遗产视角下沧州传统武术的传承与发展——以游身连环八卦掌为例［D］．石家庄：河北师范大学，2015.
[20] 张艳苓．非物质文化遗产视野下沧州传统武术的保护和发展［D］．北京：北京体育大学，2014.
[21] 闫晋光．非物质文化遗产视角下山西洪洞通背拳的传承保护与发展［D］．西安：西安体育学院，2013.
[22] 徐学青．非物质文化遗产视角下陕西红拳的保护传承研究［D］．西安：西安体育学院，2014.

[23] 唐存山．非物质文化遗产视角下传统武术的保护［D］．新乡：河南师范大学，2013.
[24] 李佳瑾．“非遗”语境下岳家拳和苌家拳活化的比较研究［D］．武汉：湖北大学，2014.
[25] 刘炜．非物质文化遗产视域下湖南省传统武术传承研究［D］．长沙：湖南师范大学，2012.
[26] 郭建菊．陈家沟陈式太极拳传承人的生存状态影响因素研究［D］．上海：上海体育学院，2013.
[27] 王玠．非物质文化遗产视角下洛阳南无拳传承与保护研究［D］．开封：河南大学，2015.
[28] 武坡．非物质文化遗产视野下陕西红拳的传承与发展研究［D］．西安：西安体育学院，2014.
[29] 董逢伟．河南心意拳非物质文化遗产的传承机制研究［D］．武汉：湖北大学，2012.
[30] 张志雷．非物质文化遗产视角下传统武术代表性传承人研究［J］．中国体育科技，2014.
[31] 王林，虞定海．传统武术非物质文化遗产传承的困境与对策［J］．上海体育学院学报，2009.
[32] 范铜钢，虞定海．传统武术传承现状、问题与对策研究——基于非物质文化遗产视角［J］．南京体育学院学报（社会科学版），2015.
[33] 张纳新．基于非物质文化遗产保护视角的传统武术文化保护策略分析［J］．成都体育学院学报，2010.
[34] 李吉远，谢业雷．非物质文化遗产理念下传统武术的传承与保护［J］．搏击（武术科学），2011.
[35] 孙猛，王英璟．非物质文化遗产法视野下传统武术保护研究［J］．搏击（武术科学），2011.
[36] 邢中有．非物质文化遗产视野下的传统武术保护刍议［J］．南京体育学院学报（社会科学版），2009.
[37] 李洁．论非物质文化遗产视角下传统武术的“扬弃”［J］．搏击（武术科学），2010.